广视角 · 全方位 · 多品种

权威 · 前沿 · 原创

皮书系列为
"十二五"国家重点图书出版规划项目

2014年湖南产业发展报告

ANNUAL REPORT ON HUNAN'S INDUSTRIAL DEVELOPMENT (2014)

湖南省人民政府经济研究信息中心

主　编 / 梁志峰

副主编 / 唐宇文

社会科学文献出版社
SOCIAL SCIENCES ACADEMIC PRESS (CHINA)

图书在版编目(CIP)数据

2014 年湖南产业发展报告/梁志峰主编. —北京：社会科学文献出版社，2014.4
（湖南蓝皮书）
ISBN 978 -7 -5097 -5857 -1

Ⅰ.①2… Ⅱ.①梁… Ⅲ.①产业发展 - 研究报告 - 湖南省 - 2014 Ⅳ.①F127.64

中国版本图书馆 CIP 数据核字（2014）第 067201 号

湖南蓝皮书
2014 年湖南产业发展报告

主　　编／梁志峰
副 主 编／唐宇文

出 版 人／谢寿光
出 版 者／社会科学文献出版社
地　　址／北京市西城区北三环中路甲 29 号院 3 号楼华龙大厦
邮政编码／100029

责任部门／皮书出版分社（010）59367127　　责任编辑／陈　颖
电子信箱／pishubu@ ssap. cn　　责任校对／赵贝培
项目统筹／邓泳红　桂　芳　　责任印制／岳　阳
经　　销／社会科学文献出版社市场营销中心（010）59367081　59367089
读者服务／读者服务中心（010）59367028

印　　装／北京季蜂印刷有限公司
开　　本／787mm×1092mm　1/16　　印　　张／26
版　　次／2014 年 4 月第 1 版　　字　　数／420 千字
印　　次／2014 年 4 月第 1 次印刷
书　　号／ISBN 978 -7 -5097 -5857 -1
定　　价／128.00 元

湖南省人民政府经济研究信息中心
湖南蓝皮书编辑委员会

《湖南蓝皮书·2014 年湖南产业发展报告》

主要编撰者简介

梁志峰 湖南省人民政府经济研究信息中心主任，管理学博士。历任中共湖南省委办公厅秘书处秘书，中共湖南省委高校工委组织部部长，湘潭县委副书记，湘潭市雨湖区委书记，湘潭市委常委、秘书长、组织部部长。主要研究领域为资本市场和区域经济学，先后主持多项省部级研究课题，发表CSSCI论文20多篇，著有《资产证券化的风险管理》《网络经济的理论与实践》《古云村　古城村调查》等。

唐宇文 湖南省人民政府经济研究信息中心副主任，研究员。1984年毕业于武汉大学数学系，获理学学士学位，1987年毕业于武汉大学经济管理系，获经济学硕士学位。2001~2002年在美国加州州立大学学习，2010年在中共中央党校一年制中青班学习。主要研究领域为区域发展战略与产业经济。先后主持国家社科基金项目及省部级课题多项，近年出版著作有《打造经济强省》《区域经济互动发展论》等。

摘　要

产业经济是国民经济的重要组成部分，在湖南发展大局中起着举足轻重的作用。加快产业经济发展，是湖南借助“一带一部”区位优势，积极应对国内外产业发展趋势、实现“三量齐升”目标的重要抓手。

本书由湖南省人民政府经济研究信息中心组织编撰，系统回顾了 2013 年湖南省产业经济发展情况及针对湖南目前产业情况提出 2014 年的发展对策、建议。本书共 7 个部分，包括主题报告、总报告、行业篇、区域篇、园区篇、专题篇、大事记。“主题报告”是省领导对湖南产业经济发展的重大问题提出的战略构想和指导思想；“总报告”是湖南省人民政府经济研究信息中心课题组对 2013 年全省产业发展形势和社会环境的分析与研究；“行业篇”是研究全省包括机械、文化、旅游、有色金属等特色行业本年度发展情况；“区域篇”着重介绍湖南各地区新型工业化发展情况及存在的问题；“园区篇”把湖南有代表性的产业园发展现状作为研究对象，探讨全省产业集聚与合作趋势；“专题篇”是全省经济领域的专家学者对湖南经济发展热点问题的研究成果。

目录

𝔹Ⅰ 主题报告

𝔹Ⅱ 总报告

𝔹Ⅲ 行业篇

BⅣ 区域篇

BV 园区篇

BⅥ 专题篇

BⅦ　附录

皮书数据库阅读使用指南

CONTENTS

𝔹 I Keynote Reports

𝔹 II General Report

BIII Industry Reports

B IV Reports on Regional Subjects

B V Reports on Industrial Zone

B VI Special Reports

BVII Appendix

主 题 报 告

Keynote Reports

努力打造湖南文化产业升级版

许又声*

文化产业是典型的低碳经济和绿色产业。大力发展文化产业，是当前我国经济结构战略性调整的重要支点，是转变经济发展方式的着力点，也是提升文化软实力、实现中华民族伟大复兴中国梦的必然要求。近年来，湖南省坚持把文化产业作为战略性新兴产业来培育，作为“两型”产业来打造，作为现代服务业来发展，不断深化文化体制改革，解放和发展文化生产力，文化产业整体规模和实力得到明显提升，继续保持了文化建设走在全国前列的良好态势。站在新的历史起点上，全省文化战线将按照中央和省委要求，以解放思想、深化改革为动力，以完善政策措施、优化发展环境为重点，努力打造湖南文化产业升级版。

一 2013年全省文化产业实现稳中有进稳中向好

2013年，面对错综复杂的国内外经济形势和全省一度严峻的经济下行压

* 许又声，中共湖南省委常委、宣传部部长。

力，全省文化战线果敢应对、自我加压、逆势而上，大力推进文化产业转型升级，实现平稳较快增长，进一步巩固了支柱性产业地位，为全省稳增长、调结构和“三量齐升”作出了积极贡献。

（一）发展速度有了新提升

据湖南省统计局估算，2013 年，全省文化和创意产业实现增加值约 1350 亿元，比上年增长 15% 左右，占 GDP 比重 5.3% 左右，继续高于全省经济增速，保持支柱产业地位。根据 2013 中国文化产业发展指数报告，湖南成为全国文化产业发展“新十强”。一些重点行业和领域的产业规模不断扩大、实力不断增强：广电行业全年创收 167.68 亿元，同比增长 11.88%；出版行业总产出 496.73 亿元，同比增长 4.3%；动漫游戏企业总产值约 46 亿元，经文化部认定的重点动漫企业达到 6 家、重点动漫产品 18 个；电影票房约 5.73 亿元，同比增长 32%；工艺美术行业实现产值约 780 亿元，同比增长 27.45%。

（二）市场主体建设取得新进展

长株潭地区规模（限额）以上文化及相关产业法人单位数 2430 个，增长 23.1%。重点文化企业在 2013 年继续保持良好发展态势：湖南广播电视台全年总创收约 160 亿元、同比增长 18%；湖南日报报业集团全年经营收入 10 亿元；四家上市企业中南传媒、拓维信息、电广传媒、天舟文化市值分别比年初增长 46.7%、293%、92%、251%；省演艺集团、芒果传媒集团、省广电网络控股集团等 3 大省级产业集团组建工作基本完成；湖南出版投资控股集团成立全国首家文化传媒企业财务公司，与湖南教育电视台合作成立湖南教育电视传媒有限公司，与民主与建设出版社签署增资扩股协议；电广传媒非公开发行股票获中国证监会核准；快乐购上市工作顺利推进。

（三）区域产业发展形成新格局

根据省统计局预计数据，长株潭地区文化和创意产业增加值合计 811.15 亿元，占全省总量的 60%，增加值占长株潭地区 GDP 的比重为 7.6%。大湘西地区（张家界、怀化、湘西自治州）文化和创意产业增加值合计 71.58 亿元，增加值占大湘西地区 GDP 的比重为 3.76%。大湘南地区（衡阳、郴州、永州）文化和创意产业增加值合计 215.74 亿元，增加值占大湘南地区 GDP 的比重为 4.25%。其他市州文化产业发展速度明显加快。现在，已经初步形成以长株潭地区为主导，大湘西、大湘南相互依托、相互补充的湖南文化产业“品字形”格局。

（四）文化旅游融合发展取得新成效

以大湘西为重点，召开大湘西文化旅游产业融合发展推进会，编制发布《大湘西文化旅游融合发展融资规划（2013～2020）》，推进全省文化旅游融合发展。凤凰、新宁、新化 3 县成为全省文化旅游融合发展特色县。湖南卫视等重点媒体围绕大湘西文化旅游推出系列专题报道，“第十届海峡两岸媒体来湘联合采访团”对大湘西文化旅游给予重点推介，两岸摄影家合拍大湘西使大湘西形象得到多渠道、全方位推介。中国侨商会 70 名侨商受邀考察大湘西文化旅游投资环境，达成了一批合作意向。大湘西地区有 64 个文化旅游项目列入省级重点项目。吉首—德夯民族文化大峡谷、“烟雨凤凰”文化城、老司城非物质文化遗产园、芙蓉镇影视文化基地、张家界中国影视基地等一批文化旅游项目分别进入规划论证或推进实施阶段。红色文化旅游快速发展，2013 年主要红色文化旅游区（点）接待国内外游客 6000 万人次、同比增长 20% 以上，实现综合收入 350 亿元、同比增长 20% 以上。文化旅游品牌进一步巩固，“张家界乡村音乐周”“吉首国际鼓文化节”“大戊梁歌会”等文化旅游节会效果显著。旅游演艺不断扩张，逐步形成了一条串联长沙、张家界、湘西、怀化等市州的文化旅游演艺走廊。

（五）文化“走出去”迈出新步伐

对外文化贸易活动覆盖深圳、台湾、香港、澳门，跨出一大步。根据国家商务部统计，2013 年湖南核心文化产品出口增长较快，1～11 月，全省文化产品进出口总额 61093 万美元，同比增长 49%；其中，出口 59658 万美元，同比增长 46.6%；有 18 家企业入选国家文化出口重点企业，在中部六省中位居第二位。组团参加第九届中国（深圳）国际文化产业博览交易会，共有 28 个文化产业项目现场签约，签约资金 329 亿元。在香港“港洽周”期间举办的“湘绣湘瓷艺术精品展示拍卖活动”，100 件湘绣湘瓷艺术精品参加展示拍卖，成交率 69%，成交总额 3200 万港币。组织“2013 湖南两岸文化创意产业合作周”，达成投资合作意向和湘绣湘瓷湘茶购买、定做、销售合作意向 50 多个，合作金额 40 多亿元人民币。湖南广播电视台国际频道落地亚美欧的 76 个国家和地区，海外用户数突破 500 万；与香港电讯盈科打造 NOW 芒果台，中国香港、新加坡等用户近百万，即将登陆澳洲和美洲。版权对外贸易 729 项，同比增长 15%，其中输出版权 156 项。

（六）服务平台建设实现新突破

政策支持方面，修订出台《湖南省文化产业引导资金管理办法》，优化文化产业引导资金安排，将文化旅游产业融合、文化“走出去”等列入重点扶持板块；积极对接中央政策，湖南连续两年争取国家资金进入全国前三，2013 年全省共有 275 家转企改制文化单位争取国家税收优惠政策，减免所得税金额约 3.2 亿元。投融资体系方面，召开湖南金融支持文化产业发展恳谈会，现场签约 15 个文化产业信贷协议，金额 93 亿元；成立了全省第一家服务于中小文化企业的信用担保公司——省文化旅游担保投资有限公司；省文化旅游产业投资基金积极发挥投融资作用，2013 年支持省内文化产业项目 6900 多万元。科技服务方面，长沙入选首批国家级文化和科技融合示范基地，天心文化产业园区成为中部省份首个由文化部命名的“国家级文化产业示范园区”，长沙（国家）广告产业园被授予全国首批“国家广告产业园区”。推介平台建设方面，组织召开全省动漫产业改革与发展座谈会，成功举办第四届长沙（国际）动漫游戏展、第七届中国原创手机动漫游戏大赛和 2013 中国（长沙）手机文化产业博览会。服务和环境的优化，有力推动了文化产业转型发展、创新发展。

二　文化产业发展机遇与挑战并存

当前，文化领域正在发生广泛而深刻的变革。进一步推动湖南文化产业加快发展、转型发展、创新发展，既具备许多有利条件和难得机遇，也面临一系

列新情况新问题。为此，要准确把握全省文化产业发展面临的新形势新任务，努力做到因势而谋、应势而动、顺势而为。

深入分析当前湖南文化产业发展形势，可以得出一个基本判断，即前景十分广阔、机遇前所未有，正面临最好的发展时期，完全有条件、有能力抓住机遇、乘势而上，推动文化产业做大做强。这主要体现在四个方面。

一是全面深化改革将为文化产业发展释放更大红利。改革是当代中国最大的红利。党的十八届三中全会对全面深化改革作出战略部署，吹响了新一轮改革的集结号。湖南省委出台了贯彻落实三中全会《决定》的实施意见，标志着湖南进入全面深化改革的攻坚阶段。全面深化改革，将有利于推动文化体制改革不断深化，有利于促进文化产业结构和发展模式调整升级，有利于提升文化产业发展的质量和效益。同时，围绕贯彻落实三中全会精神，促进文化产业发展的一系列优惠政策也将陆续出台。比如，降低行业准入门槛，允许非公有制文化企业参与对外出版、网络出版，允许以控股形式参与国有影视制作机构、文艺院团改制经营，将吸引更多资金、人才、技术涌入文化领域；还比如，明确对转企改制国有文化单位扶持政策再延长五年，明确动漫产业增值税营业税政策，明确五年内免征图书批发、零售环节增值税等优惠政策，以及推动文化创意产业与相关产业融合发展、文化“走出去”、支持小微文化企业等文化经济政策，将进一步激发文化产业发展的内生动力和活力。

二是转方式调结构将为文化产业发展提供更大空间。当前，我国经济正处于增长速度换挡期、结构调整阵痛期、前期刺激政策消化期。这“三期叠加”的阶段性特征，进一步形成倒逼机制，转变经济发展方式已到了刻不容缓的地步。加快转方式、调结构，迫切需要我们大力发展战略性新兴产业，提升经济发展的文化含量和科技含量。文化产业天然具有创新驱动的特点和功能，具备附加值高、融合性强、可持续的独特优势，正在成为转变经济发展方式的着力点，成为打造经济升级版的重要路径和突破口。具体到湖南，要把发展的立足点转到提高经济增长质量和效益上来，推动经济持续健康发展，就必须建设“四化两型”，实现“两个加快”，促进“三量齐升”。而这些都对发展文化产业提出新的更高要求，又为文化产业发展提供了巨大潜力和空间。

三是加快推进文化强省建设将为文化产业搭建更大平台。加快建设文化强省，努力打造湖南文化高地，是省委省政府确立的战略目标，也是三湘儿女的共同期盼。这些年，湖南扎实推进文化强省建设，出台了一系列政策措施，包括《中共湖南省委关于贯彻党的十七届六中全会精神加快建设文化强省的意见》《湖南省文化强省战略实施纲要（2010～2015年）》《湖南省“十二五”时期文化改革发展规划纲要》等。这些政策规定都把文化产业发展作为湖南文化“加快建设、走在前列”的重要目标和主攻方向，凸显了文化产业在文化强省建设中的战略地位。随着文化强省战略的深入实施，一批文化基础设施相继建成投入使用，一批文化园区和企业相继入驻湖南，这必将为全省文化产业发展奠定扎实基础、带来更大机遇。

四是人民群众精神文化需求的“井喷”效应将为文化产业发展带来更大动力。哪里有需求，哪里就有市场。人民群众不断增长的精神文化需求，是文化产业快速发展的根本动力。从国际经验看，人均GDP达到5000美元时，文化消费将会形成“井喷”式的发展和市场需求。据中国人民大学和文化部文化产业司联合发布的《2013中国文化消费指数》显示，我国文化消费潜在规模为4.7万亿元，占居民消费总支出的30%，而当前实际文化消费规模为1.038万亿元，仅占居民消费总支出的6.6%。调查同时显示，湖南文化消费意愿指数与重庆、河北、江西等省份排在全国前列。可以说，湖南文化消费正处于“井喷”式阶段和爆发式增长的前夜，随着全省人民消费结构的升级和文化消费潜力的释放，必将推动湖南文化产业的新一轮加速发展。

与此同时，也要清醒看到，当前宏观经济环境依然复杂多变，相对于其他成熟产业，湖南文化产业发展仍处于低层次阶段，存在不少亟待解决的问题，面临严峻挑战。主要有以下四个方面。

其一，宏观经济形势趋紧给文化产业发展带来了新的困难。未来一段时期，世界经济仍将延续缓慢复苏态势，经济走势的不确定性、反复性依然存在。我国经济发展长期向好的基本面没有变，但经济运行下行压力也不小，产能过剩、宏观债务水平持续上升，经济发展过程中的一些深层次问题难以在短期内完全解决。湖南省经济发展也稳中有忧、稳中有险。在这样的形势下，经济增长减速、消费需求趋于保守、社会资本流动缓慢将会传递到文化产业，对其平稳较快增长产生影响和波动，带来不小困难。

其二，构建现代文化市场体系给文化产业发展带来了新的课题。随着全面改革的深化，现代文化市场体系将不断完善，文化的繁荣发展越来越需要发挥市场在文化资源配置中的积极作用。而从现实情况看，湖南文化产业市场主体竞争力还不强，规模化、集约化、专业化水平不高，没有形成完整和高附加值的产业链条，存在“散小差”的问题；产业结构不尽合理，传统产业发展较好、新兴产业发展不快，国有文化企业发展较好、民营和小微文化企业相对困难，三大层次结构中的核心层不“核”、外围层不“强”、相关层不“大”的状况没有根本改观，文化与科技、金融的融合度不高；区域结构不均衡，省会长沙一家独大，其增加值占到全省的40%以上，区域发展不平衡问题比较突出，等等。如何进一步增强问题意识，按照十八届三中全会的部署，建立健全现代文化市场体系，进一步提升发展的质量和效益，对湖南文化产业发展提出了崭新课题。

其三，区域竞争日趋激烈给文化产业发展带来了新的压力。由于数年的高位运行，湖南文化产业发展出现了“百加斤易、千加两难”的局面，增长速度从超过20%降为15%左右，迎来增速放缓的“拐点”。而全国各地文化发展呈现出百舸争流、你追我赶的竞争态势，特别是经济发达省市对文化改革和投入力度加大、文化产业重视程度提高、文化消费能力增强，文化产业发展进入全面竞争时代。湖南属于中部地区，相比北京、上海、广东等经济发达地区，经济实力还有较大差距，文化人才队伍特别是高端人才难以集聚，文化消费意识和水平都有待提高，早些年的先发优势已不再明显，“前面的标兵越来越多、越来越远，后面的追兵越来越少、越来越近”已成事实。在这种情况下，如何增创发展新优势，巩固和发展全国第一方阵的位置，给湖南文化产业发展带来巨大压力，提出了现实而紧迫的任务。

其四，社会信息化深入发展给文化产业发展带来了新的挑战。当今时代是信息时代，信息化的深入发展正深刻改变着人们的生产方式、生活方式和思维方式。互联网的迅猛发展，对文化建设带来革命性变革。可以说，谁的传播手段先进、传播能力强大，谁的文化产品就更具影响力，就能占据文化发展制高点。2014年被业界称之为“4G移动互联网元年”，从3G到4G，以数字技术为标志的移动互联网大时代已经来临，这将进一步催生新兴文化业态和新的表现形式，也给传统文化产业发展模式带来严峻挑战。湖南文化产业传统产业比重高，能不能趋利避害，既坚持“内容为王”、防止技术崇拜陷阱，又加快文化与科技的融合发展，掌握文化发展和文化传播主动权；能不能顺势而为，既巩固壮大广电、出版等传统产业优势，又积极发展文化创意、数字出版、手机电视、网络电视等新兴产业，都对湖南文化产业提出了严峻挑战。

总之，湖南文化战线要把握形势发展的新要求，抓住和用好机遇，正视和应对挑战，绝不能输在新一轮文化改革发展的起跑线上，着力推动文化产业发展上台阶上水平。

三 以全面深化改革为契机 开创湖南文化产业发展新局面

2014 年是深入贯彻落实党的十八届三中全会精神、全面深化改革的第一年，是完成“十二五”规划目标任务的重要一年。发展湖南文化产业，必须深入贯彻党的十八大和十八届三中全会以及省委十届九次全会精神，坚持稳中求进、改革创新，坚持加快发展、转型发展，不断提高规模化、集约化、专业化水平，努力打造湖南文化产业升级版。重点工作主要有五个方面。

（一）推进重要领域和关键环节的改革

哪里有改革，哪里就有活力，哪里就有发展。这些年，全省文化体制改革深入推进，文化发展活力明显增强，但改革不到位、不彻底问题依然突出。“好吃的肉都吃掉了，剩下的都是难啃的硬骨头”。加快发展文化产业，就要敢啃“硬骨头”、敢于吃螃蟹、敢于涉险滩。2014 年，要继续推进非时政类报刊改革和经营性文化单位转企改制，推动已改制的国有文艺院团和电影公司建立现代企业制度，进一步理顺文化行政管理体制机制，增强市场竞争力。同时，积极探索重要国有传媒企业实行特殊管理股制度，成立监管省属文化企业国有资产的管理机构，加强省属国有文化企业绩效考核。

（二）抓好市场主体建设

文化企业是文化市场的主体，是文化产业发展的根基。要把继续做大做强

文化市场主体作为主攻方向，加快培育更多国有或国有控股文化企业，努力做到省市县三级都有本级骨干文化企业。稳步推进“湘台文化创意产业园”等文化园区的规划建设，支持中南传媒集团、芒果传媒集团、演艺集团和广电网络集团做大做强，加快推动动漫游戏产业和教育报刊等新的文化产业集团组建。同时，积极吸引更多社会资本进入文化领域创业兴业，引导湘商、台商、港商、侨商等以多种形式进入政策许可的文化领域，鼓励支持拓维信息、天舟文化、青苹果数据、凤凰古城、琴岛文化、天门狐仙等民营文化企业加快发展。

（三）推动文化与旅游、科技、金融深度融合

这既是文化产业自身加快发展的内在要求，也是文化产业外延拓展的重要体现。要积极推动传统媒体与新兴媒体融合发展，加快党报党刊、电台电视台的数字化网络化建设，增强影响力和竞争力。扎实推进以大湘西为重点的文化旅游产业融合发展，精心打造《烟雨凤凰》《魅力湘西》等一批文化旅游精品，提高全省旅游产业的文化含量。切实抓好以长株潭为重点的创意设计、数字出版、新媒体等产业建设，培育扶持一批成长型企业；继续办好国际动漫游戏展、中国原创手机动漫游戏大赛、中国手机文化产业博览会，为新兴文化产业发展壮大搭建平台；抓好“中部地区移动互联网创意梦工场”建设，召开推进文化与科技融合推进会，编制文化与科技重点项目投资招商指南、出台文化创意产业知识产权条例。推动文化资源与金融资本的对接，充分利用多层次资本市场，加快推进快乐购、体坛传媒、华声在线、华凯创意等文化企业上市。

（四）大力发展县域文化产业

发展县域文化产业，不仅是巩固文化产业支柱性地位的必然要求，也是满足基层人民群众精神文化生活的现实需要。当前，全省县域文化产业整体情况并不乐观，主要是多数县市区没有形成自己的骨干文化企业，县域文化企业大多集中在休闲观光领域，文化产业在县域经济发展中所占比重偏低。没有县域文化产业的发展，就不能实现全省文化产业多点支撑、整体推进的繁荣局面。

要下大力气逐步改变这种状况，努力把湖南县域文化资源优势转化为文化竞争优势。今年重点抓好县域文化产业特色县建设，充分发挥省文化旅游担保投资有限公司的作用，出台政策措施，支持小微文化企业发展。

（五）加快文化“走出去”步伐

文化“走出去”，就能获得更大的市场和发展空间。推动文化“走出去”，既靠内容的吸引力、感染力，也靠品牌的知名度、美誉度。要进一步唱响“湘字号”品牌，以优秀影视作品、湘版图书和湘绣、湘瓷等产品为重点，加快发展对外文化贸易，积极抢占国际市场。特别要支持湖南广电、中南传媒扩大影视作品和图书出口份额。围绕电视落地、工艺美术推广和大湘西推介等，通过深圳文博会、东南亚招商引资行等平台载体，借助港澳台，迈向新马泰，跨越太平洋，大力推动湖南文化产品和服务走向世界。

B.2

凝心聚力　创新举措
加快推进旅游强省建设

何报翔*

建设旅游强省，是湖南省委、省政府提出的重要奋斗目标，也是发挥湖南资源优势，促进经济转型发展的重要抓手。加快旅游强省建设，要澄清底子，做好规划，抢抓机遇，创新举措，突出重点，扎实推进。

一　湖南旅游产业发展成效显著

近年来，湖南旅游产业克服了国内外严峻经济形势的影响，保持了强劲发展势头。

（一）总量有新的跨越

近五年，全省旅游总收入年均增幅达20%以上，高于GDP年均增幅近7个百分点。2009年，旅游产业成为湖南第七个千亿产业，跻身全国十强，2012年全省旅游总收入突破2000亿元台阶，2013年达到2681.86亿元。快速发展的旅游产业为全省经济社会发展增添了活力，增加了动力。

（二）质量有新的提升

近年来，湖南坚持项目带动战略，全面推进“251”旅游项目重点工程、“3521”乡村旅游创建工程，景区的基础设施更加完善，内容更加丰富，服务更加优良。目前，全省共有等级旅游区（点）230家，其中，5A级景区7家、

* 何报翔，湖南省人民政府副省长。

4A 级景区 74 家。“吃、住、行、游、购、娱”六要素有了新的发展。各类特色饮食得到挖掘、整合、提升，湘菜的知名度、美誉度大幅提升。全省星级旅游饭店达到 587 家，其中五星级饭店 19 家、四星级饭店 71 家，星级饭店平均出租率连续三年居全国第一，高出全国水平近 10 个百分点。旅游演艺成效显著，张家界的《天门狐仙》《魅力湘西》等演艺节目，长沙的歌厅文化、酒吧文化、焰火文化、休闲文化在全国具有较强的影响力，“快乐湖南”的形象进一步彰显。

（三）贡献更加显著

旅游产业作为战略性新兴产业的作用进一步凸显。旅游总收入相当于 GDP 的比重不断增加，从 2010 年的 9.5% 增加到 2013 年的 11%。随着游客的大量入湘，湖南经济繁荣、社会和谐的景象被更多的境外友人和游客所认知、推介，对扩大湖南对外开放和招商引资工作发挥了重要而积极的作用。

（四）发展基础进一步夯实

加快旅游产业发展，成为各级各部门和社会各界的共识。省、市、县三级基本形成了发展旅游的“七个一”工作格局：即成立一个旅游产业发展领导小组、召开一个领导小组会议、召开一个产业发展大会、编制一套旅游规划、制定一套扶持政策、安排一笔产业发展资金、建立一套考核机制。旅游交通配套更加完善，全省已建和在建高速公路达 7000 公里，铁路 4000 公里，航线 120 条，省会长沙与其他 13 个市州形成“四小时经济圈”。

湖南旅游产业，成绩可圈可点，但与经济社会发展的要求、与人民群众的消费需求比，与兄弟省份比，还存在不少差距。一是开发不足。与传统制造业产能过剩的情况不一样，目前，湖南的旅游产品供不应求，人民群众多元化的旅游消费需求与有限的产品供给严重不相适应。游客的消费需求是多元化的、多层次的，但湖南的旅游产品数量有限，业态单一，主要以观光产品为主。二是开放不够。各地还习惯于关门办旅游，政府办旅游，视野不宽，办法不多，思路不清。三是效益不高。2013 年，全省接待国内外游客 3.58 亿人次，实现旅游总收入 2681.86 亿元，但人均消费却只有 749.13 元，低于全国 877.2 元

的平均水平，分别相当于江苏、河南、贵州、云南的53.9%、79.25%、84.39%、86.58%。

二　明确思路，找准湖南旅游加快发展突破口

（一）以改革创新为动力

十八届三中全会吹响了全面深化改革的号角，湖南旅游发展要以此为契机，发扬“摸着石头过河”的闯劲，发扬“敢为人先”的精神，加快改革步伐。一是要抓住《旅游法》这一准绳。《旅游法》本身就是把旅游业改革发展中的有益经验、成功做法制度化的成果，是转变旅游发展方式、规范旅游市场、促进旅游产业健康发展的根本准则，不但要认真学习贯彻，而且要深入研究，结合实际，推动改革。二是要利用好综合改革平台。这些年，湖南向国家争取了一些平台，如长株潭两型综合改革实验区、武陵山片区扶贫攻坚试点、张家界国家综合旅游改革试点、韶山创建全国红色旅游综合发展示范区、新宁全国旅游标准化示范县，等等。这些平台是推进综合改革的尚方宝剑，一定要大胆“先行先试”。三是要明确重点创新领域。要把政府的有形之手和市场的无形之手结合起来，大胆探索旅游开发管理机制，既要调动海内外投资者的积极性，也要力戒“病急乱投医”，防止好的资源被低端占有，低端开发。要以提高游客满意度为核心，大胆创新工作手段和监管方式，完善工作机制，全面提升旅游管理服务质量和水平。

（二）以开放合作为平台

旅游大开发，需要大项目、大资金。政府投入再大，对于旅游开发的需求来说也只是杯水车薪，必须发挥财政资金“四两拨千斤”的撬动作用，充分调动和依靠市场的力量。如果不走开放合作的路子，仅凭有限的财政投入和有限的原始积累发展旅游，就算再搞30年，局面也不会有大的改观，旅游强省的目标也只能是奢望。所以，一定要内外开放，引进内外资本，引进专业队伍，促进湖南旅游跨越式发展。吸引投资，寻求合作，一定要解决两个方面的

问题：第一，要解放思想，敢于亮宝贝，把好资源、优势资源拿出来，推向市场。“舍不得孩子套不住狼”，要“舍”才有“得”。第二，要搭平台，做项目。要做好项目包装策划。社会不差钱，差的是能赚钱的项目，差的是能引导民间资金投入的平台。要围绕湖南旅游产业的重点景区、重点资源、重点业态、重点环节，开发、包装一批大项目，策划几个大平台。尤其要注重搭建投融资平台，通过资本市场，发行基金、债券，培育上市企业，积聚民间资本发展旅游。

（三）以项目建设为抓手

从近几年的实践看，项目策划仍然是湖南的一大弱项，能吸引投资商的开发项目不多。有的项目简介都很粗糙，项目规划、项目定位、开发前景等不知所云，效果可想而知。要牢固树立抓项目就是抓发展的观念，从项目的策划、包装开始，一步一步将项目建设抓好、抓实。要成立专门班子，围绕重点区域、重点资源，策划、包装一批好项目、大项目，集中举办专题推介会，吸引省内乃至全国有实力的企业参与建设。开发策划旅游项目，一定要澄清底子，想好点子，找对路子。要做好调查，摸清有哪些资源，是什么样的资源。要认真研究，搞清楚这些资源怎么开发，针对哪些消费群体来开发，请什么样的投资者来开发。

三　突出重点，扎实推进旅游强省建设

众所周知，图钉只有用尖的一头才能按进墙里，如果用圆的那一面，无论如何也做不到的。发展旅游也是一样的道理，必须从点的突破开始，由点到面，逐步发展。省、市、县每年都要确定一批重点项目、重点企业、重点平台、重点市场，采取有效措施，重点突破。

（一）要在市场开拓上有突破

要抓重点市场。这几年，入境旅游增长比较乏力，主要在于湖南省对欧美等高端市场的开拓不够，而港澳、日韩等传统市场的人口数量有限，继续增长

的空间不大。必须下大力气拓展欧美市场。2014 年要加快开通至法兰克福的航线，湖南的航线开到哪里，旅游宣传就要做到哪里。

（二）要在宣传推广上出奇招

旅游宣传促销，平铺直叙是不行的，要有创意、出奇招，有时甚至可以“无中生有”“小题大做”。每个人去新疆旅游，就会想起《大阪城的姑娘》这种家喻户晓的歌，就想要去大阪城看一看。同样，徐千雅的一首《彩云之南》，把云南旅游的美丽形象深深植入人们心里。湖南也有民歌，还有颇具特色的花鼓戏等民俗瑰宝，但能够达到全民传唱、能够引起游客共鸣的，目前还没有一首。湖南需要专题研究，拿出有效措施，加强旅游形象的宣传推介。

（三）要在发展新业态上下功夫

开发新业态，是留住客人、促进消费、提高旅游产业效益的重要途径。仅靠门票收入，旅游产业是不可能有前途的。要加快发展旅游购物。全世界购买力最强的是中国人，旅游购物的市场空间很大，要认真研究如何让游客在湖南心甘情愿的购物。要加快发展会展经济，弥补目前国家政策挤压的消费空间。此外，文化、体育、休闲等新的业态都很有前景，要加强研究，加快发展。

（四）要在优化服务上出硬招

提高旅游服务质量，要做到软环境、硬环境两手抓，两手都要硬。硬环境要高起点规划，高标准建设，高水平管理。软环境也不能掉以轻心，现在普遍存在建筑越来越现代，但文化品位越来越低的问题。以前那些雕梁画栋、门当户对、钩心斗角的建筑韵味，都淹没在了钢筋水泥里。旅游景区的建设，一方面，必须挖掘好、保护好文化资源，体现文化内涵。另一方面，要组织各种明察暗访，加大旅游市场秩序整治力度，发现问题，迅速处理，板子就要打到相关责任人的身上。

（五）要在协同发展上增合力

旅游是综合性产业，关联度高、涉及面广，单靠旅游部门是发展不起来的。要充分调动各相关部门、各地区积极性，形成合力，强力推动。一是要部门联动。各级旅游部门，作为旅游产业领导小组办公室，要充分发挥参谋部、协调部的作用，加强政策研究，加强重大问题的协调。其他各部门，要紧密配合，相互联动，形成合力。二是要上下互动。建设旅游强省，不仅要省里重视，更要各市州积极行动。省里要加强规划引导，确定一批省里的项目，每年集中搞几个点。各市州、县市区要认真抓好组织实施，每年也确定一批项目，组织专门班子，精干力量，大力推动。

B.3

创新体制机制　加快现代农业发展

张硕辅*

中央农村工作会议强调：要解决好农业现代化建设面临的重大课题，必须在全面深化改革中寻求新突破。2014 年中央 1 号文件要求：坚决破除体制机制弊端，加快推进农业现代化。当前农业还是“四化”同步的短腿，农村还是全面建成小康社会的短板，农业农村发展面临的各种矛盾和深层次问题还十分突出。要实现湖南省从农业大省向农业强省转变，加快建成农村全面小康社会，必须大力推进农村改革，创新农业发展体制机制，不断释放农业农村发展活力和潜力，推动农业农村又好又快发展。

一　湖南农业农村经济实现了平稳发展

2013 年，全省各级各部门在省委、省政府的坚强领导下，成功战胜了历史罕见干旱、“镉米风波”、H7N9 禽流感疫情、大宗农产品价格交替下跌等多种灾害和危机叠加的严重影响，农业农村发展总体向好，稳中有进。主要有以下特点。

一是主要农产品稳定增长。农业增加值 3099 亿元，增长 2.8%。粮食播面比 2012 年增加 42.8 万亩，总产 585.1 亿斤。油菜、蔬菜、茶叶、水果等主要经济作物稳中有增。生猪出栏 5902 万头，增长 0.4%，家禽生产呈结构性恢复增长，水产品产销两旺。新造油茶 53 万亩、毛竹 21 万亩。

二是农业产业化水平持续提高。各类农业基地面积达到 8200 多万亩，标准化基地面积突破 2000 万亩，生猪标准化养殖规模突破 2800 万头。规模农产

* 张硕辅，湖南省人民政府副省长。

品加工园区发展到54个，农产品加工企业发展到5.2万家，完成销售收入5740亿元，增长19.6%，其中429家省级以上龙头企业实现销售收入3410亿元，同比增长20%。休闲农业完成经营收入172亿元，同比增长20%。农民人均纯收入达到8372元，同比增长12.5%。

三是农业基础设施不断完善。全面铺开洞庭湖近期治理、中小河流治理、小农水重点县、灌区续建配套、病险水库除险加固等为重点的18大类24大项6000多处水利工程，新增、改善灌溉面积500多万亩，建设高标准农田1600多万亩，农业抵灾御灾抗灾防灾能力进一步提高。营造林606.3万亩，森林覆盖率稳定在57.1%，新建户用沼气池7万多口，总量达237万口，农业生产环境逐步改善。

四是农业装备有新加强。农业科技对农业增长贡献率达到55%，超级稻第四期攻关取得重大进展，百亩高产攻关片平均亩产988.1公斤。农机装备水平不断提高，农机总动力同比增长7.6%，水稻耕种收综合机械化水平达到62.3%，同比提高2.7个百分点。农业社会化服务体系进一步健全，以粮食为主的农产品销售形势转暖，完成省外销售粮食267万吨（原粮，不含中储粮），同比增加46万吨。农业融资难加快破题。

五是农业发展活力进一步增强。全省耕地流转面积达到1320万亩，占承包面积的27.2%。农民合作社发展到2.3万个。入社农户185.5万户，占农户总数的13.4%，家庭农场发展到2.9万个，30亩以上的种粮大户发展到12.7万户。

全年农业农村经济发展过程中有不少亮点。

一是谋划实施二个“百千万”工程。全省已启动“百企千社万户”现代农业发展工程、“百片千园万名”科技兴农工程。“百企千社万户”现代农业发展工程，重点是通过扶持100家成长性好、带动能力强的农业产业化标志性龙头企业，扶持1000个作业服务功能强、示范效应大的现代农机专业合作社，培育10000个以粮食生产为主的家庭农场。“百片千园万名”科技兴农工程，重点是通过调整100片（100万亩）重金属污染耕地种植结构，培育1000家农业科技示范园区，组织10000名省直农业科研院所、农业企业技术人员下乡开展农技服务，提高农业科技贡献率和农产品质量安全水平。通过实施二个

“百千万”工程，着力实现农业农村发展要素资源的有效重组、整合，打出农业农村发展的“重拳”“组合拳”，为农业农村经济加快发展提供强大“引擎”。

二是大力培育新型经营主体。2013 年，全省把培育新型农业经营主体作为发展现代农业的重要抓手。在充分调研基础上，省政府出台了《加快农民合作社发展的意见》，省委、省政府在澧县召开了全省农民合作社经验交流会，对农民合作社发展进行了部署。合作社发展加速，质量进一步提高，入社农户的收入比其他农户平均高出 20% 以上，已成为发展现代农业、促进农民增收、繁荣农村经济的重要力量。

三是成功应对“镉米事件”。2013 年 2 月底以来，媒体密集报道湖南稻米镉超标，引发舆论热潮，导致全省粮食外销受阻，库存积压严重，粮价下跌，农民种粮积极性受挫，全省粮食产业遭遇严重挑战。镉米事件发生后，省委、省政府高度重视，按照“收、销、查、治、调”5 字方针，标本兼治、综合施策，消除负面影响，扩大销售渠道，加快推进稻米镉超标防治工作，维护种粮农民利益，促进粮食产业健康发展。杜家毫省长亲赴国务院汇报，争取支持。建立了联席工作会议制度，明确相关部门的职责、任务、要求。与深圳粮食集团联合召开新闻发布会，多次组织省内外新闻媒体，开展粮食产业正面报道活动，加快消除负面影响。加大粮食收储力度，及时启动早稻和中晚稻最低收购价政策，全省 122 个县市区设立收储网点 1071 个，充分发挥了中央、地方和民营企业收储的积极性，基本满足了农民售粮需求，全年共收购粮食 998 万吨，同比增加 49 万吨，其中最低价粮 352 万吨，带动农民增收 15.6 亿元。加大危仓老库和最低收储库点改造力度，争取中央外调粮食出省 20 万吨，缓解了库容压力。省政府出台奖励措施，加强与外省产销衔接，加大粮食促销，湘米入沪取得历史性突破，湘闽合作开创新局面，云、贵销售渠道进一步拓宽，湘粤裂缝逐渐修复，粮食销售形势转暖。安排专项科研经费，启动镉低吸水稻新品种选育及综合配套技术研究，从源头控制水稻镉污染。安排专项资金支持开展粮食质量安全检测，确保粮食符合质量标准。

四是成功战胜了特大干旱灾害。2013 年 6 月下旬至 8 月中旬，全省发生超历史特大干旱，累计降雨量之少、连续无雨日之多、极端气温之高、高温持续时间之长、高温覆盖面之广、蒸发量之大均为1951年有气象资料记录以来的第一位。在历史罕见的旱灾中，全省85%以上的国土面积出现不同程度的旱情，300多万人、100多万头大牲畜出现饮水困难，农作物受灾面积近3000万亩，部分农作物绝收，受灾林木面积达4478.4万亩，补植补造任务超历史。旱情发生后，省委、省政府高度重视，省委书记徐守盛、省长杜家毫深入抗旱一线指挥，省政府办公厅下发了《关于加强当前抗旱救灾工作的紧急通知》，就抗旱救灾工作作出具体部署、提出明确要求。各地按照家毫省长提出的“不让任何一名群众喝不上水、不让任何一名群众吃不上饭、不发生群体性抢水斗殴事件”的要求，科学调度水资源，强化增水保水，适时开展人工增雨作业，积极开展应急服务，夺取了抗旱救灾工作的全面胜利。为弥补灾害损失，省委、省政府早谋划、早动员、早部署农村秋冬生产，8月15日召开了动员会，在8月23日的全省县域经济工作会议上进行再动员、再部署，11月中旬又在宁远县召开现场会，确保农村秋冬生产再升温、再加劲，做到“粮食损失旱粮补、夏季损失秋冬补”，确保实现全年农业农村工作目标。

二　全省现代农业发展仍是“四化”同步的短腿

目前，农业农村发展外部环境和条件正在发生深刻变化，各种矛盾和深层次制约更加突出，农业农村发展形势非常严峻。主要表现在：

一是农业基础设施仍然薄弱。全省13000多座中小型水库，病险水库近5000座，大中型、小型灌区灌溉水利用率分别仅有41%、40.7%，小型水利设施蓄水能力不及设计的60%，洞庭湖区饮水不安全人口达400多万人，山区缺乏水源工程，有水留不住、有水排不出，抵灾抗灾能力弱，在特大干旱中暴露无遗。农业靠天吃饭的格局仍未改变，自然灾害频发重发，农业因灾损失大。近3年来，仅粮食受灾就达6255万亩，绝收507万亩。

二是农业产业化水平低。农产品加工产值与农业总产值比率为1.1∶1，比全国平均水平低0.8，远远低于河南、山东、安徽、湖北、四川等农业大省。年产值过百亿的企业只有唐人神1家，过10亿元的仅有4家，农产品品牌多、杂、乱，市场竞争力不强，如湘茶品名达1000多个、湘米品名达200多个、湘油品名达170多个，没有像江苏雨润、黑龙江北大荒等知名企业和品牌，大部分农产品作为初级产品或原材料直接供应市场，产业链条短，附加值低，带动农民增收的能力较弱。

三是农产品质量安全形势严峻。全省部分耕地被重金属污染，主要是铅、砷、镉、汞、铬污染，其中以镉污染尤为突出。农业面源污染严重，化肥施用密度达到124千克/公顷，是全国平均水平的1.5倍，是国际公认安全上限的3.2倍，2000～2009年，全省使用农药从8.5万吨增加到10.2万吨，而农作物药物吸附率仅有30%～40%，全省约25.8%的农田灌溉水和18.3%的农田受到不同程度的污染。农村环境污染不仅造成生态破坏，对农产品质量安全也构成严重威胁。

四是农业生产经营方式落后。土地集中度低，只有27.2%。合作社总量分别比江苏、安徽、黑龙江少41000、1200、12000多个，家庭农场处于起步阶段。社会化服务体系不健全，公益性服务组织体制不顺、机制不活、队伍不稳、保障不足，难以担当服务重任；经营性服务组织数量小、规模少，先天发育不足，服务内容单一，服务能力有限，特别是农民贷款难问题非常突出，现全省村镇银行仅有28家，农民资金互助社至今没有一家，农村金融满足率不到30%。全省约80%的农户仍在从事分散细碎经营，规模化、集约化、社会化生产水平低，小规模生产与大市场的矛盾相当突出，农业生产风险大，抵御市场风险能力差，制约了现代农业发展和农民增收。

三　推进现代农业发展必须加快体制机制创新

顺应时代要求，立足省情农情，当前和今后一个时期全省农业发展重点要以确保粮食等主要农产品安全有效供给为导向，着力提升农业基础保障能力；以解决好地怎么种为导向，着力构建新型农业经营体系；以解决好地少设施弱等约束为导向，着力提高农业综合生产能力；以破解要素瓶颈为导向，着力健全农业社会化服务体系，推进现代农业持续健康发展。

1. 突出稳定发展粮食生产，不断提高农产品供给能力

从数量和质量上提高粮食等主要农产品的安全供给能力。一是稳定粮食生

产。守住耕地红线，通过良种、良技、良法提高单产，通过“压单扩双”、发展旱粮作物等提高复种指数，确保粮食总产稳定在600亿斤左右。通过落实新增补贴向粮食等主要农产品、新型农业经营主体、主产区倾斜政策，完善粮食最低收购价政策，逐步降低和取消产粮大县直接用于粮食生产等建设项目资金配套和县级保费补贴，加大粮食主产县的奖励扶持力度，完善支农资金分配和转移支付等措施，提高农民种粮、地方政府抓粮积极性。二是大力调整农业产业结构。重点推进茶叶、柑橘、生猪、油茶产业提质改造，打造千亿茶叶、千亿水果、千亿粮油产业和2千亿蔬菜产业，启动长株潭重金属重度污染区域粮食结构调整试点，调整洞庭湖传统棉区作物结构，建设一批畜禽规模生态养殖、水产健康养殖示范场。大力发展休闲农业。三是增强农业科技装备和农业机械化水平。围绕水稻、油菜、玉米、水果、蔬菜等主要农作物，加强科技攻关，培育出一批具有自主知识产权的优良品种。优化科技创新资源配置和布局，整合省级农业科研力量，建立省市县协同创新机制。加快推进农业科技集成创新，建设以农业物联网和精准装备为重点的农业全程信息化和机械化技术体系，促进农业技术集成化、农业生产机械化和生产经营信息化。四是强化农产品质量安全。创建3~5个标准化示范县，建立健全粮食等主要农产品检测体系，将农产品质量安全纳入县级政府绩效考评内容，逐步建立从田间地头到餐桌的农产品质量安全监管制度，严格农产品质量安全监管，用最严谨的标准、最严格的监管、最严厉的处罚、最严肃的问责，确保农产品质量安全。

2. 突出基础设施建设，着力提升农业可持续发展能力

一是重点抓好农田基本水利建设。抓好农村安全饮水、涔天河水库和洞庭湖治理等重点水利工程建设，启动小型农田水利工程建设五年行动方案，加快病险水库除险加固、骨干山塘清淤扩容建设和以“五小水利”、灌区续建配套、泵站改造为重点的农业灌溉体系建设，加快小型水利工程管护体制改革，落实管护主体、责任、经费，探索农田水利建设新机制，切实解决好农田灌溉“最后一公里”问题，提高全省防汛抗旱减灾能力和水平。强化水资源管理，优化水资源配置，划定“水资源开发利用总量控制、用水效率控制、水功能区限制纳污”红线。二是切实抓好农业生态建设。大力开展植树造林，开展石漠化综合治理、山体生态修复、矿山复绿等林业生态工程，稳定提高森林覆

盖率。加大农业面源污染治理，以清洁家园、清洁田园、清洁水源、清洁能源为重点，全面开展农村垃圾、污水处理，综合整治农村环境。三是认真抓好中低产田改造。抓紧编制并实施高标准农田建设规划，以粮食主产县为重点，加大高标准农田建设力度，建设一批旱涝保收、高产稳产基本农田。抓好全省土地污染普查，制定并实施土地治理修复行动计划，积极稳步开展重金属污染耕地修复试点。

3. 培育壮大新型农业经营主体，着力提升农业发展活力

进一步加大扶持力度，加快培育新型农业经营主体，构建集约化、专业化、组织化、社会化相结合的新型农业经营体系。一是大力培育新型职业农民。把培养有文化、懂技术、会经营的新型职业农民作为建设现代农业的一项紧迫任务来抓。在省级层面整合农民教育培训资源，构建以农广校和农业职业院校为基础依托的新型职业农民教育培训体系，制定专门规划和切实可行的具体政策，按照产业带头人、专业服务人、一线生产能人等不同类型，分类制定职业教育培训计划，启动青年农民培训计划，科学确定培训内容，灵活选择培训模式，加大对农村实用技术人才培养力度，吸引和支持年轻人务农，解决“谁来种地”的问题。二是加快发展农民合作社。认真落实中央和省里制定的一系列政策措施，整合中央和省级专项资金，增加扶持专项，扩大省级示范社规模，组建大宗农产品联合社。允许财政项目资金直接投向符合条件的合作社，允许财政补助形成的资产转交给合作社持有和管护，切实解决合作社用地难、融资难等问题，加强合作社管理，促进农民合作社规范快速发展。力争用5年左右时间，全省农民合作社发展到5万家以上，入社农户占农户总数的40%以上，农民合作社销售的农产品占农产品销售总量的60%左右。三是积极培育专业大户和家庭农场。专业大户和家庭农场是促进家庭经营集约化、规模化、专业化最有效的形式。加紧研究出台财政、税收、国土、金融、保险等扶持政策，明确国家补贴和项目资金向专业大户和家庭农场倾斜，提高家庭农业生产经营水平。开展示范家庭农场创建。四是做大做强农业龙头企业。把农产品加工业作为农村全面小康建设和县域经济发展的重要抓手。加快实施农产品加工业振兴规划，以开放促发展，制定和完善财税、金融等配套政策，鼓励引进国内外农产品加工知名企业和战略投资者，采取参股、并购、直接投资等多种形式，培育聚集带动能力强的农产品加工龙头企业或企业集团，引导和支持中小企业向园区集聚，促进农产品精深加工，不断提高农产品加工转化率。加大地理标志产品的挖掘和开发力度，打造一批农产品知名品牌。加强品牌整合，推动同类品牌向强势品牌集聚，每一个主导产业集中培育 1 ~2 个骨干品牌。加强品牌宣传和保护，塑造湘字号农产品和食品品牌良好形象。

4. 突出规模化经营，着力提升农业竞争力

规模化是现代农业发展的必然要求，也是提升农业效益的有效途径。随着工业化和城镇化深入推进，大量农民转移到非农产业和城镇就业，农民流转土地的意愿越来越强。要顺应这种趋势，按照党的十八届三中全会精神要求，在尊重农民意愿、保障农民合法权益的前提下，逐步把土地集中起来，通过适度规模经营，提高整个农业的经营效益。一是积极推进农村土地流转。加快推进土地承包经营权确权登记颁证，夯实农村土地流转基础。在完成并总结试点工作的基础上，在一、二、三类县选择有代表性的县开展整体推进试点，各市州、县市区都要办好试点。创新土地流转方式，积极推广土地入股、信托流转和土地银行等好的做法，建立规模流转补助机制，逐步解决土地细碎化经营问题。加强农村土地经营权流转管理和服务，建立健全县乡村三级土地承包经营权流转服务和纠纷调解仲裁体系，建立农村土地流转市场，推动土地承包经营权在公开市场上向专业大户、家庭农场、农民合作社、农业企业等公正、规范流转。二是加强农业项目建设。以抓工业的理念抓农业，用项目推动农业规模化、集约化经营。重点组织实施“百企千社万户”现代农业发展工程。加大农业产业结构调整力度，启动长株潭重金属重度污染地区种植结构调整试点。推进茶叶、油茶、柑橘、木竹等优质产业提质升级，打造一批千亿产业。大力发展现代养殖业，重点支持一批畜禽规模化标准化养殖场、水产健康养殖示范场建设。加强重大动物疫病防控。大力发展休闲农林业。抓好农村招商引资，扩大湖南农业对外开放的水平。三是大力发展现代农业产业园区。把农业产业园区作为现代农业发展的重要平台来打造。制定全省现代农业产业园区建设规划，认真组织实施“百片千园万名”科技兴农工程。省里重点建设 3 ~4 个省级现代农业产业园区，逐步形成市州有综合园区、县级有专业园区、乡镇有农产品种植基地的现代农业产业园区发展格局。整合涉农项目资金，集中投向园区，把农业产业园区办成设施农业、标准农业、科技农业、生态农业和高效农业的示范区，办成推广先进实用技术和培训新型农民的实训基地，办成普及农业科普知识、发展体验观光农业的重要载体，办成展示现代农业发展水平的窗口。

5. 突出要素保障，着力提升农业发展活力

重点突破三大瓶颈。一是突破农村金融瓶颈。加快推进林权、土地承包经营权抵押、担保，稳妥开展农民住房财产权抵押、担保、转让试点，推广浏阳市农房抵押试点的做法，赋予农民更多的财产权利，拓宽农民的融资渠道。探索在农民合作社和供销合作社内部开展资金互助合作，发展资金互助社，建立真正意义上的农村合作金融组织。健全各级农业担保体系，县市区逐步建立由政府出资、社会参与的担保公司，开展农户评级授信和信用村创建。扩大农业保险覆盖面，加大对农业保险的补贴力度，提高赔付率，增强农业新型经营主体抗风险的能力。二是突破政策资源分散瓶颈。认真总结宁远县、武岗市、汝城县等“以规划定项目、以项目定资金”整合支农资金的经验，支持以县为单位，围绕现代农业发展，开展涉农资金整合，形成“多个口子进水、一个池子蓄水、一个龙头放水”的财政支农资金使用机制，集中力量办大事。改进项目审批制度，逐步下放省级涉农资金审批权限，在若干个县开展涉农资金整合试点。通过贴息、奖补、税费减免等措施，带动更多金融和社会资金投入农业农村。三是突破农业社会化服务瓶颈。加强乡镇水利、农业、林业等公益性农业技术服务体系建设，切实提高服务能力和水平。大力发展主体多元、形式多样、竞争充分的社会化服务组织，支持科研人员和农技人员通过技术入股、技术承包，或到服务组织兼职等多种形式参与兴办服务组织。引导种养大户、农村能人和各类经营主体牵头兴办专业服务组织、合作经济组织。通过购买服务等方式，支持有资质的经营性服务组织从事农业公益性服务。开展粮食生产全程社会化服务试点。逐步构建以公共服务机构为依托、合作经济组织为基础、龙头企业为骨干、其他社会力量为补充，公益性服务和经营性服务相结合、专项服务和综合服务相协调，覆盖全程、综合配套、便捷高效的新型农业社会化服务体系。

B.4

实施八项行动　打造工业经济升级版

黄兰香*

一　2013年湖南工业经济工作主要成绩

2013年，在省委、省政府的坚强领导下，面对极其错综复杂的经济形势，全省上下始终坚持新型工业化第一推动力不动摇，按照“四化两型”总战略和“三量齐升”总要求，严守增长底线，扎实工作，砥砺奋进，全省工业经济整体呈现稳中向好、稳中有进、稳中提质的发展态势。

一是总量迈上新台阶。2013年，全省全部工业增加值迈上万亿台阶，达到10001.00亿元，其中，规模工业增加值9788.46亿元，同比增长11.6%，增速比全国快1.9个百分点。规模工业主营业务收入迈上3万亿台阶，达到31616.57亿元。

二是产业呈现新亮点。汽车、电子信息、生物医药产业快速发展，同比分别增长28.6%、35.7%、16.5%，成长为全省工业经济“三个新的支撑点”。目前，全省工业千亿产业9个，与上年持平；千亿园区4个，比上年增加1个；千亿企业1家，与上年持平；百亿企业16家，增加1家；50亿企业34家，增加7家。多点支撑、多极发展的产业格局初步形成。

三是质量效益有新突破。全省规模工业企业盈亏相抵后实现利润1585.10亿元，增长19.2%，增幅居全国第7位；高新技术产业实现增加值3989.27亿元，增长21.4%，高新技术产业增加值占地区生产总值比重达到16.3%，比上年提高1.3个百分点；战略性新兴产业占地区生产总值比重达到10.7%，增加0.4个百分点；单位规模工业增加值能耗下降8%。

---

* 黄兰香，湖南省人民政府副省长。

四是两化融合有新进展。全省信息化与工业化更加融合，两化融合发展综合指数达到68.96，全国排名第9位，较上年上升2位。

过去一年，围绕加速推进新型工业化，全省各级各部门做了大量卓有成效的工作。一是坚持稳中求进总基调。始终把确保工业平稳运行作为中心任务，狠抓运行调度、项目建设和政策落实，有效地稳住了企业，稳住了工业，稳住了就业，稳住了全省发展态势。二是坚持新型工业化为引领。省财政投入19亿元，支持传统产业转型升级，支持培育战略性新兴产业，支持中小企业和非公经济发展，支持企业技术创新，支持生产性服务业发展，发挥了明显的带动作用。三是坚持项目建设为抓手。年内新开工项目近1.5万个，完成工业固定资产投资7926.6亿元，增长28.1%。蓝思科技、泰富重工、北汽株洲生产基地等重大项目相继投产，形成了新的增长点。四是坚持开放发展增活力。大力引进龙头企业，截至2013年底，落户湖南的世界500强企业达到131家，2013年新增4家。五是坚持以服务企业为重点。组织开展了“惠企政策落实年”等专题活动，着力为企业解决了一些突出困难和问题。

二　科学把握当前工业经济发展面临的形势和任务

2014年是全面深化改革，加快推进发展的关键之年。省委、省政府确定的2014年工业经济主要发展目标是全省规模工业增加值增长12%左右。要完成这一目标，任务十分艰巨。一是通过建立时间序列模型与因素分析法得出的今年规模工业增幅在10.6%～12.2%区间，全省工业发展目标取的是一个较高值。二是有一些不可忽视的因素。一方面，近几年亿元以上工业投资项目偏少。据省统计局提供的情况，全省2012年、2013年亿元以上工业项目分别为2219个、2730个；湖北2012年、2013年亿元以上工业项目分别为2619个、4011个。湖南与中部省份相比明显偏少。另一方面，大企业、总部经济少。目前，湖南主营业务收入超过1千亿元的企业只有五矿有色1家，江西有2家；500亿元以上的企业，湖南只有五矿有色、中联、华菱、三一、中烟5家。目前，湖南共有大企业194家，湖北、河南、山西、安徽、江西分别为

319家、562家、295家、259家、159家，与中部省份相比，湖南仅好于江西。湖南资源优势十分明显的食品产业中，过50亿元的企业一个都没有。三是骨干大型企业增长乏力。尤其是华菱、中联、三一等骨干企业2013年受到市场的冲击较大，由2011年、2012年超过30%的增速大幅回落，已远远低于全省规模工业的平均增速，2014年1~2月份仍然没有明显回升迹象。四是结构调整任务艰巨。工业长期存在的结构性问题仍未根本解决，产业集中度低、产业布局不尽合理、核心技术缺少，部分行业产能严重过剩，潜在风险大。比如，株洲清水塘地区的企业搬迁问题。五是要素制约更加明显。土地、能源、人才等要素保障趋紧，特别是用工成本增幅较大，比较优势逐步减弱。六是企业发展环境依然不优。融资难、融资贵等问题依然突出。惠企政策落实不到位，乱收费、乱罚款、乱摊派等现象在一定范围内仍然存在。七是推进新型工业化工作积极性有所下降。工业项目普遍投资规模大、建设周期长、配套成本高，很难在短期内产生明显效益，导致一些地方政府想做大项目又不敢做大项目，工作积极性有所下滑。

虽然工业发展面临诸多困难，但湖南推进新型工业化整体有利的宏观环境没有变，仍处于上升阶段的发展趋势没有变，支撑发展的条件和基础没有变。随着新的改革红利不断释放，将进一步激发工业经济发展的内生动力与活力。特别是两化融合越来越紧密，发展机遇将会不断增多。比如，移动互联网产业，目前是创新最活跃、成长最快的产业，未来发展空间很大。汽车、电子信息、生物医药等产业的加速发展，同样将带来更多发展机遇。随着上海大众长沙项目、华菱汽车板项目等重大项目的相继投产，也会产生新的增长点。

全省上下要在省委、省政府的坚强领导下，坚持底线思维和问题导向，坚定信心，抢抓机遇，迎战困难，科学发展，坚决完成2014年的各项目标任务。

三　突出抓好2014年湖南工业经济重点工作

重点抓好“实施八项行动，打造工业经济升级版”行动计划：

（一）实施“改革攻坚”行动

全面深化国企改革，激发企业发展活力。

（1）全面深化国企改革。抓紧出台《关于进一步深化国有企业改革的意见》，加快分类推进国有企业改革。

（2）全面完成省市县三级上一轮以“两个置换”“关闭破产”为主要内容的国企改革任务。

（3）基本解决企业办社会问题，改制企业“两供一业”分离、社区移交问题。

（4）全面启动新一轮国企改革，建立现代企业制度，发展混合所有制经济。

（5）完善国有企业资产管理体制，实现管资产到管资本的转变，逐步分类对经营性国有资产实行统一监管。

（二）实施项目升温行动

工业投资总量不大、工业项目储备不足，是影响湖南工业发展后劲的突出问题。2014 年要大力推进项目建设全面升温，推动一批亿元以上产业项目尽快开工建设，力争完成工业投资突破一万亿元。

一是突出抓重大项目。全省从项目库中遴选 30～50 个重大产业项目，重点跟踪服务。建立重大产业项目领导联系制度，对推进过程中遇到的问题实施挂号销号制度，实行月调度、季督查、半年通报。

二是突出抓环境优化。要依法严厉打击索拿卡要、强揽工程，寻衅滋事，阻挠工程建设等不法行为。加强面向企业的信息服务、中介服务、技术服务；加快面向企业的创业平台、投融资平台、创新平台等各类平台建设。

三是突出抓项目招商。加大“两型”项目招商引资力度，吸引更多企业来湘建立集团和区域总部，以及研发、结算、数据、采购中心。要瞄准移动互联网、物联网、先进制造、军民融合、生物医药、环保产业等战略性新兴产业加大招商；围绕汽车制造等先进制造业的产业配套、延伸产业链条，加大招商；围绕对接优强企业、承接产业转移加大招商。招商工作不仅招商部门要抓，工业部门也要重点抓。

四是突出抓项目储备。各市州要根据产业基础、区位优势、要素构成、全球战略性新兴产业发展趋势，加强项目的研究及前期开发，抓紧储备一批大项目、好项目。

（三）实施园区倍增行动

产业园区化、园区产业化，是推进新型工业化的基本方向，必须大力实施园区倍增行动。2014 年，园区产业集中度要由 2013 的 45% 提高到 50%；13 个国家级园区规模工业增加值增长 20% 以上。到 2018 年，全省省级以上园区要在 2012 年的基础上，实现固定资产投资总额翻番、上交税金翻番、单位土地面积规模工业增加值翻番、高新技术产业产值占比翻番、主导产业集聚度翻番。

（1）继续实施“千亿园区”培育计划。力争 4 年内千亿园区由目前的 4 个增加到 8 个。

（2）实行省级园区优胜劣汰动态管理。对有牌子无特色产业的园区，必要时要摘牌。对产业基础好、发展势头好的地方，批不了园区的也要先给工业集中区的牌子。

（3）努力提升园区发展质量。要提升园区产业层次，通过三年左右的努力，工业园区一定要有主导产业、特色产业，并逐年提高主导产业、特色产业的产业集中度。国家级产业园区至少有 1 个主导产业在国内具有一定影响力，综合性园区主导产业产值占园区经济总量的比重应达到 50% 以上，特色专业性园区应达到 70% 以上。同时，要提高土地使用效率，将土地投资强度和财税贡献作为园区考核的重要指标。

（4）支持国家级和省级新型工业化示范基地建设。加强获批示范基地建设，指导帮助有条件的园区和工业集中区创建国家级和省级新型工业化示范基地，打造 50 个有特色、有较强竞争力的产业示范基地。

（四）实施产业升级行动

转型升级是提高湖南工业核心竞争力的根本前提。

一是加快培育发展战略性新兴产业。加快支持先进装备制造、新材料、文化创意、生物医药、新能源、电子信息、汽车及零部件、节能环保、移动互联网、物联网等战略性新兴产业的培育和发展，把战略性新兴产业占地区生产总值比重提高到11%以上。巩固工程机械、文化创意等国内具有一定的优势产业，再造轨道交通、汽车制造、电子信息、移动互联网、生物医药等新优势产业。

二是加大科技创新力度。重点推进30项战略性新兴产业重大关键共性技术攻关，实施百项重点新产品研发推进计划、百项重点专利转化推进计划，把高新技术产品占规模工业比重由2013年的40.8%提高到44%。

三是加快传统产业转型升级。支持传统产业加大技术改造力度，延伸产业链，提升价值链。坚决淘汰落后产能，全面完成落后产能淘汰任务和工业企业节能降耗任务。

四是加大龙头企业培育。继续实施1515工程，鼓励企业通过兼并重组、走多元发展道路等做大做强，再培育一批千亿企业、500亿企业、100亿企业和50亿企业。实施中小微企业“百千万”成长工程，力争新增100户大企业、1000户中型企业、30000户小微企业。建立重点企业直通车服务机制。

五是加快促进两化融合。大力支持利用先进信息技术改造提升传统产业，更加重视发挥信息化在商业模式创新和业态转型中的作用。大力推进企业、园区两化融合发展示范试点，2014年两化融合发展综合指数提高3个百分点。

（五）实施能源保障行动

湖南能源保障基础弱，历来受制于人。必须进一步深化能源管理体制改革，探索建立能源保障长效机制，全力解决煤、电、油、气等能源保障“最后一公里”问题。

（1）加快基础设施建设。重点加快已批复电厂开工建设，2014年新增新能源发电机组120万千瓦。加快煤炭储备基地、输煤输电通道建设，加快新一轮主网输电网架、县城电网和农网改造。加快成品油、天然气管网和油气储备库建设。

（2）加强资源组织。支持勘查勘探单位加强省内资源勘探和开展境外找矿工作，支持重点资源类企业开辟境外省外资源市场，支持企业采取多种方式进入新能源市场，加大对页岩气等新能源开发投入，真正利用好境内境外两种资源两个市场。

（3）加强运行管理。以调煤保电为突出重点，积极争取国家部委及国家电网、中石油、中石化和能源大省的支持，指导支持省内发电、煤炭、石化等能源生产企业稳定生产，确保能源有序供应。积极有序推进电力用户与发电企业直接交易试点。

（4）加快实施“气化湖南”工程。重点加快推进西气东送三线湖南段建设，力争早日实现“气化湖南”。

（5）做好新能源汽车使用试点工作。总结长株潭试点经验，积极探索并向全省其他市州推广使用新能源交通工具。

（六）实施激励消费行动

消费升级、内需持续扩大是促进工业发展的基础和保障。

（1）精心打造“湘飘天下—湘品湘企网上行”网络推介平台，集中展示湖南名企名品，扩大“湘”字号消费品牌影响。

（2）继续开展产销对接合作，支持企业购销合作、抱团发展。鼓励各级政府优先采购本地产品，鼓励与支持企业“走出去”开拓境外市场。

（3）加快实施“宽带中国”战略，全面推进信息消费“十大工程”建设，着力促进信息消费。加快推进移动互联网产业发展，抓好电子商务可信交易保障试点。

（4）完善现代物流基础设施，大力发展第三方物流，促进现代交通、邮政快递、物流配送、电子商务体系与现代产业体系的对接、配套和融合。

（七）实施人才培育行动

人才始终是支撑推进新型工业化的核心和支柱，要下大力气抓好人才的培养、引进和聚集。

一要抓企业家队伍的培训。以《中共中央关于全面深化改革若干重大问题的决定》和中共湖南省委的《实施意见》为重点，对国有企业、上市企业高管和民营企业家进行轮训。借助北大、清华等知名高校教学资源，继续组织中小企业管理人才培训，提高企业家顺应改革要求、驾驭市场的能力和水平。

二要抓产业领军人才的培育与引进。开设海外名师大讲堂，邀请国际知名专家来湘讲学。积极引进国内外产业精英，特别是IT产业精英和投资大鳄来湘发展，带动产业发展新的前沿技术、商业模式和资本运作方式，培育产业领军人物或领军团队。

三要抓职工队伍的技能培训。依托省内职业技术院校，开展校企合作和订单式培养，为企业输送急需职业技术人才；联合有关部门，选择重点产业，组织开展技能培训和技能比武，帮助企业提高在岗职工的技能水平。

四要抓行政管理人员的培训。请国家部委、省委组织部、省委党校（行政学院）组织开展对推新工作成员单位和市州领导小组成员单位的相关人员进行培训。各市州县市区要协调组织人事部门和党校、行政学院等各方力量，加强相关部门和园区管理人员产业新趋势、管理新理念、服务新手段等方面的培训，全面提高服务企业的能力和水平。

（八）实施政策服务行动

2014年，要继续深入开展“惠企政策落实年”活动。

一要加强政策宣传。各级推新工作领导小组要继续组织开展“政策进园区进企业”活动，各级宣传部门要组织媒体，腾出重要版面、黄金时段进行宣传，使中央和省委省政府的惠企政策家喻户晓。

二要加强政策落实。各级各部门要下大力气抓惠企政策落实，已有的政策要确保企业用好、用足、用到位，不完善的政策要抓紧修改完善。

三要研究出台新政策。结合湖南推进新型工业化工作的实际，重点研究出台一批新的新兴产业发展政策，支持企业发展。比如，省政府已连续出台的《关于鼓励移动互联网产业发展的意见》《关于鼓励移动互联网产业发展的若干政策》等文件。

四要优化考核办法。参考国家工信部工业运行质量评价指标体系，抓紧修订湖南新型工业化考核办法，充分调动各方积极性，加强分类指导，更加注重质量效益的发展导向。

五要提高资金使用效益。抓紧完善新型工业化等战略性新兴产业有关专项资金、基金管理办法，使财政资金发挥“四两拨千斤”的效益最大化。同时，要跟踪问效有关工业产业特色县的资金使用情况。

总 报 告

General Report

B.5 2013 ~ 2014 年湖南产业发展研究报告

湖南省人民政府经济研究信息中心课题组 *

2013 年，在错综复杂的形势下，湖南省委、省政府坚决贯彻落实中共十八大会议精神，产业发展保持了稳中求进态势。2014 年是全面贯彻落实中共十八届三中全会精神、全面深化改革的第一年，也是充分发挥“一带一部”区位优势，抢抓产业梯度转移和国家支持中西部地区发展重大机遇的重要一年，对湖南产业转型升级提质发展至关重要。本报告在总结 2013 年湖南产业经济运行情况的基础上，客观分析 2014 年产业发展面临的形势，提出从数量、质量、基础三个方面加快产业发展、优化营商环境、提升政策效率、加强重大项目管理等多条促进湖南产业经济发展的对策建议。

一 2013 年湖南产业经济运行基本情况

2013 年，全省上下按照省委经济工作会议的总体部署和政府工作报告的

---

* 课题组长：梁志峰；课题组成员：禹向群、左宏、文必正、侯灵艺、彭鹏程。

具体安排，坚持稳中求进、改革创新，着力激发发展活力，深入推进转方式调结构，切实保障和改善民生，努力实现稳中求进、稳中求好，圆满完成全年各项目标任务。

（一）产业增长情况分析

初步核算，2013 年，全省实现地区生产总值 24501.67 亿元，同比增长 10.1%。GDP 总量在中部六省中继续保持第 3 位，与第二的湖北省仅低 0.68%，增速在中部六省中排名第二，仅比安徽省低 0.3 个百分点，已连续 10 年保持两位数的增长。全省经济增速一、二季度持续下滑，三季度止跌回升，四季度企稳运行，经济运行总体呈现稳中有进、稳中有升态势，大部分主要经济指标持续回升。

1. 第一产业

2013 年前三季度，第一产业增加值 3099.23 亿元，增长 2.8%，增速同比回落 0.2 个百分点，比全国平均水平低 1.2 个百分点。从分项情况来看，前三季度，农业增加值 1097.10 亿元，同比增长 2.5%；林业增加值 84.82 亿元，同比增长 5.0%；牧业增加值 554.02 亿元，同比下降 0.3%；渔业增加值 134.35 亿元，同比增长 5.0%；农林牧渔服务业增加值 72.45 亿元，同比增长 6.9%。

2013 年，湖南农业生产先后遭遇 H7N9 禽流感、镉大米事件、严重干旱等一系列重大困难，部分地区农作物及畜牧水产养殖受到严重影响，粮食、棉花等部分大宗农产品减产，第一产业增加值增速由一季度的 4.5% 滑落至前三季度的 2.1%，但秋冬以来农业形势有所转好。全省对农业的投入和建设力度加大，农业发展水平有了较大提高，农业生产条件也有了一定的改善。一是农业生产得到稳定发展，农业生产结构进一步优化。湖南稻谷总产量、播种面积一直稳居全国首位，占全国的份额也一直稳定在 12% 以上；蔬菜、水果产量全国排名分别为第七位和第九位，柑橘产量稳居全国首位；生猪出栏数、存栏数分别居全国的第二位和第三位；水产品养殖产量居全国第四位。二是农业全面发展，优势农业产业布局初步形成。目前，全省共建立农产品生产基地 3000 多万亩。湘东、湘中形成了以蔬菜、时鲜瓜果、花卉苗木、畜禽产品和水产品的生产、加工为主的农产品集聚区；湘北形成了以稻米、优质棉花、油

菜、水果、蔬菜和特种水产、水禽养殖为主的农产品集聚区；湘南形成了以蔬菜、时鲜瓜果、油茶、烤烟、养殖等名特优农产品生产和加工为主的农产品集聚区；湘西形成了以草食畜禽产品、优质水果、优质名茶、反季节蔬菜、药材为主的农产品集聚区。三是农村改革不断深化，农村发展活力进一步增强。农业规模经营适度发展。2007 年以来，农村土地流转面积 1073 万亩，土地集中率达到 22.1%。农村金融改革和农村综合改革顺利推进。

湖南农产品加工业保持稳定快速增长态势，成为农业战线的一大亮点。据省乡镇企业局初步统计，2013 年，全省农产品加工业预计实现销售收入 5740 亿元，增长 19.6%。其中粮食加工业实现销售收入 1240 亿元，增长 21.6%；畜禽加工业实现销售收入 760 亿元，增长 20.6%。农业产业化龙头企业方面，全省 429 家省级以上龙头企业实现销售收入 3410 亿元，增长 20%，比全省农产品加工业销售收入增速高出 0.4 个百分点，在全省农产品加工业销售收入的占比中上升到 59.4%；实现利润 100 亿元，增长 14.9%。全省新增产值过亿元的农产品加工企业 20 家，年产值过亿元的农产品加工企业总数达 405 家。农业产业化龙头项目方面，全省新增或续建投资 1000 万元以上的农业产业化项目 680 多个，总投资 280 多亿元，其中省级以上龙头企业投资的项目 360 多个。君山银针茶业有限公司投资 1.6 亿元的君山银针黄茶产业园项目，2013 年 10 月正式投产；中粮岳阳粮食加工项目完成投资 1.9 亿元，2013 年 8 月正式投产；湘潭伟鸿食品投资 10 亿元的冷链物流项目完成一期投资 3 亿元，入驻商户 200 多家，项目全部投产后产值有望突破 50 亿元；湖南果秀食品公司珍稀食用菌深加工生产线，完成固定资产投资 1.2 亿元，即将投产。农产品加工园区方面，全省较大规模的农产品加工园区（含园中园）发展到 54 个，入驻规模以上农产品加工企业 1050 家，比上年增加 65 家；园区农产品加工企业实现销售收入 980 亿元，比上年增长 22%，占全省农产品加工业销售收入的 17.1%。耒阳市蔡伦现代农业科技园、怀化工业园被认定为全国农业产业化示范基地。

2. 第二产业

全省第二产业实现增加值 11517.35 亿元，增长 10.9%，比上年同期下降 1.9 个百分点，比全国平均水平高 3.1 个百分点。

工业发展基本企稳。2013 年，全省规模工业增加值增长 11.6%，同比下跌3.0个百分点。其中，3~6月，为近年来新低，当月增速在10%左右徘徊；三季度回升较为强劲，9月达到14.2%；进入四季度后，虽有所回落，但基本稳定在12%以上。规模工业39个大类行业中，37个实现增长。对全省规模以上工业的增长贡献率超过5%的大类行业有6个。分别是计算机通信和其他电子设备制造业、有色金属冶炼和压延加工业、非金属矿物制品业、化学原料和化学制造业、汽车制造业和烟草制品业，增加值同比分别增长35.7%、18.7%、16.3%、11.3%、28.6%和11.9%。

建筑生产形势回暖。2013年，全省建筑业企业（指具有资质等级的总承包和专业承包建筑业企业，不含劳务分包建筑业企业，下同）完成建筑业总产值5255.98亿元，居全国第11位，比上年上升2位，同比增长19.2%，比全国平均水平高3.1个百分点。完成房屋建筑施工面积43141.8万平方米，增长18.5%，竣工面积15528.5万平方米，增长15.9%，增长15.9%。同时，营业收入、上缴税金和实现利润均较快增长，企业经营效益向好。一是营业收入持续增长。前三季度，全省建筑业企业营业收入3124.03亿元，比去年同期增加552.9亿元，增长21.5%，增幅比去年同期提高10个百分点。其中，国有及国有控股建筑业企业营业收入1370.37亿元，比去年同期增加177.09亿元，增长14.98%，增幅比去年同期提高10.71个百分点，比上半年提高0.1个百分点。二是上缴税金持续增长。前三季度，全省建筑业企业上缴税金123.34亿元，比去年同期增加22.15亿元，增长21.9%，增幅比去年同期提高10.3个百分点。其中，国有及国有控股建筑业企业上缴税金45.79亿元，比去年同期增加8.13亿元，增长21.59%，增幅比去年同期大幅提高22.57个百分点，比上半年提高5.38个百分点。三是实现利润持续增长。前三季度，全省建筑业企业实现利润总额109.29亿元，比去年同期增加27.29亿元，增长33.3%，增幅比去年同期提高20.6个百分点。其中，国有及国有控股建筑业企业实现利润总额41.88亿元，比去年同期增加10.89亿元，增长35.1%，增幅比去年同期提高6个百分点，比上半年提高2.7个百分点。四是应收工程款持续回落。前三季度，全省建筑业企业应收工程款584.56亿元，比去年同期增加95.66亿元，增长19.6%，增幅比去年同期回落12.5个百分点。其中，国有及国有控股建筑业企业应收工程款291.99亿元，比去年同期增加25.9亿

元，增长9.7%，增幅比去年同期回落24.6个百分点，比上半年回落0.4个百分点。五是亏损面缩小。前三季度，全省亏损建筑业企业数284个，亏损面14%，比去年同期下降0.2个百分点。

3. 第三产业

第三产业稳步发展。2013年前三季度，全省第三产业实现增加值6815.32亿元，增长11.6%，增速比上年同期提高0.8个百分点，比全国平均水平高3.2个百分点。交通邮电企业完成客货换算周转量3769.3亿吨公里，增长6.6%；完成邮电业务总量401.4亿元，增长10.6%。其中，完成旅客运输量14.59亿人，旅客周转量1439.87亿人公里，分别增长6.6%和7.3%；货物运输量14.72亿吨，货运周转量3009.13亿吨公里，分别增长11.8%和6.7%。批发和零售业完成商品销售额13332.32亿元，零售额5493.73亿元，分别增长16.8%和14.0%。住宿和餐饮业完成营业额1248.67亿元，增长12.8%。金融支持产业发展力度加大。11月末，全省金融机构本外币贷款余额18074.12亿元，比年初新增2381.69亿元。其中，个人消费贷款余额比年初新增538.22亿元，经营贷款余额比年初新增553.47亿元。商品房屋销售平稳较快增长，1～11月累计销售商品房屋4892.54万平方米，同比增长20.9%；商品房屋销售额2115.54亿元，增长26.3%。其中，长沙市商品房屋销售面积1609.83万平方米，占全省的32.9%，同比增长21.5%，增速最高的邵阳市（63.2%）比增速最低的株洲市（1.7%）高出61.5个百分点。

（二）产业结构变化情况

1. 三次产业结构：一产占比明显调低

2013年前三季度，湖南省三次产业结构为12.1∶47.6∶40.3，与2012年相比，第一产业比重下降了1.5个百分点，第二、三产业则分别提高了0.2个和1.3个百分点。与全国相比，第一、二产业分别高出2.9个和2.3个百分点，第三产业则低5.2个百分点。

2. 工业内部结构进一步优化

2013年1～11月，全省规模工业增加值同比增长11.6%，增速高于全国平均水平1.9个百分点。其中，非公有制企业增长15.0%，比全省规模工业平均水平快3.4个百分点。从企业登记注册类型来看，股份制企业和外商及港澳台商投资企业增长较快，分别增长12.6%和19.3%，比全省平均分别快1个和7.7个百分点，比全国平均分别快1.6个和11.1个百分点。从高技术产业和高加工度工业来看，规模工业高技术产业增加值增长27.4%，高加工度工业增加值增长13.6%，分别比全省平均快15.8个和2个百分点。2013年前三季度，高新技术产业实现增加值2568.61亿元，完成销售收入8386.83亿元，实现利税总额716.77亿元，分别增长11.6%、15.2%和4.2%。全省规模工业高加工度工业增加值占全部规模工业的35.0%，比去年同期提高0.4个百分点；规模工业高技术产业增加值占全部规模工业的8.6%，比去年同期提高1.7个百分点。

（三）工业能源消耗及效益情况

1. 能源消耗：原煤消费占据将近一半

2013年1～11月，全省规模工业综合能源消费量为6088.25万吨标准煤，同比上升2.8%。全省规模工业原煤消费量为5390.25万吨标准煤，占规模工业能源消费合计比重为49.0%。洗精煤、焦炭、原油、电力等其他品种消费量分别为739.77万、778.00万、1237.52万、1074.34万吨标准煤，占规模工业能源消费合计的比重分别为6.7%、7.1%、11.3%和9.8%。全省39个行业大类中，16个行业综合能源消费量同比正增长，23个行业综合能源消费量同比负增长。其中，六大高耗能行业综合能源消费量为4809.21万吨标准煤，同比上升4.5%。综合能源消费量居前三位的是：电力热力的生产和供应业、黑色金属冶炼及压延加工业和非金属矿物制品业，其综合能源消费量分别为1363.20万、1105.31万和1079.09万吨标准煤，同比增速分别为16.4%、-1.8%和7.0%。市州综合能源消费量同比有升有降。全省14个市州中，除湘潭、衡阳、郴州、怀化和湘西自治州等5个市州综合能源消费量同比负增长外，其余9个市均正增长。其中综合能源消费量居前三位的是娄底、岳阳和湘潭，分别为1002.42万、924.36万和585.71万吨标准煤；综合能源消费量增速居前三位的是张家界、邵阳和常德，分别同比增长13.8%、6.9%和6.8%。

2. 工业效益进一步提高

2013年1～11月，全省规模以上工业主营业务收入同比增长12.7%；盈

亏相抵后实现利润 1269.95 亿元，增长 15.8%。每百元主营业务收入中的成本为 82.06 元。主营业务收入利润率为 4.58%。上半年，规模工业的利润增速一度跌落至 5%，7 月份以后稳步回升。从企业登记注册类型来看，国有企业实现利润 163.77 亿元，增长 32.0%；集体企业实现利润 15.96 亿元，增长 7.8%；股份合作制企业实现利润 7.86 亿元，增长 7.3%；股份制企业实现利润 775.48 亿元，增长 12.5%；外商及港澳台商投资企业实现利润 108.39 亿元，增长 16.8%；其他内资企业实现利润 198.49 亿元，增长 17.7%。按行业分，规模以上工业 32 个大类行业利润同比增长。利润总额居前五位的是专用设备制造业、烟草制品业、化学原料和化学制品制造业、非金属矿物制品业、农副食品加工业，分别实现利润 140.68 亿元、106.41 亿元、100.83 亿元、99.55 亿元和 72.16 亿元，这五个行业合计实现利润 519.63 亿元，同比下降 0.2%。其中，专用设备制造业利润同比下降 32.3%，其余 4 个行业利润同比增长。按企业规模分，大型企业实现利润 379.52 亿元，增长 2.8%；中型企业实现利润 260.96 亿元，增长 20.9%；小微型企业实现利润 629.48 亿元，增长 23.0%。

（四）产业投资增长情况

2013 年，全省完成固定资产投资 18381.44 亿元，增长 26.1%。从三次产业来看，全省一、二、三次产业分别完成投资 633.87 亿元、8080.77 亿元和 9666.80 亿元，工业、房地产业、交通运输业、水利、环境和公共设施管理业投资是支撑全省投资的主体。全省工业、房地产业、交通运输业、水利、环境和公共设施管理业投资占全省固定资产投资的比重达 80.1%，贡献率为 77.3%，拉动全省投资增长 20.2 个百分点。其中，制造业完成投资 6668.03 亿元，同比增长 30.2%；房地产业完成开发投资 3323.09 亿元，同比增长 16.3%；水利、环境和公共设施管理业完成投资 2099.6 亿元，同比增长 40.2%。全省装备制造、有色、石化、纺织、轻工、电子信息、钢铁、新材料、生物医药、新能源、物流和汽车十二大产业项目完成固定资产投资 6381.37 亿元，占全省固定资产投资的比重为 34.7%，同比增长 29.8%（不含新材料），比全省投资增速快 3.7 个百分点，拉动全省投资增长 9.9 个百分点。

（五）市场运行情况

社会消费平稳增长。2013 年，全省累计实现社会消费品零售总额 8940.63 亿元，比上年增加 1085.74 亿元，同比增长 13.8%，在中部六省中与湖北省、河南省并列第二。分季度来看，一季度为 2028.5 亿元，二季度为 2081.4 亿元，三季度为 2210.1 亿元，四季度达到 2611.8 亿元，消费规模逐季稳步上升。湖南居民消费主要集中在城镇市场。2013 年，全省城镇市场累计实现社会消费品零售额 8033.52 亿元，同比增长 13.9%，高出全国平均水平 1 个百分点；乡村市场实现社会消费品零售额 907.12 亿元，同比增长 13.3%，比城镇市场低 0.6 个百分点，低于全国 1.3 个百分点。湖南省居民消费主要集中在城镇市场，乡村市场在社零总额比重和社零增速两方面都与全国水平有一定的差距。

全省批发零售业保持较快增长，汽车、家电、家具、金银珠宝类商品持续热销。2013 年，全省批发零售业实现零售额 7782.14 亿元，同比增长 14.4%，增速比去年同期下降 1 个百分点。其中，限额以上法人单位实现零售额 3494.87 亿元，同比增长 16.3%，增速比去年同期下降 0.3 个百分点。限额以上批发零售企业中，汽车类实现零售额 953.37 亿元，同比增长 18.3%，增幅与去年同期基本持平，从年初以来一直保持 20% 左右的较高增速。家用电器和音像器材类实现零售额 237.67 亿元，同比增长 23.8%，增幅比去年同期高 10.7 个百分点。家具类实现零售额 22.86 亿元，同比增长 30.9%。金银珠宝类实现零售额 63.51 亿元，同比增长 40%，增幅比去年同期高 15.1 个百分点。食品、日用品、服装鞋帽针纺织品类商品平稳增长。全省限额以上批发零售企业中，粮油食品饮料烟酒类、日用品类、服装鞋帽针纺织品类分别实现零售额 396.29 亿元、99.01 亿元、272.97 亿元，同比分别增长 21.3%、19.7%、14.8%，增幅比去年同期高 4.6 个、1.0 个和 0.4 个百分点。石油及制品类增长放慢。全省限额以上批发零售企业中，石油及制品类实现零售额 781.97 亿元，同比增长 9.8%，增幅比去年同期低 3.7 个百分点。通讯器材类增速回落。全省限额以上批发零售企业中，通讯器材类实现零售额 35.21 亿元，同比增长 5.5%，增幅比去年同期低 17.8 个百分点。

对外贸易有所回升。2013年1～11月，全省完成进出口总额221.42亿美元，增长19.9%，同比加快11.9个百分点。其中，出口131.1亿美元，增长26.3%，同比加快9个百分点；进口90.32亿美元，增长11.7%，同比加快13.7个百分点。

居民消费价格趋稳。2013年，全省居民消费价格总水平比上年上涨2.5%。其中，城市上涨2.6%，农村上涨2.5%；食品价格上涨4.2%，非食品价格上涨1.7%。分类别看，八大类指数“七涨一平”，其中食品类价格上涨4.2%，拉动总指数上涨1.4个百分点。烟酒类价格上涨3.1%，衣着类价格上涨2.3%，居住类价格上涨1.8%，医疗保健和个人用品价格上涨1.7%，家庭设备用品及维修服务类价格上涨1.8%，娱乐教育文化用品及服务价格上涨2.1%，交通通信类价格持平。从新旧涨价因素看，翘尾因素影响上涨约为0.4个百分点，新涨价因素影响上涨约为2.1个百分点。

二　2014年湖南产业经济发展环境分析

（一）世界经济有望复苏和改善

2014年，国际经济形势尽管依旧错综复杂、充满变数，但发展环境会好于2013年，发展形势有望复苏和改善。IMF预计2014年世界经济增速较2013年加快0.6个百分点至3.6%。外部环境趋于改善。2013年以来，全球经济复苏在波动中逐步加强，美、日等主要发达经济体复苏趋势得到进一步确认，发达经济体重新成为世界经济增长的主要驱动力。

（二）国内经济进入深度调整期

2014年是中国近20年来政治、社会、经济最为复杂的一年。十八届三中全会出台的《中共中央关于全面深化改革若干重大问题的决定》揭开了全面改革大幕。十八届三中全会精神的落实和改革顺利展开将成为中国宏观经济信心稳定的关键。政府与市场关系的重构、财税体制改革、土地制度改革等都会对现有的资源配置模式带来根本性的冲击，短期的“创造性破坏效应”较为明显，改革带来的投资空间的释放以及市场信心的重振在短期具有一定的不确定性。在中长期内，大改革将重构中国经济增长的源泉，在优化资源配置的效率的基础上释放改革红利；体制机制改革有望激发经济增长活力。简化和下放行政审批权等多项改革措施，体制机制改革的一系列措施，将有利于进一步转变政府职能，促进非公经济发展，提高资源配置效率；积极的财政政策和稳健的货币政策将继续保持，财政资金的使用效率将进一步优化，金融运行效率和服务实体经济能力将进一步增强；国家开放型经济的发展思路和一系列举措的实施，将对我国外贸发展有质的提升；新型城镇化、信息化、消费升级和生态经济等将成为产业升级的新动力。

（三）省内经济稳中有升

2014 年，湖南经济虽然形势复杂，但依然面临巨大的发展机遇。湖南"一带一部"（湖南作为东部沿海地区和中西部地区过渡带、长江开发经济带和沿海开放经济带结合部的优势）的区位优势有望在"稳中求进、改革创新"的总基调下转化为改革发展优势；内陆开放型经济的进一步发展，使省内经济发展的有利因素增多；随着政治和经济体制改革的推进和深化，投资环境和经济发展环境有望进一步改善。据综合测算预计，2014 年，湖南省经济企稳回升态势有望进一步巩固，仍将保持 10% 左右的较快增长。

三　2014 年推进湖南产业经济发展总体思路

2014 年是贯彻落实党的十八届三中全会精神、全面深化改革的元年，是完成"十二五"规划目标任务的关键一年，湖南要认真分析国际国内发展形势，超前谋划，主动应对，创新思路，牢牢把握工作主动权，不断提升自主创新能力，紧紧围绕全省产业发展工作重点，继续调整和优化结构，转变经济增长方式，促进湖南省产业经济又好又快发展。

（一）指导思想

把改革创新贯穿于产业经济发展各个领域各个环节，促使"三量齐升"，推进“四化两型”，着力激发市场活力，着力转方式、调结构，着力推进节能环保，着力保障和改善民生，促进产业结构进一步优化、质量效益进一步改善、内生动力进一步增强、可持续性进一步提高、人民福祉进一步提升。

（二）工作重点

一是抓深化改革。2014 年是全面深化改革年。综合发挥改革的推动作用和开放的倒逼作用，以改革开放激发发展活力。深化国企改革，创新管理运营机制，发展混合所有制经济，不断增强国有经济活力。深化行政体制、财税、投融资体制改革，在城乡一体化发展、产业转型升级、政府职能转变等重点领域和关键环节力求取得新的突破。发挥长株潭两型社会实验区、武陵山片区区域发展与扶贫攻坚试点、湘南承接产业转移示范区、洞庭湖生态经济区等作为改革平台和政策窗口的优势，以改革增强产业发展活力、优化产业结构、提升产业质量。

二是抓项目建设。产业经济的大发展，尤其推进工业化最终都要落实到项目上。做好 2014 年的经济工作，必须进一步突出项目建设，以项目带投资、促发展，把扩大投资总量与优化投资结构、稳定投资预期与引导投资方向结合，突出基础设施项目、基础产业项目、民生项目投资三个重点，在高速公路、铁路、水利等基础设施和新材料、新能源、电子信息、生物医药、现代装备、汽车制造等产业方面布局实施一批重大项目。重点瞄准市场容量大、发展前景广、辐射带动力强的产业链中的某些关键环节引进和培育项目；加快推进一些具有龙头带动作用的重大项目，加快配套产业发展。

三是抓转型升级。转型升级产业、优化产业结构是湖南省经济行稳致远、做优做强的必然要求。产业转型升级主攻方向是提高农业现代化水平，大力调整提升制造业、加快发展服务业。加大传统产业技术改造和兼并重组力度，制定出台传统产业转型升级方案，大力发展“两符三有”产业通过技术改造、改革改制做大做强。出台实施支持汽车产业、先进装备制造、电子信息、新材料等 10 大重点产业的政策措施，实施省级重点产业园区产业倍增计划，推动先进制造业和战略性新兴产业加快扩大规模、增强竞争力。坚持生产性服务业和生活性服务业“两条腿走路”，积极发展电子商务、现代物流、信息服务、健康养老、文化旅游、现代金融等先导产业，推进服务业发展提速、比重提高、水平提升。

四是抓承接转移。全球产业转移正进入技术密集型、资本密集型、劳动密集型产业转移并存阶段，国际国内将有一批又一批更大规模、更强竞争力的产业向内地转移，湖南凭借“一带一部”区位新优势获得承接产业转移的机遇更加凸显。加快塑造包括劳动力、土地、发展环境、产业配套等在内的新的比较优势和竞争优势，大力承接产业转移，着力引进产业链条和中高端产业，尽可能引进战略性新兴产业。

（三）预期目标

根据“十二五”湖南的经济走势、湖南产业发展潜力等基本面情况以及国内外发展形势，预计2014年全省生产总值的增长速度为10%左右。主要产业预期目标如下：

第一产业：全年增长3.0%左右。丝毫不放松抓好粮食生产，严格保护耕地，大兴农田水利和农业机械，促进粮食播种面积稳中有升，在7900万亩以上，总产稳定在600亿斤左右。加强水稻耕种收综合机械化水平，达到60%以上。全力推进茶叶扩张，同比增长15%，达到200万亩，产量增长20%以上；继续扩大油菜种植面积，同比增长10%以上，力争突破2200万亩；蔬菜种植面积、产量稳定增加，分别增长4%左右，争取突破2000万亩，产量达到750亿斤；全力治理零星抛荒，加大小麦、蚕豌豆和马铃薯等作物的种植，避免面积下降情况。保持烟叶播种面积稳定增长，同比增长7%左右，争取达到200万亩左右。保持畜禽生产的稳定，并略有增长。

第二产业：力争增长11%左右。全部工业增加值增长11%以上，规模工业增加值增长12%以上；建筑业总产值和增加值分别增长20%左右和10%以上。继续支持机械装备制造业做大做强，努力打造湖南第一个万亿产业，同时大力发展食品、新材料、电子信息、文化创意等优势支柱产业，重点推进汽车、电气机械、计算机通信等产业建设，以“三网融合”、4G网络等项目建设带动形成信息网络消费等新的经济增长点，形成多点支撑和湖南未来发展的新优势，确保湖南工业经济良好发展势头。食品行业力争增长10%以上，工

业总产值达到 4200 亿元，实现工业增加值 1100 亿元；电子信息产业力争增速达 35%，总产值突破 2500 亿元大关，实现工业增加值 700 亿元以上；石化产业工业总产值突破 11 万亿元，同比增长 10% 以上；有色金属同比增长 15% 以上，实现工业增加值 1200 亿元左右。轻工业同比增长 15% 以上，总产值突破 4000 亿元，增加值突破 1500 亿元；冶金行业同比增长 8% 以上，工业总产值达到 2700 亿元，工业增加值达 600 亿元以上。狠抓重点项目投资，力争 2014 年固定资产投产同比增长 30%，突破 20000 亿元。重点支持交通干线、水运枢纽、能源通道、信息网络、市政工程等建设；把民生改善含保障性住房、农林水利等基础设施投资列入 2014 年重点投资对象。

第三产业：力争全年增长 11% 左右。社会消费品零售总额增长 14% 以上。文化产业保持强劲增长势头，同比增长 20% 左右，实现总产值 3000 亿元以上。房地产平稳发展，预计房地产开发投资 3000 亿元，同比增长约 18%。争取全省接待国内旅游者达到 4.2 亿人次，同比增长 20% 左右；实现国内旅游收入突破 3000 亿元，同比增长 20%；接待入境旅游人数突破 240 万人次，同比增长 3%；争取全年全省实现旅游总收入达 3200 亿元，同比增长 20%。

四　2014 年产业发展的建议

借助十八届三中全会全面深化改革契机，围绕产业准入、产业环境优化、产业扶持政策、产业要素保障等方面向中央申请一揽子改革试点，探索如何通过系统改革来推进产业发展。改革方向和关键是构建一个公平有效的现代市场体系，不断改善产业发展环境，减少政府对市场的干扰，加强政府的监管职能，使得各类产业竞相发展。

（一）从数量、质量、基础三个方面加快产业发展

1. 围绕产业链群打造，培育和引进一批企业

精心选取一批既有发展基础又有发展前景的产业链群，延伸扩大产业链条，培育和引导中小企业聚集发展，提高企业之间协作配套的能力和水平。

2. 围绕产业品质提升，加快低端产业成长提质

实施质量兴省战略、标准化战略和名牌战略，重点实施先进产业标准体系构建、企业认证推广、区域品牌打造、知识产权示范、检测技术平台搭建等。

3. 完善产城功能配套，加快需求拉动

推进城市产业载体夯实工程，满足产城融合，宜业宜居的功能需求，打造一批现代城市工业经济综合体，突出专业化、关联性、集约式特点，推动产业园区从单一的产业生产区到城市组团的综合，通过科学定位及管理运营，使园区中的产业、商务、流通、生活能够融为一体，使园区不仅是产品研发、生产基地，同时也是繁华便捷、生态宜居新城，形成高品质、多功能的现代城市工业经济综合体。

（二）突出营商环境优化，吸引投资创业涌入

1. 精简审批，简政放权

进一步清理不符合法律法规和市场经济发展要求的审批事项，简化审批事项，形成以备案制为主的企业投资项目审批管理体制，优化政府投资项目的审批管理体制。第一，压缩审批事项。针对审批事项多的问题，在确保底线安全的前提下，大力压减审批项目或缩小审批范围。比如，压缩市级立项的项目预审范围，对已取得土地使用证且不涉及土地用途和地块位置变更的项目，无须办理用地预审；环评取消行业主管部门预审，实行由环保部门视情况征求有关行业主管部门意见。第二，整合审批环节。针对审批环节较多的问题，对可以归并的事项全面优化整合。比如，修建性详细规划方案审查与建筑设计方案审查合并为建设工程设计方案审查。第三，优化审批流程。加强项目投资建设事前咨询辅导，优化项目投资建设审批事项前置条件，建立高效便捷的并联审批办理流程，大力推动同类事项及同一部门负责的事项归并办理，着力缩短审批时限，推广网上办事，推动审批部门间信息实时共享。

2. 强化市场监管和协调

在简政放权的同时，政府必须加强监管职能，从管理政府向监管政府转

变，通过严格监管维持市场正常秩序。第一，制定适应项目投资建设审批体制改革的后续监管配套措施。根据改革对政府部门监管职责带来的变化，科学划分和厘清部门监管职责，实现由“以批代管”“只批不管”“批了才管”向“谁审批、谁监管”以及行业归口管理“一管到底”的转变，实现审批许可和监管工作的协调统一。第二，建立部门之间监管执法联动机制。增强联合执法的协同能力，探索多层次多渠道的监管执法合作，依法依规对投资项目进行监督管理，形成分工明确、沟通顺畅、资源共享、齐抓共管的工作格局。第三，强化公众监督和信用监管。各相关部门要加强信息公开，项目有关审批信息、建设标准和规范要公开、透明，涉及公众利益的项目要征询公众意见，项目建设情况要及时公开。加快推进社会信用体系建设，整合各相关部门的行政审批和执法监管信息，对相关企业、中介机构和从业人员在项目投资建设活动中的违法违规行为、质量低劣服务行为进行记录、收集、整理、归档、公示，作为信用体系建设内容，形成“一处失信违法、处处预警惩戒”的信用监管机制。

3. 引入市场机制　加强政府服务

通过政府购买的方式提升政府服务效率，支持社会组织承接政府职能转移。第一，大力推动技术审查市场化改革。通过“剥离”推动行政审批与技术审查相分离，将技术性审查工作交由具有相应技术资质的合法机构进行审查。比如，东莞推行消防设计技术审查与行政审批分离，实行施工图审查机构负责技术审查，公安消防机构负责行政审批的机制。第二，政府购买生产性服务中介。特别针对中小企业，建议政府不再直接搭建服务平台，而是通过购买服务方式向社会购买生产性服务中介，并引入市场竞争机制，减少寻租等行为。

（三）提升政策效率，提高产业发展能力

1. 增加普惠型扶持政策，减少针对某个产业的专项扶持

专项性扶持政策是一种歧视性产业发展政策，极容易造成对市场公平性的破坏，短期可能带来某个产业或某个企业的较快发展，但长期则造成了企业盲目扩张，挤占其他产业或企业的发展空间。建议：第一，削减专项资金。梳理

和整合省级产业扶持资金，确保2014年省级专项资金削减三分之一，在大幅削减的同时加强后续的效果评估。第二，突出普惠型政策。产业政策侧重点应从选择特定产业、特定企业进行扶持，通过行政管制方式提高集中度与打造大规模企业，转到对于企业研究开发与创新行为的普遍支持，对技术成果转化的普遍支持，对于产业公共服务平台的普遍支持，对于产业公共基础设施的普遍支持，对于中小企业和创业发展的普遍支持，对于人才引进的普遍支持，对于提升劳动者技能与职业培训的普遍支持。

2. 扶持重点从生产环节退出，向研发环节和消费环节转移

第一，进一步加大对创新研发的支持力度。集中向产业大项目、好项目倾斜，设计、实施好一批重大专项以及科技攻关和产业化重点项目，加大单个项目支持力度，真正发挥政府资金的扶持促进作用。重点支持产、学、研一体化创新平台和产业联盟的建设；推进科技成果转化平台建设，支持建立重点产业孵化器；支持开展基础共性技术研究，支持各产业工程研究中心、重点实验室、工程技术中心及工程装备试验/检测中心建设，提升技术创新能力；支持自主研制重大项目关键技术联合攻关，对共享研发资源的单位给予奖励和补贴，对产业链上游企业选用本地配套单位首台套设备进行补贴，促进产业联盟的建立，带动产业链上企业共同发展。第二，省级财政涉企专项资金政策取向由“厂商补贴”向“消费者补贴”转变。避免政府为企业投资提供财政补贴，产业政策应由“生产者优先”（即优先考虑生产者利益、支持生产者）转为维护消费者权益，通过切实维护消费者权益与“顾客驱动机制”，推动产品质量、产品功能与产品附加值的提升。例如，支持新能源产业发展，应转为从消费端补贴新能源消费者，以刺激太阳能发电、风电等新能源的消费需求。

3. 探索成立政府产业引导投资基金

第一，归并产业相关扶持资金。将省级相关的扶持资金，包括战略性新兴产业专项资金、新型工业化专项引导资金、高新技术产业专项资金和各产业扶持专项等扶持资金归拢统筹管理，减少撒胡椒面式的扶持，确定重点方向、基础领域和关键环节，集中扶持。第二，通过政府产业投资基金扶持产业发展。按照“政府引导、市场运作”的原则，成立以政府为主导的产业引导投资基金，从过去的直接给企业补助转变为通过投资基金的方式扶持企业发展。主要用于引导各类资金向符合湖南功能定位和相关产业政策、产业投资导向的企业投资，鼓励创业投资企业向初创期和成长期中小企业投资。第三，加强扶持资金事后的效果评估。国家和省、市级扶持资金必须纳入监管体系，在申报、评选、评定、实施等各环节必须在市级政务公开平台上给予公开，申报环节要加强政策宣传，评选环节要引入专业的社会中介组织参与，评定要进行结果公示，实施中要加强项目监控，以及事后的效果评估。

（四）加强重大项目管理，以项目带动产业落地

1. 建立产业项目全过程跟踪机制

第一，建立重大产业项目库。建立重大产业项目库，有针对性的加强招商引资力度；对企业产业化条件成熟的项目，支持其尽快产业化；对科研机构产业化条件成熟的项目，及时组织与企业交流对接，发布产业化项目信息，支持其产业化。第二，建立多点支撑产业项目建设进度档案。跟踪项目引进和建设进度，建立重点项目管理系统，对重点项目实施动态管理和网上电子效能监察。协调过程中的问题，根据需要各相关部门进行攻关，确保项目进度和产业化进程。第三，建立基础共性和信息技术项目库。支持高校开展基础共性和信息技术研究，为企业申报国家专项、解决企业瓶颈技术问题提供支撑；建立拟争取国家支持项目库，分步向国家相关部委申报国家重大专项，争取国家支持。第四，建立评价制度，提高投资效益。重点项目必须按照国家和省有关工程竣工验收的规定，对工程建设的各个环节进行审查和评价，对不合格工程不予验收。对投入运营的重点项目要全面开展后评价工作，研究、分析重大项目的经济与社会效益，探索建立重点项目经济社会效益后评价制度。

2. 加强要素保障

第一，开辟“绿色通道”。对于重点项目开辟了“绿色通道”，按照“统一受理、联审联办、特事特办、限时办结”的原则，对项目选址、用地规划、备案立项等审批手续，从简从快办理。省重点办、发改委、国土、规划、住建

等部门每月举行一次重点项目审批联席会议，有效破解难点。第二，确保重点项目建设用地。国土部门、发改委要加强对重点项目用地的管理，在年度用地计划安排上优先保证重点项目用地。第三，创新融资方式，多渠道落实建设资金。省级财政建设资金要优先保证重点项目。积极争取中央和省里投资，继续抓住中央发行国债的机遇，争取国债资金用于重点项目建设。加强与金融机构的沟通与合作，积极开展重点项目推介工作。

行 业 篇

Industry Reports

B.6 2013～2014年湖南农业行业发展研究报告

湖南省农业厅

一 2013年湖南农业经济运行情况分析

2013年是湖南农业发展极不寻常的一年。H7N9禽流感疫情、“镉米”风波轮番困扰，粮食、生猪等大宗农产品价格低迷，特别是严重干旱使农业生产遭受重大损失。面对这种形势，全省上下认真落实省委省政府“三农”工作指示精神，切实抓好粮食等大宗农产品生产，扎实推进农业调结构、转方式，农业农村经济在多重挑战下实现了“稳中求进”“稳中向好”。

（一）战胜多重困难挑战，大宗农产品生产基本稳定

粮食生产在大灾之年实现了基本稳定，好于预期，全年播种面积7404.9万亩，比上年（下同）增加42.8万亩，总产585.2亿斤，尽管减产16.1亿

斤，但仍属正常偏丰年景。养殖业稳定增长，预计出栏生猪 8042 万头、牛 196 万头、羊 750 万只，分别同比增长 1.8%、5.3%、3.6%；出笼家禽 6.15 亿羽，克服 H7N9 禽流感影响实现稳中略增；水产品 235 万吨，增长 6.7%。经济作物有增有减，效益提升。预计油菜产量 184.8 万吨，增长 3.5%；蔬菜 3559.2 万吨，增长 2.3%；棉花 21.3 万吨，减少 15%；柑橘 483 万吨，与上年持平；茶叶 15 万吨，增加 1.5 万吨。

（二）农业结构持续优化，农业产业化发展态势良好

优质高效农产品生产不断扩大。围绕做优做强湘米产业，发展高档优质稻 450 万亩，比上年增加 50 万亩；油菜、茶叶、水果等品质改善，价格提高、效益增加；畜禽养殖良种化率不断提高，名优水产品加快发展。农产品加工业保持快速增长。新增或续建投资 1000 万元以上的农业产业化项目 680 多个，预计全年农产品加工业实现销售收入 5740 亿元，增长 19.6%，其中 429 家省级以上龙头企业实现销售收入 3410 亿元，增长 20%。各类农业新型经营主体发展提速。农民专业合作社、家庭农场分别发展到 2.2 万家、2.9 万个；流转耕地 1216 万亩，占耕地总面积的 25%；种养大户加快发展，承租耕地 30 亩以上的种粮大户 12 万多户，规模养殖比例提高到 70%。农垦、休闲等产业协调推进。国有垦区预计完成生产总值 126.3 亿元，增长 14.1%。休闲农业企业接待游客 1.1 亿人次，完成经营收入 172 亿元，增长 23%。

（三）增长方式不断改进，农业经济素质稳步提升

科技创新取得显著成绩。超级稻第四期攻关百亩示范片亩产达到 988.1 公斤；省级现代农业产业体系建设稳步推进；良种良法应用范围不断拓展，粮、棉、油高产创建面积超过 1300 万亩。农产品质量安全形势持续向好。全省农业标准化生产基地面积突破 2000 万亩，农产品监督检测平均合格率达到 98% 以上，全年没有发生重大农产品质量安全事件。生态农业建设稳步推进。大力发展资源节约型、环境友好型农业，切实加强农业面源污染防治，着力保护产地环境，尤其是启动了重点区域早中稻稻米质量调查和长株潭地区农产品质量

调查检测工作，稳步推进产地重金属污染治理修复示范区建设和农产品禁止生产区划分试点工作。

（四）基础支撑能力增强，现代农业建设加快推进

农业体系支撑能力有新提高。着力推进了基层农技推广体系条件建设和补助项目，改善基层农技推广服务手段，动物疫病防控、质量安全监管、市场信息、农业行政执法等体系建设不断完善，现代种业体系建设迈出重大步伐，水稻分子育种平台落户湖南，首次在 53 个种粮大县启动了农作物新品种展示示范。农业物质装备建设有新进展。大力实施高标准农田建设、耕地有机质提升等重点项目，提高耕地产出能力。扎实推进园艺作物标准园建设，发展标准化健康养殖，设施农业水平不断提高，全省设施栽培面积达到 260 万亩，围网和网箱淡水养殖水面 150 万亩；农机化水平不断提高，农机总动力 5699 万千瓦，增长 7.6%，主要农作物综合机械化率达 40%。现代农业示范区建设有新成果。启动实施了洞庭湖生态经济区现代农业发展规划，继续抓好长沙县等六个国家级现代农业示范区和贺家山原种场现代农业示范建设。

（五）护农强农富有成效，农民收入持续较快增长

全面加强农业行政执法，深入开展各类农业执法专项行动，切实维护农民权益。大力开拓农产品市场，粮食、生猪、家禽等大宗农产品销售逐步走出困境、回暖趋快，1～11 月农产品出口总额 7.57 亿美元，同比增长 24.4%。加强新型职业农民培训和农民工转移就业服务。继续抓好为民办实事农村清洁工程建设，农垦危房改造开工率、建成率居全国先进行列。通过综合施策、合力促动，确保了农民收入持续较快增长，预计全年农民人均纯收入 8340 元，同比增长 12.1%。

2013 年农业农村经济在较高起点、多重挑战的基础上稳中求进，成绩来之不易，有五个方面的经验值得总结。

一是抓科学谋划，切实加强宏观指导。围绕现代农业和新农村建设总体目标，认真实施“十二五”现代农业发展规划；积极推进农村经营体制机制创新，着力扶持发展种养大户、家庭农场和农民专业合作组织等新型经营主体；

认真规划了“百企千社万户”和“百片千园万名”现代农业建设工程；出台一系列推进现代农业发展的重要文件，做好农业农村发展的顶层设计。

二是抓责任落实，切实增强行政推力。坚持“三农”工作重中之重的地位不动摇，切实加强对市县政府“三农”工作的考核。将“米袋子”省长负责制层层分解落实，严格执行“菜篮子”市长负责制，强化各级政府农产品质量安全监管、动物疫病防控、农业产业化经营等工作责任，调动各级各部门积极性。

三是抓政策扶持，切实调动有利因素。认真落实粮食生产“四补贴”等强农惠农政策，各级财政用于农业生产投入不断增长，所有涉农专项资金提早下拨，启动了早、晚稻最低收购价敞开收购托市政策，保护了农民种粮积极性。实施农机购置补贴 10.2 亿元，补贴农机具 44 万台套，26 万农户和农机服务组织受益。

四是抓关键节点，切实化解困局难局。2013 年湖南农业面临的重大突发事件多，我们审慎应对，科学施策，努力化解农业发展道路上的各种挑战。认真应对“镉米”风波，编制稻谷重金属污染防治一揽子计划，并按步骤启动实施。针对禽流感事件，全面开展动物防疫督查，强化综合防控，确保了全省禽流感疫情零发生。面对罕见的特大干旱，全省上下全力以赴抗旱保苗、改种补种，确保了大灾之年农业和粮食生产的基本稳定。

五是抓作风改进，切实提升工作效能。深入开展党的群众路线教育实践活动，改进“四风”，树立为民、务实、清廉的良好作风。严格落实中央八项规定和省委九条要求，健全规章制度，严格规范各类公务活动，减少“三公”经费开支。深化行政审批制度改革，省农业厅被省政府授予行政审批“群众满意窗口”称号。

近年来，湖南农业经济持续向好，农村改革持续深化，农业农村发展站在了新的起点上。从 2004 年中央下发新世纪第一个一号文件以来，全国粮食总产实现“十连增”、农民增收实现“十连快”。从湖南情况来看，尽管个别年份因特大灾害造成粮食总产出现波动，但连续十年保持了丰产高产，2012 年创造了 601.3 亿斤的历史最高产量；农民人均纯收入从 2533 元增长到 8340 元，增速快于同期城镇居民收入增长速度。可以说，这十年是农业发展最快、

农村变化最大、农民增收最多的黄金期，农业发展的基础更加牢固、方略更加明确、环境更加优化：中央准确把握经济社会发展规律，作出了建设社会主义新农村、走中国特色农业现代化道路的战略部署；坚持城乡统筹发展，以工促农、以城带乡、多予少取，强农惠农政策体系加快建立和完善；突出“三农”工作重中之重的地位，加大农业投入，加强农业基础建设，加快科技进步，农业综合生产能力显著提高；深化农村改革，创新体制机制，市场体系日趋完善，农业发展活力显著增强。良好的政策环境和工作机制，为做好新时期农业农村工作奠定了坚实基础。

二　2014 年湖南农业行业发展趋势分析

2014 年是全面深化农村改革的开局之年，也是实施“十二五”规划的攻坚之年，做好今年农业经济工作关系长远、意义重大。党的十八届三中全会、中央经济工作会议、中央城镇化工作会议、中央农村工作会议、中央一号文件全面部署“三农”工作，层次高、密度大、措施实，彰显了全面深化农村改革、稳定粮食等大宗农产品生产、巩固发展农业农村经济好形势的信心和决心。中央一系列决策部署，确定了新时期“三农”工作的总基调，突出了粮食生产的首要位置，指明了深化农村改革的目标任务，为农业农村发展描绘了宏伟蓝图。

（一）全面深化农村改革的目标任务更加明确

重点是做好“稳、增、活、新”四篇文章。“稳”，就是稳定和完善土地承包关系。坚持农村土地农民集体所有，进一步明确所有权、承包权、经营权之间的关系；加快推进土地承包经营权确权登记颁证，力争 5 年基本完成；坚持依法自愿有偿推进土地流转。“增”，就是切实维护农民的财产权利，研究探索集体资产股权有偿退出和抵押、担保、继承等政策，推动征地制度改革，提高农民在土地增值收益中的分配比例，增加农民财产性收益。“活”，就是加快构建新型经营体系，在坚持家庭经营为主的基础上，扶持发展多种经营主体，激发农村经营活力。“新”，就是推动农村金融保险制度创新。改进农村抵押担保方式，培育交易市场和中介组织，支持建立农业信贷担保机构，设立抵押担保风险补偿基金；扩大农业保险实施范围，完善保费补贴政策，提高三大粮食品种保险的覆盖面和风险保障水平。

（二）更加凸显保障国家粮食安全的战略地位

粮食是安天下的战略产业。在我国粮食总产连创新高的情况下，中央依然把保障国家粮食安全摆在经济工作的首位，充分说明粮食保安全任重道远、松懈不得。总的要求是“以我为主、立足国内、确保产能、适度进口、科技支撑”，切实保障“谷物基本自给、口粮绝对安全”。突出重点地区、主要作物、生产主体，稳定主产区，稳定小麦产量，提高玉米、水稻产量。落实国家扶持粮食生产的各项政策，稳定传统种粮农户，充分调动主产区和新型农业经营主体的积极性。推动落实“米袋子”省长负责制。

（三）强化农业支持保护的政策措施更加有力

按照稳定存量、增加总量、完善方法、逐步调整的要求，逐步解决农业支持保护体系不完善、不配套、不高效的问题。一是健全“三农”投入稳定增长机制。公共财政坚持把“三农”作为支出重点，发挥财政资金引导作用，通过贴息、奖励、风险补偿等措施，带动金融和社会资金更多投向农业农村。二是完善农业补贴政策。巩固现有补贴资金存量，新增补贴向粮食等重要农产品、新型经营主体、主产区倾斜。三是加快建立利益补偿机制。加大对粮食主产区的财政转移支付力度，完善粮食主产区利益补偿机制，降低或取消产粮大县直接用于粮食生产等建设项目资金配套。四是整合和统筹使用涉农资金。稳步推进从财政预算编制环节清理和归并整合涉农资金。

（四）确保农业科学发展的内在要求更加具体

中央的大政方针已经十分明确，结合湖南农业实际，今年要坚持一手抓改革、一手抓发展，努力实现稳粮增收、稳中求进、稳中向好。在工作着力点上，要更加注重改革创新，争取在新型农业经营主体培育与新型农业经营体系构建上有新突破，在完善农业政策支持保护机制上有新进展，在推进土地管理

创新上有新举措。

同时，农业农村发展面临的新老矛盾交织，稳增长、促增收的压力加大，突出表现为“五个更加凸显”。一是增加主要农产品产量与农业资源利用强度大的矛盾更加凸显，保障国家粮食安全和重要农产品有效供给、促进农业可持续发展面临更大挑战。二是农业生产成本上升与比较效益下降的矛盾更加凸显，保护农民生产积极性面临更大挑战。三是农民工市民化进程加快与农业劳动力结构短缺的矛盾更加凸显，今后“谁来种地”面临更大挑战。四是国际农产品市场风险加大与我国农业对外依存度不断走高的矛盾更加凸显，“引进来”的冲击与“走出去”的困难并存，统筹利用两种资源、两个市场面临更大挑战。五是稳产量、保供给与提质量、保安全的矛盾更加凸显，千家万户小生产格局没有根本改变，消费者质量要求空前提高，保障农产品质量安全面临更大挑战。

三　2014 年湖南农业发展的对策建议

面对农业发展新形势新任务新挑战，2014 年全省农业工作应以党的“三农”方针政策为指针，以深化改革为动力，加快推进农业现代化，组织实施“百企千社万户”现代农业发展工程、“百片千园万名”科技兴农工程，着力强化政策、科技、设施装备、人才和体制支撑，创新体制机制，增强发展活力，努力确保粮食生产稳定发展和农民收入持续较快增长，努力确保不发生重大农产品质量安全事件和区域性重大动物疫情，巩固发展农业经济好形势。具体目标：粮食产量在正常年景下恢复到 600 亿斤；出栏生猪稳定在 8000 万头以上；农产品加工业销售收入增长 16% 以上；农机总动力增长 7% 以上；农民人均纯收入增长 10% 以上。突出抓好六个方面的工作。

（一）坚守首要任务，抓好粮食生产不松懈

粮食生产是必须始终确保的首要任务，要认真贯彻新形势下国家粮食安全战略要求，千方百计稳定面积、优化结构、确保质量、提高单产。一是持续加大行政推力。层层分解落实粮食生产行政首长负责制，完善目标管理考核办

法，进一步强化各级党委政府重粮抓粮的政治责任。尤其要调动乡镇村基层组织的积极性，主动作为，把稳粮增粮措施落实到基层、到田块。厅里将继续实行厅级领导联系市州制度，加强督促督导。二是持续改善粮食生产条件。继续抓好新增粮食产能田间工程建设，改善农田基础设施。进一步扩大测土配方施肥面积，实施好土壤有机质提升等项目，积极推广秸秆直接还田，恢复扩大冬季绿肥生产，确保耕地质量不断提高。三是确保面积稳中有增。坚定不移地推进水稻“扩双增面”，在传统双季稻区恢复扩大双季稻面积；充分利用高岸田、天水田，扩大玉米种植面积，确保新增旱粮面积100万亩；坚决遏制耕地抛荒，最大限度减少季节性抛荒，杜绝全年性抛荒。要确保在部分耕地结构调整的情况下，粮食播种面积稳中有增。四是大力推进科技增粮。在继续开展粮食高产创建的基础上，推广软盘抛秧、机插秧的专业化集中育秧示范150万亩，带动全省水稻集中育秧面积突破1000万亩，扩大超级稻面积100万亩，并组织开展“双季种植、双季超级稻、双季机插、双季产量均过600公斤”的水稻“四双”科技增产模式攻关。五是创新粮食生产组织制度。坚持行政推动、市场拉动双轮驱动，大力发展种粮大户、家庭农场、专业合作社、职业农民等新型种粮主体，拓展社会化服务，推动粮食生产组织制度创新。

（二）调整优化结构，加快培育现代农业产业

发展现代农业，必须集中力量突破重点，推进农业结构战略性调整，把优势主导产业做大，把特色产业做精。一是创办示范样板引导“调”。在长株潭、湘江流域及其他重金属重度污染区，建设100个农业结构调整示范片，通过集成良种、现代农业技术和社会资本，调整农业结构，切断重金属对农产品的污染。通过3~5年努力，把这些示范片建成防治重金属污染的样板、优化产业结构的样板。二是建设优势产区带动“调”。加大对种粮大县、生猪调出大县的奖励扶持，抓好粮食、蔬菜、棉花、水果、茶叶、生猪、草食动物、淡水产品等优势农产品优势产区建设，促进优势农产品向优势产区集中。加快建设一批特色经济作物强县，打造一批标志性养殖生产大县，创建10个以上省级蔬菜产业示范乡镇。加快推进农业园区建设，重点创建1000个具有区域特色的现代农业产业园，包括100个多功能有机融合的现代农业综合产业园、

900个产品特色鲜明的现代农业特色产业园。三是强化基础建设支撑“调”。加强园艺作物标准园建设，争取启动园艺作物设施栽培试点工作。加快柑橘、茶叶品改步伐，着力打造千亿水果、千亿茶业。加强高标准城镇蔬菜基地建设，完成10万亩蔬菜基地改造升级。加强畜禽良繁体系建设，支持建设一批畜禽规模养殖场、畜禽养殖标准化示范场、标准化生态化精养鱼池和水产健康养殖示范场。要围绕优化农业生产结构，加大农机化技术推广力度，促进农机农艺融合，重点推进水稻生产全程机械化，提高油菜、棉花、薯类等经济作物和畜禽养殖机械化水平。四是依托产业化经营促进“调”。把农业产业经营的工作重心放在扶持加工龙头上，加快实施农产品加工业振兴规划，重点扶持粮油、畜禽、棉麻丝、水产品、果蔬、茶叶、竹木等加工龙头。从现有国家级和省级龙头企业中，筛选出100家以本省农产品为主要原料、起点高、上规模、带动力强的龙头企业进行重点扶持，做强重点产业的骨干龙头，引领产业发展。

（三）改革创新，着力构建新型农业经营体系

深化农村改革，当前最紧迫的任务是要创新农业经营体系，解决“谁来种地”“怎么种地”的问题。要坚持家庭经营在农业中的基础地位，推进家庭经营、集体经营、合作经营、企业经营共同发展，加快发展各类新型农业经营主体，尽快担当起农业生产主力军的作用。一是继续巩固发展种养大户。进一步完善对种养大户的扶持政策，通过支持基础建设、完善装备设施、加强科技服务，鼓励和优先种粮大户参加农业保险，重点扶持适度规模的种粮大户和优质特色标准化养殖场（户）。二是加快发展农民专业合作组织。重点培育列入“百千万”现代农业发展工程的1000个为水稻生产提供全程服务的农机合作社，加快推进水稻全程机械化服务。三是着力发展家庭农场。扶持列入“百千万”现代农业发展工程的10000个家庭农场发展，推进发展主导产业型、新兴产业型、生态循环型、休闲观光型、园区集聚型等模式的家庭农场。四是健全农业社会化服务体系。积极培育和发展农机、植保、农资、农技等服务组织，创新“花钱买服务”机制，鼓励社会化服务组织广泛开展承租、代管、代耕、烘干等服务。五是加快培育新型职业农民。职业农民今后将是家庭经营

的基石、合作组织的骨干、社会化服务组织的中坚力量，也是新型经营主体的重要组成。要制定认定管理办法和扶持政策，大力实施新型职业农民培训阳光工程，开展新型职业农民培育整市整县推进试点，抓好新型经营主体领头人和1万名职业农民培训。

（四）完善基础体系，提升农业公益性服务水平

新型农业经营主体加上农业公益服务，是建设现代农业的理想格局。要着力从六个方面推进农业公益性服务基础体系建设。

一是提升农业科研创新体系。进一步抓好省级现代农业产业技术体系建设，并加强与农业大县的无缝对接。加强重点实验室、技术研究中心等创新平台建设。积极组织开展关键技术协作攻关研究，重点在棉花机械化收割、特早熟油菜选育、畜禽疫病防治技术研究等方面取得突破。

二是提升农技推广服务体系。继续实施基层农技推广补助项目和乡镇农技站条件建设项目，全面完成乡镇农技人员3年大轮训任务。进一步完善绩效考评机制，创新农业公益性服务有效供给机制和实现形式。组织10000名科技特派员，为新农村建设、现代农业发展服务，促进科研与生产紧密结合。

三是提升种子种苗支撑体系。加快发展现代种业，着重构建水稻良种繁育体系，推进南方水稻育种平台和育种基地建设。加大果蔬、茶叶良繁体系建设力度。加快以畜禽品改为重点的养殖种苗工程建设，重点健全草食动物省市县乡四级品改体系。

四是提升动植物疫病防控体系。全面落实动物疫病防控措施，巩固充实基层防疫队伍；创新产地检疫与屠宰检疫模式，推进动物标识和动物产品追溯体系建设；加强病死畜禽无害化处理，杜绝病死畜禽产品流入市场、污染环境。加强病虫害大面积防控，推进专业化统防统治和绿色防控融合发展，在57个县开展专业化统防统治整体推进示范，全省专业化统防统治服务面积1600万亩以上。

五是提升市场信息服务体系。积极推进“菜篮子”工程建设，实施农产品进校区、进社区、进超市“三进”工程。大力推进农业信息化建设，启动信息服务进村入户工程，开展农业物联网技术集成组装与试验示范。

六是提升农业综合执法体系。依法规范执法机构和队伍建设，加强执法队伍培训，完善执法制度，启动第二期执法规范化建设项目。加大农业投入品监管、农产品质量安全、农业资源与环境保护以及动植物检疫、农机安全监理、渔政等执法力度，为农业经济健康发展提供有力保障。

（五）确保生态安全，增强农业可持续发展能力

确保农产品质量安全和环境生态友好，是农业发展新阶段的重大任务，必须坚持源头治理、标本兼治，用最严谨的标准、最严格的监管、最严厉的处罚、最严肃的问责，确保“舌尖上的安全”、确保农业生态安全。

一是严格落实责任。认真落实农产品质量安全属地管理责任，地方各级政府对本地区农产品质量安全负总责，农业部门依法履行农业产地环境监管职责，切实保护农业产地环境，清洁生产源头。

二是推进监管制度创新。健全农产品生产巡查指导、农兽药安全使用、产地准出抽检、农产品包装标识、收储运环节质量监管等制度，并积极开展综合监管示范和诚信建设试点。

三是大力推进农业标准化。突出重大组装技术、关键管理措施，健全农业标准体系。加强标准推广服务，扎实推进农业标准化厅市共建和示范县建设，建设一批标准化建制县和高标准示范基地。通过推进标准化生产、扩大“三品一标”认证，促进农业规模化、产业化、品牌化，打造“湘”字农业品牌。

四是扎实推进产地重金属污染治理。用 3 年时间搞好耕地质量全域普查，并根据重金属污染来源、种类和污染程度，对农产品产地实行分级分类管理，科学实施修复治理和作物结构调整。继续开展镉低积累水稻品种选育与降镉农艺技术组装集成，建立一批示范样板，为污染产地修复治理和产品污染超标控制提供技术保障。

五是加强农业面源污染防治。大力开展农业清洁生产技术示范，推广测土配方施肥、安全用药、秸秆综合利用等技术，实施酸化土壤改良与土壤有机质提升项目，扎实推进高标准农田建设，提升耕地产出能力。扩大农村清洁工程实施规模，抓好“美丽乡村”创建试点。实施湘江流域禁养区退出计划，推

行规模化养殖场排污许可、排污申报和排放总量控制制度。

六是强化执法监管。推进农业行政执法与刑事司法有效衔接，依法惩处违法犯罪行为，始终保持高压严打态势。切实抓好农业资源保护和外来物种管理，继续实施春季禁渔和人工增殖放流，抓好大鲵、江豚等野生资源保护工作，加大地方物种保护和产业开发力度，加强转基因食品安全监管。

（六）坚持综合施策，多渠道促进农民收入快速增长

农业进入新阶段后，农民收入增长正在呈现新的特点，主要表现为“一化三性”。

“一化”，就是农民收入来源多元化。农民从一产业收入稳步增长，工资性收入占农民收入的比重不断上升，财产性收入也呈快速增长的趋势。

“三性”，就是农民收入增长的脆弱性、约束性和波动性。脆弱性，主要是影响农民增收的不确定因素增多，自然灾害的发生、生态环境的恶化、经济社会的突发事件等，都会对农民收入产生很大的影响。约束性，是指农民收入增长受市场和资源环境的双重制约日益突出，传统的以牺牲资源和环境为代价的农民增收方式难以为继，必须走可持续发展之路。波动性，是指农民收入增长对国内国际农产品市场和价格的变动非常敏感，国内外农产品市场相互联系、相互制约、相互影响，引起农民收入发生较大的起伏波动。

如何在较高起点上推进农民收入持续较快增长？这是今年工作的一个难点。必须充分挖掘农民增收潜力，做好“增值”“增效”“增渠道”三篇文章。

“增值”，就是要支持发展优质高效农产品生产，提升产品自身价值。继续实施湘米产业工程，扩大高档优质稻生产；大力发展地方特色果蔬、畜禽生产，做大做强地方特色产业；创建一批优质农产品出口基地，扩大农产品外销。

“增效”，就是要着力推动农产品加工、流通增效。继续实施农产品产地初加工补助项目，推进主食加工业提升行动。积极利用国际国内两大市场、两种资源，加大农业招商引资、引技、引智力度，发展现代农业物流，强化农产品产销衔接，大力开拓国内外市场，增加农业经营收益。

“增渠道”，就是要广辟增收渠道，降低各种制约因子对农民增收造成的风险。要认真落实强农惠农富农政策，增加农民的财产性收入；加强农民职业技能培训和转移就业服务，支持引导农民回乡创业，引导工商资本加快投入农业农村领域，培育壮大农村二、三产业；着力发展现代饲料工业、农机制造业、休闲农业、流通运销业等；实施好重点农业项目，完善农业基础设施，增强农业设施装备，提高农业抵御自然灾害的能力。

B.7

2013～2014年湖南电子信息行业发展研究报告

湖南省经济和信息化委员会电子通信产业处

一 2013年湖南电子信息制造业运行情况

2013年，在省委、省政府的正确指导下，湖南电子信息制造业系统紧紧围绕打造多点支撑产业发展新格局的战略部署，着力推动产业发展。经过近年来稳健、快速的发展，电子信息制造业已经上升为全省工业支柱行业之一。

（一）产业运行特点

1. 行业增速保持领先

据省统计局数据，2013年，全省规模电子信息制造业实现主营业务收入1845.73亿元，同比增长36.1%，完成工业增加值653.39亿元，同比增长33.8%。对全省规模工业的增长贡献率达16.22%，居各大类行业之首，累计拉动规模工业增长1.88个百分点，工业增加值占全部规模工业的6.7%，在全省主要工业行业中位列第6，较2011年上升2个位次，已经成为全省工业支柱行业之一。据工信部数据，2013年1～11月湖南省电子信息制造业完成出口交货值423.13亿元，增长133.3%，增速居全国第3，中部第1。

2. 运行质量不断改善

全省规模以上电子信息制造业全年实现利润92.22亿元，同比增长21.6%；上缴税收62.3亿元，同比增长31%。2013年，南车时代电气、科力远电池连续入围全国电子百强企业，艾华集团入围全国元器件行业百强，蓝思科技入围中国民营企业制造业500强，中电48所、长城信息等13家企业获全国电子信息行业标杆企业、优秀创新企业等荣誉。

3. 重点企业增势强劲

40 家重点调度企业中，34 家实现增长，其中 10 家增速超过 50%。龙头企业蓝思科技集团全年主营收入达到 300 亿元，连续第 2 年入围全国民营企业制造业 500 强。衡阳胜添达到 270 亿元，成为湖南省第 2 家规模超 200 亿元企业。中电 48 所实现主营收入 60 亿元，同比增长 9.4%，是国内运转良好的光伏骨干企业。介面光电产能释放，实现主营收入 36.1 亿元，同比增长 5.2 倍。华磊光电订单充裕，实现主营收入 10.15 亿元，同比增长 3.8 倍。蓝思科技、威胜集团作为湖南省创新企业典型接受习近平总书记考察。

4. 重点区域增速稳定

全省 14 个市州中有 13 个实现两位数增长，6 市增速超过 30%。长株潭三市和衡阳市占到全省总量的 71.36%；其中，长沙、衡阳两市累计比重达 52.56%，增速分别为 41.8% 和 51.4%。12 个省级电子信息产业园、3 个省级电子信息新型工业化示范基地、浏阳经济技术开发区等产业集聚区加快发展。

5. 项目建设扎实推进

2013 年，湖南省电子信息制造业完成固定资产投资 490.8 亿元，居全国第 9 位。蓝思科技后劲十足，榔梨基地一期已建成 28 万平方米厂房，榔梨基地二期、浏阳基地三期建设启动。南车株洲所大功率 IGBT 产业基地和 8 英寸 IGBT 芯片生产线项目，投资 15 亿元的一期工程 10 月 18 日正式通电。基伍智能手机终端产业基地在浏阳经济技术开发区开工建设。科力远新能源投资 4.5 亿元年产 6 万台套的镍氢汽车动力电池生产线 10 月底正式投产，到 2018 年计划产能将达到 30 万台套。

6. 科技创新取得新成绩

南车时代电气“轨道交通用 3300 伏等级 IGBT 芯片研制及应用”项目成果，填补国内空白，达到国际先进水平。国防科技大学天河二号超级计算机系统蝉联世界超算冠军。威胜集团、华自科技分别建立湖南首家能源计量与能效管理领域院士工作站和水利水电自控领域院士专家工作站。新亚胜科技魔幻舞台系列 LED 显示屏获得 2012 中国 LED 创新产品和技术奖。

（二）产业发展的主要问题

1. 行业利润率不高

湖南省电子信息制造业利润率为4.99%，比全省规模工业平均水平要低0.02个百分点，处于较低水平。

2. 企业运营成本高

劳动力成本增加、产品价格下跌、原材料价格上升是影响企业生产经营最突出的问题。

3. 劳动力趋紧

新生代工人对薪酬待遇、工作环境、劳动强度等要求提高，“招得来、留得住”是困扰当前不少企业用工的两个难题。

4. 投资增速放缓

湖南省全年累计完成固定资产投资490.8亿元，投资总额为全国第9，但10.2%的投资增速相比去年同期明显下降。投资额与投资增速在中部6省中均为第5，分别仅高于山西省和江西省。

二 2014年发展趋势分析

从国际看，2014年世界经济复杂步伐有望略有加快，国际货币基金组织预计2014年全球经济增长3.6%，比2013年高0.7个百分点。但影响全球经济复苏的因素依然较多，金融风险、经济风险、市场风险、贸易保护主义等问题依然突出。综合看，2014年全国电子信息产业总体仍将延续低速增长的格局。

从国内看，随着我国全面深化改革的不断推进，市场在资源配置中的决定性作用不断加强，民营经济和中小企业发展环境持续优化；两化深度融合、信息消费促进、4G和宽带中国建设、网络信息安全保障加强等，都将为我国电子信息产业带来巨大的发展机遇和市场空间。我国电子信息制造业虽然面临较多不确定不稳定因素，但运行环境总体上可能会有所好转。

从省内看，全球智能移动终端产业仍将保持高速增长态势，湖南省蓝思科技、介面光电、宇顺电子等相关配套企业作为其全球产业链中的一环，将继续保

持快速增长。蓝思科技2014年产值预计增长30%，达400亿元；衡阳胜添（富士康）受益于国家促进信息消费等政策，2014年产值预计将过300亿元；国家关于促进集成电路产业发展的纲要文件即将出台，集成电路产业将获得十年来最强扶持政策，湖南省2014年投产的南车时代电气IGBT芯片、创芯集成电路项目将赶上这一前所未有的发展机遇；中电48所等光伏企业在2014年全国光伏产业复苏的趋势下也将实现新的增长；应用电子、电子元器件、电池及电子材料、电线电缆等产业稳步发展，省内相关骨干企业如长城信息、艾华集团、益阳科力远等将保持稳健增长。总体来看，湖南省电子信息制造业2014年预计将继续保持稳定增长。

三　2014年发展目标、工作思路和对策建议

（一）发展目标

2014年湖南省电子信息制造业发展目标是继续保持26%以上增速，规模达到2300亿元以上。

（二）工作思路

全面贯彻落实党的十八大和十八届二中、三中全会及中央、省委经济工作会议精神，坚持稳中求进，着力改革创新，紧扣稳增长、调结构、转方式等发展主题，提高产业竞争力，保持湖南省电子信息制造业持续健康增长。努力推动电子信息产业发展成为湖南省多点支撑产业发展新格局的重要支撑点和战略性新兴产业中的支柱产业。

（三）对策建议

1. 坚持发展理念

发展仍是解决问题的关键，项目是推动发展的主引擎，是持续发展的原动力。一是要以项目建设为抓手促发展。要扎实推进在建项目建设，更要发挥好湖南省区位交通、资源要素、科研创新等比较优势，加大新项目、好项目引进力度。二是要以发展质量为中心促转变。促进规模总量、发展质量和行业效益的同步提升。三是

要尊重规律求发展。培育发展产业，必须从本地实际出发，尊重经济规律和市场规律，根据资源优势、产业基础，因地制宜，突出特色，走差异化发展之路。

2. 推动产业创新

按照中央和省委省政府实施创新驱动发展的要求，着力强化企业在技术创新中的主体地位，打造新的发展引擎，增强新的发展动力。首先，要围绕产业关键领域和薄弱环节，紧密结合国家“核高基”、电子发展基金、技术改造和湖南省战略性新兴产业、新型工业化等重大专项，组织大型电子信息企业，集中力量突破一批关键技术，推动技术成果产业化。其次，要提升电子应用发展水平。积极培育两化深度融合的技术产业基地，大力发展汽车电子、电力电子、金融电子、医疗电子、工控系统等跨行业的电子产品，打造电子信息产业的重要新增长点。最后，在工作部署上，既要培育行业“大企业”，也要关注如何培育“小巨人”。要进一步营造环境、加强引导，在产业细分领域，培育一批市场占有率高、竞争优势明显、创新能力强的“小巨人”。

3. 抓产业链融合

产业链融合是当前电子信息产业最鲜明的趋势和特征。软件与硬件融合、制造与服务融合、网络与产品融合，融合带来了模式创新和消费热点，也带来了赶超机遇。同时，融合也将变革产品形态、竞争规则、标准规范、创新模式。落实中央提出的市场在资源配置中起决定性作用，要求湖南树立融合的产业发展观、树立产业链思维、树立产业生态系统理念，不是从某一个技术、某一个产品、某一个行业的角度，而是从全局性、战略性、前瞻性的角度引导和推进产业发展。要以新型信息消费需求为导向，培育以智能终端为代表的产业新增长点，鼓励和引导终端产品的横向融合、产业链的纵向整合，促进产业价值链提升，增强产业链竞争力。

4. 强化企业服务

要切实树立“一切为了企业发展，一切为了发展企业，为了一切企业发展”的服务理念。加强协调调度力度，细化一批惠企举措，开展一批惠企行动。扎实开展产业专题对接活动，强化协作配套，延伸产业链条，为企业搭建合作互赢平台。要建立企业服务“直通车”，梳理企业加快发展面临的困难和问题，有针对性地做好要素保障等协调服务工作。

B.8

2013～2014年湖南有色金属行业发展研究报告

宋建民*

2013年，湖南有色金属行业以科学发展观为指导，按照“四化两型”“三量齐升”的要求，坚定不移地转方式、调结构，坚定不移地稳增长、促和谐，各项工作取得了新进展。

一 2013年湖南有色金属行业发展基本情况

（一）经济运行稳中有升

面对复杂多变的国内外经济形势和有色市场低迷震荡的局面，全省有色行业积极应对、攻坚克难、砥砺奋进，保持了平稳发展，实现稳中有进、稳中向好：全年完成十种有色金属产量301万吨，同比增长9.8%，居全国第3位，比上年提升2位；实现主营业务收入4243亿元（含五矿外省部分），同比增长13%；完成工业增加值1036亿元（含五矿外省部分），同比增长15.7%；实现利税250亿元，同比增长5.3%；实现利润170亿元（含五矿外省部分），同比增长3.2%。

（二）结构调整稳步推进

在产品结构方面，铜铝等大金属产量占全省十种有色金属总产量的比例上升至13.77%。精深加工产品比重较2012年增长了2%，达到了34%。其中，

* 宋建民，湖南省有色金属管理局党组书记、局长。

钛及钛合金材料综合加工能力稳居全国前三，金天钛业已经成为国家战略储备钛锭的定点厂家。铋制品已成功占据全球铋交易市场的主导地位。国内首条镍氢汽车动力电池生产线在长沙正式投产。在技术结构方面，去年加大了技术改造力度，技改投入达到429亿元，同比增长23%，一批先进的技术工艺装备被采用，使行业的技术结构明显改善。2013年，共引进“低品位铜锡复杂多金属矿石综合回收”等30多项新技术，“富氧侧吹氧化—还原双联炉处理复杂铅铋矿的熔池熔炼”等20多项新工艺，井下采掘用“特种装载机”、选矿用“射流浮选机”等30多种新设备。淘汰了铜冶炼的密闭鼓风炉、反射炉、电炉炼铜工艺及设备，铅冶炼的已配套建设制酸及尾气吸收系统的烧结机炼铅等落后工艺设备。在企业组织结构方面，行业前10家企业的产业集中度由2012年36%提高到38%，主营业务收入过10亿元的企业增加到32家。在人才结构方面，全行业更加重视人才培养和引进工作，去年10月在中国有色金属工业协会的大力支持下，在长沙成功举办全国有色行业人才招聘会，为湖南省招聘引进各类人才千余名。湖南有色金属职业技术学院牵头组建了省内第一个跨区域职教集团——中南有色金属职业教育集团，为行业输送高技能人才1500名。株冶集团狠抓技能人才培养工作取得显著成效，荣膺“国家技能人才培育突出贡献奖”。

（三）科技进步再创佳绩

2013年，全省有色金属行业坚持科技引领，强化创新驱动，科研成果丰硕。中南大学“硫化矿新型高效捕收剂的合成技术与浮选应用”成果获2013年度国家技术发明二等奖；柿竹园等单位研发的“多流态梯级强化浮选技术开发与应用”等3项成果获2013年度国家科学技术进步二等奖。全省有色行业荣获2013年度中国有色金属工业科学技术奖一、二、三等奖共44项，其中，湖南有色金属研究院与中南大学的“高碳镍钼矿高效综合利用新技术及应用”、湖南稀土金属材料研究院的“复杂含钪物料高效绿色生产高纯氧化钪新工艺的研究与应用”、湖南有色冶金劳动保护研究院的“矿井空气品质综合指数与安全通风节能联动技术”等14项成果荣获全国有色金属工业技术进步一等奖。株洲硬质合金集团的“网状结构硬质合金制备技术、产品应用及产业化”、湖南有色金属研究院与中南大学联合攻关的“黑色岩系多金属镍钼矿

强化分散－捕收－梯级浮选新技术及应用”等 3 项成果获 2013 年度省技术发明一等奖。企业科研平台和创新能力建设也有新的进步，新增院士工作站 1 家、省级企业技术中心 4 家、省创新型（试点）企业 2 家、省工程技术研究中心 2 家。株硬集团、晟通科技、湘投金天等企业加强自主创新，一批具有自主知识产权的新技术相继问世，产生了良好的经济效益和社会效益。

（四）招商引资明显进步

2013 年，行业进一步加大招商引资力度，着力抓好重点园区、重点企业招商，取得明显进步。全省有色行业成功签约项目 45 个，合同引资超过 100 亿元，资金到位履约率达到 27%。园区招商成为亮点，招商金额达 65 亿元，其中仅汨罗循环经济产业园就引进 12 个项目，合同引资达 25 亿元。境外招商取得进展，省有色局与台湾海峡两岸企业交流协会签订战略合作协议，一批台湾企业拟投资湖南有色精深加工和现代生产服务业；点对点地与德国黑森州联邦政府及其所属的贸易与投资促进局进行了招商洽谈并达成合作意向，拟在长沙望城建设中德有色金属深加工产业园。

（五）资源勘探成效明显

2013 年，湖南省有色金属行业继续加大资源勘探力度。完成钻探 14. 8 万米，槽探 7. 6 万立方米，坑探 3 万米，新发现矿产地 5 处，探获 4 个中型以上矿床，预计提交主要资源储量铅锌 14. 93 万吨、钨 10. 56 万吨、锡 4. 7 万吨、铷 3. 93 万吨、铋 1. 14 万吨、铜 1. 03 万吨、锑 1. 5 万吨、银 807 吨、金 5 吨。重点探矿取得突破，香花岭新增锡金属量 4 万吨，达到大型规模，矿区有望成为国家“358”找矿主要锡矿基地；杉木溪探获铷资源量 3. 4 万吨，属高品位特大型矿床。海外探矿纵深推进，全年新增海外探矿权 23 个，为利用海外资源奠定了基础。

（六）转型发展取得实效

去年加快了转型发展步伐。全面完成了行业节能降耗和淘汰落后产能目标任务，综合能耗下降了 3. 8%，单位规模工业增加值能耗下降了 17. 6%，淘汰以铅锌为主的落后产能43.6万吨，争取中央财政淘汰落后产能奖励资金1.18亿元。有色金属循环再生产业方兴未艾，2013年产值达1014.8亿元，同比增长5%。一批企业在打造两型升级产业方面作出了有益探索，湖南宝山有色金属矿业有限责任公司打造绿色矿山，于去年9月建成湖南省有色行业首家国家矿山公园，采矿区植被水土恢复成效显著，现已成功创建4A级旅游景区。柿竹园入选第三批国家级绿色矿山，并荣获国土资源部"矿产资源节约与综合利用先进适用技术推广应用示范矿山"称号。

（七）文化兴企亮点纷呈

面对复杂的经济形势，为了增强凝聚力、竞争力，广大企业更加重视文化兴企、文化强企。一是管理文化兴企。在强化管理中抓创新、增效益。黄沙坪矿业分公司、湖南金龙国际铜业有限公司加强企业现代化管理，《优化四性生产管理，创建资源节约型矿山》《基于价值链的循环经济产业经营模式创新》管理成果荣获湖南省管理现代化创新成果一等奖。二是安全文化兴企。一批企业高度重视和加强安全生产工作，以安全强基础、促生产。锡矿山闪星锑业有限责任公司、柿竹园公司、水口山有色金属集团有限公司康家湾矿顺利通过国家二级安全标准化评审。三是形象文化兴企。一批企业注重提升企业形象。五矿湖南有色举办职工运动会，丰富职工文体业余生活，激发了职工队伍的凝聚力。水口山公司积极建设学习型企业，荣膺"书香企业"称号。长沙矿山院成功创建省内首批知识产权密集型科研院所，进一步提升了形象和地位。

（八）行业工作持续加强

2013年，省有色局认真履行行业主管部门职责，不断创新管理、加强协调服务和自身建设，助力行业、企业加快发展。一是创新行业管理。省有色局作为全省新型工业化、安全生产与监管、湘江流域保护与治理等省政府相关领导小组的成员单位之一，积极履行职能，在推动行业新型工业化、有色矿山安全生产和湘江流域重金属污染治理等方面作出了努力。全年重点在规划指导、科技推广、项目申报、标准制定、质量管理、名牌创建、劳动保护、打非治违、安全监管等方面做了大量有效的工作。与省财政厅合作，在深入企业调研的基础上，出版了 20 余万字的《全省有色金属产业发展研究》，是迄今为止最完整、最系统、最具宏观指导性的行业战略规划的研究成果。按照省里的统一部署，去年组织开展了行业科技服务周活动，深入到湘西一批有色企业开展科技推广服务，受到企业的广泛好评。二是加强协调服务。全年加强了经济运行调度及统计分析工作，有针对性地帮助企业解决生产运行中的实际困难和问题。全年为企业争取拨付各类资金近 10 亿元。编发了《有色金属产业新技术推广与落后技术淘汰指南》；发行《信息快递》等各类信息资料 14000 册。拓展学会工作领域，积极承办企业文化论坛等全国性大型会议，为行业搭建了人才、信息、技术交流平台，等等。三是抓好队伍建设。为提升管理、服务水平，2013 年按照省委的部署，省有色局认真开展了党的群众路线教育实践活动，并以创建省级文明标兵单位为主线，切实转变局机关工作作风、不断加强自身建设，干部队伍的综合素质明显提高，服务意识明显增强。省有色局被省委、省政府授予社会管理综合治理先进单位、全省安全生产工作先进单位、全省维护稳定工作先进单位，继续保持了“平安单位”等荣誉。

二　2014 年行业发展趋势分析

2014 年是复杂多变的一年，国际国内及行业发展的机遇与挑战并存，优势与困难同在。

从国际经济形势看：当前，国际经济形势更加复杂，存在不稳定不确定因素，仍将延续缓慢复苏态势；全球经济领域的国际竞争日趋激烈，世界有色金属工业竞争加剧的势头不可避免。在这种背景下，如何保持发展活力，培育新的竞争优势，给有色金属工业带来了新的挑战。与此同时，以大数据、移动互联网与再生能源、资源相结合为特征的第三次工业革命的浪潮席卷全球，对世界的影响将是革命性的。广大有色企业一定登高望远，脚踏实地，抢抓机遇，克难制胜，加快科技进步和自主创新，力争在世界第三次工业革命的浪潮中占据一席之地。

从国内经济形势看：一方面，我国经济已进入转型期和换挡期，下行压力较大。产能过剩问题严重，部分企业经营困难，财政、金融、房地产等领域存在一些潜在风险。另一方面，长期持续发展的整体态势没有改变。尤其是党的十八届三中全会精神的全面贯彻落实，改革创新、转型升级的步伐将大力加快，我国经济发展活力将得到进一步激发，国内经济仍将保持合理的增长速度。这些都为有色行业实现健康、可持续发展创造了有利条件，也带来了良好的机遇。

从湖南省经济形势看："四化两型"战略的进一步推进；淘汰落后产能、湘江一号工程实施力度的进一步加大，无疑给有色行业带来了机遇与挑战。省委、省政府高度重视加快推进新型工业化，今年围绕发展战略性新兴产业和改造提升传统产业，将出台促进包括有色金属等在内的实体经济发展的政策措施。必须抢抓机遇，积极作为，在深化改革和新一轮经济调整中把握主动权。

从湖南省有色行业形势看：湖南有色产业通过近几年的发展，达到了相当的经济总量，储备了一批好的项目，夯实了发展的基础。尽管今年下行压力不小，但仍然会保持较快增长，尤其是有色金属深加工将呈现较快发展。但有色产业发展长期积累下来的矛盾和问题仍将制约产业的持续快速发展。这主要表现在：第一，资源保障度不高，环境容量不足，节能减排特别是湘江流域重金属污染治理任务艰巨；第二，生产要素趋紧，高素质的技能型人才不足，中小企业流动资金紧张，融资难、融资贵的矛盾突出；第三，产业结构不合理、持续创新能力弱、生产性服务业严重滞后。面对这些矛盾和问题，一方面要敢于面对，不怨天、不尤人，不回避、不遮掩；另一方面要认真研究对策，找到解决问题的路径和措施。

三　2014年湖南有色金属行业发展的对策建议

2014年工作的总体思路是：以党的十八届三中全会精神为指导，认真贯彻落实省委经济工作会议和全省加速推进新型工业化工作会议精神，以科学发展为引领，以市场为导向，以调结构、转方式为主线，全面深化改革，提高增长质量和效益，着力抓好结构调整、科技创新、生产性服务业、资源保障、两型发展、安全生产、管理服务等工作，努力实现有色工业科学发展、绿色发展、可持续发展。具体目标是：十种有色金属产量增长8%左右，主营业务收入、工业增加值增长14%以上，利税增长10%以上。

（一）着力推进结构调整

一要围绕上品种抓好产品结构调整。在巩固传统优势产品的基础上，上新项目、新品种，突出精深加工，提高附加值，延长产业链。具体来说，铜产业，重点支持五矿有色水口山集团的金铜升级改造项目；铝产业，重点支持晟通集团的轻量化新型节能铝合金专用车项目；铅锌产业，重点支持株冶集团的超级蓄电池项目；钨产业，重点支持株硬集团的精密工具产业园项目；铋产业，重点支持金旺铋业的高纯铋项目；钛产业，重点支持金天钛业的钛合金项目；稀土产业，重点支持稀土院的钕铁硼磁性材料项目，等等。

二要围绕上水平抓好技术结构调整。进一步加大技改投入，力争全年超过460亿。着力提升技术、工艺、装备水平，如铅锌冶炼、锑冶炼及综合回收技术、复杂多金属矿石综合回收工艺技术、部分硬质合金技术等达到国际先进水平，深井矿山安全高效开采技术、石煤提钒技术、铜铝复合带材生产技术、生物医用钛合金生产技术、有色重金属冶炼酸性废水处理技术等达到国内领先水平。

三要围绕上规模抓好组织结构调整。提高产业集中度，行业前十家企业的产业集中度由2013年的38%提高到42%。全力实施“1159”工程，即：到“十二五”末，培育1500亿以上企业1家（五矿有色），500亿企业1家（晟通集团），100亿企业5家（宇腾有色、金天钛业等），50亿企业9家（辰州矿业等），使行业的前十家的产业集中度达到60%。重点培育1~2家本土龙头企业，支持一批特色民营企业做大做强，支持一批中小微企业加快发展。

四要围绕上层次抓好人才结构调整。通过培训、培养等途径，加强行业人才队伍建设，实施人才强企的“三五”工程，即大力加强企业领军人才、专业技术人才、高技能人才三支队伍建设，打造50名行业领军人才、5000名中级以上各类职称专业技术人才和5万名高技能人才，为行业振兴提供强有力的人才队伍支撑。

与此同时，要围绕“调结构”大力发展园区经济。实施“千亿园区”培育计划，力争到“十二五”末，打造1~2家千亿园区。努力提升园区发展质量。通过3~5年左右的努力，园区一定要有主导产业、特色产业，并逐年提高主导产业、特色产业的产业集中度。加强郴州有色金属产业园等重点园区建设，支持、鼓励有条件的园区创建国家、省级重点园区，重点打造4个有特色、有较强竞争力的产业示范基地。重点筹建望城中德产业园。

（二）着力推动科技创新

一要加快建立高效、协同、开放的技术创新体系。支持有条件的企业建立省级乃至国家级研发平台，推动企业与高等院校、企业与科研院所联合建立行业工程技术中心、工程研究中心、企业技术中心、重点试验室、院士工作站、博士后科研工作站；推动产业技术创新战略联盟和校企联盟的建设。今年要培育4个国家级或省级创新型企业，创建4个省级技术中心，建成1个省重点实验室，建设2个矿山科普教育基地，推进有色行业科技资源的优化配置、开放共享和高效利用，逐步提升创新能力，逐渐建成以企业为主体、产学研结合的科技创新体系。科研院所、高等学校、企业根据创新分工和各自优势，建立学校、研究单位和企业多方参与并互动的研究网络体系，促进“政—产—学—研—用”相结合，进一步提高成果转化的速度和效益。

二要加强科技成果运用。以装备和工艺技术升级为主线，加大对关联度高、应用面广、先进适用的装备和工艺技术的推广力度。依托高校、科研院所和企业，选择重点领域，积极研究开发行业共性关键技术和装备，开展联合攻关。力争在铅锌、钨、锑、铋深加工以及钛、铝、稀土新材料等重点领域实现突破。重点推广地下立体分区大规模控制爆破开采技术、危机矿山隐伏矿大比例尺定位定量预测技术等17项新技术；重点开展深井矿山安全高效开采、复杂多金属矿石综合回收工艺等15项技术研究。以推广应用大型挖掘机、大型充填工业泵等为重点，推进有色金属采选、冶炼及深加工设备高端化、国产化。使先进矿山回采率达90%以上，选矿回收率在现有基础上平均提高2%，高新技术企业新产品产值率达65%以上。

三要加大科技研发投入。研究开发资金是持续科技创新的重要前提，必须保证科技经费稳定增长。今年将争取省委、省政府和有关部门的重视和支持，加大对湖南省有色行业科技经费的投入，对湖南省有色行业的重要科技基础设施建设、承担的国家各类重点科技项目、人才培养等给予更多的关注和支持。

在政府增加科技投入的同时，企业要加大研发费用的投入，确保科技经费的增长幅度与企业发展同步，重点企业研发费用要占到企业年销售收入的 1.5% 以上，逐步达到3%。

（三）着力发展有色产业生产性服务业

一要解放思想，转变观念。随着经济全球化进程的加快和科技的快速发展，生产性服务业发达程度，已成为衡量一个国家、地区、产业综合竞争力和现代化水平的重要标志之一。湖南省有色产业生产性服务业已具雏形和初步规模，但与有色金属强省比有较大差距。

当前，对发展生产性服务业，不少企业还存在一些模糊认识。要改变重生产、轻服务观念；要改变“大而全”“小而全”的产品经济发展模式。充分利用互联网、大数据、平台公司等现代基础设施，提高企业发展和盈利能力，将信息技术广泛应用和渗透到工业生产的各个领域和环节。

二要明确目标、突出重点。紧紧围绕转方式、调结构和促进两化融合，加快发展现代物流业、电子商务业和有色金属现期货交易；着力壮大工业企业设计服务业和咨询服务业；全面提升科技推广信息服务业，构建与有色金属产业发展相适应的生产性服务业体系。“十二五”期间，有色金属生产性服务业实现结构优化、布局合理目标，到 2020 年要使生产性服务业与行业发展水平相适应。

三要重视现代经济设施的建设和利用。产品经济时代的基础设施是铁（路）、公（路）、（飞）机、（道）路、桥（梁）、隧（道）和水、电、气。进入现代经济时代，既要重视传统基础设施的利用，更要重视现代经济时代的大（数据）云（计算）平（台公司）移（动互联网）的建设和利用。在这方面，有条件的企业一定要有超前意识，及早谋划，要舍得投入，要建设一支专业队伍，使企业在新一轮经济转型升级中占据优势，实现跨越式发展。

（四）着力推动有色产业的“两型”发展

一要提高对打造有色“两型”产业的认识。党的十八大报告首次提出“推进绿色发展、循环发展、低碳发展”等新的发展理念。打造“两型”产业，实现“两型”发展，是贯彻中央建设生态文明重大决策和省委、省政府“四化两型”战略部署的要求，也是有色产业加快转型升级的重要抓手。

二要大力抓好淘汰落后产能。要严格准入条件，限制高耗能、高污染项目上马，按照《新技术推广与落后技术淘汰指南》要求，逐步淘汰铜、铝、铅、锌、钨、锡、锑、稀土、黄金、再生有色金属等方面的落后产能，今年要确保淘汰铜、铅等落后产能36.1万吨，消化、提升铅冶炼落后产能20万吨。

三要大力抓好重金属污染治理和环境保护。要以实施省政府“一号工程”为契机，以山更绿、天更蓝、水更清为目标，主动承担有色行业的治理责任，大力整治湘江流域重金属污染，遵循源头预防、过程阻断、清洁生产、末端治理的全过程综合防控原则，加大对重点地区、重点污染企业的整治力度，逐个落实污染排放的总量控制和削减目标。力争全省有色规模工业综合能源消费量同比下降3.5%，有色金属冶炼及压延加工业单位规模工业增加值能耗同比下降1.5%，二氧化碳排放量同比下降2%。

四要大力发展循环再生产业。有色金属良好的循环再生利用性能，不但在节能减排中效益显著，而且为经济的可持续发展提供了有效的资源保障。发展循环再生产业，是有色金属工业发展的重要趋势。要重点加强汨罗循环经济工业园、永兴国家循环经济示范园、郴州有色金属产业园、衡东大浦工业园等园区建设，提升园区循环经济发展水平，努力打造几家年产值过千亿的特色园区。突出培育金龙铜业、株冶集团、柿竹园等有色金属循环经济企业，努力培育一批年产值上百亿的龙头企业。力争到2014年底，全省再生有色金属产量达到115万吨，有色金属循环利用产业产值超过1300亿元。继续推进《湖南省有色金属循环再生促进条例》立法出台工作，力争2015年正式出台。

（五）着力提升资源保障

一要加强资源勘探。从湖南省成矿地质条件出发，以南岭成矿区带、湘西成矿区带、钦杭成矿区带为重点，以重要矿集区为对象，结合省内现有整装勘查区，以铅、锌、锡、锑、铋、钼、铜、金、钨、铷为重点，加大重点成矿靶区的综合研究和勘查力度，力争寻找和评价新的大型矿产地；加强科技引领作用，开拓找矿第二空间，积极应用抗干扰强、勘探深度大、灵敏度高的物探、钻探技术和设备开展老矿山深部、边部找矿，新增资源储量，延长矿山服务年限，以满足国有大中型矿山资源需求；加强地质基础理论研究应用，加快新技术方法的应用推广，提高“第二勘探深度”的探测水平，加快地质工作现代化、智能化步伐。按照地质找矿新机制“公益先行”的要求，形成一个以财政投资为前导，其他多种投资跟进的投融资体系。强化找矿激励，引导、支持社会资金开展商业性矿产资源勘查。

二要加强资源控制。坚持“立足省内，辐射全国，拓展海外”的资源战略，充分发挥“两种资源、两个市场”的作用，多种方式鼓励专业地质勘查队伍走出去开发资源，灵活采取技术服务、合作勘查、投标外省财政项目等多种形式扩大市场，以锡、锑、铅锌、金为重点，在新疆、西藏、青海等西部资源丰富省份建立勘查开发基地；以澳大利亚、巴西两个资源丰富、矿业成熟的国家作为主攻方向，以马来西亚、巴基斯坦、中亚、蒙古国等周边邻国为初级勘探和技术服务的重点区域，加强资源开发与控制，形成国内、国际市场相互补充、多元稳定的矿产资源供应格局。

三要加强资源整合。继续深入开展矿业秩序专项整顿和“打非治违”，联合地方政府严厉打击乱采滥挖、超深越界开采行为，坚决关闭资源浪费严重、安全隐患大的小矿山。与此同时，要坚持政府引导、市场运作的原则，综合运用经济、法律和必要的行政手段，推动资源向投资规模大、技术水平高、市场前景好和实施深加工的大企业、大集团集中，提高优势企业资源保障能力。鼓励优势企业整合重组中小企业，支持冶炼企业和深加工企业与规模较大的矿山企业进行整合重组或相互参股，增强抵御市场风险能力。

（六）着力抓好安全生产

一要认真落实“一岗双责”。安全生产事关企业和谐稳定、事关企业形象和效益，是企业不可逾越的红线，是企业必须坚守的底线。去年，湖南省出台了《党政领导干部安全生产“一岗双责”暂行规定》，要求“管行业必须管安全”“管生产经营必须管安全”，明确了领导干部安全生产工作职责、监督落实与责任追究，同时明确国有企业领导人员安全生产“一岗双责”，参照该规定执行。规定的出台，对促进湖南省安全生产形势持续稳定，有效防范各类生产安全事故，起到了重要作用。为了抓好有色行业的安全生产工作，省有色局在直属单位严格落实“一岗双责”并取得成效的基础上，在报省安委同意后正着手研制有色行业安全生产“一岗双责”暂行规定，将于近期下发，希望各企业高度重视，按规定要求抓好落实。

二要认真抓实抓细抓好安全生产。习近平总书记多次强调安全生产一定要抓实抓细抓好，要认真贯彻落实。首先，要提高安全生产认识，明确安全生产目标。各企业要牢固树立安全发展理念，始终把职工群众生命安全放在第一位。以对企业高度负责、对职工高度负责的态度来抓好安全生产，坚决杜绝重特大事故，遏制较大事故，减少一般事故。其次，要强化安全生产措施。各企业要认真履行安全生产主体责任，建立健全安全生产责任体系，不断提高安全管理水平，做到安全投入到位、安全培训到位、基础管理到位、应急救援到位，定期开展安全生产大检查，提高风险防控能力，将安全隐患扼杀在萌芽中。最后，要推进企业安全生产标准化建设工作，在这方面柿竹园等企业已树立了榜样，要向先进企业学习。

（七）着力提升管理服务水平

一是进一步推动招商引资工作。将 2014 年定为行业的“招商引资年”，将招商引资工作作为一项重要工作来抓。要增强招商意识、创新招商思路、细化招商措施、优化招商环境，以大招商促大发展。做好招商引资基础工作，全面加强招商项目库、资源库、数据库建设；在招商方式上，坚持产业链招商和点对点招商，发挥企业招商的主体作用，坚持“引资”“引智”“引技”相结合，同时要抓好签约合同的履约率。力争在引进国际、国内知名大企业、大集团上取得突破，在招商引资金额上取得突破，力争引进外资达到 150 亿元以上。今年省有色局将适时发布各地各企业招商引资的进度表。

二是加强协调服务。行业主管部门要坚持问题导向，把为企业排忧解难作为行业服务的第一责任。“企业需要什么，就做好什么”，为企业提供优质高效的服务。加强生产要素服务，重点协调做好行业煤电油气运等生产要素保障工作；加强经济运行服务，扩大对有色重点园区和重点企业的经济调度范围，建立健全运行监测网络与预测预警体系，加强行业经济运行监测和分析，做好信息引导。加强融资服务，今天大会后将要举行湖南有色金属交易平台签约仪式，银行、企业和中介机构将联手互动。本次将以标准仓单质押为突破口，盘活企业资产，加快资金周转，提高企业效益。今年要进一步加强企业调研，深入企业协调解决招商引资、自主创新、项目申报、引进人才等方面存在的困难和问题。

三是为企业营造宽松发展环境。以深化改革为契机，着力在行业营造公开公平公正的竞争环境。2014年，省有色局将与工商、质监、知识产权部门合作，开展打击假冒伪劣产品和保护企业知识产权、专利专项行动，维护企业利益，保护企业和企业家的合法权益。争取省委、省政府的重视和支持，争取更多政策、资金，逐步妥善解决省属关破企业历史遗留问题，积极配合地方党委、政府做好关破企业社区共同维稳工作，继续推动保障性住房、再就业等民生工程，为行业、企业营造和谐稳定的发展环境。

B.9

2013～2014年湖南冶金行业发展研究报告

窦成利*

2013年，在省委、省政府的正确领导下，省冶金行管办认真贯彻落实省委经济工作会议精神，齐心协力，扎实工作，各项工作取得了预期成效。

一　2013年湖南冶金行业运行情况分析

2013年是我国经济进入中高速增长阶段、转型创新发展的重要一年。面对错综复杂的国内外经济形势，面对钢铁行业产能严重过剩、供大于求、价格下跌、普遍处于亏损和微利的严峻局面，在省委省政府的正确领导下，全省冶金上下以党的十八大精神为指引，认真贯彻落实省委的决策部署，牢牢把握主题主线、稳中求进的工作总基调，把稳增长、调结构、促改革有机结合起来，逐步扭转行业经济下滑的趋势。推动冶金行业稳中有进、稳中向好、稳中提质。2013年各项工作取得了预期的成效。

（一）冶金工业生产保持平稳增长

2013年，全省冶金行业在面临钢铁产能严重过剩、市场需求不振、价格下滑、出口困难等严峻形势下，重点钢铁企业通过开展对标挖潜、大力开发高效产品、加大非钢产业投资力度等措施，取得了可喜的成绩。

2013年全省冶金行业完成：工业增加值536亿元，同比增长7.8%；生铁1739万吨，同比增长2%；粗钢1840万吨，同比增长4.8%；钢材1977万吨，

* 窦成利，湖南省冶金行业管理办公室党组书记、主任。

同比增长6.5%；铁合金340万吨，同比增长10.5%；完成主营业务收入2129亿元，同比增长5.5%；实现利润60亿元，同比增长186%。

生产运行的主要特点如下。

1. 产品产量高位运行

全国钢铁生产继续高位运行，新增产能的释放使粗钢、生铁、钢材月均产量持续最高水平运行。生铁、粗钢、钢材同比均增长10%左右。

全省虽然受技术改造、事故等因素影响，生铁、粗钢、钢材与上年同期仍然有2% ~7%的增长，铁合金产量增长了10%。

2. 产品价格跌跌不休

2013年的钢材价格，从3月份开始便一路下跌，直到6月底触及年内最低点。全年有四分之一的时间跌破1994年的价格水平。据统计，2013年1 ~11月，湘钢钢材销售均价3988元/吨，较上年的4431元/吨下跌了443元/吨，降幅为10%；衡钢的无缝钢管国内订单均价（不含税）为5298元/吨，较上年的5934元/吨下跌了636元/吨，降幅达10.7%；出口订单均价（不含税）为5725元/吨，较上年的7475元/吨下跌了1750元/吨，降幅达23.4%。

铁合金产品价格经过春节前后的反弹后也步钢材产品后尘一路下滑，至2013年7月初步平稳，目前仍然在低位盘整。其中电解金属锰价格从2月最高的14000元/吨降至目前12000元/吨左右。

3. 挖潜增效成绩显著

低迷的市场和低迷的价格迫使全省钢铁企业坚持两眼向内，挖潜创效，并取得了显著成绩。

湘钢大力推进减债降负、挖潜增效，1 ~11月累计挖潜增效5亿元，吨钢降成本126元。

涟钢通过突出稳顺生产和工艺优化两条主线，铁水成本与行业平均水平从过去高于300元/吨缩小到7元/吨。1 ~11月工序成本较上年降低15.2亿元。

衡钢通过调整采购和库存策略、完善内控体系等手段对标挖潜，1 ~11月累计挖潜增效10139万元。

4. 结构调整适应市场

目前冶金行业产能已经全面过剩，严重供大于求的矛盾将在较长时间内存在。适时调整产品结构，生产高效产品才能适应市场需求，提高企业盈利水平。

湘钢大力推进销研产一体化项目，力争短期内夺回线棒材领先半步的优势，重建板材领先的市场优势。

涟钢确立工程机械用钢、电工钢、深冲钢三大差异化产品开发项目，同时管线钢项目取得实质性突破。品种钢创效能力明显提升。产品竞争能力不断提升，综合盈利水平逐步超行业平均水平。

汽车板项目建设2011年4月全面启动，该项目引进安赛乐米塔尔国际领先的生产技术，其实施将有效提升我国汽车用钢的生产制造水平，填补国内高端品种空白，满足国内汽车工业快速发展对高端产品的需求。项目2014年6月将投产。

冷钢根据产品销售市场行情，对市场销售状态不佳的产品采取限产措施，板带厂冷轧、热轧、镀锌全月停产。为调整产品结构，提升企业市场竞争力，于去年开始进行不锈钢复合板的研究和开发，现已进入最后冲刺阶段，预计明年一季度将进入批量生产。这将成为冷钢新的利润增长点。

5. 效益改观发展不均衡

2013年全省冶金工业增加值增长速度达到7.8%，实现利润同比增长186%。但是，主营业务收入占比接近70%的铁矿采选、炼铁、炼钢、钢压延加工、铁合金成为行业利润增长最慢的子行业，利润只占全行业利润的1/4,并出现负增长。钢铁主业盈利水平依然低下。从工业增加值增长速度来看，金属结构制造增长速度最快，达到了28%，其次是金属丝绳及其制品制造、石墨及碳素制品制造，分别为18%和14%。钢压延加工增长速度只有0.3%。

（二）行业管理工作不断加强

1. 抓好行业经济运行分析监测

2013年冶金行业经济形势依然严峻，行管办重点加强了行业经济运行分析监测工作。为掌握行业经济运行动态，找准存在问题，反映企业困难，争取相关政策支持，深入华菱湘钢、涟钢、衡钢、冷钢、五矿（湖铁）等骨干企

业和湘西、怀化、永州、湘潭等市（州）及重点铁合金（电解锰）企业走访，为企业出谋划策、排忧解难、搞好服务。对每个季度行业经济运行情况进行分析研究，掌握运行态势，提出应对措施，形成分析研究报告，为上级部门决策及时提供第一手资料。

2. 抓好重点企业技术改造

2013年冶金行业以调整产业结构、优化钢铁产品结构、实现产品更新换代和产业转型升级为重点，积极推进行业技术改造。行业内重点企业全年完成技术改造投资约62亿元。主要项目有：

（1）华菱安赛乐米塔尔汽车板项目：总投资52亿元，年生产规模200万吨。至2013年，基本上已完成150万吨连续式酸轧、90万吨连续式退火、50万吨连续式热镀锌生产线建设安装。全年完成投资26亿元，开工以来累计完成投资30亿元。预计2014年6月上旬正式投产。

（2）汽车板项目铁前系统改造项目：完成了铁前系统（8#高炉）改造和节能改造，$130m^2$、$180m^2$烧结机改造，$130m^2$烧结机烟气脱硫、$180m^2+280m^2$烧结机余热发电、冶金煤气回收利益发电改造。2013年完成投资13.2亿元。

（3）湘钢重大技改项目：2013年完成投资22亿元。

高等级石油天然气输送管项目：2012年4月19日开工，一期工程总投资14.4亿元，已于2013年12月建成，螺旋焊管和直缝焊管等品种产能达70万吨。该项目填补了中南地区钢管行业的空白，将成为全省冶金行业和湘钢经济效益新的增长点。

135兆瓦高温超高压发电项目：总投资5.63亿元，为国内第三套新一代发电机组（超高压高温锅炉、大装机容量）。2012年11月开工建设，于2013年7月中旬正式投入生产试运行。累计发电36127万kW·h，发电创效2.53亿元。湘钢自发电占比由2012年的43%提高到63%。

湘江重金属污染治理技改项目：2012年9月启动，2013年6月4日投产，投资6000万元，通过改造TRT发电量由改造前的小时平均8700kW·h提升到目前的小时平均12500kW·h，年可增加效益约2000万元。

（4）冷钢不锈钢复合板工程：项目总投资6000万元，至2013年已完成投资5000万元，项目已基本完成，目前正在调试并解决普碳钢面喷涂锌问题，预计 2014 年一季度正式投产。

（5）东方矿业年产 15 万吨电解锰及精深加工生产线，一期 6.5 万吨生产线，预计 2014 年 5 月投产。

3. 扎实开展节能降耗工作

湘钢紧紧围绕工序成本降低 220 元的目标，根据“纵向到底，横向到边，点面结合”的成本指标分解原则，进行层层分解。以大包加盖、热装热送等 95 个项目为载体，大力推进减债降负、挖潜增效，1～11 月吨钢降成本 126 元。

涟钢坚持以效益为中心，调整原来“保生产”的工序服从为现在“保效益”的成本与效益服从，通过突出稳顺生产和工艺优化两条主线，铁水成本与行业平均水平从过去高于 300 元/吨缩小到 7 元/吨。1～11 月工序成本较上年降低 15.2 亿元。

衡钢强化全员全方位成本管理，通过强化财务费用管理、调整采购和库存策略、完善内控体系等手段对标挖潜，取得了可喜成绩，1～11 月累计挖潜增效 10139 万元，其中能源成本、外部物流成本降幅较大，1～11 月共降低能源成本 2816 万元。

冷钢通过减少成本较高的球团矿入炉配比，用成本相对较低的烧结矿及块矿取代，原料矿石采购加大价格较低的国内及低品位矿的采购力度，充分发挥中型高炉灵活机动的优势，全力降低生产成本。

五矿湖铁在总结完善避峰生产经验的基础上，科学制定和严格执行避峰用电管理制度及技术操作规程，在确保一台主变运行安全的前提下，最大限度发挥主变效能，控制电价水平，提高系统功率因素。1～11 月，平均电价控制在 0.562 元/（kW·h），同比降低用电成本 620 万元；同时，1～11 月因提高功率因素获得电力部门奖励 97 万元。

4. 继续开展行业调研活动

为深入贯彻落实全省工业和信息化工作会议精神，营造推进新型工业化的浓厚氛围，进一步改进工作作风，促进全省冶金工业又好又快发展，根据湖南省经济和信息化委员会关于印发《开展“注重精耕细作，强化多点支撑”调研活动实施方案》的通知（湘经信综合〔2013〕202 号）精神，冶金行管办

成立了由主要领导挂帅、分管领导负责、有关处室参与的专题调研组，从综合处、规划发展处抽出四名骨干组成调研工作组。自 2013 年 5 月 2 日至 15 日，调研组赴湘潭、永州、怀化、湘西等市（州）和东方锰业、东方矿业、丰达科技、金瑞冶化、德邦化工等重点企业，就全省铁合金（电解金属锰）工业发展现状、存在主要问题和今后发展思路进行了深入调研，在听取当地情况介绍、实地考察企业、座谈交换意见的基础上，调研组集思广益，从全省铁合金（电解金属锰）发展现状、存在的主要问题、执行现行电价影响多方利益、解决全省铁合金行业电价高的建议等四个方面着手，撰写了《关于全省铁合金行业电价情况的调研报告》专题调研报告初稿，经行管办反复讨论研究、不断修改完善后，于 2013 年 6 月正式定稿，上报了省政府办公厅、省经信委和省物价局。其中，多条建议被政府采纳。

此外，全年还完成了《铁锰矾矿产资源调研》《湖南省冶金行业节能减排形势分析》《关于化解全省钢铁产能过剩有关情况的汇报》等调研汇报材料。

5. 抓好行业综合信息宣传工作

省经信委关于印发《综合信息宣传工作方案》和《省经信委信息工作考评办法》的通知下发后，行管办高度重视信息工作，切实加强对信息工作的组织领导，抓好信息综合工作、反映行业动态、展示行业风貌已成为行管办领导的共识。行管办主要领导亲自负责抓信息工作。明确由综合处负责信息工作，各有关处室明确了兼职信息员，使信息工作做到职责明确，任务到人，切实抓好信息的采集、归纳、汇总工作，每月向省经信委定期报送各类信息。今年来，行管办先后向省经信委综合研究室、省经贸信息中心上报了《冶金行管办狠抓行业调研，服务领导决策》《全省铁合金企业面临生存危机》《全省钢铁行业淘汰落后产能取得成效》《2013 年度湖南省冶金科学技术奖评选揭晓》《全省钢铁行业扭亏增盈见成效》《全省冶金材料科研生产新基地建成投产》《2013 年冶金经济运行平稳、利润增长超 2 倍》等信息数十条，多数被采用。2011 年、2012 年行管办连续两年被评为“全省经信系统综合信息宣传工作先进集体”，2011 年、2012 年、2013 年连续三年被评为“省直机关文秘工作先进集体”。

6. 加强行业服务，增强行业凝聚力

（1）多方努力为铁合金行业降低用电成本。全省是铁合金产业大省，近几年来，企业因电价偏高，普遍处于亏损停产，面临生存危机。2013 年，行管办把为铁合金企业降低用电成本作为行业服务的重点，5 月成立了专题调研组，赴重点铁合金生产市（州）及相关企业深入了解情况，开展座谈，多方研究探讨解决电价偏高问题的各种办法，并向省政府办公厅、省经信委、省物价局写出了专题调研报告，取得了较好的效果。

（2）开展了全国钢铁行业先进集体、先进工作者和劳动模范推荐评选活动。为鼓励先进、弘扬正气、凝聚力量、振奋精神，激励行业广大干部职工在新的发展时期作出更大贡献，根据人力资源社会保障部、中国钢铁工业协会下发的《关于评选全国钢铁工业先进集体先进工作者和劳动模范的通知》（人社部函〔2013〕87 号）及湖南省人力资源和社会保障厅、湖南省冶金行业管理办公室下发的《关于评选推荐全国钢铁工业先进集体先进工作者和劳动模范的通知》（湘人社函〔2013〕182 号）文件精神，在全省冶金企事业单位组织开展了评选活动，经自下而上逐级推荐，省评选推荐领导小组审定，并报全国钢铁工业评选表彰领导小组审核，正式推荐了 3 个单位为全国钢铁工业先进集体、11 名同志为全国钢铁工业先进工作者和劳动模范。

（3）为困难企业多方呼吁解决亏损和维稳资金。2013 年冶金行业面临重重困难，龙头企业华菱钢铁集团经过努力，勉强扭亏为盈。铁合金企业绝大多数处于停产、半停产或亏损状态。关闭破产企业因历史遗留问题，不同程度地存在一些不稳定因素。为解决企业困难，维稳企业稳定，行管办积极向财政申请解困资金，经多方工作，争取到国有企业改革及维稳经费 60 万元，并下拨到相关企业，受到企业好评。

（4）帮助冶金材料研究所等企业申报战略性新兴产业科技攻关、战略性新兴产业关键共性技术和重点产品、重大科技成果转化、重点产业振兴、科技计划等项目 10 多个。帮助东方钪业、材料研究所等企业申报全省中小企业“百千万”成长工程企业，争取省信息化专项引导资金和节能专项补助资金。帮助 5 家企业 6 个产品申报了 2013 年度湖南省名牌产品。

（5）开展了湖南省冶金科技技术奖评选活动。为推进湖南冶金工业科技创新，实现产业升级和产品换代，充分发挥科学技术是第一生产力在促进湖南冶金工业又好又快发展中所起的重要作用，依据《湖南省冶金科学技术奖评审办法》，对 2013 年以来十多项冶金科技成果申报项目，经过形式资格审查、专家评审、评委会评审、公示等四个环节，评选出 2013 年度湖南省冶金科学技术奖三项：华菱涟钢《不锈钢轧制工艺优化及模型开发》获一等奖；湖南工业大学《喷射沉积 SiCp－低合金钢耐磨复合材料的开发与应用》获二等奖；华菱涟钢《DC04 深冲用钢的开发》获三等奖。

（三）抓紧直管企业改革扫尾工作

经过连续几年攻坚克难、强力推进的国企改革到 2013 年年初时，主要有长沙铝厂、湖南电梯厂留守机构移交及扫尾工作；长沙冶金机械厂留守机构移交协议签署后的各项工作交接及人员到位；湖南碳素厂银光大厦土地资产和桂阳工贸公司土地资产移交给湖南财信投资控股有限责任公司等国企改革扫尾工作和遗留问题处理。这些问题不但有难度，有的还相当复杂。行管办对每项工作进行了梳理，一步一步不厌其烦地尽力向前推进，取得了较大的进展。

（1）湖南电梯厂、长沙铝厂留守机构移交工作，目前《移交协议》已初步达成共识，待区政府常务会议讨论通过后即能签订。

（2）长沙冶金机械厂留守机构人员安排问题，目前已与街道办事处达成一致，待上报区政府确定。非生产经营土地资产变更登记手续问题，已重新收集整理相关资料，准备按严格的正常程序上报省国土资源厅进行审批。

（3）湖南碳素厂银光大厦土地资产和桂阳工贸公司土地资产移交工作。在经过了漫长的湖南碳素厂银光大厦土地权属确认和桂阳工贸公司原 6 户住户权证手续办理程序，费用来源明确，及取得省国土资源厅、省财政厅的批复文件后，经与湖南财信投资控股有限责任公司多次协商，正式签订了《移交协议》，完成了移交工作。

（四）抓好维护企业稳定工作

企业改革改制进入扫尾及遗留问题的处理，虽然大规模群体性事件出现的频率较小，但个体问题都是复杂和难度高的，行管办并没有懈怠，而是继续保持与加强了以下工作：一是继续做好日常维护工作。在及时汇报和传递稳定工作信息上，做到了定期将排查发现的不稳定因素及突出集访情况上报省有关部门。二是强化特别维护期的维稳措施。按上级要求进行日调度、日汇报，并通过日调度督促各改制破产工作组及相关单位留守机构人员做好内部稳控工作。三是搞好上访接待与矛盾化解工作。对有关上访人员认真接待，听取诉求，有理由有政策的问题由相关人员负责或督促解决，对无政策依据的要求或问题耐心地进行疏导、解释、反复做工作。特别是原长沙铝厂破产清算组留聘人员对因工作任务基本完成后解聘不满上访问题，冶金规划设计院因参加了企业养老保险改革试点，致使其近150名改革前退休人员不能享受其他省属22家勘察设计单位退休人员同等的改制待遇问题。认真分析产生的原因，制定了化解方案，通过深入细致的多次思想工作，最终成功化解，避免了激烈上访事件的发生。由于行管办高度重视维稳工作，各部门各工作组的共同努力，最终维持了稳定的大好局面。

二　2014年湖南冶金行业发展的总体思路和目标

（一）总体思路

2014年是贯彻落实党的十八届三中全会精神、全面深化改革的第一年，是完成“十二五”规划目标任务的关键一年。

2014年世界经济仍将延续缓慢复苏态势，发达国家不断进行政策调整，正酝酿一场新的科技革命和产业革命；部分新兴市场国家和一些发展中国家仍将保持相对较快的增长率。我国经济发展长期向好的基本面没有变，具有不少新的有利支撑和难得机遇，有条件保持经济中高速增长，但经济运行下行压力也不小，产能过剩、宏观债务水平持续上升、各类深层次的结构性矛盾突出等，还没有从根本上得到缓解。全省经济发展也面临着不少困难和挑战，稳中有优、稳中有险，如：经济回升基础还不稳固、经济转型升级任务艰巨、传统比较优势逐渐减弱、部分领域潜在风险不断积累等。

2014 年的钢铁需求仍将小幅增长，钢材市场仍将是供大于求状况，钢材出口稳定或小幅增加，铁矿石和煤炭供应逐步转向宽松，价格存在下降空间。钢材价格将与上年持平或小幅升高，但行业微利的状况仍难以扭转。如果钢铁企业能够理性、克制地安排生产，多在品种质量、节能挖潜、加强管理等方面动脑筋，2014 年钢铁行业的效益会比 2013 年更好一些。

根据省委经济工作会议精神，结合全省冶金行业实际，2014 年全省冶金行业工作总体思路是：全面贯彻落实党的十八大、十八届二中、三中全会、中央经济工作会议和省委经济工作会议精神，认真贯彻落实习总书记考察湖南时的重要讲话精神，坚持稳中求进工作总基调，把改革创新贯穿于冶金行业各个领域各个环节，着力激化市场合力，着力转方式调结构，消化过剩、淘汰落后，着力推进节能环保，切实提高冶金行业发展质量和效益。加快形成结构合理、方式优化、区域协调冶金工业发展新格局，促进冶金行业持续健康发展、和谐稳定。

（二）主要目标

2014 年冶金行业生产经营主要预期目标是：

工业增加值 552 亿元，比 2013 年增长 3%；

主营业务收入 2100 亿元，比 2013 年增长 2.4%；

粗钢 1800 万吨，比 2013 年增长 3.4%；

生铁 1800 万吨，比 2013 年增长 3.4%；

钢材 1900 万吨，与 2013 年持平；

铁合金 260 万吨，比 2013 年下降 16%。

三　2014 年湖南冶金行业发展的对策建议

（一）完善行业制度，加强行业管理

一是严格执行《国务院关于化解产能严重过剩矛盾的指导意见》，积极淘汰钢铁行业落后产能，清理整顿违规产能，严格控制行业新增产能；二是参与

国家、省修订完善钢铁行业产业政策，提出合理建议，提高行业准入门槛，引导行业健康发展；三是提高钢铁行业产品使用标准，带动产品升级换代；四是为企业发展创建公平的市场竞争环境，迫使成本高、污染严重的钢铁企业退出市场；五是建立产能过剩信息预警机制，加强宣传引导，做好政策解读，营造化解产能过剩的良好氛围。

（二）调整产业结构，继续淘汰落后产能

一是加快钢铁企业兼并重组步伐，协助企业解决兼并重组的问题，完善和落实促进企业兼并重组的各项政策措施。企业间减量重组，是消化过剩产能的合理方法。二是根据省内各市（州）资源禀赋、环境承载能力等因素，推进产业布局调整和优化，引导省内有效产能向优势企业和优势地区集中。三是推动大型企业引领行业发展，支持和培育企业发展壮大。形成一批具有竞争力的大型企业，提高钢铁行业集中度。

（三）促进转型升级，推进产业环保搬迁、退城进园

积极促进产业转型升级，提升行业科研能力和生产技术水平，提升高技术、高附加值产品的生产能力，优化钢铁产品结构。继续加快推进湘潭优质板材、优质高线深加工产业园、娄底高强度汽车板深加工工业园和衡阳优质无缝钢管深加工集聚区、“湖南省新材料产业自治州基地”——花垣县工业园锰冶炼产业整合升级、武冈市铁合金循环工业园、吉首市河溪电解锰工业园、零陵区锰产业工业园建设，推进产业环保搬迁、退城进园，转型升级加快发展。

（四）大力推进节能减排工作

当前，国内钢铁企业陷入困境之中，节能减排地位更加凸显。节能减排是钢铁工业转型升级、实现可持续发展的关键环节，是一项系统工程，也是企业发展永恒的课题，需要常抓不懈。要积极实施节能减排技术改造。多方争取各级财政技术改造专项资金，重点支持一批企业的节能减排技术改造项目。大力推广高温高压干熄焦、干法除尘、煤气余热余压回收利用、烧结烟气脱硫等循

环经济和节能减排新技术新工艺，加强和完善废钢铁综合利用，鼓励发展短流程炼钢，切实推进钢铁工业节能减排。

（五）圆满完成企业改革扫尾工作

要全力以赴打好直管企业改革扫尾攻坚战，顺利完成在长沙两家关闭破产企业（湖南电梯厂、长沙铝厂）社区留守机构移交当地政府。要加大与省政府有关部门、当地政府衔接的工作力度，在社区留守机构移交人数、移交经费等方面尽快达成共识，力争上半年签订移交协议。

B.10

2013～2014年湖南医药行业发展研究报告

湖南省经济和信息化委员会消费品工业处

一 2013年湖南医药工业经济运行情况

2013年，湖南医药行业以结构调整为主线，以项目建设为抓手，着力培育生物医药战略性新兴产业，实现了生产和效益平稳较快增长。

（一）医药工业经济运行情况与特点

1. 生产保持较快增长

全省医药规模工业完成总产值732.25亿元，同比增长21.4%；完成工业增加值229.35亿元，同比增长17.9%，增幅居全省11个重点发展行业第3位。其中，湘西、娄底、常德、株洲、张家界、湘潭、长沙、岳阳等8个市州增加值增速超过全省行业平均水平。

2. 经济效益稳步增长

全省医药规模工业实现主营业务收入702.90亿元，居全国第14位，同比增长20.5%，其中湘西、常德、株洲、郴州、邵阳、娄底、长沙、益阳、湘潭等9个市州主营业务收入增速超过全省行业平均水平；实现利税75.65亿元，同比增长19.2%；实现利润45.23亿元，同比增长19.8%。

3. 产业转型升级步伐加快

集聚发展态势显现。长沙、岳阳等两市共实现主营业务收入359.66亿元，占全省总额的51.2%。骨干企业发展较快。全省拥有规模以上医药工业企业306家，其中大中型企业51家，比上年增加7家。创新能力加强。新增3家省级企业技术中心，累计达到17家，占全省总数的8.9%。

4. 技术改造成效明显

全年医药规模工业完成固定资产投资 186.7 亿元，同比增长 38.4%，比全省平均水平高 7.1 个百分点。截至 2013 年底，123 家原料药及制剂生产企业中，有 35 家企业完成新版 GMP 改造。

（二）2013 年医药工业经济运行存在的主要问题

1. 新版 GMP 改造影响企业正常生产经营

随着新修订药品 GMP 认证工作的实施，部分药品生产企业停产进行 GMP 改造，产值大幅下降。如紫光古汉集团由于子公司大输液生产线原 GMP 认证到期停产，紫光古汉集团完成总产值同比下降 21.8%；金健药业由于停产进行 GMP 改造，全年完成工业总产值同比下降 25.3%。

2. 生产成本上涨进一步削弱企业赢利能力

受原辅材料、包装材料、燃料动力、人工工资、制造费用等企业生产成本上涨影响，医药企业利润空间受到挤压，赢利能力不断削弱。如千金药业集团 2013 年的原材料和人工费用较上年大幅增加，尽管集团全年完成产值同比增长 20%，完成年初预期目标，但利润增速却同比回落 10 个百分点。

3. 省产药品销售受省内中标价格偏低影响明显

去年底组织对 50 家药品生产企业的 163 个重点品规中标价格情况调查数据显示，近七成省产重点药品省内中标价低于全国平均中标价或只在省外中标，只有三成左右产品省内中标价高于全国平均中标价。而当前药品招标报价普遍参考药品产地中标价格，省产药品省内中标价格普遍低于全国平均中标价的现状已成为影响省产药品拓展省外市场的突出问题。

二　2014 年医药行业发展趋势分析和对策建议

2014 年，尽管医药行业发展面临着新一轮更为激烈的市场竞争，但随着“十二五”有关生物制药、加快医疗事业改革以及医药行业结构调整等政策的出台，医药行业将面临新一轮发展良机。

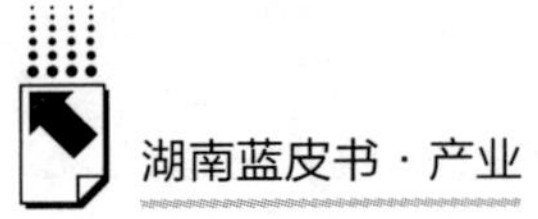

（一）2014 年医药行业发展环境与趋势

1. 国家宏观政策将为医药产业发展提供新活力

党的十八届三中全会提出深化医药卫生体制改革、统筹推进医疗保障、医疗服务、公共卫生、药品供应、监管体制综合改革，重申加快公立医院改革、取消以药补医、鼓励社会办医、允许医师多点执业等医改原则，特别是《国务院关于促进健康服务业发展的若干意见》将进一步拓展医疗服务和药品（器械）需求，将为医药产业发展提供新的活力。

2. 医药市场需求总量仍将持续扩大

人口数量的增长、人口老龄化等因素将推动医药市场扩容，尤其是新农合政策实施以来，我国已基本完成了新农合的全覆盖，农村居民的医疗需求得到释放，农村医疗市场将进一步扩大。

（二）2014 年湖南医药行业发展思路、目标和重点

2014 年，全省医药行业管理工作将以党的十八届三中全会精神为指导，以转型升级为主线，加快兼并重组步伐，培育壮大龙头企业；加大技术改造力度，提升产业核心竞争力；深化产业合作对接服务，巩固和提升优势产业地位；强化政策引导，促进产品质量安全，推动医药工业经济持续健康平稳发展。

全年力争全省规模医药工业完成总产值 860 亿元，同比增长 18%；工业增加值完成 268 亿元，同比增长 17%。围绕这一目标，重点抓好以下工作：

1. 推进企业兼并重组，培育壮大龙头企业

一是制订医药行业兼并重组措施。根据《国务院关于促进企业兼并重组的意见》（国发〔2010〕27 号）精神，充分发挥新修订药品 GMP 实施对促进产业升级的引导作用，鼓励和支持医药优势骨干企业整合资源，提升规模化、集约化、国际化发展水平，增强可持续发展能力。二是打造医药龙头企业。以“四千工程”、战略性新兴产业和医药产业集群核心骨干企业为重点，鼓励其以技术、品牌、资金等优势实施兼并重组，突出支持重大项目建设，促进千金药业等一批龙头企业做大做强，着力打造医药行业旗舰企业。

2. 大力推进项目建设，增强产业发展后劲

一是组织实施医药产业发展专项。按照委管技术改造专项的安排部署，充分发挥医药技术改造专项资金的引导和激励作用，重点支持新修订药品GMP改造和兼并重组等重大项目，培育新的经济增长点。二是推进医药GMP认证改造重点项目建设。加大新修订药品GMP认证改造项目扶持力度，争取将全省医药企业实施新修订GMP认证改造项目纳入2014年省各类专项资金支持范围，予以优先安排和重点支持。三是争取国家相关专项支持。做好湖南省2014年度中药材生产扶持项目申报组织工作，对全省2012、2013年度中药材扶持项目实施滚动绩效评价，做好全国各省交叉检查和工信部专家组抽查迎检工作，积极争取国家中药材扶持资金滚动支持。继续会同有关部门做好国家其他专项申报工作，提升湖南省医药产业内生发展能力和整体创新能力。

3. 深化产业合作对接，强化产业优势地位

举办湖南省中药产业合作对接会。围绕推介全省中药重点企业和特色产品，通过展示中药行业企业形象，推介重点企业及其产品，促进重点中药生产企业、科研院校、医疗机构等相关单位加强沟通联系，在市场营销推广、产学研合作、大品种培育等方面建立战略合作关系，推动中药行业加快发展。

4. 加强协同配合，提升行业管理水平

一是加强行业运行监测分析。贯彻执行医药工业经济运行调度考核办法，健全市州季度经济形势分析和重点企业联系机制。加强医药工业经济运行形势研判，坚持月调度、季分析，做好行业经济运行监测分析，为宏观决策和企业生产经营提供参考。组织召开全省医药工业企业统计年报会，认真做好2013年医药统计年报和2014年定期报表工作。二是强化行业发展协调服务。围绕医药产业发展热点、难点问题，深入开展调查研究，及时提出对策建议，确保医药工业经济平稳较快增长。配合做好医药集中采购相关工作，收集整理企业反映的困难和问题，加强与相关职能部门衔接沟通，切实维护企业及人民群众合法权益。举办湖南省新一轮药品集中采购培训班，解读《2013年医疗机构药品集中采购实施方案》，指导本省医药工业企业做好药品集中采购工作。三是完善医药储备应急管理。进一步完善医药储备管理及应急管理组织体系建设，抓好应急队伍培训与演练。编制医药储备品种目录和储备品种应急目录，确保药品急需供应。定期调度和检查医药储备企业，及时、准确地掌握储备品种情况。组织召开全省医药储备及应急管理工作座谈会，加强储备管理应急管理能力建设，增强医药储备系统凝聚力。

B.11

2013～2014年湖南煤炭行业发展研究报告

李联山*

一 2013年湖南煤炭行业发展情况

2013年，湖南煤炭系统认真贯彻落实党的十八大和习近平总书记系列重要讲话精神，强化措施，狠抓落实，全省煤炭产量为8500万吨左右，煤矿安全生产再创历史新高，实现了稳中求降和"三个明显下降"的目标：一是事故总量明显下降。发生各类煤矿事故73起，死亡108人，死亡人数同比减少30人，降幅达22%，比国家下达湖南省控制指标低34.5%。二是较大及以上事故明显下降。发生较大事故3起，死亡20人，同比减少6起27人，分别下降67%和57%，比国家下达湖南省控制目标少6起；发生重大事故1起，死亡10人，同比起数持平、人数减少5人，下降33%。三是百万吨死亡率下降至1.27，同比下降15.3%。湘煤集团、华润煤业、华银电力等所属煤矿继续保持稳定好转，杜绝了瓦斯事故和较大安全事故。衡阳、娄底、株洲、常德、湘西、怀化、张家界等市州煤矿安全事故大幅下降，湘潭市全面实现安全生产。

（一）狠抓安全生产责任落实和安全目标实现

在2012年实现历史最好水平、煤矿事故下降近一半的基础上，进一步自我加压，提出了"稳中求降、实干兴安"的总体思路，在国家下达预控指标（165人）基础上，提出将事故总人数控制到100人左右的奋斗目标。以求有

---

* 李联山，湖南省煤炭管理局党组书记、局长。

效遏制较大及以上事故发生，确保事故不反弹和全年目标实现；以求全年总体目标实现，确保有效防范瓦斯水害事故。围绕目标，强化措施，制定了目标管理考核办法，层层分解下达，坚持月调度、季通报，对问题比较突出和安全生产有放松苗头的市县专门去函督办。按照省委、省政府要求，结合党的群众路线教育实践活动，进一步建立健全了安全生产“一岗双责”责任制，省煤炭管理局领导分片包干联系省属煤矿企业和各市州。衡阳、郴州、怀化等市着力推动煤矿企业主体责任落实，推进政府、部门和专业人员联县联矿监管模式，进一步强化安全生产属地管理和部门监管责任，强化安全检查和行政执法。针对四季度历来事故易发、高发的特点，召开专题会议，认真分析形势，坚定既定目标，部署开展了“百日攻坚”行动。全省煤炭行业咬紧牙关，众志成城，四季度煤矿事故得到有效遏制，事故起数和死亡人数同比分别下降28%和33%，除娄底外的12个市州杜绝了较大及以上事故，大部分市县实现了既定目标。

（二）扎实开展集中安全大检查

按照国家和省政府的部署，集中开展了全省煤矿安全大检查。一是总动员、全覆盖。动员安排全省所有煤矿按照要求开展了自查自纠，动员全行业所有监管人员开展了为期半年的安全大检查和回头看。二是查实情、讲实效。采用“四不两直”（不发通知、不打招呼、不听汇报、不用陪同接待，直奔基层、直插现场）方式，开展明察暗访，沉到基层，深入井下，发现真隐患，解决真问题，督促整治了一大批安全隐患。三是零容忍、严执法。采取突击检查、现场巡查、交叉执法以及发动群众举报等多种方式，铁腕打击非法违法和违规违章行为。

（三）强力推进煤矿安全生产“双七条”

把贯彻落实《七条规定》和开展“保护矿工生命、矿长守规尽责”主题实践活动作为安全工作的重要抓手，一手抓宣传贯彻，一手抓行政执法，狠抓落实。所有煤矿矿长签订承诺书。各级煤炭管理部门开展了《七条规定》专项督查，努力做到“铁规定、刚执行、全覆盖、真落实、见实效”。通过强力

推动，大多数煤矿矿长和煤矿职工对《七条规定》熟记于心。结合煤矿春节后复产，制定了八项必备条件规定，组织专项督查，开展行政执法，有力促进了安全生产。

（四）深化瓦斯及水害专项整治

一是省政府印发了《关于进一步加强煤矿瓦斯防治工作的紧急通知》，进一步强化了瓦斯治理责任和目标落实，提出了煤矿瓦斯防治工作的“八项措施”，对煤与瓦斯突出矿井实施分类处置。对常宁等一批整改无望的矿井采取断电、停供火工产品等措施。二是严格瓦斯“零超限”管理。省煤业集团实现了集团公司内部及与省局监控监测系统区域联网，通过联网对集团公司所属矿井实行 24 小时实时监控，对瓦斯超限矿井实施了停产整顿。各市县煤炭管理部门强化了瓦斯“零超限”管理，全省煤矿瓦斯超限次数明显减少。三是严把瓦斯防治能力评估关口。省局组织 4 个组，分赴有关市县对煤与瓦斯突出煤矿瓦斯防治能力评估情况进行了 100% 抽查复核。对未通过复核，存在重大安全隐患的煤矿实施了停产整顿。四是狠抓 9 万吨及以下煤与瓦斯突出矿井停产整顿。6 月，国务院贵阳安全生产座谈会议后，省政府召开部分市县煤矿安全生产工作会议。各级政府和煤炭管理部门强化监管措施，严格责任落实，依法对 9 万吨及以下煤与瓦斯突出煤矿实施了全面停产整顿。通过努力，年内煤矿瓦斯事故起数和死亡人数同比下降 31% 和 15% 。五是强力推进“物探先行、钻探补充、综合治理”防治水措施。攸县、永兴、宜章、北湖、耒阳、辰溪等一大批县市区组建了专业队伍，配备了物探仪和大功率钻机，开展了水害普查，夯实了水害防治基础。全省煤矿杜绝了较大及以上水灾事故，死亡人数同比下降 93% 。

（五）强力推进正规开采

严格标准要求，发挥省属煤矿带头示范作用，对非正规开采的大岭、蒋家坪、大坪、托山等省属煤矿实施了停产整顿，强力督促省属煤矿推进正规开采。按照国办发〔2013〕99 号文件要求，印发了专题文件，对非正规开采煤矿实施停产整顿，限期整改。衡阳耒阳市把实现正规开采作为煤矿复产的必备条件，怀化市对非正规开采的煤矿全部实施停产整顿，不达标不复产。

（六）扎实推进小煤矿关闭退出前期工作

国务院贵阳安全生产工作座谈会明确要求湖南省要关闭9万吨及以下煤与瓦斯突出矿井和不具备安全生产条件的小煤矿。会议后，组织召开了市县煤炭局长会议，传达贯彻会议精神，开展激烈讨论和思想交锋。在此基础上，又连续多次到郴州、衡阳、娄底、邵阳、怀化等市县及煤矿企业调研，多次与市县政府领导、煤炭管理部门负责人、煤矿矿长座谈，反复宣讲政策要求，反复调查摸底，反复征求意见，反复调研论证。开展了一系列深入细致艰苦的前期工作，为下阶段关闭退出工作奠定了扎实基础。国务院办公厅99号文件下发后，在前段工作的基础上，进一步理清思路，拟定了《湖南省落后小煤矿关闭退出工作方案》。按照小煤矿关闭退出专题会议精神，具体督促指导邵阳市制定小煤矿关闭退出工作方案，对方案进行了批复，现场审查了关闭矿井和保留矿井名单。邵阳市委、市政府高度重视，强力推进，重点多关闭灾害严重不能整改达标的矿井，特别是煤与瓦斯突出矿井。在关闭与整合相结合过程中，多实施直接关闭，减少危险源。

二　2014年煤炭行业发展趋势

（一）我国煤炭主体能源地位难改变

数据统计显示，2013年，我国煤炭产量完成37亿吨，增速同比回落1.4%，煤炭消费量为36.1亿吨，增速同比回落0.6%。其中，我国去年煤炭进口3.27亿吨，进口依存度增加1.02个百分点，增至8.13%。

根据煤炭工业“十二五”规划，到2015年，我国煤炭消费总量将控制在39亿吨左右。国家能源局设限2014年能源消费总量控制目标为38.9亿吨标准煤，其中煤炭消费比重将控制在65%以下，这比2013年9月12日国务院发布的《大气污染防治计划》中提到的“控制煤炭消费总量，到2017年，煤炭占能源消费比重降低到 65% 以下”的目标，又缩短了实施年限。

尽管 2013 年我国煤炭产量增幅回落程度大于煤炭消费增幅回落程度，但依旧不能抵消煤炭产能过剩现状。专家表示，目前全国在建煤炭产能为 14 亿吨，煤炭产能增幅回落，只因为煤炭市场不景气，而使其处于推迟投产或闲置状态。

根据业内预测，2014 年，我国煤炭供应能力在 40 亿吨左右，煤炭需求将保持 7% 的增速，我国煤炭产量将达 38 亿吨，同比增长 2.7%，煤炭消费需求预计为 38.3 亿吨，同比增长为 1.6%。预测煤炭消费增幅依旧远小于产量增幅。

同时，虽然我国将采取加强商品煤质量管理等限制劣质煤进口和使用的措施，但全球煤炭市场产能过剩的压力依然存在。进口煤与国内煤相比，在价格方面仍有一定优势，加上汇率变化等因素影响，我国煤炭进口仍将保持较大规模，初步预计 2014 年净进口量将在 3 亿吨左右。

根据预测数据，2014 年我国的实际煤炭需求量只有 35 亿吨，远小于预计产能，煤炭产能过剩依旧存在。近年来，我国对进口煤依存度不断提高，又随着中东部地区新增铁路投入使用，海运物流信息不断完善，煤炭外运将更畅通，产能过剩压力将进一步加大。

2013 年，我国能源消费结构有所优化，大型基地建设稳步推进。去年我国煤矿数量为 1.2 万处，比 2005 年减少 1.3 万处。国家能源局统计显示，煤炭消费占一次能源消费的比重为 65.7%，同比下降 0.9%。

2013 年，我国共 8 家煤炭企业原煤产量超过亿吨，总产量占全国的 37% 左右；11 家煤炭企业原煤产量超过 5000 万吨，总产量占全国的 19% 左右；52 家煤炭企业产量超过 1000 万吨，总产量占全国的 70% 左右；17 家涉煤央企产量 9.8 亿吨，占全国 26.5%。前 10 家煤炭企业产量占全国总产量的 40% 左右，生产集中度不断提高。

据统计，随着兼并重组工作的深入推进，2013 年我国整顿关闭煤矿 770 余处，技改提升小煤矿 490 多处，兼并重组小煤矿 610 处，累计淘汰落后产能共 2 亿多吨。

“部分行业产能严重过剩，是当前最突出的经济结构问题。”国务院发展研究中心产业经济研究部部长冯飞表示。业内人士普遍认为，经济结构调整将进一步放缓能源消费增速，使能源结构得到进一步优化。天然气和非化石能源的快速发展已成为趋势，控制煤炭消费总量也是近年来国家政策调控的方向。中央提出今年经济工作的主要任务之一，就是大力调整产业结构，强调“坚定不移化解产能过剩，不折不扣执行好中央化解产能过剩的决策部署”。

尽管需不断控制煤炭消费总量，但煤炭作为我国主要能源的地位仍难改变。我国已建成煤炭总产能40亿吨左右，煤炭产量占消费总量的92%以上。由于替代能源技术成熟度和经济可行性有待进一步提升，我国煤炭需求仍将继续保持小幅增长。2012年，全国可再生能源利用量3.78亿吨标准煤，占能源消费总量比重的10.3%。根据相关规划，到2020年我国非化石能源消费将达到15%左右。但和煤炭相比，可再生能源对煤炭的替代作用仍然较弱。

目前，煤炭由燃料向原料与燃料并举转变成为趋势，也为煤炭工业发展带来较大发展空间。但不容忽视的是，我国煤炭行业仍然存在煤炭生产和消费方式粗放、生态环境约束不断强化、短期煤炭产能建设超前与长远不足等矛盾。我国不断加大大气污染治理力度，并要求京津冀、长三角、珠三角区域新建项目禁止配套建设自备燃煤电站，耗煤项目实行煤炭减量替代，使这三个区域实现煤炭消费总量负增长。另外，煤化工热也应引起相关投资者和管理者的足够重视。比如近期炙手可热的煤制气项目，专家表示，虽然可把煤置换成清洁燃料，但这个过程不可避免地存在耗水量巨大、制作过程污染处理成本高、温室效应未能有效控制、能源转化率低等问题，其隐患治理也应同时提上日程。

（二）湖南煤炭的需求趋势预测

煤炭是湖南省重要的基础能源。产量占全省一次能源生产量的90%，占消费量的71%，2012年以前，湖南省受电煤供应紧张的长期困扰。湖南省目前尚未发现可供开采的石油和天然气，湘资沅澧四大流域水电资源开发已近饱和，国家发改委已明确内陆省份不考虑核电建设。2013年全省煤炭消费1.23亿吨，并将随着全省国民经济的快速发展和“四化两型”发展战略的不断推进而逐年递增。但湖南地处内陆腹地，“北煤南调、西煤东调”短期内很难突破交通运输的瓶颈，特别是煤炭紧张时期，主要产煤省份严控煤炭出省，来源

也无法保障。因此，确保湖南煤炭稳定供给必须坚持“自产为主，产调结合”的方针，按照国家能源发展战略规划，湖南省为煤炭产量稳定发展地区，煤炭产量必须稳定在8000万～9000万吨，对全省乃至周边区域的能源供给平衡将起到十分重要的作用。

三　2014年煤炭行业的发展思路和重点举措

2014年煤矿安全工作思路是：以贯彻落实十八大和十八届三中全会，特别是习近平总书记关于安全生产的重要指示精神为强大动力，坚守“红线”，强化责任；以贯彻落实《国务院办公厅关于进一步加强煤矿安全生产的意见》（国办发〔2013〕99号）为主线，攻坚克难，以壮士断腕的决心，坚决打好小煤矿关闭退出攻坚战；以正规开采、质量标准化和瓦斯水害治理为重点，强化安全监管执法，持续打非治违，坚决遏制和防范重特大事故，确保事故死亡人数下降到100人以下，实现全省煤矿安全生产形势持续稳定好转。

（一）坚决打好小煤矿关闭退出攻坚战

《国务院办公厅关于进一步加强煤矿安全生产的意见》要求加快落后小煤矿关闭退出，任务艰巨，责任重大，必须坚决打好小煤矿关闭退出攻坚战。

1. 进一步统一思想，提高认识

一是小煤矿关闭退出工作是一项政治任务。小煤矿关闭退出是国家实施安全发展战略的一项重大举措，是省政府研究决定的一项重大部署，是一项硬性规定，也是一项必须完成的政治任务。务必要将思想和行动统一到国务院的要求上来，统一到省委、省政府的工作部署上来，讲政治、讲大局、讲纪律。二是全省煤矿安全生产长治久安的现实要求。虽然前几年全省煤矿整顿关闭工作取得了阶段性成果和明显成效，但客观上仍然存在一些难以解决的问题：首先是矿点多，现有矿井981处，占全国的十分之一强，管理难度大。其次是灾害十分严重，9万吨/年及以下突出矿井254处，占全国的近一半，治理难度特别大。最后是煤层赋存条件差，不具备办大矿的条件，井型小，9万吨/年以下矿井861处，占全省矿井总数的87%，改造难度大。由于客观上存在这些问题，难以与北方大矿相比，但国家对煤矿安全生产的标准和要求是一致的，特别是近年来国家大力实施安全发展战略，标准越来越高，要求越来越严，湖南省部分煤矿很难达到国家标准要求。因此，借国家的强大压力，以壮士断腕的决心，过一山再登一峰，跨一沟再越一壑，再打一场攻坚战，再关闭一批灾害重、难以达到安全生产条件的小煤矿。

2. 明确目标，严格标准

关闭退出是手段，提高煤矿办矿标准，提高矿井素质，实现煤炭工业安全健康发展是目标。按照省政府的要求，全省要关闭400处以上煤矿，保留矿井控制在500处左右。通过关闭退出，实现三个目标：一是减少矿井数量，减少危险源。要重点多关闭灾害严重不能整改达标的矿井，特别是煤与瓦斯突出矿井；在关闭与整合相结合的过程中，要多实施直接关闭。二是提高煤矿素质，提高办矿标准。对保留下来的煤矿，要一矿一策，实行脱胎换骨的改造整治。保留的煤与瓦斯突出矿井资源储量达到200万吨或走向长度达到2000米，设计能力达到15万吨/年或以上。保留的非煤与瓦斯突出矿井走向长度达到1000米左右、资源储量达到70万吨，设计能力原则上达到9万吨/年或以上。三是提高抗灾能力，提高安全水平。保留的矿井必须实现正规开采，有正规水平、采区和正规工作面。煤与瓦斯突出矿井必须实现抽采达标、抽采掘平衡。所有保留矿井要按照安全质量标准化要求，全面达到三级以上标准。

3. 提前谋划，摸清底数，积极行动

邵阳市试点工作完成后，省政府将进一步完善全省小煤矿关闭退出工作方案，下达各市州目标任务。各级煤炭管理部门要早谋划、早部署，结合春节安全大检查，对所辖煤矿进行逐一排查，进一步摸清底数，实行分类处置。

（二）继续深化正规开采、瓦斯及水害治理攻坚

一是推行正规开采。通风可靠是治理瓦斯的基础，正规开采是实现通风可靠和瓦斯抽采达标的前置条件。正规开采包括完备的开拓系统、完善的采区布置、合理的区段布置、正规回采工作面和规范的劳动组织及现场管理。正规开采不可能一蹴而就，必须抓住不放，一抓到底，抓出成效。要结合小煤矿关闭退出，对不具备正规开采条件或限期整改不达标的煤矿，坚决予以关闭。2014

年全省煤矿要争取全面消灭非正规开采。

二是推进瓦斯抽采达标。瓦斯抽采是防范瓦斯事故的治本之策。瓦斯抽采达标从数字上讲有 2 个指标，一是瓦斯含量要降到 8 以下，二是瓦斯压力要降到 0.74 以下；从效果上讲，一要消除瓦斯突出，二要消除瓦斯超限。没有达到指标和效果的，都是抽采不达标，都不能生产。同时，要进一步加大力度，推动瓦斯综合利用。凡具备条件的，都要建瓦斯发电站，实现以用促抽、以抽保安。要管好用好省财政安排的瓦斯治理奖补资金，积极争取国债项目支持。

三是严格瓦斯“零超限”管理。要坚持“瓦斯超限就是事故”理念，煤矿企业凡发现瓦斯超限的要立即停产撤人，查明原因，采取措施，按事故追查处理，绝不能不了了之。要对瓦斯超限实行“零容忍”，煤炭管理部门要严格按照国务院 23 号文件规定，对瓦斯超限煤矿依法实施行政处罚。要研究出台瓦斯超限约谈制度，强化责任追究，督促企业主体责任落实。

四是继续深化水害治理攻坚。要继续推进“物探先行、钻探验证、综合治理”措施，省属煤矿企业和水害严重的重点产煤县市区都要组建专业队伍。要强化协调指导，督促所有煤矿企业开展物探普查，查明水害情况，标明积水线、探水线和警戒线。所有矿井的采掘作业都必须在物探控制区域进行，并坚持有疑必探、先探后掘、先治后采，落实远距离放炮、发现透水预兆全井撤人等措施，确保万无一失。

（三）深入开展安全生产大检查和打非治违行动

一要全面落实煤矿安全“双七条”，继续深入开展“保护矿工生命，矿长守规尽责”主题实践活动。二要按照国务院安委办要求，认真组织开展湖南省 10 个安全重点县（市）攻坚战活动，确保完成目标任务。三要继续按照“全覆盖、零容忍、严执法、重实效”的总要求和“四不两直”的检查方式，推进检查方式制度化、经常化、规范化。四要进一步强化省属煤矿安全监管，坚持每季度组织开展一次面安全生产大检查，努力实现六个目标：消灭非正规开采，关闭不具备安全生产条件煤矿，严格瓦斯零突出零超限管理，实现全员培训持证上岗，进一步提升矿井标准化、机械化、信息化水平，杜绝较大及以上事故，确保事故总量进一步下降。五要结合小煤矿关闭退出工作，严厉打击停产整顿煤矿非法生产、假整顿真生产、在同一区域内边技改边生产、非法承包和超深越界开采等非法行为。六要督促煤矿企业落实主体责任，落实煤矿领导带班下井制度，狠反“三违”，强化现场管理，筑牢安全生产第一道防线。

（四）夯实煤矿安全生产基础

按照“矿井标准化、采掘机械化、企业集团化、管理精细化和矿区园林化”的要求，全面推进安全质量标准化建设。一是着力提高从业人员素质，强化安全培训。要建立煤矿“三项岗位人员”考核体系，要努力实现变招工为招生，特别是省属煤矿要有新突破，所有煤矿要实现全员培训持证上岗。要按照《国务院办公厅关于进一步加强煤矿安全生产的意见》要求，提高矿工待遇，保护矿工权益。二是严格矿长资格证管理。要参照交通违章计分管理办法，对矿长资格证实行动态监管。三是大力推进煤矿机械化建设。改扩建矿井必须实现采掘机械化，鼓励综采综掘。继续推广先进经验和做法，加快湖南省小煤矿机械化步伐。省属煤矿和10个安全重点县煤矿要率先开展综采综掘改造。四是进一步完善煤矿安全科技成果推广转化机制，积极开展以瓦斯治理、隐蔽致灾因素普查、煤矿井下安全避险“六大系统”建设、煤矿“四化”建设为重点的新技术和先进适用技术的遴选和推广工作。五是健全小煤矿技术服务体系。要进一步推进煤矿安全生产责任保险，提升应急救援保障能力。六是抓好煤炭生产能力监管工作。建立煤炭生产能力登记和公告制度，是取消煤炭生产许可证之后，国家出台的加强事后、事中监管的举措，要按照国家要求，建立健全煤矿生产能力管理档案，规范煤矿生产能力登记和更新程序，推进能力管理信息系统建设，加强能力动态监管，按规定和要求开展核定生产能力。七是结合小煤矿关闭退出，坚定不移推进煤矿企业兼并重组。

（五）进一步加强安全监管能力建设

要进一步加强作风建设，加强履职能力建设，不断增强坚守红线、敢于担当、善抓落实、改革创新、廉洁自律“五个能力”：一是坚守“红线”和“底线”的能力。红线就是高压线，碰不得摸不得，碰了就要付出沉重代价。要结合湖南省煤矿安全生产工作实际，坚守不达标不验收、不安全不生产这条

"红线"，坚守有效遏制和防范较大事故、不出重大及以上事故这条"底线"。二是敢于负责、敢于担当的能力。安全生产的法律法规和制度要落到实处，必须敢于负责，亲力亲为，敢抓敢管，严字当头，严格标准，严格执法，切实解决严格不起来、落实不下去的问题。三是善抓落实的能力。坚持实干兴安，深入基层、深入井下，了解实际、掌握实情，想出实招，干出实效。四是改革创新的能力。安全监管方式方法要大胆改革创新，转变职能，不仅要应对当前，更要考虑长远，抓治本，抓预防，抓长效机制建设。五是廉洁自律的能力。要始终牢记"两个务必"，努力保持清正廉洁的本色。打铁还需自身硬，只有我们自身硬，才能挺起腰杆，履行安全监管执法职责。

B.12

2013～2014年湖南轻工行业发展研究报告

廖廷球　汪良松*

2013年，在省委、省政府的正确领导下，湖南轻工行业以贯彻落实党的十八大精神和深入开展党的群众路线教育实践活动为动力，坚持以市场为导向，积极扩大内需市场，努力稳定外需市场，以科技进步和节能减排为突破口，加快行业结构调整和行业转型升级，促进行业平稳较快发展，取得了较好成绩。

一　2013年湖南轻工行业经济发展情况

（一）行业经济运行概况

面对错综复杂的国内外经济形势，全省轻工行业努力克服严峻的经济下行压力，积极稳增长、调结构、惠民生、创效益，促进了行业稳步发展，实现了较好的经济效益。2013年全行业规模以上企业预计完成工业总产值3500亿元，其中增加值1200亿元，比上年增长15%左右；产销率98%，与上年基本持平；实现利税总额190亿元，其中利润总额97亿元，比上年增长25%左右。湖南省轻工业总产值在全国排第12位，在中部六省排第4位。

（二）行业经济主要特点

生产总量企稳回升。2011年以前年均增速保持在25%以上；2012年呈现

* 廖廷球，湖南省轻工行业管理办公室主任；汪良松，湖南省轻工联合会秘书长。

回落走势，增速只有13.8%；2013年基本企稳，1～11月增速14.3%，预计全年增速15%，高于全省工业平均增速。企业效益稳步增长。2011年以前企业利润总额年均增速保持在30%以上，2012年出现下滑，增速只有10.4%，2013年1～10月又回升到30%，预计全年增速25%左右。主导产业支撑明显。制浆造纸、木竹制品、日用陶瓷、烟花爆竹、皮革、塑料制品、家具为湖南省轻工行业的传统特色优势产业，具有相对比较优势，有较好的经济基础，2013年这七大产业继续发挥骨干作用，共实现产值2800亿元，占全省轻工行业总产值的80%。技术创新能力增强。2013年省属企业开发新产品16项，新产品产值率19.9%。湖南华联瓷业集团有限公司被认定为2013年国家技术创新示范企业，全省仅有9家企业获此殊荣，华联瓷业占得一席之地。湖南丽臣实业有限公司、湖南立得皮革有限公司等两家企业被认定为2013年湖南省级企业技术中心。至此全行业拥有3家国家级企业技术中心和13家省级企业技术中心。企业技术创新能力的不断增强，为轻工行业的平稳较快发展增添了后劲。品牌建设取得成效。2000年至2012年，湖南省轻工行业共有中国驰名商标34件，占全省拥有中国驰名商标数的12.7%；2010年至2012年共有82个湖南名牌产品，占全省三年累计数的13.9%。品牌建设为湖南省轻工行业发展创造了很好的品牌效益。园区经济大力发展。全省轻工行业积极承接沿海产业转移，努力走集聚发展之路，培育新的经济增长点，进一步提升了轻工发展水平。以中国（湖南）轻工产业园为龙头，邵东箱包皮具、湘乡皮革、醴陵陶瓷等市县特色轻工产业园区快速发展，园区经济将为“十二五”湖南轻工发展作出重要贡献。节能减排效果较好。积极推进节能减排、清洁生产，努力促进轻工行业持续发展，取得了较好成效。皮革、塑料企业的连片集中发展，治污能力大大提高；企业加大节能减排投入，为行业的持续健康发展创造了较好的条件。

（三）行业面临的主要问题

行业结构性矛盾仍然存在。企业结构中，中小微型企业占据绝大份额，布局分散，专业化程度低，难以形成产业集群效应。技术结构中，科技含量高的技术装备严重不足，企业技术装备水平大部分都较落后，达到国际20世纪90

年代水平的设备拥有量不足10%。产品结构中，存在着产品单一、花色品种少、结构不合理、产业发展趋同化现象，缺乏市场竞争力。技术创新能力仍然不强。轻工行业大部分企业是中小企业，仍以手工劳动为主，生产粗放，技术研发力量薄弱，自筹创新资金太少，缺少必要的科研设备。产品档次低，更新换代慢，难以适应市场需求变化和国际技术发展趋势，严重制约企业长远发展。节能减排任务仍然繁重。全省轻工业万元产值能耗和万元工业增加值能耗都远高于国际同类产品水平，平均高出20%左右。造纸、皮革、日化、塑料等行业污染排放严重，污染治理欠账较多，推行清洁生产工艺和治理污染的任务很重。企业经营仍然比较艰难。中央和地方政府对轻工行业直接投入太少，银行慎贷、惜贷的现象比较普遍，导致企业融资困难，规模效益难以发挥，行业发展后劲不足。在通胀的压力下，原材料成本、融资成本、用工成本高，严重影响企业效益，对企业的生存发展和持续经营造成了较大影响。

二　2014年湖南轻工行业发展面临的形势分析

2014年，全省轻工行业贯彻落实十八大和十八届三中全会精神，在轻工业“十二五”规划指引下，将进一步深化行业改革，优化产业结构，加快转型升级，在改革和调整中实现稳健发展。

（一）有利条件

一是十八届三中全会为企业创造了更好的发展机遇。湖南省轻工行业主要是中小微企业，绝大部分是民营企业，是非公经济的主体，《决定》在多方面支持非公经济发展，企业发展环境将进一步优化。《决定》要求坚持和完善基本经济制度、加快完善现代市场体系、加快转变政府职能、推进法治中国建设、创新社会治理体制等，这些都将给企业创造更好的发展环境。企业产品销售将进一步扩大。《决定》要求健全城乡发展一体化体制机制，明确“必须健全体制机制，形成以工促农、以城带乡、工农互惠、城乡一体的新型工农城乡关系”，湖南是农业大省，城乡一体化发展将大力推动轻工产品下乡活动，扩大省内销售。《决定》要求构建开放型经济新体制，加快自由贸易区建设，扩

大内陆沿边开放，将扩大湖南省轻工产品的省外销售和出口销售。二是全省经济的加速推进和经济实力的进一步增强，为轻工行业提供了更好的发展空间。湖南省正处于工业化、城镇化加快推进的中期阶段，经济发展将进入加速增长期和转型创新发展期，全省经济特别是工业经济的加速发展，将更好地带动轻工企业创新发展，提升轻工企业的发展水平，提供更广阔的发展空间。三是政策支持促进轻工行业加快发展。国家促进中部崛起战略深入实施，湖南省长株潭两型社会试验区、武陵山片区区域发展与扶贫攻坚试点、湘南承接产业转移示范区、洞庭湖生态经济区的重要改革平台和政策窗口，全省"四化两型""四千工程"建设稳步推进，省委省政府坚持"三量齐升"、建设美丽富饶湖南的决策部署，国家《轻工产业振兴规划》《湖南省轻工业振兴实施规划》的贯彻落实，将支持和促进全省轻工业加快发展。四是企业自身发展能力不断增强。改革开放以来，湖南轻工业得到快速发展，国内地位稳步提升，企业抗风险能力、持续发展动力和行业整体实力明显增强，企业自主发展能力进一步强大。而且，作为中部大省，湖南具有得天独厚的自然资源、区位优势、市场优势和人力资源优势，是湖南省轻工业发展的重要基础，成为沿海地区轻工产业转移的极佳承接地，将促进湖南省轻工业更好更快地发展。

（二）不利因素

一是宏观经济发展后劲乏力。由于内需增长有限及深层次结构性矛盾并未化解，部分行业产能过剩问题严重，消费低速与高库存并存，实体领域投资乏力，未来消费热点匮乏，经济运行下行压力较大，后续增长驱动能源不足；国内外宏观经济发展不确定因素较多，世界经济复苏延续缓慢，国内经济发展缺乏后劲，将影响和制约轻工行业发展速度。二是行业转型升级任务艰巨。生产成本压力进一步增大，节能减排任务依然艰巨，产品附加值不高，因此，轻工业发展面临一系列产业升级要求：关停规模小、利润薄却耗能与污染严重的小规模企业，集中优势提升相应产业的集中度；通过技术创新等手段，提高行业竞争能力；调整结构与转型升级并行，提高制造精度，提升产品质量、信誉、品牌知名度等。湖南省轻工业产品附加值低，国际市场竞争力弱的结构性问题在国际金融危机冲击下日趋显现，促使本省轻工业进入结构调整时期。三是企业发展后劲不足。湖南省轻工业总量偏小，中小企业多，企业规模普遍不大，争取外部支持能力不强，在经济不景气的情况下，争取政策扶持、化解资金紧缺等生产要素困难，改善外部环境的手段较弱，融资十分困难，导致企业发展后劲不足。

三　2014 年湖南轻工行业发展目标及发展对策

（一）发展目标

2014 年全省轻工行业总体发展思路是紧紧围绕稳中求进工作总基调，坚持改革创新，扎实开展工作，着力激发市场活力，加快转方式调结构，切实提高经济发展质量和效益，促进行业持续健康发展。计划规模以上轻工企业努力实现总产值 4000 亿元，其中增加值 1390 亿元，增长 15% 左右；产销率保持 98% 左右；实现利税 230 亿元，其中利润 115 亿元，增长 20% 左右；完成固定资产投资 900 亿元，增长 20% 左右。

（二）发展重点

1. 积极开拓市场，确保平稳增长

扩大省内产品销售。配合城乡一体化建设，大力推动省内轻工产品下乡销售活动；配合城镇化建设，扩大上下游产业的轻工产品销售。大力开拓国际市场。引导陶瓷、烟花鞭炮、皮革等外销型产品的企业在巩固美、欧、日等传统国际市场的基础上，积极开辟东南亚、南美、中东国家等新兴市场和潜在市场。积极创新引导市场需求。根据市场不同层次需求，开发潜在市场，配合安居工程、新农村建设、旅游休闲业等开发相配套的轻工产品。

2. 加快技术创新，推动产业升级

突出自主创新。探索建立以企业为主体、市场为导向，产学研金一体化的技术创新体系，推动轻工企业成为技术创新的主体，指导企业增加自主创新研发投入，加大项目开发力度，增强企业自主创新能力。加快技术改造步伐。加快改造提升造纸、陶瓷、烟花爆竹、皮革等产业，利用先进适用技术淘汰落后

工艺，降低物耗能耗，提高技术含量和产品附加值，加快项目建设进度，做大做强核心骨干企业。

3. 促进产业集聚，优化区域布局

加快产业集聚发展。引导轻工企业向工业园区集聚集中，发展壮大造纸、陶瓷、烟花、皮革、塑料等轻工产业集群。加快中国（湖南）轻工产业园的建设，发挥龙头带头作用，引导企业进一步向专业工业园区（基地）集聚，打造一批年主营业务收入达到100亿以上的轻工特色园区。促进产业空间合理布局，加快轻工产业新材料的研发和应用。积极引进先进的新材料制备设备和技术，培育轻工新材料产业，重点推进纳米新材料的产业化应用与轻工传统产业的结合，形成产业链，打造纳米材料研发、生产基地和产业集群，实现传统产业升级。

4. 加强节能减排，促进循环经济，强化持续发展，推进节能降耗

鼓励采用新技术、新设备进行节水、节能改造。围绕工业燃煤锅炉（窑炉）改造、余热余压利用、电机系统节能、能源系统优化、绿色照明等重点，减少资源消耗。推行清洁生产。在造纸、皮革等产业推广清洁生产，组织企业开展清洁生产审核，从源头减少废物的产生，实现由末端治理向污染预防和生产全过程控制转变。加强污染防治。加快造纸、皮革产业结构调整，严格准入条件，关停不达标排放、不符合产业准入条件以及技术落后的企业。

5. 重视品牌建设，促进产业重组

鼓励争创品牌。打造区域品牌和产品品牌，强化自主品牌建设。着力打造“浏阳花炮”“醴陵花炮”“醴陵陶瓷”等地理品牌和地理标志，重点培育浏阳国际花炮会展品牌，培育3～5个在全球具有核心竞争力的烟花爆竹、陶瓷、造纸品牌。促进产业重组。支持品牌企业跨地区兼并重组，整合资源，提高产业集中度，扩大品牌影响。鼓励有条件的企业加大收购省外具备资源、技术、市场、品牌等价值企业的力度，提升市场份额，提高品牌知名度。加强质量管理。质量是品牌的生命。企业要严格按照行业标准，组织生产、研发、管理、营销，严格执行质量标准，强化质量安全监管，努力提高产品的整体质量水平。宣传保护品牌。大力宣传和保护造纸、烟花爆竹、陶瓷等产业内知名品牌，通过国际会展、广告宣传、质量认证、网络、公共平台等多种形式和渠道，提升品牌知名度和美誉度，加大打击假冒伪劣产品力度，增强知名品牌企业保护品牌的责任感和全社会保护知名品牌的意识。

6. 继续做好服务工作，促进企业协调发展

牢固树立服务意识，继续做好各项协调、沟通、衔接、联系、服务等工作，努力为企业办实事。加强轻工行业经济运行的调研和分析工作，掌握行业发展情况，关注行业发展动态，及时反映行业困难，积极争取各方面支持，促进行业发展。

B.13

2013～2014年湖南食品行业发展研究报告

湖南省经济和信息化委员会消费品工业处

一 2013年湖南食品行业发展情况

2013年，湖南食品行业在省委、省政府的正确领导和各级各有关部门的大力支持下，以结构调整为主线，以项目建设为抓手，加快改造提升食品传统产业，大力推进食品工业企业诚信体系建设，实现了持续平稳较快发展。

（一）食品行业经济运行情况及特点

1. 生产增速放缓但下半年企稳回升

2013年，全省规模食品工业（不含烟草）完成工业总产值3829.15亿元，同比增长15.3%；完成工业增加值1019.94亿元，同比增长9.5%。全年食品工业总产值和增加值增速分别比上年回落4.4个和3.3个百分点，在上半年工业增加值只增长7.0%的不利情况下，下半年增速呈逐月回升态势。

2. 大部分市州生产保持平稳增长

娄底、邵阳、常德、株洲、益阳、永州、怀化、湘潭、郴州、衡阳等10个市规模食品工业生产增速超过全省食品工业平均水平，且实现两位数增长，长沙、岳阳、张家界、湘西自治州等4个市州增速低于全省食品工业平均水平。

3. 部分子行业生产保持较快增长

14个重点子行业工业总产值均保持不同程度的增长，其中，罐头制造、果蔬加工、乳制品制造、精制茶加工、焙烤食品制造、饮料制造、调味品制造、方便食品制造、水产品加工等9个子行业增速高于全省食品工业平均水平。

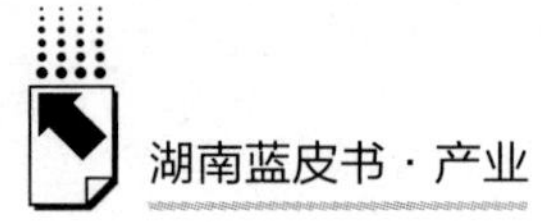

4. 小型规模企业生产增长较快

全省规模食品企业1681家，其中小型规模食品企业共有1437家，累计完成工业总产值2436.32亿元，同比增长18.2%。完成工业增加值646.82亿元，同比增长11.4%，增幅分别比全省规模食品工业平均水平高2.9个和1.9个百分点。实现利税、利润分别为188.93亿元、100.31亿元，分别增长24.5%、23.7%。

5. 主要产品产量平稳增长

主要产品产量中，软饮料、精制茶、罐头、方便面、鲜冷藏肉等保持平稳增长。

2013年食品工业主要产品产量完成情况

产品名称	单位	产量	同比增长(%)
速冻米面食品	万吨	58.67	55.2
软饮料	万吨	489.81	14.4
精制茶	万吨	47.46	13.9
罐头	万吨	88.93	13.9
方便面	万吨	50.32	13.5
鲜冷藏肉	万吨	91.77	11.0
酱油	万吨	73.89	9.7
饲料	万吨	1534.93	9.6
白酒	万千升	25.67	5.0
食用植物油	万吨	279.70	1.5
大米	万吨	1198.45	1.4

6. 固定资产投资大幅增长

全省规模食品工业完成固定资产投资960.12亿元，同比增长35.9%，比全省规模工业固定资产投资增速高4.6个百分点，为全省食品工业平稳较快发展奠定坚实基础。其中，农副食品加工业完成543.66亿元，同比增长34.3%；食品制造业完成239.57亿元，同比增长49.3%；饮料制造业完成176.88亿元，同比增长24.9%。

（二）食品行业经济运行存在的主要问题

1. 食品质量安全问题影响较大

2013年，因受一系列质量安全问题的影响，全省规模食品工业增加值增速比上年回落 3.2 个百分点。据测算，食品质量安全问题至少影响全省规模食品工业增加值增速 1.5 个百分点，特别是对谷物磨制加工业影响较大。

2. 企业效益回落、亏损扩大

全省规模食品工业实现利税总额 304.05 亿元，同比增长 15.7%，增速比上年回落 9.3 个百分点，其中，实现利润 160.12 亿元，同比增长 14.7%，增速比上年回落 7.3 个百分点。全省规模食品工业亏损企业有 68 家，同比增长 9.7%，企业亏损面为 4.1%，亏损总额为 4.51 亿元，同比增长 71.5%。主要原因：一是部分原辅材料价格上涨过快。如：玉米、豆粕价格较上年同期分别提高约 8%，进口奶粉价格上涨 40% 以上。二是管理及人工成本上涨较快。全省规模食品工业企业管理和财务费用分别增长 29.5% 和 38.5%，应付职工薪酬同比增长 31.6%。三是销售价格下降。白酒、大米、植物油等龙头企业产品价格均有不同程度的下降。

3. 企业资金短缺问题突出

从调度的重点食品企业情况来看，绝大多数中小企业反映融资越来越困难，企业流动资金严重不足，对企业正常生产经营影响较大。如：口口香米业因流动资金不足，致使企业收购优质稻谷有限，产能发挥不到 30%；益阳三星食品因缺乏流动资金，企业投资 1000 多万元建设的优质生猪屠宰加工生产线基本处于停产状态；盈成油脂因缺乏资金收购菜籽原料，造成产能无法有效发挥。

二　2014 年湖南食品行业发展趋势分析

（一）有利因素

1. 从全国看，食品产业发展迎来新的历史机遇

十八届三中全会通过的《决定》，提出了一系列改革措施，特别是“使市场在资源配置中起决定性作用和更好发挥政府作用”“建立食品原产地可追溯制度，保障食品药品安全”“建立健全社会征信体系，褒扬诚信，惩戒失信”“启动实施一方是独生子女的夫妇可生育两个孩子的政策”“健全城乡发展一体化体制机制”等改革措施的逐步落实，将进一步拉动食品市场刚性需求，促进食品产业持续健康发展。

2. 从省内看，食品产业发展具有良好政策环境

省委经济工作会议再次把稳中求进确定为工作总基调，着力在稳增长、转方式、抓改革、惠民生上下功夫，将着力扩大内需、加快调整产业结构、大力推进新型城镇化、加强民生保障等列为2014年经济工作的重点，这将有利于促进全省食品产业持续健康发展。同时，湖南省把食品产业作为传统支柱产业和构建多点支撑多极发展产业新格局的重要支持点予以培育发展，各市州相继出台加快食品产业发展的政策意见，加大对食品产业的支持力度，全省食品产业发展环境持续改善。

3. 从产业自身看，食品产业转型发展态势良好

2013年，全省食品产业发展增速整体回落的同时，结构调整也在悄然进行。代表精深加工的食品制造业和饮料制造业发展速度明显好于代表初加工的农副食品加工业，增加值增速分别高出农副食品加工业6.8个和10.1个百分点。此外，2014年全省食品企业有30多个新增产值过亿元的项目将建成投产，其中加加食品集团可新增产值15亿元，将进一步带动食品产业的增长。

（二）不利因素

1. 食品企业安全风险增加

随着食品安全领域认知水平的提高，特别是检测技术不断发展，媒体和消费者关注度不断提高，食品质量安全已成为全社会高度关注的焦点。从全省近年来发生的相关食品安全问题带来的影响看，某家企业某个批次的产品出现安全问题，将对整个行业的发展造成重大影响。

2. 农副产品原材料供应紧张矛盾加剧

作为农业大省，湖南在粮食等方面尽管有量的优势，但品种质量不优，优质稻谷、菜籽等原辅材料供应不足。特别是国家实施耕地重金属生态修复工程，湖南约有500万亩耕地3年内无法种植农作物，将进一步加剧全省食品加工的原辅材料供应矛盾。

3. 产业发展后劲不足

随着全球经济一体化加快，国外食品跨国集团大举抢滩登陆国内食品市场，全省食品工业面临着严峻的竞争挑战，而国内劳动力价格成本上升以及原辅材料价格持续上涨，食品企业低成本竞争优势逐步被削弱，行业盈利能力下降，企业投资动力明显不足。此外，在提倡勤俭节约的消费观念引导下，政务、商务等接待活动明显减少，旅游及餐饮市场萎缩，特别是以礼品消费市场为主的相关高档食品销售受阻，对食品行业增长影响较大。

三　2014 年湖南食品行业发展思路和重点

（一）发展思路

2014 年，全省食品行业发展将以党的十八届三中全会精神为指导，以转型升级为主线，加快兼并重组步伐，培育壮大龙头企业；加大技术改造力度，提升产业核心竞争力；深化产业合作对接服务，巩固和提升优势产业地位；强化政策引导，促进产品质量安全，推动食品工业经济持续健康平稳发展。

（二）发展目标

全年力争规模食品工业（不含烟草）完成总产值 4400 亿元，同比增长 16%；完成工业增加值 1160 亿元，同比增长 10%。

（三）工作重点

1. 推进企业兼并重组，培育壮大龙头企业

一是制定食品行业兼并重组措施。根据《国务院关于促进企业兼并重组的意见》（国发〔2010〕27 号）精神，研究制定有关推进食品企业兼并重组的措施和办法，鼓励和引导食品优势骨干企业整合资源，实施兼并重组，提高行业集中度，促进规模化、集约化、国际化发展。二是打造食品龙头企业。以“四千工程”和食品产业集群核心骨干企业为重点，鼓励其以技术、品牌、资金等优势实施兼并重组，突出支持重大项目建设，促进龙头企业做大做强，着力打造食品行业旗舰企业。

2. 大力推进项目建设，增强产业发展后劲

一是组织实施食品产业发展专项。按照技术改造专项的安排部署，充分发挥食品技术改造专项资金的引导和激励作用，重点支持食品企业诚信体系建设及评价、质量安全检测能力建设和兼并重组等重大项目，培育新的经济增长点。二是争取省和国家各类专项资金支持。加强食品项目调度管理，会同有关部门做好其他专项申报工作，推荐一批优势行业和产业集群核心企业重点项目申报省新型工业化专项以及国家有关专项，提升全省食品产业内生发展能力。三是推进企业自主创新。引导和支持食品行业“产、学、研”结合，充分发挥企业技术创新主体作用，鼓励应用适用新技术和现代信息技术改造提升食品产业，支持企业新产品研发，推进企业品牌建设，提升企业核心竞争力。

3. 深化产业合作对接，强化产业优势地位

一是举办湖南食品行业产供需合作对接会。围绕宣传推介全省食品重点企业和特色产品，促进行业各相关方加强沟通联系，组织举办 2014 年湖南食品行业产供需合作对接会。力争通过展示食品行业企业形象，推介重点企业及其产品，促进食品企业、科研院校、商超和餐饮服务等产业链各方加强交流合作，达成一批合作协议，助推食品产业加快发展。二是支持食品企业参加重大产业经贸活动。加强与省有关部门（单位）合作，组织食品企业参加国内外重点经贸及产业对接活动，引导和支持本省优势企业积极参与国内外市场竞争，努力扩大省产食品销售。

4. 强化产业政策引导，促进产品质量安全

一是严格产业政策审查。按照国家有关行业准入和《产业政策结构调整指导目录（2011 年本）》的要求，严格执行食品行业准入和产业政策审查工作程序，进一步做好全省葡萄酒行业的准入和白酒、乳制品、油脂加工等企业生产许可证产业政策审查工作，防止盲目投资和低水平重复建设，促进行业提质升级。二是推进诚信体系建设。按照国家和省有关要求，加强与国家权威评价机构合作，推进全省食品工业企业建立和实施诚信管理制度，组织食品工业企业申请诚信体系评价工作。充分发挥“湖南省食品工业企业诚信网”的作用，及时向社会公布企业诚信体系建设信息，实现信息共享。组织召开食品工业企业诚信体系建设试点工作总结暨经验交流会，进一步推进全省食品工业企业诚信体系建设工作。三是狠抓品牌质量建设。按照工信部有关质量品牌建设工作要求，支持食品企业建立技术中心、工程中心，提高食品企业质量安全保障能力。探索形成鼓励食品企业品牌培育的政策措施，引导企业持续提升品牌影响力和竞争力，加快品牌发展步伐。

5. 加强协同配合，提升行业管理水平

一是加强行业运行监测分析。健全市州季度经济形势分析和重点企业联系机制，加强食品工业经济运行形势研判。坚持月调度、季分析，做好行业经济运行监测分析，为宏观决策和企业生产经营提供参考。二是强化行业发展协调服务。围绕食品产业发展热点、难点问题，深入开展调查研究，并做好重点企业运行发展的要素保障协调服务工作，促进食品工业经济平稳较快增长。三是发挥行业协会作用。鼓励食品行业协会开展产业发展形势和企业集中反映的突出问题研究，提出对策建议。督促食品企业落实质量安全主体责任，积极配合打击制售假劣食品违法犯罪行为，促进行业健康发展。

B.14

2013 ~2014 年湖南纺织行业发展研究报告

刘 辉*

2013 年，面对严峻复杂的国内外经济形势，湖南纺织行业深入贯彻落实科学发展观，按照省委、省政府提出的构建多点支撑的产业格局的要求，积极转变发展方式，不断优化产业结构，确保了全省纺织工业较好的发展势头。

一 2013 年纺织行业运行情况

（一）生产、效益保持平稳增长

2013 年，全省纺织规模以上企业 479 家，完成工业增加值 237 亿元，同比增长 8.3%；产销率为 97.8%，同比增长 0.12 个百分点。完成主营业务收入 854.51 亿元，同比增长 13.2%；实现利税 66.09 亿元，同比增长 23.2%；实现利润 31.15 亿元，同比增长 32.3%；规模以上纺织企业从业人员 14.32 万人，同比增长 4.6%。

（二）主要产品产量有增有减

2013 年全年，全省规模以上纺织企业纱产量 106.53 万吨，同比增加 3.0%；布产量 3.52 亿米，同比增加 6.9%；化纤产量 4.56 万吨，同比增加 16.5%；服装 2.78 亿件，同比减少 2.3%。

* 刘辉，湖南省纺织行业管理办公室主任。

（三）固定投资有所增长

2013 年，湖南纺织企业实际完成投资 243.43 亿元，同比增长 17.28%；施工项目数 533 个，同比增加 10.35%；新开工项目 416 个，同比增加 7.49%；竣工项目 361 个，同比增加 3.74%。

（四）纺织品服装出口增长较快

2013 年，湖南纺织品服装出口 8.69 亿美元，同比增长 30.94%。其中纺织品出口 3.20 亿美元，同比增长 9.06%；服装出口 5.49 亿美元，同比增长 48.31%。湖南纺织品服装进口 0.89 亿美元，同比增长 34.06%。其中纺织品进口 0.81 亿美元，同比增长 33.17%；服装进口 0.08 亿美元，同比增长 43.3%。

二　2013 年湖南纺织行业运行主要特点

（一）技术创新取得突破

湖南东方时装有限公司服装工业设计中心被国家工信部认定为首批"国家级工业设计中心"，全国纺织行业只有 5 家，省内工业系统仅此一家。常德纺织机械有限公司的"E2528 型经编机"项目获中国纺织工业联合会"科学技术进步二等奖"，洞庭麻业有限公司获颁中国纺织工业联合会"纺织技术创新示范企业"。2013 年通过省级科技成果鉴定 8 个，其中科技鉴定 2 项，具体是：浏阳市泉安防护用品制造有限公司研发的"烟花爆竹作业人员专用阻燃型防静电服"、常德纺织机械有限公司研发的 YJ40 系列新型摇架；新产品鉴定 6 个，具体是：益阳旭荣服饰有限公司研发的涤纶竹浆粘胶纤维混纺针织裙、莫代尔莱赛尔纤维混纺针织内衣（文化衫）、棉派丝特纤维混纺针织三件套、常德云锦股份有限公司研发的精梳棉与天丝代尔混纺本色纱、纯莫代尔本色坯布和 Coolmax 与精梳棉混纺氨纶包芯纱三个新产品。

（二）品牌建设取得进展

近两年由工信部认定的 12 家湖南省全国性工业品牌培育试点企业中，华升集团、东方时装有限公司、派意特服装有限公司、忘不了服饰有限公司等四家纺织服装企业上榜。由中国质检总局发起评审、央视财经论坛权威发布的“2013 年中国制造业自主品牌价值”评价结果中，“忘不了”服饰品牌价值以 5.09 亿元列全国服装鞋帽行业第 19 位，品牌强度列第 13 位。2013 年共评定多喜爱家纺、富丽真金家纺、桃源杰新、名品实业、晚安家居、中泰特装、鑫海网业、常德先玉网具、新田梦都家纺等 9 家企业的产品为“湖南省名牌”。

（三）产业对接成效显著

2013 年，先后组织了多次产业对接：一季度组织了华声在线“天仙语”电子商务平台与省内服装企业的对接；二季度组织了湘派服饰成功亮相香港服饰博览会；三季度组织了益阳工艺美院与湖南旭荣制衣、船湾镇的产学研对接以及株洲女装协会与当地政府、企业的对接；四季度组织了全省家纺—印染—坯布企业上下游对接。据统计，通过系列对接活动，签署意向性合同近 2 亿元，应用科技成果 10 多项，为政、校、企、商、协提供了沟通交流、合作共赢的平台。

（四）产业集群建设稳步推进

继 2012 年华容县被中国纺织工业联合会授予“中国棉纺织名城”称号之后，2013 年醴陵市船湾镇又被中国纺织工业联合会授予全国首个“中国职业服名镇”称号。

（五）清洁生产取得进展

湖南明星麻业股份有限公司被工信部认定为首批“清洁生产示范企业”，全国纺织行业只有 5 家，湖南工业系统仅 2 家。

三　2013 年湖南纺织行业运行存在的问题

（一）综合成本持续上涨

2013 年，纺织中小企业生产经营成本仍然延续上涨的趋势。据调研了解，影响企业盈利的主要成本因素还是人工成本、财务成本及渠道成本。其中，人工成本的上涨对企业压力最大，为留住和引进一线技工人才，企业为职工上调工资 10%～15% 左右，而且预计今后较长时间人工成本仍将持续上涨；由于企业库存及应收账款增加、回款期延长，银行流动性紧张导致企业融资困难，中小纺织企业财务成本明显增加；商业地产租金持续上涨，下游家纺、服装企业加盟店、直营店租用商铺到期后，重新签订租房合同租金大涨，企业渠道成本压力加大。

（二）国内外棉花差价仍然较大

2013 年，国内外棉花价差在 4000～5000 元徘徊，加之国内棉纺织企业在人工成本上大大高于印度、巴基斯坦、越南等东南亚国家，进口纱线与国内棉花价格倒挂的情况仍然存在，进口纱线对国内市场的冲击进一步加大。由于 2013～2014 年度棉花收储方案已经颁布，2013/2014 年度新棉上市后收储价仍为 20400 元/吨，因此在今明两年内，棉纺织企业的困难局面仍然无法扭转。

（三）人民币快速升值削弱纺织出口企业竞争力

2013 年，人民币汇率呈现持续升值趋势，全年人民币兑美元中间价累计升值超过 3%，人民币的快速升值极大地削弱了出口纺织企业的竞争力。以湖南省的毛巾生产企业为例，他们生产的沙滩巾系列产品在中国同类出口商品中占据龙头地位，虽然近几年来欧美等主要出口市场经济低迷，湖南省的沙滩巾出口在价格不变的情况下仍能保持稳定的出口量。2013 年，由于人民币快速升值，导致该类产品销售价格同比下滑 10% 左右，尽管企业仍能维持满负荷生产，但因此造成企业减利5%，对于本已利润微薄的纺织企业来说，生产经营将面临更大的压力。

（四）中小纺织企业遭遇发展瓶颈

湖南一万多户纺织企业中，绝大多数为中小微型企业，他们在经历了纺织行业国退民进、市场竞争充分放开、民营企业快速发展的时期后，大多数企业已经完成了原始积累，企业规模处于小型到中型之间。他们的生产模式多以低成本竞争、代理加工、前店后厂为主，缺乏长期的发展规划，品牌意识淡漠，技术水平较低，在目前行业整体产能过剩的情况下，普遍遭遇发展瓶颈。如果继续维持原有的低成本生产模式，则相当数量的企业会因为同质化激烈竞争而走向衰亡，如果要进行转型升级、走品牌化的路子，单一企业普遍缺乏技术、资金和人才实力。在目前行业整体形势不佳的情况下，很多中小纺织企业处于两难境地，对将来的发展持观望态度。

四　2014年湖南纺织行业发展形势、发展思路和重点

（一）发展形势分析

有利因素：2014年我国经济发展具备很多有利条件和积极因素。十八届三中全会通过《中共中央关于全面深化改革若干重大问题的决定》，要使市场在资源配置中起决定性作用，给经济发展注入了新的动力。随着收入分配制度改革的实施，国内居民的收入水平和消费能力将得到大幅度提升，衣着、床上用品、汽车用品类消费市场潜力巨大。

不利因素：一方面，国外经济形势依然复杂，不确定性不稳定性因素不断增加，经济将由高速增长向适度平稳增长过渡，总体处于阶段性调整之中，出口需求难以在短时间内提高，国际贸易壁垒的增加，严重削弱了我国纺织产业的国际竞争力。另一方面，国内人民币汇率升值压力加大、用工等生产要素成本不断上涨、资源环境的制约因素不断增加、传统比较优势持续减弱将继续影响纺织行业运行态势，纺织产业经济效益下滑的趋势难以在短时间内扭转。

（二）发展目标

力争2014年全省纺织工业经济总量达1000亿元，同比增长12%；工业增加值达260亿元，同比增长9%；利税总额达80亿元，同比增长20%。

（三）工作重点

1. 加强行业指导和服务

继续抓好行业运行监测调度工作，通过走访、调研、座谈会等形式，及时掌握企业发展一手资料，把握行业发展趋势，为领导决策提供依据，召开一次年中形势分析座谈会；做好产业对接工作，二季度召开一次较大规模的全产业链对接大会，组织省内企业积极参与；抓紧做好纺织综合服务平台的建设工作，争取尽早实现平台开通投入运行，为服务企业搭建平台。

2. 加大企业自主创新力度

鼓励企业进行新产品开发，全年力争2个新产品、1项科研成果通过省级以上鉴定。鼓励企业继续加大技改投入，引进关键技术与关键设备，用先进实用技术改造提升传统产业，全年力争新投入230亿元。

3. 加强品牌建设和质量管理

实施品牌战略，引导企业研发投产具有自主知识产权、附加值高和市场竞争力强的知名品牌产品，全年力争创湖南省名牌5个以上。

4. 加强产业集群建设

抓好省内基地和园区的建设，发挥资源共享效应，提高产业整体的竞争能力，加强集群内企业间的有效合作，增加企业的创新能力和促进企业成长。力推蓝山县向中纺联申报“中国毛针织名城”。

5. 加快印染行业转型升级和节能减排

组织省内印染企业向国家工信部提交印染企业准入公告申请，并根据《印染企业准入公告核查指南》帮助企业做好资料核查及现场查验准备，力争今年有1～2家企业进入公告名单。

6. 实施走出去战略

组织有条件的省内纺织服装企业与东盟市场对接，化解原料、用工难题，开拓国际市场。

7. 做好信息发布工作

通过有关媒体、行办官方网站等渠道做好行业相关信息发布；办好《湘纺信息》期刊，即时向省委省政府及省经信委领导报送行业动态、发展亮点、重大问题，为领导决策提供意见参考。

五　2014年湖南纺织行业发展的对策建议

（一）创造良好经营环境，促进企业健康发展

尽快调整棉花收储制度，实施棉农直补，积极向国家相关主管部门争取国储棉拍储、进口棉花一般贸易配额等优惠政策，为企业解决用棉难、用棉贵的问题；对购进棉花和销售棉纱棉布等产品的税收政策，比照大豆和豆油的税收政策，实行进销项均按13%的税率计算；以品牌建设专项资金的方式给予家纺、服装企业补贴，缓解渠道成本急剧上升的困难。

（二）加大财政支持力度，引导企业转型升级

纺织服装行业吸纳就业人数多、未来发展潜力大，建议在技术改造资金、中小企业发展资金、信息化引导资金等项目资金中划出纺织服装企业发展专项资金，切实推动纺织服装企业转型升级、走品牌发展的道路。

（三）支持行业公共服务平台建设，惠及中小企业

纺织服装企业数量众多，但是普遍规模偏小，资金、技术、人才实力薄弱，通过建立行业公共服务平台，为中小纺企提供技术、信息、规划等快速、低成本的公共服务，是国内外发达地区推动中小企业发展的成功经验。目前，湖南省正在建设的纺织产业链综合服务平台、出口企业服务平台、芦淞女裤行业服务平台都是致力于服务中小纺织服装企业的非盈利性公共服务平台，但这类平台都由行业主管部门、专业协会负责建设，前期投入资金缺乏，建设进度缓慢，急需各级主管部门给予支持。

B.15

2013～2014年湖南机械装备工业发展研究报告

陈丹萍*

2013年是湖南机械装备工业进入新世纪以来稳增长压力最大的一年，面对极其复杂的国际国内经济形势，行业60万干部职工认真贯彻落实中央和省委省政府的决策部署，牢牢把握稳中求进的工作总基调，积极推动行业转型升级，实现了稳中有进、平稳发展的目标，保持了全国前十的位次和湖南第一支柱产业的地位。

一 2013年湖南机械装备工业运行情况分析

2013年，全省机械装备工业2473家规模企业完成工业增加值2184.1亿元，比上年增长9.3%；完成主营业务收入7374.1亿元，比上年增长11.3%；实现利税708.6亿元，比上年增长6.0%；实现利润409.2亿元，比上年下降3.5%；出口交货值232.4亿元，比上年增长8.7%；产品产销率97.5%。

从主营业务收入看，纳入统计口径的16个子行业，除工程机械较上年下降9.3%以外，其余15个子行业全部实现两位数以上增长。汽车、食品包装机械、文化办公设备、船舶及相关装置制造、内燃机、航空航天及设备制造、仪器仪表、石化通用等8个子行业实现20%以上增长，其中汽车、食品包装机械、文化办公设备3个子行业实现30%以上增长。四大优势子产业的情况是：工程机械行业78家规模企业全年实现工业增加值506.8亿元，主营业务收入1720.4亿元，利税总额181.4亿元，利润115.0亿元，分别比上年增长

* 陈丹萍，湖南省机械行业管理办公室主任。

-6.0%、-9.3%、-25.2%和-36.3%。电工电器行业646家规模企业全年实现工业增加值389.2亿元，主营业务收入1445.8亿元，利税总额111.1亿元，利润57.1亿元，分别比上年增长12.8%、14.8%、28.0%和31.6%。汽车行业263家规模企业全年实现工业增加值274.9亿元，主营业务收入976.0亿元，利税总额63.3亿元，利润27.4亿元，分别比上年增长29.7%、37.1%、49.0%和56.4%。轨道交通装备行业57家规模企业全年实现工业增加值165.2亿元，主营业务收入518.1亿元，利税总额72.9亿元，利润42.8亿元，分别比上年增长9.2%、16.2%、28.6%和16.4%。

行业发展呈以下几个特点。

一是全行业发展难中求进。受国内外复杂经济形势的影响，2013年机械装备行业面临订单不足、成本上升、竞争加剧、效益下滑困境，1~4月工业增加值增速只有4.5%，面对这种情况，全行业提振信心、攻坚克难，千方百计开拓市场，实现转型升级，直到8月才开始明显回升。到12月底，行业工业增加值的累计增速达到了9.3%，仍然保住了全国十强的位次。

二是创新能力不断提升。在市场倒逼机制作用下，行业外延扩张降温、研发创新升温，结构调整的亮点不断显现。全年新产品产值较上年增长22.1%，比工业增加值的增速高1倍多。一批高附加值产品在赢得市场的同时提升了行业的产品结构和技术结构。中联重科采用碳纤维技术带动世界混凝土装备轻量化变革并研制成功世界首座连续级配式混凝土搅拌楼产品。三一集团也成功推出节能环保的V8成套混凝土设备和C9系列挖机产品。衡变公司成功研制世界首台最高电压等级1000kV发电机变压器。长高集团研制成功9种交流特高压产品并一次通过国家级鉴定。山河智能主持的大型机械能量回收与利用关键技术开发与产业化项目获得国家科技支撑计划资金支持。

三是国际化战略稳步推进。2013年，国内机械装备产品国际市场面临需求不足、竞争加剧的严峻局势，全国机械产品出口交货值增速只有2.5%。但湖南机械行业在激烈的国际竞争中仍然取得了好于国内同行的成绩，全年完成出口交货值232.4亿元，比上年增长8.7%。尤其是工程机械行业全年完成出口交货值92.1亿元，比上年增长39.8%。三一集团在德国收购大象和Intermix并与奥地利帕尔菲格集团合资设立两家起重机子公司基础上，进一步加强了美国、印度、巴西、印度尼西亚等国的生产研发基地建设。中联重科在成功收购意大利 CIFA 五周年之际，又收购了全球干混砂浆设备第一品牌德国 M－TEC。长丰集团在俄罗斯也办起了合作生产皮卡的企业。南车时代新材也准备斥资 2.9 亿欧元，整体收购全球汽车零配件供应商巨头德国采埃孚集团的橡胶与塑料业务。还有山河智能等一批企业开始大举进军俄罗斯等东欧市场。

四是汽车成为行业发展的新支撑。汽车行业新引进的一批重大项目 2012 年下半年来陆续建成投产，2013 年开始集中释放产能，产业规模扩大的同时产业结构也大幅提升。全省生产各类汽车（含工程专用车）69.03 万辆，较上年增长 74.45%；其中乘用车 53.74 万辆，较上年增长 119.62%。出口汽车 1.68 万辆，较上年增长 43.9%。全省汽车及零部件行业主营业务收入、利税和利润的增速分别达到 37.1%、49.0% 和 56.4%，是湖南省机械装备行业 16 个子行业中增长最快的行业，在第一大子行业工程机械遭遇严重困难的情况下对整个行业起到了较好的支撑作用。

直到年底，全行业面临的主要问题依然是市场不旺、盈利水平下滑和回款难度进一步加大。全年重点企业累计订货额只比上年增长 4.78%，虽呈逐月提升之势，但增长幅度不大。机械工业主营业务利润率已由 2011 年的 7.5% 下降到 2013 年的 5.5%，利润增速由 2011 年的 38.7% 下降到 2013 年的 –3.5%。行业的应收账款净额到年底达到 1453.9 亿元，比上年增长 33.5%。

二　2013 年湖南机械装备工业管理工作分析

（一）深入调查研究，大力推进行业转型升级

9 月 24 日，省机械行管办选择在行业转型升级的样板企业特变电工衡阳变压器有限公司召开了全省机械装备工业转型升级现场交流会。会议全面深刻地分析了湖南省机械装备工业转型升级的形势和任务，现场参观学习了衡变转型升级经验，中联重科、三一集团、南车株机等 8 家企业在会上介绍了各自转型升级的做法。会议还邀请中国机械工业联合会的领导和国家发改委俄罗斯问题专家分别作了中国机械装备工业转型升级的形势报告和开发俄罗斯市场的专

题讲座。现场交流会以较强的实用性和可操作性深受企业欢迎。这次会议前后还围绕产业转型升级这个核心进行了广泛深入的调查研究。1 月份实地考察调研了嘉禾县经济技术开发区和多家铸造企业，并与相关政府机关、园区、企业进行了共同研究产业提升之策。之后又赴长沙、衡阳、株洲、湘潭、益阳、岳阳等地分别调研了能源装备、工程机械、汽车零部件、轨道交通、矿山装备、磁力设备和航空装备发展情况，提出了一系列支持行业转型升级和平稳健康发展的政策意见，受到了省委省政府及相关部门的高度重视。

（二）采取多种形式大力推进产需对接

一是帮助企业开拓国际市场。5 月，省机械行管办乘俄罗斯总统驻伏尔加河沿岸联邦区全权代表巴比奇（副总理级）率 12 位州长、共和国总统访湘之机，争取他们实地考察省内机械装备企业，并组织一批重点企业与俄方进行深入对接交流。9 月份，又组织一批企业赴杭州参加加拿大安省举行的汽车零部件产业对接活动，举办了湘安和湘浙两省汽车零部件产业洽谈会。通过举办产品展示交易活动大力推介湖南机械装备产品，先后主办了湖南汽车展览会、中国中部（长沙）装备博览会、湖南工程机械配博会、湖南厨具装备展等展会和 6 次主机企业与零部件企业的配套交流活动。还与省财政厅、省国资委、省机关事务局一道联合制定并发布了《2013 年度湖南省公务用车选用省产车型目录》。

（三）认真抓好产业政策和产业规划的落实

一是认真抓好 2013 年湖南省首台（套）重大技术装备认定评审工作。依照评审规程，对各市州报送的 117 个项目申报资料进行了认定评审，召开了全省第二次首台（套）重大技术装备认定专家评审会并组织部分专家对复议项目进行了现场考察，将中联重科股份有限公司 80 米碳纤维超长臂架泵车等 71 个项目推荐为 2013 年湖南省首台（套）重大技术装备，将湖南华安基础工程有限公司采购的 SWSD2512 双动力头强力多功能钻机等 6 个项目被推荐为奖励首台（套）重大技术装备项目采购应用方。二是认真抓好国家和省相关产业政策的贯彻落实。积极宣传贯彻汽车三包政策实施、铸造企业准入条件等政

策，帮助企业推动国家重大技术装备关键零部件进口免税政策、国家“节能产品惠民工程”补贴政策和湖南省鼓励工程机械和汽车产业配套奖励政策以及促进湖南汽车行业校企合作政策的落实。努力当好产业政策的“服务员”“宣传员”和“协调员”，争取使国家和省里的政策惠及更多的企业。三是抓好《湖南省机械行业“十二五”发展规划》《湖南省汽车行业“十二五”发展规划》的落实。根据行业发展情况和省产业结构调整要求，完成了《湖南省机械行业“十二五”规划》中期评估和目标调整工作。对《湖南省“十二五”汽车产业规划目标》进行了评估论证，提出了“十二五”湖南省汽车产业规划的优势和存在问题，对规划中的部分目标做了相应调整。

（四）抓好质量管理推进行业品牌建设

一是召开了一年一度的全省机械装备业质量管理成果发布暨表彰大会。会议推荐了一批优秀质量管理 QC 成果、质量信得过班组出席中国机械工业质量管理成果发布会。6 家企业（全国仅 30 家）获全国机械工业质量管理活动优秀企业称号，5 个班组（全国仅 30 个）获中国机械工业质量信得过班组一等奖，18 个班组获中国机械工业优秀质量管理成果一等奖。二是组织行业标准的制定。年内组织中联重科、湘潭电机、长沙鼓风机、特变电工、南车时代、湘潭离心机等企业制定国家标准 10 项、行业标准 25 项、地方标准 3 项。三是组织企业申报名牌和各级质量奖项。组织企业申报 2013 年湖南名牌产品 49 项，向国家工商总局推荐著名商标 17 项，向省工商局推荐著名商标 76 项，推荐两个企业申报省长质量奖。中联重科和三一集团还获得中国质量奖提名奖。

（五）抓好院校、院所工作为行业提供人才和技术支撑

省机械行办管理的 4 个职业院校和 3 个科研院所，是为行业提供技能型人才和基础性技术与检测试验服务的单位。通过抓班子建设和帮助扩展业务提升其规模和能力。湖南机电职院在省级示范校建设中教学质量明显提升，2013 年焊接技术与自动化专业成功立项为省级示范特色专业，汽车检测与维修技术实习实训基地成功立项为省级实习实训基地，毕业生就业率稳步提升，仅上海大众与晟通科技两企业就分别录用该院应届毕业生 346 人和 217 人。湖南电气

职院以“两创两评”为抓手，多项工作取得重大突破，学院成功创建“湖南省文明高校”和“全国职业院校魅力校园”，并高水平通过党建评估和人才培养评估。省机械技术学院建设湖南省汽车技师学院成功“去筹”，正式设立湖南省汽车技师学院获省人民政府批准同意，国家中职示范校项目建设通过中期评估，民生工程职工住宅楼顺利开工，并且全面完成了年初制定的招生目标任务。直属科研院所在为行业提供检测、实验等技术服务的同时，加快科技成果转化和产业化步伐，实现了营业收入的稳步增长。湖南电器研究所实现到账收入6208万元，利润520万元，资产增值14.1%，职工收入增长15%。湖南省机械研究所积极更新经营理念，拓展经营思路，努力做好产研发展各项工作，全年实现主营业务产值4100万元。湖南省机械工业设计研究院进一步整合资源，强化目标责任管理，全年实现财务收入1015万元。

三　2014年湖南机械装备工业发展形势分析

从全球经济看，国际经济环境总体趋于改善，其中美国经济会继续温和复苏，欧元区经济基本企稳，日本经济复苏估计会维持一段时间。但是，世界经济低增长、高风险态势一时还难有大的改观。发达经济体失业率仍处于高位，国家政府债务仍处于高水平；新兴经济体普遍受制于结构性矛盾，经济增速较前几年有所回调。国际货币基金组织预计，2014年世界经济增长3.7%，增速仅较2013年提高0.4个百分点，全球经济增长动力仍显不足。

从国内经济看，经济运行总体平稳，但经济发展不平衡、不协调、不可持续的问题还没有得到根本解决。整个国民经济正处于增长速度换挡期、结构调整阵痛期、前期刺激政策消化期叠加的特殊阶段。加上世界经济的深度调整，国内经济发展正面临一场严峻的考验，主要问题是需求下滑，经济下行压力仍然存在；产能过剩问题突出，企业经营困难；财政增收缓慢、金融风险有所累积等。

从省内经济看，2013年，全省工业经济运行总体平稳，主要指标处于合理区间，规模工业实现增加值增长11.6%，较全国平均水平（9.7%）高近2个百分点。但由于国际和国内、长期和短期、结构性和周期性因素相互交织、

相互影响，湖南省工业经济发展的宏观环境面临着多年未有的错综复杂局面，微观主体自身存在巨大困难，全省工业稳增长面临很大压力。

从产业内部看，在经济全球化深入发展、新的科技革命酝酿突破、世界经济格局深度调整的背景下，机械装备工业需求增长趋缓、成本上升过快、创新能力不足以及产能严重过剩等问题显得尤为突出。高端供给不足、中端市场流失、低端产能过剩的结构性矛盾制约着产业持续健康发展。尽管 2013 年下半年湖南机械装备工业增加值逐渐回升，但回升力度不大，企稳上行的势头还不明显，下行的压力依然很大，经济运行的不稳定性、不确定性超出以往。

上述种种迹象表明，湖南机械装备工业以规模扩张为主的发展方式已经难以为继，产业转型升级势在必行，迫在眉睫。转型升级已经成为行业下一步持续健康发展的必由之路。企业对此一定要有清醒的认识，要努力从“单台产品供应商”向“成套设备供应商”和“服务供应商”转变，从“规模扩张型”向“创新效益型”和“国际竞争型”转变，从而全面提升产业的核心竞争能力，共同打造“升级版”的湖南机械装备工业。

四　2014 年湖南机械装备工业发展对策与措施

（一）以稳增长为第一要务，实现机械装备工业持续健康发展

机械装备工业在湖南经济总量中占有较大比重，在新型工业化进程中负有重大使命。新的一年中，机械装备工业要牢记行业使命和责任，按照科学发展观和稳中求进的总要求，将以速度、规模为先的目标取向转变为以质量和效益为先的目标取向。坚持在稳步推进产业结构调整中有新步伐，在稳步实现产业升级中有新进展，在稳步开拓两个市场中有新成效，在稳步提升质量效益的前提下，实现经济持续健康发展。2014 年将在行业回归正常发展的压力仍然较大的情况下，力保实现行业工业增加值、主营业务收入、利润分别比上年增长 9%、10%和 5%以上的目标，继续为保工业、保全局和“三量齐升”“四化两型”作出新贡献。

（二）以产业结构调整为主攻方向，促进发展方式转变

产业结构调整是转变经济增长方式的战略取向，也是建立现代产业体系的必由之路。要继续本着“存量更新换代、增量高端替代”的主导方针，以绿色制造、智能和清洁安全为重点，推进产品结构调整。通过不断采用和推广新技术、新工艺、新流程、新装备、新材料、淘汰落后产能、流程再造等途径，改造提升传统产业，提高先进产能的比重。通过加快新兴科技与传统产业的有机融合，提高关键基础零部件及基础装备的技术水平。培育发展一批高端智能装备，推进自主重大技术装备及成套的集成创新，提高新产品产值的占比。按照国务院转型升级规划重点发展导向，着力发展基础制造装备、节能和新能源汽车、船舶海洋工程装备、轨道交通装备、能源装备及安全生产装备等，促进产品、技术的升级换代和整个产业链的高端化。

产业布局调整要遵循“以产业链条为纽带、优势互补配套发展”的基本思路，以大型骨干主机企业为龙头，上下游“专、精、特、新”中小企业为配套，各显优势、集聚发展，形成相互依存的利益共同体。同时，要更加注重加大企业资源整合的力度，不断提高企业应变能力和产业集中度。注重从源头上遏制重复建设、外延式扩张，并妥善有效地解决过剩产能问题。按照“布局合理、特色鲜明、集约高效、生态环保”的原则，推动产业集聚和区域经济发展，优化产业布局。按照构建现代产业业态的发展理念，加快“两化”深度融合，加快发展现代制造服务业，特别是开拓装备工业高技术服务业，服务收入占比力争达到15%以上。同时大力实施质量和品牌战略，提高市场占有率和产品信誉度。

（三）以实施创新驱动战略为核心，推动产业转型升级取得新进展

要继续坚持产学研用相结合的自主创新发展之路，以攻高端、夯基础为切入点，依托国家重大技术装备国产化项目，利用国内外先进技术、智力和优质资源，大力提升原始创新、集成创新和引进消化吸收再创新能力。企业要围绕“开发市场、抢占高端，实施差异化竞争、拥有议价主导权”的发展导向，加大资金和智力投入，真正成为自主创新的主体。要进一步发挥国家和行业工程

研究中心、重点实验室等共性技术供给平台和创新联盟的功能，依托国家重点工程项目，力争在高端领域、高端装备与关键核心技术上有新突破，在基础件、基础制造工艺、基础材料产业方面有新进展，在发展新产品与科技成果转化方面有新成效。

（四）大力推进节能减排绿色制造，为建设生态文明履职尽责

推进节能减排绿色制造是我国进入工业化发展阶段的必然选择，是中国作为负责任大国的国际承诺，也是湖南省大力推进“四化两型”建设的需要。机械装备工业要围绕生产源头、过程和产品三个重点，推动清洁生产技术改造，精益生产及先进制造工艺。按照机械装备工业万元工业增加值综合能耗年均下降5.9%的要求，实施推广节能技术、低碳技术，淘汰落后产能，形成低投入、低消耗、低排放和高效率业态模式。要通过大幅提升量大面广的通用机电产品的设计效率、节能环保装备和环保应急装备与加快推进新能源汽车发展等，逐步实现机械环保绿色全覆盖。通过发展循环经济和再制造产业，为创建“两型”社会作出应有贡献。

（五）坚持对外开放发展方略，加快提升机械装备工业国际化水平

国际化是机械装备工业转型升级的重要体现，要继续坚持两个市场并重、两种资源并用、两种方略并举的方针，进一步拓展发展空间，抢占产业发展制高点。要继续促进引资引技引智的有机结合，加强与跨国公司的深度合作，实现再创新，提升软实力。要继续鼓励支持企业走出去参与国际竞争，建立海外研发基地，兼并收购海外企业、科研机构，开展境外开发合作，增加成套出口，促进开展全球范围的资源配置与价值链整合，为抢占产业制高点和扩大企业及产品知名度提供途径。要努力开拓抢占俄罗斯及整个东欧和各发展中国家的装备产品市场，不断扩大产业生存、发展的空间。

B.16

2013～2014 年湖南建筑行业发展研究报告

湖南省住房和城乡建设厅建筑管理处

2013 年，湖南建筑业坚守工程质量安全底线，扎实推进建筑施工安全质量标准化、监督规范化和监管信息化，强化建筑市场和施工现场联动监管，着力转方式、调结构，促进建筑业持续较快发展、行业和谐稳定。

一 2013 年湖南建筑行业运行情况分析

2013 年，全省完成建筑业总产值 5256 亿元，同比增长 18%，位居全国第 11 位；实现增加值 1516 亿元，同比增长 10%，占全省 GDP 的 6.2%。建筑企业施工项目遍布全国 30 个省区市，前三季度外拓产值 1133.99 亿元，增长 17.7%；对外工程营业额 12.2 亿美元，同比增长 9.91%，湖南建筑业得到了持续较快发展。

（一）强化底线意识，完善监督保证体系

1. 整体推进“三化”工作，全面落实安全生产责任

一是强化标准化建设，完善企业内控保证体系，落实企业主体责任。重点查处关键人员无证、假证上岗和不到岗履职等问题。同时，继续强化达标验收、示范工地创建和安全认证工作，对不在规定时限内通过安全认证的企业启动实施资质动态核查。目前，全省已有 159 家特、一级企业通过省级安全认证，482 家二、三级企业通过市级安全认证，累计创建省级示范工程 1291 个、示范工地 2676 项（次）。二是强化监督考核，完善监督保证体系建设，落实监管主体责任。进一步加强考核讲评工作，实行监督机构对一线监督人员月考

核、建设主管部门对监督机构季度考核、上级主管部门对下级部门及其监督机构的季度考核的常态化考核机制，严格落实考核奖惩。三是强化信息应用，构建信息化监管体系，提高监管效能。对项目监管信息平台进一步升级完善，增加了非正常项目录入端口，使信息平台更加全面、科学，构建了全省工程建设项目从省到市再到县的扁平化、网络化的信息化监管体系。

2. 深入开展“打非治违”，夯实安全生产基础

把全面掌握监管底数作为完善监督保证体系的基础性工作来抓，把“打非治违”与掌握监管底数有机结合，认真布置开展“打非治违”工作，扎实对各市州进行督查督导和驻点督导工作，对督查发现的建筑市场执法和质量安全监督不联动、私人规模建房、违规加层、非法生产预拌商品混凝土等问题分别对岳阳、永州、衡阳、娄底、湘潭、益阳等市建设主管部门去专函予以督办。通过持续开展“打非治违”专项行动，少数地方政府“重发展、轻监管”的局面得到扭转，大部分园区建设项目纳入质量安全监督机构的统一监管，初步形成“打非治违”工作长效机制。

3. 扎实监督检查，强化专项整治

一是实施季度集中督查。每季度组织对全省 14 个市州和所辖县市区进行集中督查和考核。4 次集中督查中，共抽查在建工程项目 151 个，发现质量安全隐患 1679 条，记录 48 家相关责任主体和 56 名相关责任人的不良行为记录。长沙市轨道交通工程开工建设以来保持了“零死亡事故”。二是强化专项整治。进一步加强起重机械设备产权备案和使用登记管理工作。同时，加强钢管、扣件进场材质验收，从源头入手加强建筑施工支模架、脚手架等专项整治。

（二）强化转型意识，营造公平择优环境

1. 健全市场竞争机制

一是推行安全生产责任险。对在建项目推行安全生产责任险，将费率与项目安全生产状况、施工企业安全生产管理水平、地区安全生产监管水平挂钩，利用市场化的手段，促进企业加强项目管控，促进主管部门提升监管水平。目前，全省 14 个市州均已推行安全生产责任险。二是完善激励机制建设。修订出台了关于施工、监理招投标的“两规定五办法”，通过使用综合评估法对通

过安全认证、创建标准化示范工程的企业在投标时给予加分激励，对发生安全事故、有不良行为记录的企业则予以扣分处理，从招投标源头支持安全生产管理到位的企业扩大市场份额。

2. 促进行业转型发展

一是抢占高端市场。在资质申报、人员培训等方面加大支持力度，支持企业抢占环保、水利、铁路、机场、地铁等高端工程市场。2013 年 12 月，湖南高岭建设集团有限公司在与中铁五局集团第五工程有限责任公司联合体中标“长沙市轨道交通 3 号线一期工程土建施工”项目，在抢占省内轨道交通工程土建施工项目上实现了突破。二是促进专业化、工业化发展。围绕建筑业技术进步和生产方式科学转变的总要求，紧紧依靠科技进步，一方面，积极推广新型模板体系。另一方面，稳步推进建筑工业化。积极稳妥地扶持和引导湖南省建筑工业化发展，目前已有远大住工和远大可建两家知名企业在建筑工业化的探索上取得突破，施工现场工效大幅提高。三是进一步落实“三优先”精神和“走出去”战略。组织建筑业企业召开座谈会，继续认真贯彻“三优先”精神，并在省政府统一领导下，开展建筑业“走出去”战略的各项调研活动，积极引导和支持企业“走出去”，引导企业利用出口买方信贷，开拓 EPC + F（工程总承包 + 融资）项目。如湖南建工在加纳北部省中标的电网改造项目，就是采用中国工商银行出口买方信贷，以 EPC + F 方式进行承包的项目。四是搭建人才交流平台。为推进建筑业人才发展，提升企业核心竞争力，举办了“2013 湖南省建筑业大型公益专场人才招聘会”，省内 238 家知名施工、监理企业踊跃报名，1 万余名高校毕业生和专业技术人才入场应聘。

（三）强化责任意识，打造过硬监督队伍

一是深化文明行业创建。组织召开了文明行业创建阶段总结表彰大会，对 25 家文明监督机构和 103 名模范共产党员监督工程师隆重进行表彰，并结合群众路线教育实践活动部署了下一步文明创建工作。二是加强监督队伍建设。就当前监督力量不足的问题向省政府专题汇报，请省政府明确要求各市州、县市区政府加强基层质量安全监督机构建设，配足配齐监管力量，保证机构经费问题。

（四）强化服务意识，提升建管行业形象

深入开展以为民务实清廉为主要内容的群众路线教育实践活动，切实转变工作作风，提高工作效能。一是优化省管项目报建审批程序。对省直管建筑工程施工许可行政审批中采取“集中办公、减少前置、并联审批、规范执法”等一系列具体的优化措施，有效地提高了省管项目施工许可办结效能，并调研指导市州改进相关工作。二是研究改进建筑业行政审批。针对建筑业行政审批中存在的效能不高、标准不一、环境不优等问题，制定了《建筑业行政审批内部工作规则》，对建筑业各项行政审批实行“六个统一”的改进措施，委托下发一批行政审批事项，进一步转变观念，提高效能，优化环境。三是规范市场准入管理。全面清查各市州、县市区针对外来企业准入备案的一些不符合规定、加重企业负担的制度，优化建筑企业跨市州、县市区承揽业务发展环境。岳阳等市主动撤销了外省、外市企业进入当地承揽业务的备案手续。全年办理省直管工程项目施工许可证（含临时）111份，合同价格达77.42亿元，建筑面积417.75万平方米；办理建筑业企业资质审批884家（次），办理建筑施工企业安全生产许可证审批新申报459家、延期877家，企业管理人员安全生产考核合格证审批新申报26941人，延期27815人；办理一级建造师注册初审1612人，二级建造师注册审批8633人。

二　湖南建筑行业存在的主要问题分析

（一）质量安全基础仍然薄弱

一是部分地方政府片面求发展、上项目，“打非治违”责任不落实，监管“盲区”“特区”、非法违法建设、规避监管现象仍然存在，县市区的园区项目非法违法建设行为更为突出。二是部分地区监督力量不足，质量安全基层仍然薄弱。随着全省城镇化的加速推进，各地监督人员数量和能力与快速增长的工程建设量及“高大难深”项目不匹配的问题日益显现，质量安全机构定位不准，工作经费没有保障。三是部分企业主体责任不落实，质量安全基础仍然薄

弱。企业对质量安全投入不足，对项目管控不到位，安全质量标准化推行仍有差距。

（二）建筑业转型升级任务艰巨

一是企业结构不够合理。产业集中度不高，排头企业不大不强，专业承包企业不专不精，国有企业改制推进艰难，非公有制经济发展滞后等。二是市场经营结构不优。主要集中在传统的房屋建筑施工领域，在科技含量和附加值高的环保、水利、轨道交通、铁路、机场高端市场份额较低，导致行业整体利润偏低。

三　2014 年湖南建筑行业的工作目标和主要任务

（一）工作目标

力争 2014 年全省完成建筑业总产值将突破 5900 亿元大关，同比增长 12% 以上；外拓产值突破 1750 亿元，同比增长 12%；对外工程营业额突破 22 亿美元，同比增长 10% 以上；实现增加值突破 1600 亿元，同比增长 7%，占全省 GDP 比重 6% 以上。百亿元产值死亡人数控制在 0.6 以内，争创鲁班奖工程 2 项、芙蓉奖工程 50 项、省优质工程 150 项、省安全质量标准化示范工地 1000 项，工程一次交验合格率 98% 以上。

（二）主要任务

1. 以夯实质量安全基础为核心，确保行业安全发展

（1）深化“打非治违”，强化动态监管。经省政府领导同意，由省政府办公厅牵头开展建筑工程“打非治违”专项行动，各市州人民政府加强基层建筑工程质量安全监督能力建设，组织国土、规划、住房城乡建设、房产、城管、安监、监察等部门全面排查和联合执法，纠正分割建设行政主管部门监管职能行为，理顺监管体制，消除质量安全监督的“盲区”“特区”，完善项目、重要底数设备动态监管台账。

（2）全面推进“三化”工作，完善质量安全保证体系。一是市场现场联动，强化安全认证。调研施工现场管理人员配备标准，修订《湖南省建设工程施工项目部和现场监理部关键岗位人员配备标准及管理办法（试行）》（湘建建〔2010〕109号），加强施工现场关键岗位人员人证相符、到岗、履职的检查力度，强化施工现场达标验收、示范工地创建和企业安全认证工作，对不在规定时限内申请安全认证的企业实施资质动态核查，对已通过安全认证企业启动安全认证动态核查。二是深化文明创建，强化监督考核。继续深化全省建设工程质量安全监督系统创文明行业创建活动，抓好文明创建与业务工作结合，抓好活动载体和成果检验结合，促进行业文明监督、阳光监督、规范监督。继续实行常态化的月度、季度监督考核，加强施工现场讲评点评，抓好项目整改与教育培训相结合。三是加强信息录入，强化信息应用。加强非正常项目的信息录入，构建完善的全省项目监管信息平台；突出监管信息应用，着重查处人员重复押证，无证、假证上岗等违法违规行为。

（3）深化专项整治。一是深化建筑起重机械专项整治。利用已完成的住建部《建筑起重机械安全监管制度研究》课题成果，健全完善建筑起重机械相关管理制度，强化落实施工成承包单位对建筑起重机械的安全管理责任，加强对施工现场安全员、机械员和监理人员在设备管理关键环节的履职情况检查。二是深入开展脚手架支模架专项整治工作。强化落实施工成承包单位对钢管、扣件等原材料的进场验收责任，加强对施工现场材料员落实材料称重、测厚和分色标示、分类使用的履职情况检查。三是继续开展监理工作专项治理。加强对省外监理企业人员身份证、注册证人证相符核查力度。四是开展住宅工程质量常见问题治理。调研省内住宅工程质量问题和成因，针对屋面、墙面渗水、外观尺寸偏差大等常见质量组织编写专项治理技术措施，开展示范工程经验交流和观摩活动，加强人员教育培训。

（4）深化建筑扬尘防治。一是全面实施综合治理。督促各市州按照《湖南省建筑施工扬尘污染综合治理工作实施意见》（湘建建〔2013〕245号）要求，抓好施工现场围挡和扬尘防治措施，强化建筑施工安全质量标准化建设，实施扬尘污染综合治理。二是推进预拌混凝土绿色站点建设。在长沙地区率先推进预拌商品混凝土绿色环保站点建设，新设立站点一律按照绿色环保站点标准建设，老站点通过关停并转升级改造为绿色环保站点。

2. 以强化市场监管为重心，促进行业健康发展

一是完善建筑市场监管信息化建设。全面启用“湖南省工程建设企业及执（从）业人员资信平台”，完善企业和人员信息数据库，充分运用信息化手段提高企业升级增项、安全生产许可证等行政审批工作效率。二是落实企业资质动态核查制度。进一步强化行政审批事后监管，按不低于建筑业企业总数5%的比例进行资质动态核查，重点核查生产经营不正常、质量安全管理失控的企业，对问题突出的给予停业整顿、降级或吊销资质的处理。三是加大省外入湘企业清出力度。加强外省入湘施工及中介服务机构监管，对一年内有严重不良行为记录进行清理，注销其入湘登记信息，清出湖南建筑市场。四是规范不良行为记录工作程序。规范不良行为记录的告知、核准、上报程序，严肃不良行为记录公示后出现争议的处理，加大不良行为及记录公示力度。

3. 以促进行业转型升级为中心，推动行业科学发展

（1）强化市场竞争作用，激发企业活力。一是加强招投标政策引导。专题调研招投标政策对引导建筑业发展的作用和影响，并对市州招投标政策进行评估，对只采取最低价法或随机抽取法的地方政策文件，将提请省政府法制办进行合法性审查监督，从招投标源头支持质量安全可靠、诚实守信的企业扩大市场份额。二是继续加强建筑施工行业安全生产责任险推进力度，利用差别化费率引导企业加强安全生产能力建设。同时调研探索在省内推行建筑施工行业工程质量责任险。三是建立全省统一开放、竞争有序的市场。进一步规范建筑企业跨市州、县市承揽业务管理，对各地区违法违规的建筑市场准入文件规定及时予以撤销。四是完善政策措施，加快湖南省建筑业企业“走出去”。引导和支持中联重科、三一重工等机械制造龙头企业与湖南省的建筑业企业联合，在中资公司份额较大的境外建筑市场组建工程机械租赁公司，借助省内建筑企业在该地区的市场优势抢占当地市场，同时带动出口；对直接带动建筑工程机械、原材产品、劳务人员出口，以及积极牵线搭桥促进建筑工程机械、原材产品、劳务人员出口的建筑业企业给予政策优惠和资金奖励，促进对外工程承包业务和工程机械产品、原材产品等抢占境外市场。

（2）促进行业转型发展。一是调整优化产业结构。按照“扶优扶强、扶

专扶精、提高产业集中度”的原则，大力调整优化产业结构，扶持高等级资质企业、专业企业发展；对准国家基础设施建设投资方向，鼓励企业在投资比重大的水利、环保、铁路、机场、轨道交通等方面发展专业能力，积极支持企业取得相应资质，积累工程经验，抢占新兴领域。二是促进产业转型升级。推动建筑业技术进步和生产方式科学转变，在全省全面推广新型铝合金模板技术，最大限度降低建筑施工木模损耗和能耗，减少建筑垃圾排放，力争2014年全省14个市州实现均有铝合金模板示范项目。大力推进建筑工业化，通过政策扶持和产业引导，支持远大住工和远大可建公司发展装配式建筑，推动工业化技术和更多的实际项目相结合。三是加强建筑业企业人才队伍建设。牢固树立人才是第一资源的观念，把人才管理和培养作为产业发展的核心战略，举办“鲁班讲坛”，加强企业管理人员培训，提高企业负责人和管理人员的综合素质；搭建人力资源交流平台，定期举办建筑业大型公益专场人才招聘会，支持企业建立健全人才培养机制。

4. 以提高行政审批效能为抓手，助推行业加速发展

一是调研指导市州规范施工许可行政审批工作，督促部分地区严格执行有关规定，对擅自增设行政审批前置事项、增加企业负担的文件规定进行清理。二是落实建筑业行政审批改进措施。按照拟定的《建筑业行政审批内部工作规则》“六个统一”的改进措施，继续压缩、优化审批环节和流程，委托下发一批行政审批事项，推动建管工作从“事前审批”向“事后监管”转变，提高审批工作效率，优化经济环境，助推行业加速发展。

B.17

2013～2014年湖南旅游行业发展研究报告

刘 禹*

2013年湖南省旅游经济运行总体稳中有升，旅游发展环境和旅游市场、产业投资、区域旅游结构均得到进一步优化和提升，全省认真贯彻落实"126"旅游工作思路，旅游经济迎来升级版的重要时期。

一 2013年旅游经济运行基本情况

2013年全省接待国内旅游者3.58亿人次，同比增长18.31%；实现国内旅游收入2630.92亿元，同比增长20.94%；接待入境旅游人数230.66万人次，同比增长2.72%；旅游创汇8.23亿美元，同比下降11.38%。2013年全省共实现旅游总收入2681.86亿元，同比增长20.04%。

（一）国内旅游市场情况

1. 国内旅游逗留时间和人均花费

2013年，国内游客抽样调查共回收有效调查问卷30846份，根据抽样调查结果显示，国内过夜旅游者来湘平均逗留时间为1.98天，与上年同比缩短0.22天；国内旅游者在湖南省过夜人均花费416.37元/天，与上年同比减少29.3元。

2. 主要客源地分布

2013年，全省国内旅游的最大客源市场仍然是本省居民，约占53.44%

* 刘禹，湖南省旅游局政策法规处。

（同比2012年增长11.01%），省外最大客源市场是广东省（12.73%，同比增长0.19%），其次是湖北省（6.25%，同比下降1.33%）、江西省（3.08%，同比下降0.73%）、广西（3.06%，同比下降1.49%）。省外客源市场前五位与2012年同比保持一致。

（二）入境旅游市场情况

1. 入境过夜旅游者人数

2013年，全省共接待入境旅游者230.66万人次。其中，外国人87.71万人次，同比下降3.23%；香港同胞59.47万人次，同比增长7.57%；澳门同胞27.73万人次，同比增长12.28%；台湾同胞55.75万人次，同比增长3.37%。入境过夜旅游者在湖南省人均花费197.02美元/天，与上年同比增加了5.9美元。

2. 入境主要客源国情况

2013年，全省入境客源国前十位分别是（1）韩国（34.48万人次，同比增长1.22%）；（2）美国（9.19万人次，同比增长3.52%）；（3）马来西亚（5.03万人次，同比下降6.43%）；（4）英国（4.85万人次，同比下降2.03%）；（5）德国（4.63万人次，同比下降2.97%）；（6）日本（3.31万人次，同比下降67.76%）；（7）法国（2.94万人次，同比增长1.49%）；（8）印度尼西亚（2.71万人次，同比下降0.79%）；（9）新加坡（2.66万人次，同比下降11.52%）；（10）泰国（1.65万人次，同比下降19.29%）。韩国仍然是全省入境旅游最大客源国，据2013年长沙、张家界入境游客抽样调查结果显示，入境游客在长沙、张家界平均停留时间均为2.8天。入境客源国前十位与2012年同比基本保持一致，但日本市场从第二位跌至第六位，新加坡市场下降两个位置。

二　2013年全省旅游经济运行分析

综观2013年度旅游经济运行情况，全省旅游市场呈现出旅游发展环境利好、旅游市场稳定增长、产业投资全面提升、区域旅游结构优化四大特点。

（一）旅游法律政策影响深远，党政领导重视度继续上升

2013 年 10 月 1 日开始正式施行的《旅游法》是全国旅游业发展过程中的里程碑事件，它的贯彻执行引发了整个旅游行业规范化发展的深度变革。当前，全省旅游业迎来了《国民旅游休闲纲要（2013 ~2020）》和《旅游法》正式出台实施、旅游强省建设深入推进、旅游消费大众化、交通环境大为改善等战略机遇，省委、省政府进一步高度重视旅游业发展，徐守盛书记、杜家毫省长、许又声部长、何报翔副省长等省领导多次调研指导旅游工作。省政府将凤凰、新化、新宁、韶山确定为第一轮文化旅游产业重点县，省财政对每个重点县滚动扶持 3 年，扶持资金不低于 3 亿元，这种力度前所未有。各市州党委政府也纷纷把旅游业作为“稳增长、调结构、转方式、促改革、惠民生”的重要举措，加大了支持力度，形成了抓旅游的强大合力。

（二）创新手段开展宣传促销，旅游市场稳定增长

2013 年，全省旅游市场继续表现出稳定发展态势，全省共接待国内游客 35827.46 万人次，同比增长 18.31%。去年上半年，受 H7N9 型禽流感疫情波及和“三公”消费缩减及限制的影响，一定程度上降低了客源地游客的出游率和旅游消费水平。但全省创新手段开展旅游宣传促销，有效保障了湖南旅游市场整体平稳发展。一是开展了高铁旅游促销，在北京、石家庄、深圳和衡阳等地举办了高铁旅游产品推介活动；二是在长沙和相关市（州）举办了以“锦绣潇湘，快乐湖南”为主题的 2013 年中国湖南国际旅游节暨湖南旅游产业博览会；三是在湘潭韶山举行了 2013 中国（湖南）红色旅游文化节开幕式暨“美丽中国梦，相约韶山行”主题活动；四是瞄准重点境外地区促销，组团赴中国港澳台和韩国、新加坡、美国、加拿大、印度、泰国举行湖南旅游推介会；五是继续借助广播电视、报纸杂志、网络等各类媒体开展强势促销，在京广线动车组、黄花机场、香港地铁、高速公路省际入口投放了湖南旅游公益广告；六是与奥凯航空签订深化战略合作协议，“锦绣潇湘，快乐湖南”“锦绣潇湘，幸福韶山”号飞机正式起航；七是锦绣潇湘旅游卡、快乐湖南掌上游项目相继启动。

（三）旅游投融资全面提升，项目建设成效明显

随着旅游强省建设和“126”工作思路的纵深发展，全省旅游项目的投融资环境不断改善，项目建设成效明显。2013年，全省全面启动实施了第二轮“251”旅游项目建设工程，其中投资额度达10亿元的项目55个，总投资2238亿元。全省有8个旅游项目在第八届中博会上成功签约，签约资金83.4亿元；大湘西地区5大文化旅游项目在第九届中国（深圳）国际文化产业博览会交易会上成功签约；首次推出了文化旅游产业园区招商，发布项目11个，总投资近260亿元。旅游投资力度加大使得旅游景区品质大幅提升，去年全省新创建国家生态旅游示范区2家、省级生态旅游示范区4家、5A级景区1家、4A级景区10家。同时，全省还进一步加快了以12301旅游服务热线、游客服务中心、智慧旅游、旅游停车场、旅游标识牌和旅游厕所为重点的旅游公共服务体系建设。

（四）旅游规划体系进一步完善，区域旅游结构不断优化

2013年，全省完成了《湘江旅游带发展规划》《洞庭湖生态经济区旅游发展规划》编制工作，指导4个文化旅游产业重点县和相关重点景区开展旅游规划编制，进一步完善了全省旅游规划体系。在省级规划体系的引领下，全省各地结合自身旅游发展优势，旅游产品结构不断优化。如：长沙市坚持“快乐长沙”的形象定位，围绕“一带两圈”总体布局，构建湘江休闲旅游观光带、都市休闲旅游圈、山地度假旅游圈和生态田园休闲度假旅游圈；张家界加快旅游产业转型发展，提出了“提质张家界1656行动计划”；湘潭市紧紧围绕全国红色旅游综合发展示范区，举办了2013中国湖南红色旅游文化节；郴州市围绕“林中之城、休闲之都”的总体定位，主打“中国温泉之城”旅游目的地；常德着力开发桃花源、柳叶湖、壶瓶山，打造心灵之旅和浪漫之旅；衡阳突出了大南岳旅游经济圈建设；邵阳着力打造崀山品牌，加快建设世界旅游胜地；娄底市推出了文化旅游发展四年行动计划；湘西着力完善和丰富“神秘湘西”旅游产品体系等。

三　2013 年全省旅游经济运行应关注的几个问题

（一）项目投资需进一步引导

随着城市化发展，旅游开发已经与区域发展和城镇化进程全面结合并在产业上趋于融合，形成了旅游产业导向下的泛旅游产业聚合的区域经济与城镇化综合开发模式。而目前全省旅游供需结构性矛盾依然突出，供给总量、产品种类、产品层次尚不能满足大众化、多元化、个性化的需求，因此，一定要正确引导旅游项目投资方向。

（二）旅游企业经营压力不断加大

主要体现在纯观光型旅游景区发展后劲不足和旅行社、高星级旅游饭店接待需求下降。一是从短期来看，《旅游法》强调旅游消费的透明化，旅游产品价格上涨已成必然，价格弹性较大的游客相应减少出游计划，旅行社面临经营模式调整转型。二是面对市场需求的变化，纯观光型的旅游景区发展模式后劲不足的状态开始显现，张家界武陵源核心景区的全年游客接待人次和门票收入指标同比均出现了下降，而一些创新开发休闲产品以适应市场需求的景区，都出现了接待人数和门票收入的增长。三是由于企业数量越来越多，旅游饭店业供给规模进一步扩大，社会需求却没有同比例增加，高星级饭店的会展商务活动、政务会议宴请、客房销售等业务均呈现出明显下滑趋势。同时，企业还面临物料、人力资源等各种成本迅速上升的窘境。

（三）入境旅游市场增长乏力

2013 年，全省入境旅游市场接待人次数虽然保持了小幅度增长，但入境旅游收入明显下降，其中有入境游客平均停留天数缩短和汇率下降、全球经济形势低迷、国际政治形势变化、国际航班少、H7N9 等因素导致入境旅游收入下降，但旅游品牌影响不大、旅游配套服务体系不齐以及境外旅游营销方式的陈旧、简化亦是重要原因。

四　2014年全省旅游经济形势展望及对策

虽然当前旅游经济发展形势复杂，但依据2013年度的整体运行情况，全省旅游经济持续向好发展的趋势已经明显。预计2014年全省接待入境旅游者突破246.81万人次，旅游创汇突破9.5亿美元，分别同比增长7%和15.4%；接待国内旅游者突破4亿人次，同比增长12%左右；实现国内旅游收入3000亿元，同比增长15%左右；实现旅游总收入突破3100亿元，同比增长15%以上。围绕上述经济目标，今年应重视以下几个方面的工作：

（一）认真抓好《旅游法》宣贯工作

《旅游法》正式施行对旅游经济活动有着深远的影响，因此进一步认真做好全省旅游系统内自上而下的《旅游法》宣贯工作，强化旅游企业对《旅游法》的正确解读，才能真正依靠法律来进一步促进全省旅游行业规范化发展，达到依法治旅，优化市场环境，推动旅游监管规范升级的目标。

（二）加大入境市场的宣传营销力度

有效推动入境旅游市场提升不仅是推进湖南建设旅游强省的重要方面，同时也是打造湖南旅游升级版的主要指标之一。全省入境市场提振并非易事，一些不利因素还将进一步影响今年入境市场的增长，受政策影响，各类旅游展会节庆活动无论在规模上还是在档次上均要求下调，这不利于拉动入境旅游消费。因此，今后针对入境旅游市场营销宣传还需要进一步加强，尤其要加强对主要入境市场客源地游客偏好的研究，采取更多与国际接轨的促销手法，立足品牌打造，提升整体形象，进一步推动市场营销创新升级。

（三）进一步丰富旅游产品体系

从2013年全省旅游经济运行情况看，“旅游消费大众化”已是湖南旅游业发展面临的现实机遇，在当前旅游自助化趋势愈加明显的背景下，如何有效地丰富旅游产品体系将成为建设湖南旅游强省的重要任务，要进一步强化规划引领，优化产品建设，积极培育和扶持新产品、新业态，创新工作抓手，完善旅游公共服务体系，大力发展智慧旅游，推动产业结构优化升级。

（四）切实关注旅游企业的运营态势

根据全省旅游各业态面临的新情况、新问题，必须加强对旅游企业的运营研究，从改革创新探索、人才队伍建设和政策保障的角度并运用市场规律及时引导旅游企业的发展方向，使产业供求关系加速走向平衡，引导旅游企业调整战略，更新理念，重新定位，优化客源，并以此为切入点推动人才队伍提质升级、改革创新探索升级和政策保障强化升级。

B.18

2013～2014年湖南房地产行业发展研究报告

湖南省住房和城乡建设厅房地产监管处

一　2013年湖南省房地产业发展的总体情况

近年来，湖南省认真贯彻落实国家调控政策措施，房地产市场实现了持续快速健康发展，商品房供应充足，销售增速加快，供需基本平衡，房价稳中有涨。2009～2013年，湖南省房地产开发投资累计完成9289.4亿元，年均增长19.3%，占全社会固定资产投资的比例保持在16%左右。商品房销售面积累计完成2.4亿平方米，年均增长11.1%；商品房销售额累计完成8811.1亿元，年均增长21.8%，占全社会消费品零售额的比例逐年上升，2013年占比达28%。2010～2013年，房地产税收累计完成1585.1亿元，占财政总收入的比重14%左右，占地方税收的比重40%左右。房地产业快速发展极大地促进了湖南省新型城镇化，2009～2013年，湖南省城镇人均住房面积由37.3平方米增加到42.1平方米，房地产业直接间接创造了大量就业岗位，带动了建材、家电、物流等50多个行业的发展，国民经济支柱产业地位进一步凸显。

2013年，湖南省房地产市场继续保持供需两旺的良好态势。湖南省完成房地产开发投资2628.3亿元，同比增长18.9%；商品房销售面积5952.4万平方米，同比增长15.6%；商品房销售额2525.6亿元，同比增长21.1%；商品住宅销售价格3908元/平方米，同比上涨7%；房地产税收完成545.7亿元，同比增长26.9%。

二　2013年湖南省促进房地产市场平稳健康发展的主要工作

促进房地产市场平稳健康发展，湖南省注重抓好以下四个方面的工作：一是注重规划。重视制定湖南省房地产业“十一五”“十二五”发展规划，通过广泛调研，明确房地产业发展的主要目标、任务及工作措施。特别注重制订和落实住房保障建设专项规划，加快解决中低收入人群的住房困难问题。二是注重调控。坚决贯彻执行国家房地产调控政策措施，2011 年 4 月，省人民政府下发了《关于加强房地产市场调控工作的通知》，从明确调控工作责任、加快保障性安居工程建设、加大住房用地供应力度、加强房地产税收征管、贯彻落实差别化住房信贷政策等十个方面，提出了落实国办发〔2011〕1 号文件的具体意见。2013 年初，国家“新国五条”出台后，省政府常务会议专门研究从稳房价、抑投机、保用地、促安居、强监管五个方面加大贯彻实施力度。三是注重监管。湖南省严格市场准入，出台了《湖南省房地产开发企业资质管理实施细则》。严格商品房预售许可，贯彻执行国家《商品房销售明码标价规定》，实行商品房销售一套一标制度。建立健全了房地产信用信息管理机制，制定了《房地产行业信用信息管理办法》。依法查处了违规预售、违规销售、擅自改变用地性质等一批违法违规案件，保护消费者的合法权益。四是注重转型。湖南省致力于加快转变房地产发展方式，大力推进住宅工业化，已申请并通过了超过 100 项与住宅产业化有关联的专利，形成了成套厨具、整体厨房、整体浴室等住宅产业化成果。2011 年起，包括长沙、张家界、岳阳、株洲、湘潭等部分市州先后试点住宅产业化项目，湖南省已建设了约 130 万平方米的产业化住宅。

三　湖南省房地产业发展的比较分析和存在的问题

（一）湖南省房地产发展的比较分析

1. 与全国水平比较

2009 ~2013 年，湖南省房地产开发投资总量居全国第 14 ~15 位，增速与全国基本持平；商品房销售面积居全国第 8 ~9 位，增速比全国平均水平分别高 5. 8 个、17. 2 个、0. 2 个、0. 7 个和低 1. 7 个百分点；2013 年商品住宅价格为 3908 元/平方米，居全国第 26 位。湖南省房地产市场供应总量、增速排位与湖南省经济主要指标在全国的排位基本相称，住房需求相对更显旺盛，房价则处于较低水平。

2. 与沿海发达省份比较

与广东、江苏和山东相比，2013年房地产开发投资总量分别占三省的40%、36%和48%，增速比广东低2.3个百分点，比江苏和山东高2.2个、3.3个百分点；商品房销售面积分别占三省的60%、51%和57%，增速分别比广东低3.9个、11.4个、4.1个百分点；商品住宅均价分别比三省低4558、2742、889元/平方米，涨幅均低于三省。尽管湖南省在投资、销售总量上与沿海发达省份有差距，但发展速度并不慢，房价则远低于广东和江苏。

3. 与中部六省比较

2013年，湖南省房地产开发投资总量居中部六省第4位，低于安徽、河南和湖北，增速居中部第6位；商品房销售面积居中部六省第3位，低于安徽、湖北，增速居中部第5位，低于山西、安徽、江西、河南和湖北；商品住宅均价居中部第5位，低于山西、安徽、江西和湖北。投资总量和增速在中部六省中排名靠后，但销售势头良好，房价相对稳定。

以上比较分析说明，湖南省房地产市场总体上是良性健康的，投资、销售等主要指标和全国发展趋势基本一致，房价一直相对平稳。

（二）湖南省房地产市场存在的问题

1. 商品房待售面积增长过快，空置率较高

湖南省商品房待售面积呈逐年上升态势，2010～2013年分别为731万、1168万、1563万、2220万平方米，其中住宅占总待售面积的比例分别为64.8%、70.3%、70.6%、70%。据调查，长沙市新建楼盘的平均住房空置率约为42.6%，一些地区住房空置率更高。湖南省部分地区特别是待售面积和空置房快速增加，说明房地产市场供应量偏大，有供过于求的趋势。

2. 房地产企业结构不优，房屋品质不高

至2013年底，湖南省房地产开发企业达到5663家，比2008年增加1763家。其中一级资质企业14家，二级资质企业323家，三级及以下资质企业占到94%。房地产开发企业小型化特征明显，其中三级以下资质企业中以房地产项目公司为主。此外，湖南省精装修房占比不到10%，低碳节能型建筑少，住宅产业化进程较慢。

3. 部分地区房价上涨压力增大

去年以来，湖南省商品住宅销售均价累计涨幅呈逐月扩大态势，2013 年累计涨幅比比当年 1 ~6 月和 1 ~9 月分别提高 1.9 个和 0.6 个百分点。2013 年底，长沙市新建商品住宅价格同比上涨 11.8%，已连续 14 个月上涨。

（三）影响湖南省房地产市场的主要因素

由于房地产兼具耐用消费品与投资品这两方面的特性，所以影响因素非常复杂。对湖南省来说，影响房地产发展的主要因素有：一是实施新型城镇化战略给房地产市场留下了较大需求空间。目前湖南省城镇化率为 46.7%，到 2015 年，湖南省城镇化水平将超过 50%，城镇人口达到 3680 万人，每年大约有 140 万人进入城镇就业购房，为房地产业发展提供了巨大的市场需求。二是国家信贷杠杆政策会直接影响购房需求。近十年我国 M2 余额年均增长 18%，信贷的持续扩张，加上投资渠道过于狭窄的现实，房地产投资成了民众保值增值首选，一定程度推高了房价。国家的信贷杠杆政策将对今后几年湖南省购房需求继续产生直接影响。三是公共资源集中在大城市会继续导致地区之间发展不平衡。由于中心城市有着良好的公共设施，能够提供更好的教育、医疗、社会保障等公共服务以及更多的就业机会。这一现实短期内没有改变，人口会继续往大城市集中，大城市住房需求可能不断放大，而三四线城市包括一些县城房地产需求可能会相对萎缩，大小城市之间、地区之间房地产差异会更加明显。四是现行土地供给制度增加了房价上涨压力。现行土地招拍挂制度鼓励土地价格最大化，出于对土地财政的高度依赖，一些地方政府默许甚至助推出现高价地，土地价格不断上扬增加了房地产成本，影响了市场公众房价预期。

四　境外促进房地产市场健康发展的主要做法

近几年，房价过高、“市场失灵”成为一个全球性难题。各国政府在抑制房地产市场泡沫方面的一些做法为我国房地产市场宏观调控提供一些借鉴和启示。一是利用利率杠杆抑制房地产泡沫，稳定房价。自从“9·11”事件后，美国为了刺激经济增长，连续 13 次降低利率，房地产市场受到激励开始迅速

膨胀。相关统计显示，美国平均房价在2003~2006年四年间涨幅超过50%。但是从2004年开始，美国为了抑制流动性过剩，进入加息周期，连续17次加息，有效地遏制了投资投机性需求，从2006年下半年开始，美国房价开始大跌，房地产消费信贷过热现象大大缓解。二是加大房地产税收力度抑制房地产投机。如在美国50个州都已开征房地产税，税率一般为1%至3%，州政府相关部门每年定期对房地产价值进行评估，以此作为征收房地产税的依据。2012年10月，在香港楼市过热及供应较为短缺的特殊情况下，香港特区政府推出了全新的买家印花税，即所有外地人士、本地及外地注册的公司购买香港住宅时需缴付15%的买家印花税，同时也将提高额外印花税的税阶，将试用期延长至3年。该政策旨在照顾香港永久居民的置业需求，及打击住宅短期炒卖活动。三是加强法律制度建设，促进房地产市场有序发展。为此，日本在立法上进行了广泛的制度支持。如日本政府先后制定实施了《住宅金融公库法》《公营住宅法》《日本住宅公团法》《城市住房计划法》等，此后又陆续制定了一系列相关法规。四是坚持增加“小户型、低价房”供应，保障国民居者其屋。新加坡由政府统一建设政府组屋供应给居民，并坚持小户型和低房价，能保证占80%的居民能够购买组屋居住。德国政府“二战”以来，一直坚持供应小户型住宅，直到20世纪末，全国户均住房面积不到100平方米，是西方发达国家中最低的国家之一。五是建造“廉租房”和提供补贴为中低收入者提供住房保障。德国、法国、新加坡等国为解决中低收入者的住房问题，都兴建了大量的廉租房。除此之外，政府还长期推行租房补贴等福利政策，社会各阶层无房户都可在租房时享受政府补贴。

发达国家有着几十年乃至上百年的房地产市场建设和管理经验，尽管各国在发展过程中背景不同，经济水平有高有低，市场化程度各有差异，但在房地产发展实践中，都有着共同的趋势：完整的房地产法律体系作保障；相对成熟、多样的财税金融制度作支撑；严格和监督性强的政策措施作保证；完善的社会保障性住房机制作补充。

五　2014年房地产市场发展趋势研判

中央经济工作会议和十八届三中全会强调“市场在资源配置中起决定性

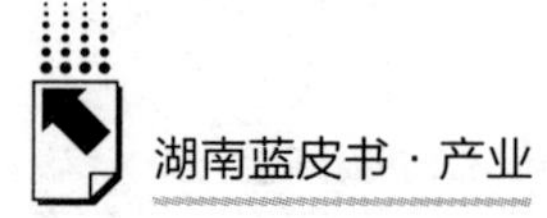

作用”。2013 年 12 月 24 日召开的全国住房和城乡建设工作会议强调保持调控政策的连续性和稳定性，执行好既有调控措施，更加注重分类指导。展望 2014 年，在“政府保障和市场配置结合，城市分类指导”的总基调下，随着供应量的加大，房地产供需矛盾有望得到缓解，行业发展日趋理性，房价总体平稳。预计湖南省房地产市场将呈现以下发展趋势：

（一）市场供应总体充足，部分三四线城市去库存压力较大

过去一段时间湖南省房地产用地供应持续较快增长，2014 年房地产市场用地储备充足，新开工面积有望继续加快，竣工面积亦将加快形成，市场供应充足。值得注意的是，部分三四线城市土地供应量偏大，随之产生大量的住房供给，去库存压力加大。

（二）销售增速放缓

随着湖南省新型城镇化战略加快推进，居民收入的持续增加，刚性需求和改善性需求会继续得到有效释放，市场销量有望继续推高，但增速会有所放缓。主要原因：一是在不动产登记、房产税立法等长效机制加快推行，限购限贷等既有调控措施仍将继续执行的背景下，市场预期可能会有所变化，投资投机性需求将会明显下降；二是房地产贷款审查更趋严格，商业银行贷款额度可能进一步收紧，潜在需求受到抑制，部分购房者或将延迟入市；三是 2013 年销售基数较高，2014 年增幅扩大难度加大。

（三）地区分化比较严重

长沙区位优势明显，外地购房人群超过 60%，购房需求比较旺盛，房价仍有较大上行压力。而部分三四线城市近年来土地供应过剩，开发投资增速远高于商品房销售增速，市场供给相对于需求增长过快，在目前信贷吃紧和高库存压力下，市场调整预期比较强烈，房地产市场的区域性风险正在增加。

六　加快湖南省房地产业协调健康发展的对策建议

湖南省正处于经济快速发展通道，经济运行环境不断改善，发展后劲

不断增强，房地产业宏观环境向好，发展潜力很大。学习和借鉴国内外房地产市场调控的成功实践，确保湖南省房地产业持续稳定健康发展，建议：

1. 高度重视房地产发展规划

推动制订《2014～2020年湖南省房地产发展规划》。重点是在全面摸清城市居住状况的基础上，深入研究房地产供需规律，制订具有约束性的中长期住房发展规划，通过规划实现供需基本平衡的目标。当前要注意适当控制土地投放节奏，既要防止因土地供应紧张导致房价上涨过快，更要防止因随意开发导致供大于求，致使土地和房屋资源大量闲置浪费。

2. 继续推进保障性安居工程建设

加大实物保障比重，切实解决城市低收入住房困难家庭。加快发展公共租赁住房，努力解决城市中等偏下收入群体和新就业职工、进城务工人员的租房难问题。加快推进城市棚户区和城中村的改造，做好旧城区和旧住宅的改造工作。着力完善住房保障制度建设，重点是要确保保障房建设维护、运营管理有序有效。

3. 房地产调控适用分类指导的原则

省会城市和市州、县城房地产发展阶段各有不同，面临的主要矛盾也各不一样。各地要结合本地实际贯彻执行国家宏观调控政策，在落实差别化信贷税收政策的前提下引导住房刚性需求有效释放，抑制投资投机性购房。按照分类指导的原则，对房价上涨压力较大的城市，要严格落实差别化信贷税收政策，增加普通商品住房及用地供应；对库存较多的城市，要提高城市聚集效应，注重消化库存，控制新开发总量。

4. 强化市场监管

进一步完善房地产行业信用信息制度，重点是充分利用房地产开发企业信用信息平台，健全房地产开发企业诚信管理考核制度，推进开发企业诚信体系建设。加强对房地产市场的日常监管和项目巡查工作，严肃查处房地产市场各类违法违规行为，规范房地产企业开发行为。

5. 促进行业转型发展

按照即将印发的《湖南省人民政府关于推进住宅产业化工作的若干意见》

要求，要在长株潭城市群积极开展试点示范，并逐渐向其他市州推广，在全省建成以工业化、信息化为基础的住宅产业化生产组织体系。同时，加快制定成品房验收标准，提升住房品质。研究制订促进旅游休闲产业发展政策，加强对房地产开发项目建筑节能监管，督促企业落实各项节能措施，开展住宅节能认定工作，倡导建设绿色低碳社区。

B.19

湖南财政支持光伏产业研究报告

湖南省财政厅*

太阳能作为新兴能源，以其清洁、安全、便利、高效等特点成为世界诸多国家的产业发展重点。“十一五”以来，太阳能光伏产业作为湖南省战略性新兴产业，在国家政策的大力推动下发展迅速，产值已超过百亿元。然而，受全球金融危机影响，特别是2012年欧美对我国晶硅太阳能电池开展“双反”调查以来，对外依存度高的光伏产业受到重创。在此背景下，湖南省大部分光伏企业减产、停产甚至停建，形势严峻。光伏企业出路何在？绿色光伏能否照亮“美丽湖南”？按照省委省政府关于“转作风、解难题、抓关键、见实效”的部署安排，省财政厅先后到长沙、湘潭、衡阳等地，深入相关光伏企业，以座谈、实地考察、发放调查问卷等形式，就政府如何加强政策引导、做大做强湖南省光伏产业进行调研，形成本调研报告。

一 湖南省光伏产业发展的基本情况

湖南省光伏产业发展始于2006年，2007～2010年为加速发展期。目前已基本形成从多晶硅原料、电池与组件生产、光伏装备到终端的光伏电站建设等相对完整的产业链条，为湖南省光伏产业发展奠定了较好的基础。

（一）产业规模跨越式扩张，龙头企业引领效应凸显

调研显示，湖南省共有光伏企业27家，分布在9个市州。2012年全省光伏企业共生产太阳能电池及组件2070MW，实现销售收入108.63亿元，

* 课题组长：郭秀宏；课题组成员：刘见、程小娟、宋高胜、肖珏。

较2011年增长14.6%，是2006年的26倍，产业规模呈跨越式扩张（参见图1）。

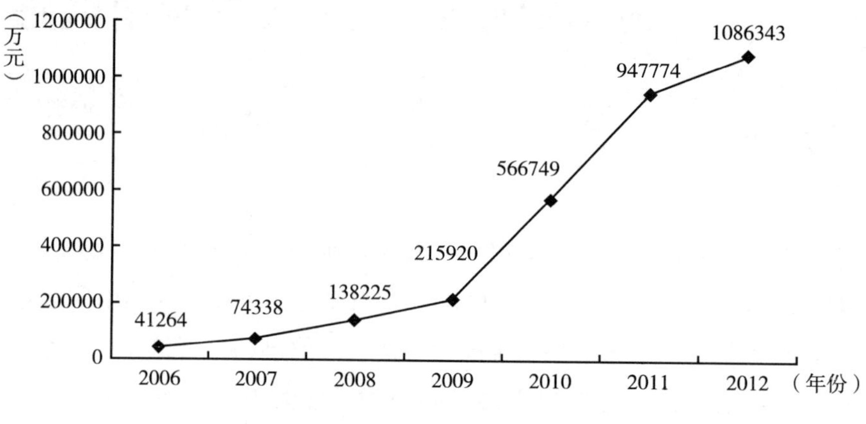

图1　湖南省光伏企业销售收入增长

受调研企业中，中电集团第48研究所（以下简称中电48所）2012年生产产量为1500MW，占全省太阳能电池及组件产量的72.5%，撑起了湖南省光伏产业的近四分之三，成为全省光伏的“龙头老大”，也在行业危机中对其他光伏企业产生了辐射带动作用。比如，2012年在国际国内市场需求低迷的情况下，湘潭兴业太阳能仅生产少量太阳能电池及组件用于系统集成安装，剩余的太阳能电池组件则通过协议向中电48所购买，取得了较好效果。

（二）产业链条日臻完善，区域分工特色明显

近年来，湖南省企业尤其是民营企业紧紧抓住发展机遇，积极投入光伏产业。调研显示，目前湖南省已初步形成了一条从工业硅生产到光伏系统开发的完整产业链（参见图2）。

在产业链条日臻完善的同时，湖南省光伏产业的生产链分布也呈现了一定的区域特色。比如衡阳市的两家企业都从事非晶硅电池生产，共创光伏拥有50MW的硅基薄膜太阳能电池生产线，岱朗科技则拥有60MW非晶硅太阳能电池组件生产能力。又如全省的多晶硅原材料供应主要来源于益阳市的晶鑫与国晶两家企业，益阳国晶目前正在投资兴建1万吨多晶硅生产线（但目前处于

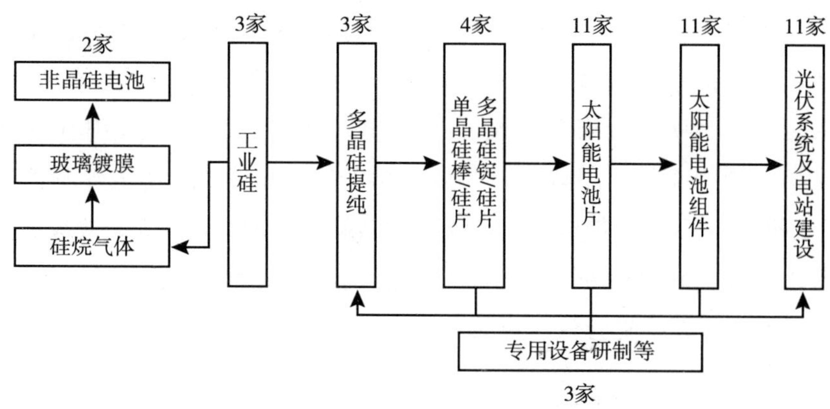

图 2　湖南省光伏产业链企业分布

停产状态)。长株潭城市群则承担了装备制造的相关生产，如中电 48 所的装备制造、株洲南车集团的逆变器等。

(三) 财政支持逐年加大，装机容量迅速扩大

自中央 2009 年实施金太阳示范工程以来，湖南省已累计获批约 442MWp 装机容量的金太阳示范项目，共获得中央补助资金 14.8 亿元。已完成 52.66MWp，占装机总规模的 77%，累计完成投资约 30 亿元，累计新增发电量 1600 万度（参见图 3)。项目的实施，既为湖南省开发利用新能源、缓解能源紧张局面发挥了重要作用，也为筹备申请金太阳工程示范省试点积累了较好的经验。

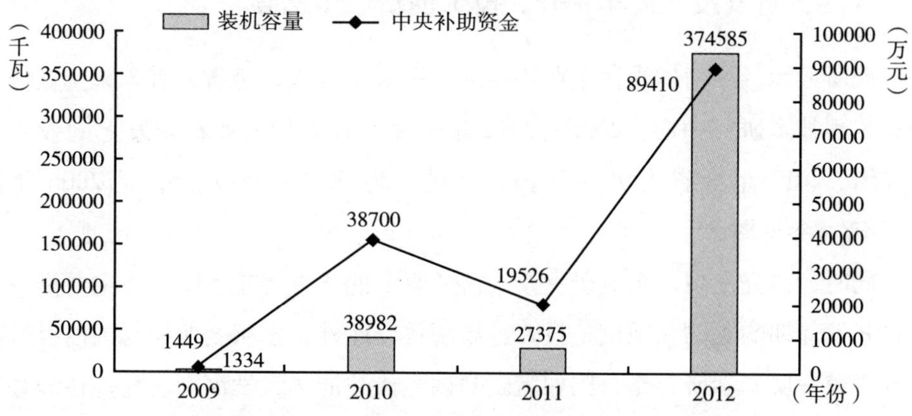

图 3　湖南省 2009～2012 年获批装机容量及中央资金情况

就省级财政而言，2007～2012年间，省财政共投入近1.25亿元支持湖南省光伏产业项目发展（参见图4）。其中，新型工业化专项引导资金4400万元，信息产业专项资金安排5880万元，战略性新兴产业专项引导资金安排2200万元，重点支持了湖南省中电48所100MW晶体硅太阳电池制造用单晶硅棒生产线、多条太阳能电池生产线、益阳晶鑫物理法生产太阳能级高纯硅材料产业化项目、共创光伏年产50MW硅基薄膜太阳能电池生产项目等53个项目建设，推进了湖南省光伏产业的进一步发展。

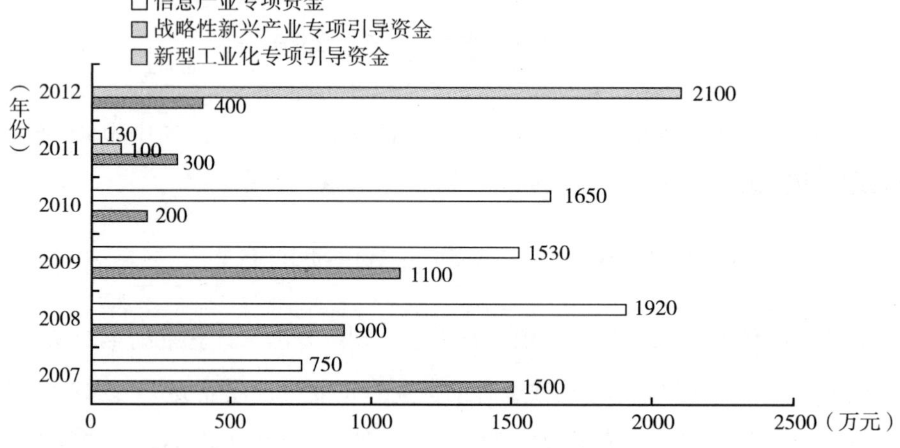

图4　湖南省2007～2012年财政支持光伏产业项目情况

（四）研发投入逐年攀升，技术创新逐步增强

调研显示，湖南省光伏企业均高度重视研发投入，全省共有3家企业拥有国家工程技术研究中心。2006～2012年，湖南省光伏企业在研发上的投入逐年递增，2012年全省光伏企业研发总投入为91973.45万元，是2006年的8.86倍（参见图5）。

同时，研究发现，企业研发投入占总收入的比重逐年下降，这主要是由于项目开发前期购置的大项设备投入过高所致。此外，多家企业均与国内科研院所及高校开展产学研合作，比如衡阳共创光伏与清华大学深圳研究院在硅基薄膜电池技术的研发领域开展合作等。

在技术创新方面，2006～2012 年，湖南省光伏企业共获发明专利 130 项，实用新型专利 302 项。中电 48 所采用钝化技术来降低电池表面复合，其研发的多晶硅太阳能电池转换率为 17.6%，处于国际领先水平。神州光电研制的彩色太阳能电池板被安装在 2010 年上海世博会中国馆的观景平台上，这种彩色太阳能电池板既能够将阳光转换成清洁电力，又能根据建筑需要拼装出彩色图案，起到美化装饰的效果，为光伏建筑一体化提供了新的思路。

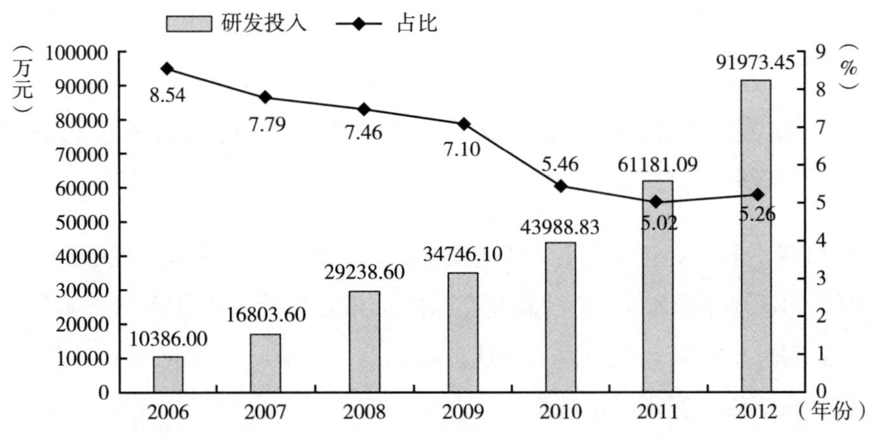

图 5　湖南省 2006～2012 年光伏企业研发投入及增长比例图

二　湖南省发展光伏产业的重要性与必要性

从我国未来社会经济发展战略路径看，发展太阳能光伏产业是我国保障能源供应、建设低碳社会、推动经济结构调整、培育战略性新兴产业的重要方向。就湖南省而言，发展光伏产业是建设两型社会、加快转变经济发展方式、发展绿色低碳经济的必由之路。

（一）发展光伏产业是建设“生态文明”的应有之义，符合国家整体发展方向

李克强总理指出“我们要实现的新型工业化、城镇化，必然是生态文明的工业化、城镇化。无论是可再生能源应用，还是建筑节能改造以及光伏产业

发展等，都孕育着前景无限的市场空间，催生着规模庞大的生态产业。”

2012 年 10 月，国家电网公司发布了《关于做好分布式光伏发电并网服务工作的意见》，鼓励分布式发电，这是我国光伏产品遭遇欧美双反调查，光伏产业发展面临巨大挑战的关键时刻，国家为促进国内光伏产业健康发展而推出的有效举措。目前，中央也正在研究制定支持光伏产业发展的政策措施。湖南省光伏产业在制造水平、产业体系、技术研发等方面具有良好的发展基础，国内外市场前景总体看好，只要抓住发展机遇，加快转型升级，后期必将迎来更加广阔的发展空间。

（二）发展光伏产业是建设“两型社会”的必然要求，对湖南省经济转型升级具有重要意义

据测算，多晶硅产业万元增加值能耗为 2026 千克标准煤，是铁合金产业的 13%，铝产业的 18.4%，而其吨产品的价格是铁合金的 215 倍，是铝的 90 倍，产品附加值极高。大力发展光伏产业，有利于进一步优化湖南省工业技术结构和产品结构，实现经济转型；有利于加快推动工业经济发展从要素驱动型增长向创新驱动型增长转变；有利于打造新的产业支柱，实现湖南省工业经济健康持续快速发展。

目前，湖南省在光伏装备制造行业的生产能力已进入世界前列，但在光伏产业的其他领域还有较大差距。通过科技创新，做强光伏产业，有利于提升湖南省工业经济发展的质量和品位，突破经济发展瓶颈。比如，光伏产业中利润最高的硅提纯，技术全部掌握在法国、日本等国外生产商手中，导致我国原材料及技术受制于人。尽管湖南省的益阳国晶正在建设硅材料生产线，但由于受目前市场环境影响，建设已全部停工。如果湖南省企业能解决国内市场原材料提供及技术攻关问题，无论是对企业发展还是湖南省经济结构调整都有十分重要的促进作用。

（三）发展光伏产业是建设“美丽湖南”的必然选择，对实现节能减排目标具有现实意义

目前，普遍采用的晶体硅片光伏电池工作寿命在 25 年以上（25 年后发电

能力下降到新电池的 80%），而制造这种电池所耗的电能经 2 年左右发电就可以回收（每吨多晶硅耗电 25 万度，1MW 需多晶硅 10 吨）。太阳能电池发电的显著优势对保障湖南省能源供应战略安全、大幅减少排放和保证可持续发展具有重大战略意义。

据测算，如果建设一座 10MWp 并网光伏电站，用来替代同等规模的燃煤火电站，每年发电 17106MWh，将节约标准煤 6400 吨。如果用燃煤火电机组发电，每发电 1MWh，将排放相当于 1. 069 吨二氧化碳的温室气体，而用一座 10MWp 并网光伏电站取代燃煤火力发电站，每年减排温室气体二氧化碳的数量将达到 1. 8 万吨。因此，发展光伏产业将推进湖南省实现国内生产总值能耗降低 20%，主要污染物排放总量减少 10% 的节能减排目标，是建设“美丽湖南”的必然选择。

三　湖南省光伏产业发展存在的主要问题

通过调研发现，以下问题还将制约湖南省光伏产业的进一步发展：

（一）材料技术市场三头在外，国际依存度较高

目前，我国光伏产业仍是“原材料、技术、市场”三头在外，国际贸易依存度高导致欧美“双反”等贸易纠纷影响湖南省企业发展。

一是光伏装备全面萎缩。湖南省的中电 48 所是国内光伏行业十大品牌设备供应商，跻身全球光伏装备 10 强。就装备制造而言，2012 年订单比上年同期下降了 75 个百分点，库存积压的各种光伏电池线设备累计 90 多台。南车株洲变流拥有 5GW 逆变器产能，2012 年只出货 220MW，仅为产能的 4. 4%。宏大真空 2011 年仅销售太阳能真空镀膜设备 3 台 5400 万元，2012 年没有接到订单。

二是重点项目建设放缓。益阳的国晶硅业原计划 2013 年 3 月建成年产 15000 吨太阳能级多晶硅项目，目前已完成投资近 20 亿元，土建项目基本完工、主要设备完成订购、部分设备已经到位。然而，考虑目前多晶硅价格继续下滑等市场因素，项目业主还是决定暂停建设。中建材 2010 年底与衡阳市政

府签订了新能源产业基地项目建设协议，计划建设3个超白压延、超白浮法太阳能玻璃及深加工生产线。目前园区已完成征地工作，但由于受欧美“双反”等不利因素影响，中建材决定暂缓投资，项目尚未动工。

三是光伏企业出现行业性亏损。2008年光伏产业毛利为27%，2009年为20%，2010年最高达32%，企业普遍赢利。2011年开始，由于国际经济形势影响，需求萎缩、产品库存积压严重、价格暴跌，毛利骤降到5%以下，行业亏损面40%。2012年光伏产业毛利为-5%。调研中，有企业表示今年光伏企业行业亏损面可能还将进一步扩大。

（二）核心技术尚未掌握，以低端制造为主

一是尚未掌握多晶硅提纯等核心技术。制约晶硅太阳能电池行业长期发展的多晶硅提纯技术以及相关设备生产的核心技术仍被欧美、日本等国的大型厂商所垄断，湖南省企业与国外领先企业之间仍存在不小的技术差距。目前湖南省企业主要从事硅棒/硅锭制作、硅片切割、电池生产和组件封装等环节，属于技术要求低、产品附加值低的低端制造环节，缺乏定价权和影响力。

二是相关设备的核心技术尚未攻关。中电48所反映，在相关太阳能电池生产设备的竞争上，湖南省的设备技术水平与成本控制能力没有实质提高，导致在品质和价格上要求越来越苛刻的环境中市场竞争力不强，亟须加强同高效电池新工艺相结合的新一代光伏设备的研发力度。

（三）产业集群化程度低，企业两极分化严重

一是产业集群化程度低，不利于发挥规模效应。在产业集群方面，湖南省目前光伏企业数量少、分布散，27家光伏企业零星地分布在全省8个地市，拥有光伏企业最多的地区也仅有4家，最少的地区只有1家，导致湖南省光伏产业规模效益不够明显（参见图6）。同时，企业在吸引专业化供应商、专业人才以及获取专业信息等方面较为欠缺，不利于湖南省光伏产业的持续发展。

二是在危机下企业两极分化严重。一方面，强者恒强。在目前光伏行业衰落的形势下，中电48所凭借自身的装备研发生产优势，从装备制造、晶体硅材料、太阳能电池制造、组件生产到系统集成的产业链进一步完善，其中多晶

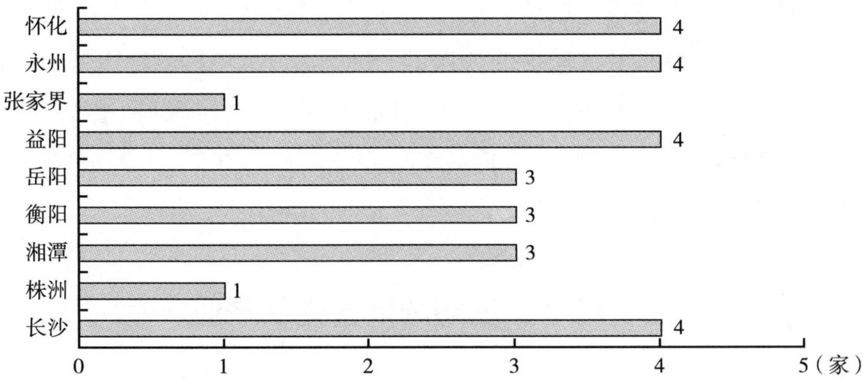

图 6　湖南省光伏企业地区分布

硅铸锭年产能 700MW，太阳能硅片切片年产能达 500MW，太阳能电池片制造年产能达 1200MW，新能源组件年生产能力达 500MW，光伏电站应用工程年建设能力 500MW。尽管利润大幅下降，但仍然是全国少有的运行良好的光伏企业之一。兴业太阳能承接较多的金太阳工程，除消化自身产能外，还要外购组件。另一方面，强者渐弱。天润新能源 2012 年 8 月份开始停产，拉晶、铸锭企业益阳晶鑫 2012 年上半年开工不足 50%，8 月份开始停产。神州光电、天利恩泽 2012 年全年停产，库存积压。

（四）国内需求有待扩大，并网发电标准亟须出台

一是国内市场亟须拓展。尽管国家相继出台相关政策来启动了国内的光伏市场，但效果并不十分显著。就调研的企业而言，目前处于中端的太阳能电池及组件制造大多是自产自耗，比如兴业太阳能，2012 年的太阳能电池组件生产量为 20MW，全部用于企业下游系统集成安装。此外，有企业反映目前“找屋顶困难”。许多业主尚未形成太阳能发电的意识，分布式发电的推广目前在湖南省遇到了瓶颈。由于国际光伏产品市场的不确定性，加上金融危机和贸易保护主义、关键技术壁垒等因素的影响，长期过度依赖国际光伏市场必将导致我国光伏产业发展的不稳定，国内市场亟须拓展。

二是并网发电标准亟须出台。目前我国尚缺乏并网发电项目设计、施工、质检、调试和验收等权威标准和成熟经验，亟须开展光伏并网电站的优化设

计、设备选型、工程建设、调试、运行及维护管理等相关研究工作。同时，由于太阳能发电的间歇性及波动性的缺点，光伏电力并入电网的稳定性也有待研究提高。此外，被调研企业反映，由于目前上网电价低（湖南省为0.5元/度），而发电企业自主销售至园区内的工业企业一般为0.7~0.9元/度，导致发电企业没有余电上网的积极性。

四　思考：三问湖南省光伏产业

目前，新一届政府反复强调，要划清政府和市场的边界。怎样才能用好政府这只"有形的手"，不错位、不越位、不缺位，将光伏产业推得更远，至少现在要回答三个问题以破解质疑。

问题一：光伏产业是否会造成环境污染？

目前，有人认为，光伏产业是高能耗高污染产业，会给社会发展带来负外部性，不宜大力推动光伏产业发展。关于光伏产业高能耗的问题。基于生命周期的理念，从单位产值能耗来看，在目前技术条件下，每万元光伏组件产值能耗（含多晶硅提炼环节）约900度电，低于钢铁行业（3900度电）和电解铝行业（6000度电）。从全生命周期总能耗来看，光伏产品是一种在生产过程中耗能而在使用过程中产能的能源产品，其产能远大于耗能。比如1kW晶硅电池能耗约2600度电，安装运行后以平均年发电1300小时计，1kW晶硅电池年发电量约1300度左右。因此，光伏产业不存在高能耗之说。关于高污染的问题。这是由于目前在上游生产环节中，某些多晶硅和硅片企业生产流程还不能做到闭环运行造成的。据调研，只要在生产流程中运用改良西门子法进行闭环运行，就不会产生环境污染问题。因此，在湖南省光伏产业的下一步发展中，凡是涉及上游生产硅片环节的项目，必须严格环评制度，坚决杜绝污染。

问题二：湖南光照条件是否适合发展光伏发电？

有人认为，根据太阳年曝辐射量的大小，可将中国划分为4个太阳能资源带。湖南属于第III资源一般带，年辐射量为4200~5600MJ/平方米/年，光照条件不适合光伏发电。

受自然条件所限，湖南确实不能像西部光照条件好的地区那样建设大型光

伏电站，但可从以下两个方面推广光伏发电。一是推广分布式发电。2012 年底，国务院常务会议提出着力推进分布式光伏发电，鼓励单位、社区和家庭安装，使用光伏发电系统，国家电网也出台了相应的分布式发电上网的服务意见。应当以此为契机，在湖南省的公共机构和有条件的居民住宅中进行推广。二是推广硅基薄膜太阳能电池板的安装使用。硅基薄膜电池的非晶微晶叠层结构设计可使光谱响应从可见光扩展到红外线区域，较晶体硅具有更加宽频的光谱能量吸收效应，使电池在弱光环境或散射光、阴、云、雨天环境条件下，也能发电。视地区光照条件差异，可以比晶硅电池在相同功率的装机容量情况下多发出 5% ~17% 的电量。因此，就湖南省而言，在阴雨天气较多的情况下利用硅基薄膜电池发电更有现实针对性。

问题三：湖南省是否应该支持光伏企业发展？

通过调研我们认为，光伏产业在湖南已具备了进一步发展的政策土壤、产业基础以及技术优势：

一是具有进一步发展的政策土壤。国家层面，近日，国务院常务会表态“必须支持光伏产业走出困境并健康发展”，同时提出了六点措施，包括从拓展分布式、电网责任、电价政策、金融支持、研发和标准、兼并重组等方面予以政策支持。此外，湖南省特有的国家支持政策还有：长株潭城市群综合配套改革试验区政策、全国节能减排财政政策综合示范政策。省级层面，湖南省先后出台了《湖南省加快培育发展战略性新兴产业的决定》《湖南省关于加快推进光伏发电和照明应用的意见》《关于支持新能源产业发展若干意见的通知》和《关于在长株潭两性社会建设综合配套改革试验区推广清洁低碳技术的实施方案》等政策文件，支持新能源开发利用。

二是完整的产业链条业已形成，具有进一步发展的产业基础。正如上文所述，湖南省光伏产业经过近几年的发展，已形成从光伏先进制造装备，高效硅基薄膜组件研发、制造，多晶硅材料生产、多晶硅铸锭/单晶硅拉棒、切片、晶硅、非晶硅电池和组件制造到光伏应用产品的完整产业链。

三是龙头骨干企业逐步涌现，具有进一步发展的技术优势。目前，湖南省的光伏产业中涌现出了以中电 48 所为代表的，拥有自主知识产权和自主品牌的知名龙头骨干企业，关键技术达到国际先进水平。比如，中电 48 所是目前国内最大的太阳能电池装备制造商和供应商、“国家光伏装备工程技术研究中心”。该所的太阳能电池制造装备全国领先，关键设备性能可与国际先进设备媲美，占领了国内80%以上的市场。现已实现700MW的铸锭、500MW的切片、1.5GW的电池和600MW组件的年生产能力。又如，湖南共创光伏科技有限公司是湖南省首家从事高效硅基薄膜电池组件技术开发的企业。该企业目前拥有自主知识产权专利工艺技术6项，可制备出转化效率达10%～12%的薄膜电池组件。硅基薄膜电池组件无毒、无污染，即使在阴天、雨天等弱光环境下也能发电，发电量比晶体硅平均高出13%以上，而硅原料消耗仅为晶体硅的1/100。再如，中国兴业太阳能技术控股有限公司投资建设的中国兴业太阳能（湖南）产业园，位于湘潭九华经济示范区，主要提供大型光伏电站、智能微电网能源系统、光伏/光热建筑一体化等项目的前期策划、方案规划及咨询、工程设计及施工、投资运营及管理的“一站式”服务。目前已在国内外承建了100多个光伏项目，具有优良的系统工程业绩。

因此，如果政府能在终端应用环节予以政策支持，湖南省光伏产业将拥有更加广阔的发展前景。

五 促进湖南省光伏产业发展的对策措施

当前，世界各国纷纷推出战略性新兴产业发展战略，提出明确的发展目标，制订了相应的法规和政策，掀起了“低碳经济”发展新浪潮。党的十八大提出，要把生态文明放在重要地位，努力建设“美丽中国”。培育发展光伏产业，是促进湖南省转变经济发展方式，抢占经济发展制高点，培育新的经济增长点的重要途径。湖南省光伏产业发展要以“放眼世界、面向全国、立足本省”的战略眼光和思维，利用国内外“两个市场”，把它作为支柱型和战略型产业来重点引导和扶持，努力将湖南省光伏产业打造成湖南新的“千亿产业”，为实现富民强省战略目标助推发力。

（一）创造需求、引领消费，支持开拓终端应用市场

一是创造需求，发挥省两型办的示范引导作用。省两型办可以两型示范展

览馆为宣传载体，安装屋顶太阳能光伏发电装置，宣传绿色光伏发电及光伏产品应用的积极意义。结合湖南省的“两型社会”建设，开展“六进”活动，让绿色光伏和绿色环保理念“进社区、进学校、进企业、进机关、进农村、进家庭”，多角度地进行绿色光伏宣传，实现“电视有影、广播有声、报刊有文、小区有画、网络有言”，激发社会公众的消费需求，推动光伏产业的发展。

二是引领消费，积极出台开拓终端市场的政策措施。湖南省应结合实际，以政府示范推广为重点，探索性地引导社会多方力量参与光伏发电技术的推广应用，将湖南省打造成“点、线、面”结合的光伏技术产品推广应用示范区。各级政府部门应发挥模范带头作用，在政府办公大楼及公共设施中率先使用太阳能光伏发电。通过典型示范，在居民别墅及农民独栋住宅中推广分布式发电，引领公众消费，开拓湖南省终端应用市场。

（二）立足省情、突出特色，打造四大光伏示范项目

一是立足湖南省农业大省的特点，打造现代农业光伏示范项目。充分利用温室、大中棚、中小棚等设施，大面积推广应用光伏高效农业大棚系统；利用薄膜太阳能电池组件分光作用，有效起到保温作用，同时，利用薄膜太阳能电池组件阻挡紫外线的特性，抑制重大病虫害，实现绿色有机作物种植。此外，光伏现代农业示范项目还可与旅游结合构建观光农业。

二是立足新农村建设的要求，打造乡村亮化工程光伏示范项目。结合新农村建设和新型城镇化契机，实施乡村亮化工程、边远山区无电户点亮工程，改善农村照明条件，提升农村建设品位。拟在全省各乡镇及以下的硬化道路两旁安装光伏路灯或风光互补路灯，分期实施“村村亮”示范项目建设。在怀化、郴州、永州实施的“偏远无电地区独立光伏发电项目”基础上，拟在邵阳、张家界、湘西自治州等市州继续实施该项目。据统计，目前上述三地尚约有1.3万户无电户。此外，拟尝试以村镇为单位建设村用智能微电网示范基地，通过智能微电网科学合理地控制分配太阳能光伏发电的能量流向，为村镇级智能化用电提供一种科学的解决方案。

三是立足公共领域公益行业，打造分散打捆型光伏示范项目。拟主要利用

全省大型公共建筑屋顶（可用面积180万平方米）、全省高速公路（收费站、服务区）的闲置屋顶及大面积的空置隔离绿化带（屋顶面积约为12.8万平方米，隔离带可利用面积预计超过100万平方米）、教育/卫生系统建筑（可用屋顶面积约为370万平方米）、电讯运营商的通信基站（目前有2万多个）等区域，以系统为单位，实施分散打捆型的光伏示范项目，努力推广公共观景建筑彩色太阳能板安装发电，达到全省推广示范的效果。

四是立足工程机械产业，拟实施大型工矿企业光伏示范项目。湖南省工程机械和制造业比较发达，厂区年屋顶可利用面积约1200万平方米，拟计划利用这些大型工矿企业单位现有条件实施光伏示范项目。如省内的三一重工、中联重科、山河智能、比亚迪、南车集团等机械工程和制造企业等。既保证企业用电，又推动新能源开发。

（三）练好内功、修好外经，大力支持企业技术创新

一是支持企业“练好内功”。抓住结构调整的有利时机，充分利用市场优胜劣汰机制，淘汰落后产能，加强核心技术研发，提高行业准入门槛。通过组织实施国家级、省级重大专项，支持中电48所、株洲南车、共创光伏等核心光伏企业增强科技创新能力，提升产品核心竞争力。重点支持中电48所拓展和完善太阳能光伏创新链，支持株洲南车研发及推广应用主流器件，替代进口；支持共创光伏提高硅基薄膜太阳能电池的转化效率等。

二是鼓励企业“修好外经”。鼓励企业与国外先进企业、研发机构开展合作，引进国外先进光伏制造设备，加大“引进—消化—创新”力度，推进薄膜光伏装备的国产化。

（四）抱团取暖、集群发展，创立光伏产业联盟

一是着力打造以中电48所为龙头的光伏产业集群。一方面，发挥龙头企业的示范作用，发挥其在产业辐射、技术示范上的影响作用；另一方面，增强产业集群内部的分工协作，增创企业的产品比较优势与创新能力。逐步打造以中电48所为龙头，东有装备制造，西有硅材料，南北有非晶硅电池，上中下游产业同步发展的产业集群。同时引导光伏企业放眼全球，积极开拓非洲、东

南亚等新兴市场，利用好国内国外两个市场，推动光伏产业集群发展。

二是政府搭桥，创立湖南省光伏产业联盟。按照“产业拉动、组团突破、集群发展、协调推进”的思路，积极支持光伏企业建立湖南光伏产业联盟，将产业联盟打造为组织协调、信息互通、技术服务、秩序规范的光伏产业交流平台，同时加强与国家和兄弟省份光伏联盟或行业协会的联系。实现信息互通有无、产品互相供应业、商机共同分享、技术合作开发、经验互相借鉴，推进光伏企业的共同发展。

（五）财政支持、多措并举，破解光伏产业发展难题

一个产业的持续健康发展离不开政府支持，特别是光伏产业这样一个起步较晚、投资强度特别大的产业，财税金融政策的有效引导，对于产业的做大做强有着十分重要的作用。

一是研究出台贷款财政贴息政策。拟考虑从湖南省两型财力补助中安排一定比例的资金对引入国际先进生产线等的光伏企业贷款进行 3% 的贴息补助。在开发园区安装离网型路灯系统的，将在已有贴息的基础上提高补贴标准。经测算，若省财政安排 3000 万元贴息资金，将拉动光伏产业 20 亿元投资。

二是对终端用户进行电价补贴。在支持企业开发光伏发电应用系统的基础上，提升质量，降低成本，再结合目前新型城镇化的契机，选择长株潭三市中经济基础较好的城镇进行试点，在农民独栋住宅及居民别墅推广分布式发电，从两型财力补助中安排一定比例专项资金对用户发电进行补贴。

三是积极培育合同能源管理光伏应用市场。将合同能源管理引入太阳能光伏技术推广应用领域，吸引社会资本投资建设太阳能光伏发电系统。省财政可安排奖励资金，引导社会投资培育合同能源管理的光伏应用市场，进一步扩大太阳能光伏技术的应用范围。

四是争取相关税收优惠政策。一方面，对符合条件的光伏企业应给予省级高新技术企业待遇，享受高新技术企业税收优惠政策，并积极帮助其申报国家级高新技术企业。另一方面，应向中央申请参照小水电 6% 的增值税率计征办法，对光伏发电提供的清洁能源实行增值税减免。

五是发挥政府采购政策功能。建立财政性资金优先采购光伏产品制度，将

光伏产品列入节能环保产品目录，利用财政性资金建设的道路照明、高速公路信号灯、城市交通指示灯、公共场所的LED显示屏、城市景观照明等工程，必须优先购买列入目录的光伏产品。

六是积极搭建战略合作平台。积极支持财政厅属政府融资平台与光伏企业进行战略合作。调研中，湘潭电机利用光热发电的技术遇到推广瓶颈，可以考虑由省财政厅牵线搭桥，引入政府融资平台列为该企业进行战略合作，实现利益共赢共享。

七是积极争取全国金太阳示范省。金太阳示范工程实施4年来，湖南省每年获批及实施工程呈加速上升态势，为巩固前期成果，加速光电产业辐射及项目的示范效应，省财政厅正积极向财政部争取把湖南省纳入“全国金太阳工程示范省”范畴。在立足申请的基础上，研究制定了湖南省金太阳工程示范省实施方案。目前方案已完成两稿，并向财政部做了专题汇报，得到了财政部的认可。应继续向财政部汇报，积极争取金太阳示范省落户湖南省，推动湖南省光伏产业又好又快发展。

总之，太阳能光伏产业作为近几年刚刚兴起的战略性新兴产业，需要一个产业培育和市场培育的过程，各级政府部门应形成政策合力，共同引导、培育和规范光伏产业有序、有效健康发展，努力将湖南省太阳能光伏产业打造成产业特色明显、产业链均衡发展、产品附加值高的年产值“千亿产业”工程。

区　域　篇

Reports on Regional Subjects

B.20 2013～2014年长沙市新型工业化发展研究报告

长沙市工业和信息化委员会

一　2013年长沙市新型工业化发展基本情况

2013年是长沙全力推进“六个走在前列”，强力实施“产业倍增”计划的起步之年，也是长沙工业经济形势最为复杂、挑战最为严峻的艰难之年。面对国际经济复苏乏力，国内经济增速放缓，长沙市工程机械产业首次出现负增长的不利局面，在市委、市政府的坚强领导和省经信委的具体指导下，全市工信系统广大干部职工主动适应市场变化，积极调整产品结构，不断深化企业服务，强力推进转型升级，确保工业经济稳定增长，全面完成全年各项目标任务，实现了“工业倍增”的良好开局。全年实现全部工业总产值8938亿元，增长17.7%，全部工业增加值3352.3亿元，增长13.2%，规模工业总产值8289.1亿元，增长18.4%，规模工业增加值2653.3亿元，增长14%，实现工业投资 1465.9 亿元，增长 26.2%，工业招商到位内外资 502 亿元，增长 10.1%，全面完成年初既定各项目标任务。

1. 增长速度逐步回升

过去的一年，全市规模工业增加值增速环比连续提高，由第一季度的 12.1% 提高到上半年的 12.3%，到第三季度的 13.5%，再到全年的 14%，高于全国平均增速 4.3 个百分点，高于全省 2.4 个百分点，在全省 14 个市州排第一位，在中部六个省会城市中，继续保持总量排名第三，和去年同期相比，增速排名上升一位，总量与排名第二位的郑州差距正在缩小。工业经济对 GDP 贡献率达 52.7%，拉动 GDP 增长 6.5 个百分点。

2. 多点支撑加速形成

全年六大产业集群完成规模工业产值 6284 亿元，增长 15.5%，占全市规模工业总产值的 75.8%。工程机械产业受宏观调控影响，随着全国行业整体下滑而急转直下，完成产值 1877.5 亿元，负增长 4.2%，占比由去年同期的 27% 下降到 22.7%；材料和食品烟草平稳增长，规模直追工程机械，分别完成产值 1577.5 亿元和 1387.9 亿元，分别增长 23.6% 和 12.1%，占比分别达到 19% 和 16.7%；汽车、电子信息迅速补位，保持了高速增长，增速分别达到 70.6% 和 41.4%；生物医药产业集群的增速达到 20.4%。

3. 核心竞争力不断增强

全市创建国家级企业技术中心 11 家、省级企业技术中心 62 家，国家级技术创新示范企业 2 家，开发省级新产品 40 项，市级重点新产品 100 项，拥有中国驰名商标 79 件，居中部省会城市第 1 位。新产品对规模工业总产值的贡献率达 31.7%，高新技术产业增加值占规模工业的 45.1%，科技进步对全市工业经济增长的贡献进一步加大，成为拉动长沙工业发展的支柱力量。

4. 园区经济平稳增长

受工程机械产业负增长影响，“四区十园”克服上半年的整体下滑，始终将调结构、转方式、促升级作为发展的重要抓手，大力发展优势产业，积极培育战略性新兴产业，加快推进项目建设，园区增速从一季度谷底逐步回升，实现平稳较快增长。“四区十园”全年完成规模工业产值 5801.3 亿元，增长 18%，增速比一季度提高 9.6 个百分点，园区规模工业产值比重由 66.4% 回

升到70%；完成规模工业增加值1604.9亿元，增长13.9%，增速比一季度提高6.2个百分点，园区规模工业增加值比重由50.8%回升到60.5%。

5. 项目建设卓有成效

随着上海大众、基伍手机、格力电器等一批高品质产业项目的纷至沓来，长沙市工业招商取得新的进展，扭转了近两年来重大项目缺失的被动局面。全年投资2000万以上工业项目共计2364个，其中本年度新开工建设项目1894个、续建项目470个，竣工投产项目896个。上海大众、广汽三菱、广汽菲亚特、蓝思科技、比亚迪汽车等重大产业项目进展顺利。

6. 服务模式不断创新

全年投入1000多万元，继续深入开展管理升级、协同创新、上市对标、与创业同行等服务活动，深度服务企业达246家。73家参与管理升级活动的企业，31家制定了《企业战略报告》，23家在瓶颈突破期间销售收入增长48%，利税增长35%；50家参与协同创新活动的企业，新立研发项目增长42%，新产品开发数增长34%，专利申请数增长52%；20多家参与上市对标活动的企业找准了上市路径，两家已成功挂牌新三板；100家参与“与创业同行”活动的企业，45家获得百度市场推广，56家获得人才招聘支持，3家与投资机构达成股权融资合作意向，1家成功获得股权融资1500万元。

7. 两型建设成效显著

启动《清洁生产中长期规划》编制，跟踪督查9家企业清洁生产中/高费方案实施情况，实施工业锅（窑）炉节能技术推广工作计划，推进长沙国家再制造试点建设，加强资源综合利用工作，着力推进废弃电器电子产品以及余热余压废气回收和综合利用。一年来，3家工业园区和40家企业积极开展“两型”创建，19家企业已实施自愿性清洁生产审核，热电、食品、饮料等高耗水行业节水改造稳步推进，形成年均节水能力700万立方米，预计全年规模工业增加值能耗下降9%。

8. 两化融合不断深入

在基础设施领域，着力打造“光网长沙”和“无线长沙”；在社会应用领域，着力推进“智慧长沙”建设，重点推进了“数字城管”“智能交通”“天网工程”等一批信息化项目建设；在工业经济领域，着力打造企业电子商务、智慧法律综合管理、金融服务等公共信息服务平台，着力创建数字企业，大力促进产业数字化、智能化、网络化发展，逐步实现产业转型升级。

二　2014 年长沙市工业经济形势分析

当今，全球经济处于深度转型调整时期，转型是发展的主题，创新是发展的动力。只有准确把握大势，才能提升工作思路，才能在转型创新发展中抢占先机，走在前列。

1. 发展的机遇不容错过

从国际经济来看，美国经济复苏迹象趋于明显，欧元区经济结束衰退，日本经济在刺激中出现一定增长，新兴经济体增速相对放缓。全球经济总体复苏，增速将略高于 2013 年，有利于外部需求的稳定。从国内改革来看，十八届三中全会作出了全面深化改革的战略部署，随着新一轮改革开放的深入推进，政策效应与改革红利初步释放。李克强总理首次提出中国经济“第二季”的概念，其特色就是提质增效，就要靠真的改革，新的开放，才能有新的故事情节。从五年发展规划来看，2014 年是完成“十二五”的关键年份，未完成的项目将加快进度，有利于经济增长。同时，2014 年是本届政府彰显执政业绩的关键期。因此，虽然当前国际经济形势不利于我国经济高位运行，但是高层肯定会想方设法稳定经济增速，2014 年我国经济增速目标为 7.5%。从支持长沙发展的力度来看，长沙是未来国家推进新型城镇化、扩大内需支撑的重点区域之一，在争取国家区域发展政策、各类示范试点、重大项目布局方面机遇较大。省委、省政府高度重视长沙发展，要求长沙“六个走在前列”，赋予长沙更多经济社会管理权限，未来长沙发展主动权更强、发展资源更优。从自身的基础来看，在国家严控产能过剩、支持新兴产业发展的大背景下，长沙市重化工业相对较少，除工程机械等产业有所影响外，电子信息、新材料、生物医药等优势产业的发展前景广阔。同时随着长沙对外影响力和吸引力的不断提升，将会有更多重大产业项目来长沙进行战略布局。

2. 面临的挑战不能低估

一是国际经济存在下行风险。全球经济仍然处于深度调整期，面临基础不

稳、动力不足、速度不均等问题，复苏进程难以一帆风顺。2014年整个世界经济的不确定性不稳定性因素在增多，《世界经济展望》IMF最新预测，全球经济增长主要面临的仍是下行风险。美国退出量化宽松政策是金融风险的最大来源，受伤最重的将是新兴市场，新兴经济体增长普遍持续下滑的风险已经增大。二是国内经济回升动力不足。从“三驾马车”的动力结构看，我国出口维持相对低速增长，外需状况将小幅改善，预计出口增长10%左右；消费增长基本保持稳定，预计社会消费品零售总额增长13%左右，对经济增长的贡献略有上升；投资仍然是国内经济增长的主动力，预计固定资产投资增长17%左右，但投资有继续向下的压力，对经济增长的贡献将略有下降，有效需求增长后劲不足。三是产能过剩加剧行业竞争。截至2013年三季度，国内所有行业季末产能利用率为79.6%。产能过剩从钢铁、有色金属、建材、化工等传统行业向风电、光伏、碳纤维等新兴产业拓展。许多行业利用率不到75%，较为严重的产能过剩问题将抑制周期性恢复的步伐。同时潜藏的房地产泡沫以及金融风险等问题将进一步加剧行业竞争。四是不会出台大的经济刺激政策。由于国家更注重深化改革开放，更注重调整经济结构，更注重经济发展速度与质量并重，对经济增长速度放缓的容忍度在增加，不会轻易出台大规模经济刺激政策。

3. 存在的困难不可忽视

一是发展后劲不足。近年长沙市工业投资占固定资产投资的比重远低于南京、合肥、郑州的水平，重大项目不足，企业研发投入占主营业务收入比重仅为1.3%，核心零部件依赖进口，创新型人才紧缺。二是结构不够合理。“一业独大”“一企独大”的现象较为突出，多点支撑的产业格局和大中小微企业梯次发展的组织体系尚未完全形成。三是布局亟待优化。战略性新兴产业、高新技术产业发展相对滞后，且存在“一哄而上”的同质化竞争，特别是工程机械产业在10个产业园区都进行了布点，材料、食品产业各有6个园区布点，项目布局的分散严重制约了产业聚集效应的扩大和产业规模的做大。四是园区质量效益不高。全市工业园区用地产出平均强度为28亿元/平方公里，投入产出效果不佳，而园区之间产出强度差距大。

基于以上形势，按照市委“六个走在前列”大竞赛活动的要求，长沙市要力争在2017年实现“产业倍增”，“工业倍增”举足轻重，只有实现“工业倍增”，产业倍增才会变为现实。实施“工业倍增”，实质上就是要实现从追赶型发展向引领型发展转变，以经济总量、发展质量、人均均量的“三量齐升”来打造长沙工业“升级版”，在转型创新发展中率先突破，助推长沙经济社会更好更快走在前列。

三　2014年长沙市加快新型工业化发展的对策建议

2014年是实施“工业倍增”的关键之年，希望与潜力同在，困难与挑战并存，长沙市将科学应对，积极作为，稳步实施工业倍增计划，昂首阔步走在全省推进新型工业化的前列。

1. 指导思想

以十八届三中全会精神为指引，大力实施转型创新发展战略，稳步实施工业倍增计划，实现工业发展模式从追赶型向引领型转变，着力构建以战略性新兴产业和高新技术产业为引领、先进制造业与现代服务业“双轮驱动”、工业化与信息化“两化融合”的现代两型产业体系，加快形成“重点带动、多点支撑”的产业新格局。

2. 发展目标

全年规模工业总产值增长14%，规模工业增加值增长13%，工业投资增长16%，工业招商510亿元，新产品产值增长20%。

3. 工作重点

（1）优化布局，推进集聚发展。一是构筑三大集聚区。每个园区明确2～3个主导产业，打造一批现代城市工业经济综合体，形成东、南、西三大产业集聚区，“三足鼎立”的长沙工业增长极。二是推动产城融合。打造以长沙高新区、长沙经开区、宁乡经开区、浏阳经开区为重点的宜居宜业、功能齐全的国际化现代化“产业新城”，打造特色工业小区，规范乡镇工业发展，带动城镇现代农业和现代服务业发展。三是创新园区管理。支持高新区创建国家创新型科技园区、长沙经开区创建国家知识产权示范园区、雨花经开区创建国家低碳工业园，加快将宁乡经开区、浏阳经开区培育成新的“千亿园区”，推动望城经开区、金霞经开区晋升国家级经济开发区，支持区校共建中南大学科技园、湖南大学科技园。

（2）调整结构，推进高端发展。一是全力发展战略性新兴产业，创建一批“三高”产业、“三高”企业、“三高”产品。二是做大做强优势产业，推动食品烟草裂变为两大千亿产业集群，推动汽车及零部件、电子信息产业规模加速壮大，成长为新的千亿产业集群。三是改造提升传统产业，焕发传统产业生机。四是加快发展生产性服务业，推动生产性服务业发展提速、比重提高、层次提升。

（3）转变方式，推进创新发展。一是强化技术创新。组织国际国内一流专家团队协同攻关3D打印、液压传动与控制等核心关键技术，加大科技成果转化力度，加快产业化进程。开展“协同创新示范活动”，加快新产品开发和新工艺应用，遴选推荐30项省级新产品，评选100项市级新产品。支持企业自主创新，积极申报发明专利、新型实用专利和外观设计专利，加大知识产权保护力度。二是强化管理创新，积极引导企业加强战略管理、营销管理、质量管理、风险管理。三是强化服务创新，深入推动长沙市中小企业服务体系建设，促进中小企业转型发展。

（4）紧抓项目，推进持续发展。项目建设是经济发展的生命线，是“六个走在前列”的总抓手。全市工信委系统深入开展“六个走在前列”大竞赛活动，就是要围绕“产业倍增”率先实现“工业倍增”，将产业项目落实到企业创新创造、产业做大做强、园区倍增倍升上。为此，长沙市将在年中、年底组织两次项目建设观摩活动，把各区县、园区的产业项目拿出来评一评，比一比。全力支持现有企业开展技术改造，扩大产能，扩大规模，进行“二次创业”，力促中联重科成为长沙首个千亿级企业，广汽菲亚特、广汽三菱、长沙比亚迪、金龙铜业等成为新的百亿级企业。通过大规模、高质量的项目建设，催生一批新的经济增长点，树立一批转型创新的标杆，打造长沙工业经济的“升级版”。

（5）综合施策，推进两型发展。一是推进两型综合配套改革。实施两型化管理的提标提档行动，优化两型创建标准，制定两型创建激励政策，大力培育电子信息、生物医药、新材料、新能源和高端制造等两型产业，开展两型园区和两型企业创建工作。二是推进清洁生产。制定和实施工业清洁生产中长期规划以及三年行动计划，全面深入推进清洁生产工作。强化清洁生产审核，加大化工、建材、食品等重点行业自愿性清洁生产审核，加快推进湘江流域清洁生产项目建设。三是狠抓节能降耗。引导企业采用节能新技术、新工艺、新设备，对锅（窑）炉、电机等主要用能设备进行节能技术改造，实施锅（窑）炉、电机能效提升行动，提高系统能效水平。四是大力发展企业循环经济。大力推进长沙（浏阳·宁乡）国家再制造产业示范基地建设，着力加强工业"三废"综合利用和工业节水工作。五是推进工业和通信业"能评"。对新建、改建、扩建、搬迁的工业和通信业项目进行节能评估和审查，促进科学合理利用能源，从源头上杜绝能源浪费，提高能源利用效率。

（6）注重互动，推进融合发展。一是强化电子信息产业的支撑作用。以智能终端及配套、消费类电子整机、应用电子等产业为重点，大力发展壮大集成电路、工业软件、平台服务、系统集成、数字内容等电子信息产业，培育移动互联网和云服务等新兴业态，支持北斗卫星导航应用及产业发展，加快物联网产业发展及推广应用。二是支持信息化服务平台建设及应用推广。大力支持金融服务超市和软件超市、远程监控云服务平台、汽车后服务交易等平台建设，加大对"e 企来""湘赢"和裕邦智慧法律服务等平台的应用推广，推动企业电子商务逐步普及，不断增强信息化条件下的企业竞争能力。三是促进两化深度融合。继续实施研发数字化、生产自动化、管理信息化、产品智能化和营销网络化，改造提升传统产业。加强食品、药品等重点产品质量安全信息溯源体系建设。四是建立企业 CIO 制度。继续加强对中小企业进行信息化培训，鼓励和引导企业建立首席信息官制度，建立企业 CIO 联盟，以保障企业在信息化发展中实现规划统筹、技术统筹和强有力的协调实施。五是全面提升网络承载能力。继续推进"光网长沙""无线长沙""智慧长沙"建设，开展下一代互联网示范城市建设，下一代互联网规模化商用，下一代广播电视网建设，扩大 4G 网络覆盖，全面推进三网融合。

4. 保障措施

一是进一步加强协调调度。充分发挥新型工业化领导小组的作用，定期研究加速推进全市工业和信息化的战略性问题、工业运行和产业发展的重大问题，出台相关政策和措施。建立联席会议制度，按月召开调度会议，加大各区县（市）、各园区以及相关部门对工业产业规划、政策扶持、重大招商、规范管理、要素保障等方面的统筹协调力度。

二是进一步加强园区管理。按照“小政府、大社会，小机构、大服务”的要求，创新园区行政组织架构；进一步理顺园区与区县的关系；进一步剥离园区社会管理职能，减轻园区管理社会事务负担等。按照“因地制宜、分类指导”的原则，加快建立与园区功能定位相适应的考核机制，引导园区把工作着力点放在项目建设、产业转型升级上。改革园区人事制度，提高园区管理团队的专业化、知识化水平。

三是进一步加强政策支持。制定《重点项目建设管理考评暂行办法》，提升项目管理水平。颁布重点企业上下游产品配套指南，制定引进重大项目及其配套产业的优惠政策，出台《关于促进本市产品配套采购的意见》，鼓励市内重点建设项目以及政府投资项目所需材料、设备和机具等采购使用本地产品，市内企业相互形成配套和延伸产业链条。

四是进一步加强考核引导。发挥考核指挥棒作用，出台《新型工业化管理考核办法》，重点考核项目的引进、建设和经济运行情况，将考核结果分成三类，明确一、二、三类各占一定比例，对获得一类和二类的单位给予表彰和奖励，对三类单位不予评先评优。每月在《长沙晚报》公布各区县、园区经济运行、工业投资以及产业招商、项目建设情况，并将这些情况作为年终考核的重要依据，形成强有力的考核导向。

B.21

2013~2014 年株洲市新型工业化发展研究报告

阳卫国*

2013 年，全球宏观经济环境依旧复杂多变，经济运行下行压力仍然较大，株洲市委市政府紧密围绕省委省政府提出的“四化两型”“三量齐升”工作核心，结合株洲工业主导性的城市特征，提出了“加快转型升级，打造株洲发展升级版”的战略目标，全市上下坚定信心、攻坚克难，始终坚持以加速推进新型工业化为“富民强市”第一推动力，全市工业经济取得了明显进步。

一 2013 年株洲市新型工业化发展基本情况

（一）主要成绩

1. 工业总量与质量同步提升

工业总量显著提升。2013 年，全市全年完成规模工业总产值 2620 亿元，同比增长 14%；完成规模工业增加值 886. 5 亿元，同比增长 12. 6%。发展质量稳步提升。工业经济效益指数为 240，同比提高 17. 12 个百分点；工业应交增值税全年累计完成 99. 3 亿元，同比增长 34. 4%；高新技术产业增加值增长 16%，高于规模工业增幅 3. 5 个百分点；非公经济增加值增长 11. 5%，占 GDP 比重达到 57%，连续三年获评全省非公经济和中小企业发展考核一等奖。亏损较大的企业株冶集团止亏效果明显，北汽一工厂实现盈亏平衡。

---

* 阳卫国，中共株洲市委副书记。

2. 工业后劲与活力同步增强

重点项目遍地开花。2013年，全市共实施投资500万元以上工业项目1427个，其中新开工1180个，总投资953亿元，增长39.1%。完成工业固定资产投资778亿元，同比增长27.3%，工业投资占株洲市全社会固定资产投资的比重达到51.66%。加大项目对接和推进力度，旗滨玻璃搬迁进展顺利，新芦淞服饰产业园、高精传动、山河智能等项目加快推进，IGBT产业化、中航通发航空发动机维修中心、海纳川株洲零部件基地、达沃斯行政总部园等项目相继竣工投产。微软创新中心及产业园、北汽二工厂30万辆汽车等项目相继落户株洲，进驻株洲的世界500强企业新增2家，央企新增8家。清水塘列入全国首批老工业区搬迁改造试点。创新能力不断增强。承担国家重大科技专项、国家863等重大科技计划项目15项，争取项目资金3.5亿元，轨道交通装备制造业列入国家首批创新型产业集群试点。成功获批国家知识产权示范城市，第九次获评国家科技进步先进城市，高新技术产业增加值增长16%。申请专利达3800件，省级企业重点实验室达到8家，高新企业达到206家。

3. 工业园区与产业同步发展

园区实力快速提升。建成标准厂房100万平方米，技工贸收入达到1867亿元，同比增长17.06%；工业增加值完成554.7亿元，同比增长13.93%；完成固定资产投资557.7亿元，同比增长41.4%；完成高新技术产品产值1175.3亿元，同比增长14.16%；上缴税收75.7亿元，同比增长36.81%。主导产业蓬勃发展。轨道交通、通用航空、汽车、服饰、陶瓷五大主导产业累计实现销售954.8亿元，同比增长21.1%，增幅高于全市平均水平0.7个百分点，占全市规模工业销售收入38.8%，实现工业增加值317.8亿元，同比增长14.2%，高于全市平均水平1.6个百点，实现利税总额82.9亿元，同比增长27.2%。

4. 要素保障与服务同步升级

要素保障稳定有力。全年园区批回土地13160亩，其中工业用地8150亩。完成征地拆迁14438亩，其中工业用地10634亩，超过2012年征拆土地面积，确保一批重大项目平稳落地。积极组织银企洽谈，对接项目201个，争取银行信贷授信支持324亿元。煤电油气运等生产要素保障有力，全市工业用电量全年增长 14.36%，在迎峰度夏期间没有出现拉闸限电，为稳增长提供了有力保障。服务保障持续升温。对全市重点工程企业和中小企业延续“三特”和“三优”政策服务。启动专项经济体制改革并进行对口服务指导，全年“个转企”1453 户，“小升规”313 家。大力推进企业服务热线，突出完善新型工业化公共服务平台建设。积极为企业牵线搭桥，成功举办了 2013 湘商大会银企、校企、产销合作洽谈暨新型工业化产品博览会，签约了大批重大项目。

（二）主要特点

1. 坚持第一推动力理念不动摇

株洲市委、市政府始终坚持把推进新型工业化作为“富民强市”的第一推动力，紧紧围绕新型工业化考核全省排名“保二争一”目标，抢抓机遇、锐意进取，扎实工作，取得了显著成效。在全省加速推进新型工业化考核评比中，株洲市连续 7 年荣获一等奖，位居第一方阵。其中石峰区、醴陵市、攸县获县市区类二等奖；株洲高新区获产业园区类二等奖；南车株机、南车时代电气、千金药业、联诚集团获企业类一等奖，南车电机获二等奖。科技创新、国土资源、战略性新兴产业等方面工作在全省处于领先地位。新增产值过 200 亿企业 1 家。

2. 坚持绿色发展的理念不动摇

加大创建力度，顺利通过国家卫生城市复审、全国交通管理模范城市复评、全国文明城市“三项测评”。加强环境整治，启动或完成湘江流域重金属治理项目 45 个，关停重金属污染企业 51 家，拆除烟囱 34 根，节能减排完成年度目标任务。深入推进“一江四港”综合整治，湘江株洲段水质保持Ⅲ类以上，市区集中式饮用水源水质达标率 100%。加速两型示范区建设，云龙示范区着力打造“森林田园城市”，获评国家绿色生态示范城区；两型项目建设凸显特色，连片 20 兆瓦光伏发电、华新水泥窑协同处理生活垃圾等项目成为全省两型典范。

3. 坚持集群发展的理念不动摇

近年来，按照“五城四基地一走廊”的总体布局，加快两化融合，夯实园区平台，突出项目建设，扶持企业成长，大力推动轨道交通、汽车及零部件、航空航天、服饰、陶瓷等五大优势产业进一步做大做强，促进新能源、新材料、生物医药及健康食品、电子信息等四大新兴产业不断发展壮大，走产城融合化、一体化发展道路，逐步形成了“五城四基地”产业发展格局，为株洲市工业经济全面、健康、快速发展起到了巨大的带动作用。

4. 坚持转型升级的理念不动摇

推进传统产业优质化。以转型升级、绿色搬迁为重点，关停和淘汰一批高能耗、高污染的企业和生产线，加快采用信息技术、高新技术、适用技术和先进工艺设备，改造提升冶炼化工产业，重点发展有色金属精深加工、精细化工和日用化工等产业，实现产业转型升级和产品升级换代，成果较为显著：2013 年，柳化桂成完成产值 13.27 亿元，同比增长 13.5%；株冶集团完成销售收入达到 155 亿元，同比增长 32%。推进优势产业高端化。围绕轨道交通、汽车、航空等特色优势产业，鼓励企业加大科技创新力度，引导企业加强产业协作配套，增强产业整体竞争能力，优势产业支撑作用进一步凸显，轨道交通产业全年产值增长 13.5%。推进新兴产业规模化。大力发展电子信息、新能源、新材料、食品医药等战略性新兴产业，新兴产业发展表现突出，全年全市实现新产品产值 476.35 亿元，同比增长 39.6%，市场占有率达到 17.9%。

（三）主要问题

1. 县域工业发展不平衡

从数据来看，株洲各县（市）的工业经济在发展质量、速度和水平上落后于城区，且没有形成发展主线。目前各县（市）中，除了醴陵市形成了陶瓷和烟花两大支柱产业外，其他县（市）的发展特色并不明显，尚未构建起特色鲜明的县域工业体系，县（市）经济发展、综合实力提升还缺乏可持续发展的主动力。

2. 重点产业发展不平衡

近年来株洲市推动两化深度融合，推进信息化建设有了较大进步，去年全市 39 家规上电子信息企业，完成产值 179 亿元，保持了稳步增长，但还远远不够，2013 年度新型工业化考核株洲市信息化水平在全省排名并没有优势，而浏阳一个县级市就已形成电子信息产业百亿产业集群。

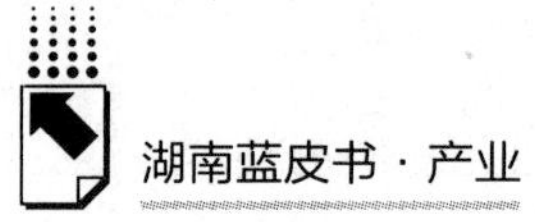

二　2014年株洲市工业经济形势分析

今年是贯彻落实党的十八届三中全会精神、全面深化改革的第一年，也是全面完成“十二五”规划的关键一年。当前，国际经济形势更加复杂，存在不稳定不确定因素，仍将延续缓慢复苏态势；全国经济处于由高速增长向中高速增长的换挡期，下行压力较大，工业经济发展挑战和机遇并存。

1. 清醒认识加快工业发展的新形势

2013年，株洲市委经过深入调查研究，提出“转型升级、打造株洲发展升级版”总战略，完全符合中央精神，切合湖南省要求，顺应市情民意。作出这样的决策是国内外严峻的经济形势所迫。自国际金融危机爆发以来，经济发展的外部环境已发生巨大的变化，世界经济前景不容乐观，我国经济也受到了前所未有的挑战。国内，党的十八大报告明确提出，要以加快转变经济发展方式为主线，推进经济结构战略性调整。湖南省委提出建设“四化两型”，促进“三量齐升”，目的也是为了推动经济发展不断转型升级、科学发展。作出这样的决策是激烈的区域竞争的结果。“十二五”以来，全国各省市都在抓紧制定转型升级战略，一场没有硝烟的战争正在围绕转型升级全面铺开。一些原来与株洲站在同一起跑线上的城市，已经远远超过株洲。去年，武汉GDP是8004亿，长沙是6399亿，分别是株洲的4.5倍、3.6倍。株洲作为工业城市，规模工业增加值先后被衡阳、郴州超过，下滑到全省第六。与常州、苏州等发达地市相比已不可同日而语，去年常州GDP是3970亿，苏州是12011亿。从县域经济看，醴陵、攸县虽然是全省十强，但无法与长沙“四小龙”抗衡。面对日益激烈的区域竞争，株洲要想在新一轮发展中赢得先机，赢得主动，新型工业化保持全省“第一方阵”，加快转型升级刻不容缓。作出这样的决策是企业发展的必由之路。转型升级不仅势在必行，而且是恰逢其时。随着全球经济环境的变化，外需拉动经济增长的因素正逐渐减弱，国内经济增速因此逐渐放缓。此外，随着材料、劳动力成本增长，资源、环境对经济增长的约束力正在增强，这些都直接影响到了传统企业的生存发展。要顺利度过这一瓶颈阶段，企业必须转变发展方式，加快转型升级。

2. 深刻把握加快工业发展的新要求

一是牢牢把握稳中求进的总基调。中央和省委、市委经济工作会议明确指出，要坚持稳中求进的总基调。2013年，株洲市攻坚克难，扭转了经济下行态势，全市工业经济继续保持良好发展势头。在当前和今后更长一段时间的发展中，除了要始终坚持稳扎稳打、稳中求进之外，我们还结合株洲实际，提出了好中求快的新要求，以确保全市工业经济实现平稳较快发展。二是牢牢把握“转型升级”的总战略。市委提出全力打好产业振兴攻坚战，推进传统产业优质化、优势产业高端化、新兴产业规模化，建立现代产业体系。抢抓国家大力发展动力产业的机遇，依托轨道交通、通用航空、汽车、风电等动力产业的集聚优势，以株洲高新区为平台，以创新驱动为动力，致力把株洲打造成以“世界一流的轨道交通城、中南地区通用航空城、中国新能源汽车产业城”为支撑的“中国动力谷”。加快建设轨道科技城、株洲通用机场、通用航空产业示范园、北汽二工厂、中国汽车零部件产业园、电动汽车、汽车主题公园等项目。加快建设醴陵陶瓷商贸城，发展壮大茶陵、攸县建筑陶瓷产业，推动陶瓷产业集群化发展。加快有色冶金、化工等传统产业的改造升级，努力争取五矿集团相关事业部落户株洲。推进清水塘地区企业搬迁改造提升，以旗滨玻璃整体搬迁为契机，启动实施新的转型升级项目。建成攸县煤电一体化项目。大力发展电子信息、新能源、新材料、食品医药等战略性新兴产业，全力推进微软创新中心及电子信息产业园、阿里巴巴产业带、医学健康产业园等新兴产业园区项目建设，做大以千金药业为龙头的医药产业，壮大时代新材等新材料产业，推动具有比较优势的包装印刷产业发展。三是牢牢把握“三量齐升”的总目标。加快转型升级，核心就是“三量齐升”，即总量、均量和质量的同步提升。总量上，株洲市GDP远远落后于长沙；均量上，株洲市城乡居民人均收入分别为28663元、12398元，仅仅略高于全省平均水平。发展质量上，株洲市存在部分传统产业的优势弱化，新兴产业还未壮大，重大项目储备不足，规模工业在全省排位后移等一系列问题。形势咄咄逼人。只有扩大经济总量，才能缩小与发达地区的发展差距，提高株洲市综合实力；只有提升经济质量，才能保证经济健康、平衡、可持续地发展；只有突出人均均量，才能真正让老百姓得到更多实惠。只有真正实现“三量齐升”，才能使全市综合实力不断增强，才能使人民生活幸福指数不断提高，才能在全省范围内真正实现“三个率先”的奋斗目标。

三 2014年株洲市加快新型工业化发展的对策建议

（一）工作举措

2014年，株洲市工业发展的目标是：规模工业总产值增速达到15%，规模工业增加值增速达到14%，确保规模工业增加值增速排名全省第一；工业固定资产投资、技术改造投资总额增长30%，战略性新兴产业增加值占GDP比重达到20%，高新技术产业增加值占GDP比重达到30%，万元规模工业能耗下降率达到20%。

1. 加快产业转型升级

加快产业转型升级是繁荣产业、打好工业振兴攻坚战的基础。当前，要努力做好以下三个方面工作：一要进一步推动传统产业转型升级。要努力加强轨道交通、烟花陶瓷等产业领域的两化深度融合，利用先进的信息技术改造传统产业，提高传统产业的生产效率和产品附加值，提升产业整体水平和产品国际竞争力。二要进一步加快淘汰落后产能和节能减排步伐。根据国家和全省关于淘汰落后产能的指导意见和要求，抓紧完善并积极落实株洲市淘汰落后产能和强化节能减排工作的政策措施，加强监管力度，重点加快有色冶金、化工、水泥、玻璃等行业的过剩产能转移消化，降低“两高一资”产业的能源资源消耗和污染排放。三要加快新兴产业跨越式发展。在即将到来的新科技革命进程中，要着力加强株洲市电子信息、新材料、新能源、健康食品与生物医药四大战略性新兴产业规模化发展，加快通用航空等领域产业的推广应用。

2. 扎实抓好项目建设

扎实抓好项目建设是繁荣产业、打好工业振兴攻坚战的关键。当前，要努力做好三个方面的工作：一要做好现有项目的推进。今年要继续扎实推进在建工业项目的施工进度，按照规划加快各项工作，循序渐进，扎实推动，力争早

日竣工投产。二要做好十大工业新项目的推进工作。今年株洲市项目建设的首要任务是全面开展以“中国动力谷”为核心的十大工业项目建设。要保障投资，加快进度，认真审核，从严管理，确保既定项目如期竣工投产。三要做好招商引资工作。2014年株洲市要面向东南沿海地区，选准目标，利用“一部一带”地理区位优势和产业承接转移的机遇，实施企业家成长计划、企业领军人才培养计划等人才工程，主动做好海内外湘籍企业家和学者回株创业工作；创造条件，看准并引进省内外和境内外的高新技术产业和高附加值产业，争取投资强度大、环境污染少、科技含量高、市场前景广的低碳绿色大项目在株洲市落地。

3. 做大做强园区平台

做大做强园区平台是繁荣产业、打好工业振兴攻坚战的本质。当前，要扎实做好以下工作：一要积极培育省级千亿园区。株洲市园区发展较长沙、湘潭和郴州相对滞后，必须努力加强产业园区的投资强度，着力吸引项目，加强园区工业企业的聚集度，提升园区的规模工业总产值和增加值，形成株洲特色的省级千亿园区。二要建立和完善园区优胜劣汰机制。针对园区发展疲软现状，必须加快形成全市各县市区工业园区的互相竞争机制，科学编订园区考核指标，指定和推行市级领导施行“一对一”重点服务的督促机制，在激励中不断促进园区工业、园区产业的发展，最终提升全市园区整体实力。三要积极发展园区主导产业和特色产业。针对全市园区发展地域不平衡性，各县市区要因地制宜，努力培育主导产业，使工业园区主导产业明显，园区发展具有地域和产业特色，形成产业互补、产业联动、产业延伸和产业集群的规模优势，促进产业和园区的协调和可持续发展。

4. 促进企业发展壮大

促进企业发展壮大是繁荣产业、打好工业振兴攻坚战的核心。当前，工作的重点主要有三个方面：一是着力培育重点企业。按照省委、省政府龙头企业培育工程和市委、市政府统一部署，全面启动株洲市企业成长“十百千”工程，打造株洲轨道交通、烟花陶瓷、煤炭采掘等工业领域的龙头企业，加快兼并重组步伐，形成国资旗下掌控资本、效益良好的大企业集团。二是加大对中小微企业培育。按照省委、省政府统一安排，深入实施湖南省中小企业“百千万”成长工程，积极培育株洲市纳入全省“小巨人”计划和“创业”计划的工业企业，鼓励民营资本介入发展，为本埠中小微企业发展争取省级政策支持。三是努力激发全民创业热情。通过典型介绍、宣传教育、奖励评选等各类方式，努力提高和激发全市民众创业积极性和热情。积极选派重点企业董事长、总经理等负责人和优秀中小企业家代表参加党委、人大、政府、政协或其他事业单位的涉企行政事务，积极进行人事交流，实现“行家促发展、发展为行家”的目标，进而全面提升株洲市企业家知名度和社会地位。

5. 提升科技创新能力

提升科技创新能力是繁荣产业、打好工业振兴攻坚战的推手。一要加大企业科技研发投入力度。积极确保企业用于研发的投入不少于经营收入的5%，稳步提升企业科研人员的工资福利和生活待遇，着力加快科研院所发明成果向生产市场的转化率和转化速度。二要走自主创新发展之路。建设高科技孵化站，积极创评和充分发挥国家级、省级和市级企业技术中心示范带动作用，鼓励企业发展自身独创技术，加强企业知识产权宣传教育，提升企业产权保护意识，避免恶性侵权竞争。三要密切高新技术领域国际交流。积极借助国际市场竞争和国际科学技术交流平台，主动广泛引进和聘用国外智力，改进和应用进口技术和设备，突破企业产品研发的技术瓶颈。

6. 切实优化发展环境

切实优化发展环境是繁荣产业、打好工业振兴攻坚战的保障。要加强企业服务平台整合。加快电信网、广播电视网和互联网三网融合，着力将物流网升级加入三网领域，整合服务平台，为企业研发、生产、流通、销售提供全天候服务。要加强要素保障。夯实企业发展能源、资源的供应，重点保障电力、煤炭、工业生产所需稀有金属的供给，加快工业园区标准厂房建设进度，保障工业用地供应，积极借助老工业基地改造搬迁的政策优势，推进清水塘老工业基地搬迁。要继续转变政府职能改进工作作风。按照党中央“八项”规定和湖南省委、省政府的八条禁令，杜绝“吃拿卡要报”等阻碍市场经济发展的丑恶现象，整顿工业经济领域内政府秩序，端正政府服务企业的态度，树立政府良好的服务形象，为企业发展服务。

（二）工作建议

1. 全力打造“中国动力谷”

2014年，株洲市将围绕建设世界一流的交通装备创造基地的目标，综合利用轨道交通、航空、汽车、风电等动力产业的比较优势，加快打造“中国动力谷”，巩固和提升株洲工业实力和竞争力。希望湖南省向国家相关部委争取政策和资金，使之成为国家层面的重点布局。同时湖南省资源也应更多地向株洲市倾斜，支持将“中国动力谷”打造成湖南的一张新名片，以此带动湖南经济发展，实现中部崛起。

2. 大力培育新兴产业

自推进新型工业化工作实施以来，株洲市把龙头企业作为发展战略性新兴产业的“火车头”，培育了一批年销售收入过200亿元、100亿元的旗舰企业。株洲市将加快推进电子信息、新材料、新能源、健康食品与生物医药等战略性新兴产业规模化发展，努力引进关联度高、辐射面广、带动力强的旗舰产业项目，尽快形成新的增长极。希望湖南省在产业布局和政策制定方面继续予以倾斜，支持株洲市大力发展战略新兴产业，为工业经济可持续发展提供强有力的支撑。

3. 大力引导非公经济发展

近年来，株洲市以唐人神、千金药业、旗滨玻璃等为首的一批本土非公企业，在为地方财政增收、提供就业岗位、带动配套产业发展等多个方面作出了突出贡献。但与国有企业相比，非公企业更多地依靠自身积极参与市场竞争来做大做强，受国家政策扶持相对较少，受市场波动影响较大，容易遭遇发展瓶颈。建议国家相关部门在制定政策方面，更多向非公经济企业倾斜，引导其进一步做强做大，为经济社会全面发展作出更大贡献。

B.22

2013～2014年湘潭市新型工业化发展研究报告

陈忠红*

2013年，面对宏观经济复杂、市场需求不振等困难与挑战，湘潭市委、市政府团结带领全市上下，认真贯彻党的十八大和十八届二、三中全会精神，牢牢把握主题主线和稳中求进的总基调，坚持把新型工业化作为富民强市的第一推动力，大力推进“四化两型”战略，深入研究抓转型、深入企业抓帮扶、深入项目抓服务、深入基层解难题，全市工业经济呈现出稳中有进、稳中向好的态势。

一 2013年湘潭市新型工业化发展基本情况

1. 工业经济保持平稳增长

引导企业挖潜增效，强化生产经营管理、资金管理和成本管理，工业经济保持了平稳发展。工业效益稳中有升。2013年，全市完成规模工业总产值2610.56亿元，同比增长12.6%；完成规模工业增加值760.14亿元，同比增长11.2%，高于全国平均水平1.5个百分点，新增产值过100亿企业1家。2013年1～10月工业增值税上交20.3亿元，同比增长9.73%，较上月提升5.02个百分点。前三季度，全市规模工业企业累计实现主营业务收入1755.9亿元，同比增长10.9%；全市规模工业企业实现利税86.1亿元，同比增长17.7%。煤电油运等生产要素总体保持平衡。2013年，全市工业累计用电71.1亿度，同比下降0.2%，降幅较1～10月收窄1.4个百分点；货运方面，

* 陈忠红，中共湘潭市委常委、秘书长。

全市累计完成公路和水路货运量7638万吨和1690万吨，同比分别增长9.4%和7.6%。

2. 工业结构有新的改善

狠抓经济转型升级，工业结构进一步优化。一是轻工业比重加大。以消费品为主的轻工业增速较快，2013年，全市轻工业实现规模工业增加值178.82亿元，同比增长12.4%，高出全市规模工业增加值增速1.2个百分点，轻工业占全市工业的比重达23.5%。二是高加工度工业比重加大。全市高加工度规模工业增加值占规模工业的比重达52.7%，较1～10月提高了5.3个百分点。三是园区工业比重加大。2013年，全市园区工业实现规模工业增加值444.65亿元，同比增长14.6%，高于全市平均水平3.4个百分点，占全市工业比重为58.5%，同比提高5.9个百分点。四是高能耗工业比重降低。六大高耗能行业实现规模工业增加值211.32亿元，占全市工业比重同比下降了0.6个百分点。

3. 重点产业加快推进

充分发挥市工业和信息化专项资金的引导作用，支持重点产业领域企业加大设备投入，促进产业协作。帮助企业拓宽销售渠道，组织企业参加中国中小企业博览会、中国（国际）工业博览会、湖南省食品产业产销对接会、生物医药战略性新兴产业合作对接会、电子信息产业合作对接会、新材料产学研合作对接会、先进矿山装备和工程机械展览会等产需衔接活动。引导本地企业互供互购，提高重点产业本地配套率，促进了先进装备、新能源、电子信息、钢材及深加工、汽车及零部件、食品等重点产业较快发展。2013年，全市6大重点产业实现规模工业增加值531.44亿元，同比增长12.2%，高于全市平均水平1个百分点。其中先进装备产业实现增加值175.32亿元，同比增长15%；新能源产业实现增加值53.47亿元，同比增长20.2%；电子信息产业实现增加值27.86亿元，同比增长20.7%；精品钢材及深加工实现增加值111.94亿元，同比增长5.9%；汽车及零部件产业实现增加值60.13亿元，同比增长9.0%；食品产业实现增加值102.72亿元，同比增长11.6%。

4. 项目建设力度加大

2013年，全市完成工业固定资产投资616.18亿元，同比增长36.1%。

2013 年，全市共安排重点工业技改项目 27 个，年计划投资 155.1 亿元，截至 10 月底已完成投资 158 亿元，超额完成全年任务，20 个项目实现投资过亿元。其中，总投资 35 亿元的泰富重工港口矿山成套设备生产制造基地项目，7 月进行了试投产，全年实现产值约 70 亿元；总投资 14.5 亿元的胜利钢管高等级石油天然气输送管道生产基地项目，全年完成投资 5.5 亿元，5 月正式投产，全年实现产值约 5000 万元；总投资 20 亿元的兴业太阳能光伏产业基地项目全年完成投资 5 亿元，实现产值 50 亿元；桑德环保全年完成投资超过 10 亿元，动力电池项目已全部建成并投产。湘钢钢丝绳、塔奥地通、三一汽车起重机等项目均顺利实现投产。

5. 发展质量有效提升

围绕产业结构优化升级，积极推进“产学研”合作、关键技术攻关，工业企业技术水平有了明显提高。2013 年，恒欣实业被认定为省级企业技术中心；江麓机电被认定为国家技术创新示范企业，成为湘潭市首家国家级技术创新示范企业。湘电重装的“300 吨电动轮自卸车”通过国家级产品鉴定，湘潭锅炉公司自主研发的“29～70MW 系列燃气热水锅炉”通过国家级科技成果鉴定。在抓好新技术推广的同时，加快淘汰落后产能。2013 年，淘汰造纸、水泥、铁合金、制革等行业落后生产线 13 条，12 家企业列入 2013 年度全国关闭小企业目标任务，实现“五小企业”有序退出及转产。积极推进节能减排和综合利用，引导和支持企业加快节能技术改造，着力推进重点节能工程。总投资 5.6 亿元的湘钢 135 兆瓦高炉煤气发电项目 7 月份已基本完工，年发电量约 9.5 亿千瓦时，新增发电量约 7 亿千瓦时，年节标煤约 1 万吨。国维洁具、精正设备、长盛科技等 7 家企业已基本完成清洁生产审核，完成省、市下达的 10 家自愿性清洁生产审核计划。信息化建设方面，进一步贯彻落实《湖南省信息化条例》，加快建设智慧湘潭，促进两化融合，全面落实中小企业信息化登高计划，着力创建 10 家两化融合示范企业和 100 家数字企业，顺利通过了国家级两化融合实验区验收。

6. 服务企业力度加大

加大对企业扶持力度，市委市政府专门部署，开展企业帮扶活动。一是开展重点企业帮扶活动。由市级领导牵头，以“1＋1”的模式（一家大型企业

和一家中小型企业）对50家重点企业进行对口帮扶，解决了一批制约企业发展的瓶颈问题。各县市区也开展了相应重点企业帮扶活动，如湘潭县组织了“3个100”活动，湘乡市开展了“服务企业集中活动月”活动，为企业排忧解难。同时，在全市开展了“扶助小微企业专项行动”，组织市直各相关部门单位负责同志，分组深入各县市区、园区中小微企业进行走访帮扶，及时为中小微企业帮扶解困。开展全市中小企业董事长（总经理）培训班，提升中小企业管理水平和应对复杂经济形势的能力。二是加强中小企业融资支持。围绕中小企业“融资难”“融资贵”问题，组织开展了中小企业银企洽谈会，新增贷款融资11亿多元。由财政出资成立了湘潭企业担保公司，授信额度达到10个亿，融资成本控制在10%以内。湖南省长株潭小额贷款有限公司正式营业，为中小企业融资提供了新的渠道。创新融资方式，加快推行中小企业集合票据、中小企业集合债券、中小企业私募基金等融资方式。三是落实惠企政策力度加大。开展了“惠企政策落实年”活动，对近5年来的惠企政策进行收集整理，并加大宣传力度，推动各项惠企政策的落实。组织多部门深入研究，制定出台《湘潭市采购“两型”技术产品实施细则》，引导本地采购，扶持本地企业发展。

二　湘潭市新型工业化发展中存在的主要问题

1. 产业结构调整任务艰巨

湘潭市不少中小企业都为家族式管理，没有建立起现代企业管理制度，很多企业主观念较为保守，将企业做大做强的信心不足，影响了企业的发展壮大。同时产品技术含量低，同质化现象严重，竞争力较弱，成为制约企业发展的主要因素。如湘乡氟化学电解铝属低端产品，竞争相当激烈，已基本停产。此外，还存在工业结构不优难题，钢铁、冶金、水泥等高能耗、低附加值，易受市场波动影响的产业还占较大比重，高附加值或面对终端用户等抵御市场风险能力较强的产业比重较低，一旦市场环境发生变化，易受较大影响。

2. 瓶颈制约依然严重

一是资金制约。湘潭市工业企业特别是中小企业今年以来受宏观经济环境影响，销售普遍受阻，资金进一步紧张，且受企业本身固定资产等限制，抵押物不足，贷款门槛高，利率居高不下，依旧面临融资难、融资贵等难题，严重制约了企业的进一步发展。大企业资金问题主要表现在利息支出大、还本付息负担重、财务成本持续上升等方面。如湘电年财务成本高达 8 亿元，流动资金严重不足。二是人才缺乏。人才缺乏也是制约企业发展的一大瓶颈，主要表现为高端人才不足，企业缺乏科技创新过程中的综合性人才和高端管理人才。人难招，招难留，留难管现象较为突出，特别是中小企业，一方面企业难以招到有合适技能的工人，另一方面招到的工人难以管理，尤其是 80 后、90 后独生子女工人因自我意识较强，常因不能受企业的管理辞职，流动性较大。

3. 企业营运压力加剧

受宏观经济面不明朗，经济下行趋势不减等影响，全市工业企业生产经营面临的严峻形势进一步加剧。其中订单不足是当前面临的最主要困难，特别是钢材及深加工、机械制造、化工等产业企业普遍反映订单不足。如湘电风能今年以来风电产品出厂价格下降了 36.7%；矿用车产品滞销，成为近年来情况较差的一年；湘潭离心机厂今年以来订单同比下降了 10% 以上，企业经营困难。同时，成本上升，企业利润空间被进一步压缩，主要表现为原材料价格上涨，人力资源成本上升，产品价格下跌，企业两头受挤，利润下滑。如受天然气涨价影响，江南 LNG 产品销售量出现较大幅度下降，降幅达 26.5%。

4. 后续发展支撑不足

全市上规模的工业投资项目不多，难以保证工业持续较快增长，目前全市重大工业项目仅泰富重工、胜利钢管、桑德环保等。部分大企业技改投资增速回落，如湘电轨道交通项目由于资金不足暂缓建设，湘钢、江麓技改投资大幅下降。工业研发投入也出现下降，2013 年 1 ~9 月，全市规模工业企业研发经费同比下降了 9.8%，研发经费占主营业务收入的比重同比下降了 0.3 个百分点。

三　2014 年湘潭市加快新型工业化发展对策建议

全面落实党的十八大和十八届二、三中全会精神，按照中央、省委、市委经济工作会议要求，深入推进经济领域改革，始终坚持新型工业化第一推动力不动摇，以产业转型升级为主线，加快推进结构调整、项目建设、技术创新和融合发展，努力构建多点支撑的产业发展格局。力争2014年，全市规模工业增加值增速达到10%，工业技术改造投资增长20%，万元规模工业增加值能耗下降5%左右。重点抓好以下几个方面工作：

1. 突出重点产业，促进结构调整

一是突出发展战略性新兴产业。努力构建多点支撑的产业发展格局，强化技术创新、示范应用、市场培育等措施，重点把先进装备、新能源、电子信息、节能环保、新材料等战略性新兴产业和精品钢材及深加工、汽车及零部件、食品等传统优势产业打造成为长沙市工业发展的支撑点、增长点。二是实施传统产业技术改造专项行动计划。对接全国老工业基地调整改造规划，重点对机电、冶金、建材、食品等传统产业进行改造升级，通过3～5年基本完成传统产业的改造提升。鼓励传统产业利用先进工艺和技术进行节能改造，提高能源利用效率，实现清洁生产。重点抓好湘钢、湖铁余热利用等节能项目的建设。综合运用政策引导、法律约束等相关手段，淘汰落后产能。抓好竹埠港地区“退二进三”，加快关闭五小企业，三是打造一批上规模的工业企业。对重点产业领域的工业企业实施分类指导，打造一批上规模的企业。推进龙头企业培育工程，优选一批行业龙头企业进行重点扶持；深入实施中小企业“百千万”成长工程，将一批中小企业打造成为小巨人；推动非公经济发展壮大，促进非公经济转型升级、做大做强。力争全年新增规模企业40家，产值过亿元企业20家，过10亿元企业5家，过50亿元企业1家。

2. 加大工业投入，增强发展后劲

一是抓好技术改造。支持企业通过技术改造，促进主导企业产品终端化，配套企业产品高端化发展，优化产品结构，提升市场竞争力。突出抓好江麓军民融合高端装备制造产业园一期工程项目、泰富重工二期、桑德静脉产业园、威盛智能配用电产业园、上海大众和吉利汽车零配件产业园、恒润高科新能源环卫专用车产业化基地、华拓数码万人级交付基地项目、电化集团整体搬迁、湘钢技改、江南技改等10大重大工业产业项目。二是抓好产业链招商。积极开展产业链招商，针对汽车、新能源装备、电子信息、矿山装备等重点产业链中的关键、核心和薄弱环节，开展点对点招商，一手引进产业龙头企业，一手引进配套企业，完善产业配套体系，促进产业集群集聚发展，实现产业专业化、集群化。三是加大财政资金支持力度。抢抓湘潭市列入国家老工业基地改造规划的机遇，包装策划一批潜力大、前景好、技术含量高的项目，积极向国、省有关部门申报，争取上级资金支持。充分发挥市级工业和信息化专项资金的引导作用，重点支持一批好项目、大项目。

3. 强化技术支撑，增强创新能力

一是加快科技创新平台建设。努力创建国家、省级企业技术中心和工程研究中心；大力培育扶持市级技术中心，每年创建10个以上企业技术中心，加大各县市区、园区推广区级技术中心认定力度，建立国、省、市、县（区）四级技术创新体系。二是加快科技成果转化。发挥企业主体作用，鼓励开发科技含量高、市场前景好的新产品，积极开展省、市级新产品的评价验收，每年评选10个以上市级新产品。三是着力突破关键共性技术。加强产学研结合，鼓励企业与高等院校、科研院所深化产学研合作，在矿山装备、风电、汽车等产业领域建立产业技术创新联盟，提升协同创新能力。对制约行业发展的关键共性技术进行联合攻关，每年解决10个以上影响行业发展的行业关键共性技术问题。

4. 推进融合发展，提升竞争实力

一是推进两化融合。深入推进国家级两化融合试验区建设，加快装备制造、钢铁等产业信息化改造，重点打造10家两化融合示范企业和40家数字企业。着力做好智慧湘潭建设顶层设计，加快建设智慧湘潭综合平台，重点做好云计算服务中心项目的引进工作，加快构建智慧湘潭应用系统的运行和集成开发环境。二是推进军民融合。充分发挥国家新型工业化军民结合产业示范基地的辐射带动作用，利用江南、江麓、江滨、湘电等军工企业的技术、设计、工艺、装备和人才优势，抓好船用成套推进电气设备、清洁能源智能储运设备、轿车无级自动变速箱、新型活塞等军转民技术和产品，加快推进军用技术民用化。三是推进产业融合。充分发挥行业（产业）协会的作用，通过政策引导和龙头企业带动，加强产业内部和产业之间的相互融合，延伸产业链条，提高本地产品配套率。重点支持电子信息与工程机械、风电装备，精品钢材与大型

矿山装备进行产业配套合作。通过产业融合，形成关联度高、竞争力强的产业体系。

5. 完善平台建设，提升服务水平

一是完善中小企业服务平台。着力完善市中小企业公共服务平台，加快各县市区中小企业服务中心建设，积极推动全市钢材深加工产业窗口平台和矿山装备产业窗口平台的建设，实现全市服务中心之间的互联互通。在政策、信息、融资、技术、人才、市场等方面加强服务，加快企业转型成长步伐。二是完善融资平台。加强政策和资金支持，促进银企深度合作。鼓励各担保公司充分发挥信用担保纽带作用，搭建银企合作的桥梁。发行中小企业集合票据，降低企业融资成本，为企业发展提供融资支持。协调银企对接，组织银企对接会，鼓励银信机构加大对企业的支持。三是完善运行监控平台。在全市重点企业设立一批运行监测点，完善重点企业生产、投资、电力运行监测平台，及时掌握企业运行情况，认真分析宏观经济发展趋势，加强预测预警，引导企业规避风险。

6. 加强协调服务，稳定工业增长

一是落实各项政策。认真落实近年来国、省、市出台的各项惠企文件，帮助企业用好、用足政策。突出落实市委、市政府在中小企业、资本市场、实体经济、产品采购等方面的扶持政策，让优惠政策惠及广大企业。深入开展重点企业帮扶工作，加强组织协调和督促督办，不断完善工作机制，力促解决制约企业发展的困难和问题。二是拓宽企业销售渠道。鼓励和推动市内企业之间，市内企业与大宗物资采购单位、大型商场及商贸流通企业之间对接和合作，组织和引导泰富重工、江麓、湘电等重点企业与省内、市内相关企业加强配套合作，实现抱团取暖。三是加强要素保障。建立生产、生活环境保障协调机制，抓好煤、电、油、运等生产要素的调度协调，为企业生产和重点项目建设提供要素保障。抓人才引进和培养，认真落实市委、市政府鼓励引进人才的政策措施，积极组织本地大专院校和职业学校与企业举办人才培训班，积极组织企业管理人员到清华大学、浙江大学等高校参加各类培训。

B.23

2013～2014 年常德市新型工业化发展研究报告

宋冬春*

一　2013 年常德市新型工业化发展基本情况

2013 年是常德市工业经济近十年来发展形势最为严峻、外部环境最为不利的一年，也是全市工业经济发展砥砺奋进、逆势而上的一年。全市工业经济总体呈现低开高走、稳中求进的发展态势。

从发展总量来看，全年全市实现规模工业增加值 890.5 亿元，增长 11.2%；实现规模工业总产值 2155.8 亿元，增长 14.5%。全市"百亿产业""百亿企业""百亿园区""百亿区县"分别达到 7 个、3 个、6 个和 8 个。新增规模工业企业 103 家，总数达到 897 家。

从综合效益来看，预计全年全市规模工业企业（不含常德烟厂）累计实现利润 70.3 亿元，增长 39%，高于全省平均水平。在实现经济总量大幅增长的同时，也保持了经济效益的同步增长。

从工业投资来看，全年完成工业固定资产投资 630 亿元，增长 30%；完成技改投资 310 亿元，增长 30%。全市新开工建设工业项目 781 个，其中亿元项目 50 个，特别是中联汉寿分公司机制砂、金帛化纤年产 8.6 万吨高性能锦纶切片生产线、创元铝业年产 10 万吨铸棒生产线、云锦集团高档功能性环保家纺面料生产线升级改造等项目竣工投产；常德烟厂易地扩改、中联重科年产 20 万台中小吨位起重机生产线、常德烟机高速卷接机组技改工程等一批重点项目推进顺利。

* 宋冬春，中共常德市委副书记。

从园区建设来看，全市工业园区累计完成产值1108.7亿元，同比增长16.5%，占全市规模工业总产值的51.4%；汉寿高新区、澧县经济开发区新晋升为“百亿园区”，全市“百亿园区”达到6个；完成基础设施投入38.43亿元，其中财政投入32.25亿元，开工建设标准化厂房面积100万平方米。

从重点支撑来看，烟草产业、常德经开区、中联重科工业走廊“三个千亿”工程建设全面推进，分别实现规模工业产值539.9亿元、225.7亿元和178.2亿元。18家“1115”工程企业（不含金天钛业）全年完成产值919.5亿元，占全市规模工业总产值的42.7%。其中中联汉寿分公司完成产值53.4亿元，成为2013年培育企业中首次突破50亿元的企业；常德烟厂和创元铝业分别完成产值494.4亿元和155亿元，同比分别净增产值37.5亿元和33.9亿元。

从中小企业来看，全市规模工业企业户数达到897户，比2012年底新增103户。其中产值过亿元的企业达到399户，比2012年增加70户；过5亿元的企业有50户，比2012年增加7户。全年中小工业企业完成增加值480亿元，增长15%；非公经济完成增加值1200亿元，增长14%。新增非公企业1100家以上。

二　2013年常德市加快发展新型工业化的主要举措

2013年以来，面对新形势新任务，常德市委市政府重点实施了四大工程。

1. 大力实施新型工业化“1115”工程

2013年6月，市委、市政府印发了《关于加速推进新型工业化“1115”工程的意见》，将常德烟厂、中联重科、创元铝业、常德烟机等19家骨干龙头企业纳入“1115”工程，进行重点培育，希望通过5年左右的努力，把烟草产业发展成为千亿产业，把常德经开区建设成为千亿园区，把中联重科常德工业走廊打造成为千亿走廊；培育总产值过50亿元的工业企业15家以上，其中5家过100亿元。围绕“1115”工程，打造常德工业发展的脊梁。一是突出规划引领。组织专门力量，在深入调研的基础上，先后编制完善了《中联重科常德千亿产业走廊及城镇带建设发展规划》《常德市烟草千亿产业发展规划》《常德经开区“千亿园区”五年发展规划》，确定了详细的“路线图”“时间表”和“责任书”。同时，敦促各个企业积极跟进，主动作为，搞好规划的对接与完善。二是出台“三特”政策。对纳入“1115”工程的企业实行特殊服务制度、特殊发展政策、特殊贡献奖励的综合优惠政策。比如，对年主营业务收入首次达到50亿元的企业，奖企业法人代表50万元；首次达到100亿元的企业，奖企业法人代表100万元，等等。目前，正在完善“1115”工程技改奖励、费用减免等相关配套细则。三是加强跟踪服务。所有市委常委、市人大常委会主任、市政协主席和市政府副市长，各联系服务1个重点企业、1个重大项目，全程参与项目落地和建设。从市直相关职能部门中选派15名处级干部，到重点企业担任特派员，负责办理企业一切涉及政府部门的行政手续，为企业提供保姆式的服务。2013年来，先后为常德烟厂易地扩改、西洞庭雨润食品产业园、常德烟机高速卷接机组技改工程、华南光电安防产业等项目现场协调30多次。四是强化项目支撑。瞄准大集团、大项目、大型央企省企，坚持领导带头抓招商、联项目、解难题，积极引进战略投资者。先后到中联重科、中国南车、忠旺铝材等大型企业招商洽谈，全市引进内外资总额470亿元，增长30%。五是狠抓调度督促。实行三级调度制度，由各位副市长对分管范围内的产业项目每月进行分线调度，由常务副市长对项目建设进行总体调度，重大项目建设推进中遇到困难和问题，由市委书记、市长随时调度。同时，对“1115”工程发展情况做到了“周调度、旬预测、月点评、季考核”。

2. 大力实施中小微企业成长工程

以推进全民创业为抓手，积极抢抓国家支持中小微企业发展的机遇，培育一批“专、精、特、新”中小微企业，形成大型企业顶天立地、中小企业铺天盖地的生动局面。一是注重政策激励。研究出台了《关于进一步支持中小微企业发展的意见》，优化中小微企业发展环境。加快建设市县两级中小企业服务平台和孵化基地建设，推进“百千万”工程和“小巨人”计划，选取成长性强的中小企业进行跟踪、服务、指导和培育，帮助企业成长入规。二是加强培训指导。举办并组织全市企业家、创业者参加全市优秀企业经理培训班、民营及中小企业高级工商管理研修班等活动，全年培训企业管理人员和创业者2000多人次，有效提升了企业家管理水平和创业能力。三是搭建服务平台。

组织全市企业参加中博会、配博会等展览展销活动，帮助企业抢占市场。组织经济主管部门和服务部门，加强对上级政策措施的研究与改进，积极搭建融资、技术、信息等服务平台，为企业发展给予优惠，提供便利。制定《关于鼓励使用消费本地产品的工作方案》，印发《常德市名优产品目录》，推动消费者使用常德本地产品。

3. 大力实施园区提升工程

把工业园区作为新常德新创业的核心平台，实行力量向园区摆布、要素向园区集聚、发展向园区靠拢。一是积极推进园区规划修编。配合编制千亿工业走廊、烟草千亿产业、千亿园区规划，引导调整、优化工业园区发展规划及空间布局，积极支持国家级高新区申报创建。组织开展市城区工业企业“退二进三”工作，引导企业向园区集中。二是加快推进园区“一权两制一司”改革。在专题调研的基础上，制定出台《关于进一步加快工业园区发展的意见》，按照“一权两制一司”的整体构架，着眼激发园区的内生动力和发展活力，进一步完善园区管理体制、运行机制，推进园区市场化运营。三是强力推进标准化厂房建设。制定出台了《关于促进园区标准化厂房建设的意见》，设立 3000 万元园区标准化厂房建设补贴专项资金。同时，采取召开流动现场调度会、媒体通报、递交责任状等形式，加大督查力度，推动工作落实。

4. 大力实施产业升级工程

以产业空间布局优化、新兴产业培育壮大、传统产业优化升级为抓手，加快工业转型升级步伐，全力推进工业高新化、规模化、特色化、集群化发展。一是加快构建现代工业体系。围绕打造“一廊两城三基地”的发展定位，统筹考虑区域资源禀赋、环境容量、产业基础等因素，重点发展烟草产业、装备制造、有色金属新材料、纺织、食品生物医药、电子信息等六大产业集群，并正在抓紧制定实施重点产业园区功能定位、主导产业、配套产业发展指导意见，加速构建常德现代工业体系，进一步完善全市现代工业发展的战略构想和总体思路。二是加快传统产业改造升级。支持企业技术改造，深入推进两化融合，严格节能降耗，认真落实淘汰落后产能和关闭小企业政策，淘汰了 6 条落后生产线，关停了 26 家小企业。同时，抓紧制定《全市产业升级工程实施工作方案》，加快推进产业改造升级。三是大力发展战略性新兴产业。围绕常德已有一定基础的高端装备制造、电子信息、生物医药、新型合金材料等朝阳产业，加快引进战略性产业的重大项目，重点支持常德烟厂易地技扩改、武陵酒业万吨酱酒生态产业园、雨润食品、灌溪工业园、太子庙工程机械基地、德山电子信息产业园等重大项目建设。2013 年，全市战略性新兴产业完成产值 272 亿元，占全市规模工业总产值的 12.6%。

三　2014 年常德市工业经济形势分析

从面临的环境和条件来讲，目前全市工业经济发展正处于“两期”。

一个是攻坚克难的关键期。对常德而言，工业经济发展仍然面临不少的困难和挑战，由于底子差、基础薄，发展不充分、不全面、不可持续的阶段性特征仍然没有改变。主要表现为：从整体上看，经济总量不大、人均均量和发展质量不高；从结构上看，产业结构不合理，工业项目带动力不强；从资源要素上看，资金、人才等瓶颈制约突出；此外，城镇化水平偏低，县域经济比较薄弱；市场秩序不规范，经济发展环境不优。

一个是大有作为的“黄金期”。从有利因素来分析，常德实现赶超发展也还面临好的机遇、基础和条件。这些机遇和条件，为常德工业积极发展提供了重要的保证，注入了强劲的动力。

四　2014 年常德市加快新型工业化发展的对策建议

（一）工作重点突出“五抓”

1. 抓梯度培育，做强企业方阵

加大企业扶持力度，分层次、分等级、分阶段地对工业企业实施梯度培育。一是实施“1115”工程，壮大龙头企业。兑现落实“三特”政策，抓好生产要素保障，完善特派员工作机制，特别是提升企业的文化、品牌、形象等“软实力”，拓展企业发展空间。二是实施中小企业成长工程，培育规模企业。抓好 300 家以上规下企业的调度，落实好优先使用本地名优产品的政策，力争

年内新增规模工业企业 100 户以上。三是强化优惠政策引导，激活小微企业。以乡镇为区块、以家庭为单元，发展实体经济，把小微企业做多，做成群落。力争年内催生 1000 户以上的小微企业。

2. 抓功能完善，提升园区经济

一是以主导产业为突破口，科学布局发展。根据各地产业优势和资源禀赋，培育地域特色产业，实现“一地一业、一地一品”。二是以产城融合为突破口，拉开园区框架。做好中联重科千亿产业走廊、“芙蓉王”现代新城、常德经开区“千亿园区”的发展规划，全面落实“退二进三”“退城入园”等政策措施，提升太子庙、灌溪镇、石板滩等中心集镇的配套功能。三是以权力下放为突破口，搞活园区体制。全面落实“一权两制一司”的相关工作要求，构筑园区经济、园区财政、园区职能的新格局。四是以标准厂房建设为突破口，夯实园区基础。创新融资模式、推行保证金制度、实施一票否决制度，落实资金补贴制度，建设 200 万平方米标准化厂房。

3. 抓产业升级，做大经济总量

深入推进“产业升级工程”，利用现代技术对传统产业、高能耗、高污染的产业进行技术改造，培育战略新兴产业，构建多点支撑的现代产业体系。一是加快发展战略性新兴产业。建立战略性新兴产业项目库，对入库项目在报批立项、财税支持、土地供应、要素保障等方面倾斜。二是改造升级传统产业。重点支持装备制造、烟草、食品等传统优势产业优先发展，通过资金、税收、用地等政策鼓励、扶持骨干企业加大技改投入。着力建立资源环境承载能力评估、监测、预警、整治等一整套机制，严控“两高”项目、淘汰落后产能、加强工业节能督查等措施，抓好节能降耗。三是突出抓好“两化”融合。在推进新型工业化的同时，按照建设数字常德的要求，启动并推进数字企业、数字园区建设，做好培育电子商务和常德智慧谷百亿工程建设工作。

4. 抓县域经济，培育经济强县

遵循“工业园区重点发展骨干龙头企业，中心集镇发展中小企业、实施配套协作”的模式，狠抓集群培育，推动产业和城镇融合发展，促进县域经济发展壮大。一是围绕骨干龙头企业延伸配套，培育龙头带动型集群。着力发挥骨干龙头企业的牵引作用，延伸产业链条，激励自主创业，抓好配套协作项目的挖掘、整理、推介工作，引导广大投资者和中小企业为龙头企业配套、为优势产业配套。二是围绕资源优势和产业基础，打造小企业群生型集群。立足资源优势，围绕“一个产品、一条链条；一个区域、一批企业”的理念，推动全社会掀起自由创业热潮，着力打造“小产品、大产业”。三是围绕生产性服务业，推动产业衍生型集群。发展科技研发、工业设计、现代物流、信息咨询、金融服务、企业管理等生产性服务业，为企业提供全方位的服务。

5. 抓项目建设，增强发展后劲

把项目建设作为加快经济社会发展，增强城市发展后劲的根本任务来抓，努力使更多的新项目、好项目、大项目在常德落地生根，开花结果。一是突出项目招引。深入研究国家政策、产业转移动态和投资者需求，重点围绕做大做强六大主导产业，加快引进中联重卡、中联现代农装、中国南车、忠旺铝材等一批战略项目。二是突出项目推进。进一步完善领导联系产业、联系项目制度，做好工业项目特别是“1115”工程项目的开工、竣工、对接和调度工作。三是突出引资引“智”。大力实施“人才兴市、人才兴工”战略，积极引进各类骨干技术人才，加快产学研联合步伐，打造一批国家级、省级的企业技术中心、重点实验室等。

（二）保障措施突出“五力”

1. 合力办工业

凝聚方方面面的合力，形成各负其责、齐抓共管的工作局面。一是强化组织领导。进一步完善市推进新型工业化领导小组、“1115”工程领导小组等机构，形成谋工业、抓工业的常态机制。二是明确工作责任。促进各级各部门认真履责、积极作为，做到精力、人力、物力、财力、智力向工业倾斜，共同促进工业经济发展。三是营造工作氛围。利用各级各类宣传媒体，全方位、多角度、深层次地宣传新型工业化的项目建设、动态报道、政策解读等，在全社会形成关心工业、支持工业、共图工业发展的浓厚氛围。

2. 全力搞服务

坚持“服务企业、服务基层、服务发展”，从出台扶持工业发展政策、推进重大工业项目、扶持重点工业产业发展等方面，全方位服务工业企业，促进全市工业加快发展。一是优化发展环境，大力推行“五项公开”和“六个压减”。二是构建服务平台，健全科研平台。引导企业发展自有品牌和自主技术，不断开发新工艺、新装备、新产品，提高核心竞争力。健全物流平台。配套完善各级仓储、物流中心，重点建设好市城区和德山物流园以及部分企业物流中心，使产业链完整、服务体系配套。健全市场拓展平台。充分发挥政府的消费引导作用，落实《关于鼓励使用消费本地产品的工作方案》，定期发布《常德市名优产品推介目录》，适时出台工作措施，支持本地优势产品和创新产品优先采购。健全企业家提升平台。扎实办好高级工商管理研修班、总裁班、职业经理人培训班等，经常性开展外出学习考察活动。特别是要加大培训资金投入，在国内甚至海外建立专门培训基地，不断促进企业家开阔视野、提升能力。三是落实政策扶持。强化财税扶持，切实落实减税、减负等优惠政策。在网站设立涉企政策咨询平台，方便企业全面了解政策、咨询政策。

3. 用力强保障

通过各种办法破解要素难题，支撑工业经济发展。一是在能源供应方面，建立煤电油气运等物资需求台账，健全要素调度机制，保障生产原材料的及时足量供给。建立能源供应序列表特别是有序用电预案等，根据企业规模、税收、贡献等经济指标进行排序，在能源供应短缺时，优先保障重点企业、规模企业等，实现有序用能、有序用电。二是在金融支持方面，发挥银行主渠道作用，认真搞好银企对接，促进金融资本加速向工业流动。积极引导金融机构增加支持中小微企业等实体经济的信贷投放密度和强度。严格兑现落实已出台的奖励政策，激励银行向中小微企业放贷。充分发挥金融平台作用，加强银企对接，进一步促进金融资本向工业生产领域流通。三是在用地保障方面，年度新增建设用地计划优先安排工业用地，强化土地资源储备，保证重点项目用地，确保国家级、省级工业园区每年净地储备量达到1000 亩和500 亩以上。

4. 大力扩投入

通过招商引资等方式，加大工业投资力度，用新观念、新思维、新机制、新方式推进工业的加速发展。一是加大工业发展投入。加大财政投入力度，推进标准化厂房建设。切实用好用活工业发展专项资金，兑现“1115”工程各项奖励资金和税费减免政策，促进工业经济加快发展。二是加大项目建设投入。兑现落实重点工业项目规费减免、重点企业实施技改按新增设备投资额的2%给予奖励等优惠政策，鼓励企业新上工业项目、实施技术改造项目。同时，加大项目包装、申报力度，为企业向上争资争项创造条件、提供便利，争取更多的国家、省级项目资金支持。三是加大全民创业投入。强化财税扶持投入，切实落实减税、减负等优惠政策。强化信贷扶持投入，采取贴息、免息等措施，扩大小额担保贷款规模，优先支持配套企业的信贷需求。强化创新扶持投入，安排专项资金帮助企业自主创新、协同创新、更新改造、转型升级。

5. 强力抓调度

切实加强经济运行的调度管理，促进工业经济健康协调发展。一是强化日常调度。完善全市工业经济调度监测体系，坚持“周调度、旬预测、月点评、季考核”的调度体系。每月对规模工业运行、项目建设、园区标准厂房建设、“1115”工程企业特派员等工作开展专项调度。二是强化督促调度。抓好“1115”工程工作督查，定期对3个“千亿工程”“1115”工程企业进行调度，每月开展一次跟踪调查，督促相关职能部门加大问题协调解决力度。抓好六大支柱产业工作督查，对六大支柱产业工作协调小组进行分片指导和调度，对产业发展情况每月调度一次，每季度督导一次。抓好重点工作督查，对标准厂房建设、企业安全生产等工作，开展定期督查、专项督查。三是强化考核调度。每月在常德日报、常德电视台等平台上定期通报，重点通报规模工业增速、标准化厂房建设进度、重大项目建设进度等新型工业化主要指标完成情况。把推进新型工业化考核作为全市绩效考核的重要内容，并增加其考核权重，对标准化厂房建设等硬性指标实现一票否决。同时，进一步调整改进考核方式，做到层层有压力、级级有责任，以考核增压力、变压力为动力。

B.24

2013～2014年张家界市新型工业化发展研究报告

刘 桦*

一 2013年张家界市新型工业化发展基本情况

过去一年，在市委、市政府的坚强领导下，面对极其错综复杂的经济形势，全市上下坚持把推进新型工业化作为第一推动力，牢牢把握稳中求进的工作总基调，以“企业攻坚”活动为载体，以科技创新为支撑，以夯实平台为基础，以壮大产业为目标，强化资金、土地、人才等生产要素协调服务，工业经济发展和园区建设取得了明显成效。

一是工业生产继续保持两位数增长。去年全市完成工业增加值76.5亿元，同比增长10.3%，对GDP的贡献率达到35.6%，拉动经济增长2.2个百分点。工业增加值比重占生产总值比重由2012年占比20.77%提升到20.9%，提高0.13个百分点。实现规模工业增加值51.83亿元，规模工业增加值同比增长11%，基本达到全省平均水平。二是企业效益保持增长。随着“惠企政策落实年”和“双联双解六攻坚”活动开展，工业企业经济效益有所回升。全年工业实现税收3.6496亿元，同比增长5.46%。规模工业企业实现利润3.17亿元，同比增长23.83%。三是工业投资继续保持高速增长。去年全市完成工业固定资产投资43.86亿元，同比增长27.63%；完成工业技改投资33.55亿元，同比增长25.5%，增速均在全省排名第8位。四是工业园区平台建设有序推进。全市三个工业园区完成基础设施建设投资3.25亿元，共有入园企业95家，其中规模以上企业48家，规模企业完成增加值12.24亿元，全

* 刘桦，张家界市人民政府副市长。

市园区规模工业增加值占全市规模工业增加值比重由20.53%提高到23.61%；三个园区完成税收1.69亿元，同比增长21.65%。五是非公有制经济健康发展。非公有制经济完成增加值215亿元，增长13%；中小工业企业完成增加值74亿元，增长14%。六是工业节能减排不断推广深入。全年全市单位规模工业增加值能耗下降4.5%，组织5家企业自愿开展清洁生产并通过省里审核验收。七是信息化建设效果明显。全市有电子信息制造业企业5家，通过双软认定的软件企业2家。全市信息产业产值达到1.2亿元，同比增长75%。"宽带中国"专项行动全面落实，张家界市与长株潭成为移动公司全省首批4G试点城市。"数字企业""数字景区""数字医院"建设稳步推进。"智慧旅游"在全省乃至全国有一定的影响。

二　2014年张家界市新型工业化发展面临的问题

当前，全市工业发展面临的困难和问题有：一是市场竞争更加激烈。国际经济形势更加复杂，国内外消费增长势头减弱。这些势必进一步影响全市，全市以中小微企业为主的工业经济面临的压力更大。二是工业总量"蛋糕"太小。全市工业企业增加值占全省比重为0.77%。在去年底统计部门的规模工业企业统计中，张家界市虽然新调增14家规模工业企业，但是同时又调出了15家，调进与调出相减的净额为负数，现在规模工业企业反而由2012年底的151家变为了2013年底的150家。三是项目招商推进难。好项目、大项目因为多种因素难以引进，已签约的项目难以落地，在建项目工期一推再推。四是工业园区主战场作用发挥不够。园区基础条件较差，配套能力不强，园区主战场作用尚未形成。在湖南省县市区全面建成小康社会建设监测评价指标体系中，三类地区园区规模工业增加值占规模工业增加值的比重大于50%，而张家界市仅占23.61%，远远达不到全省平均水平。五是发展环境依然不优。融资难、融资成本高等问题突出，土地、能源、人才等要素价格上涨。惠企政策落实不到位，乱收费、乱罚款、乱摊派等现象仍然存在。这些问题都严重制约和影响了全市工业经济进一步发展。

三　2014年张家界市加快新型工业化发展的对策建议

2014年是全面贯彻落实党的十八届三中全会精神、全面深化改革的第一年。2014年新型工业化工作的总体思路是：以党的十八大、十八届三中全会精神为指导，全面落实全省加速推进新型工业化工作电视电话会议和市委六届七次全会、市政府六届三次全会精神，紧紧围绕市委、市政府“提质张家界，打造升级版”五年行动计划，坚持推进新型工业化与信息化深度融合、新型工业化与旅游产业深度融合，以项目建设为抓手，强基础、破难关、优服务，促进全市工业经济持续快速健康发展。

2014年工业发展主要预期目标：力争全市规模工业增加值增长13%，园区工业增加值增长20%；工业固定资产投资增长25%，工业企业技术改造投资增长25%，高新技术产业增加值增长20%；中小企业和非公有制经济增加值增长20%；全市单位规模工业增加值能耗下降4.5%。

围绕上述目标任务，要切实抓好以下六个方面的工作。

（一）围绕全年目标任务，强化工业经济运行调度

2014年的新型工业化工作，首要的是要坚持咬定13%的增长目标不动摇。没有一定的速度，加速推进新型工业化发展就是一句空话。全市上下要按照既定的目标，着力做好4件事。一是做好目标任务对接和分解。相关市直单位、各区县、各工业园区要对照全省工业和信息化工作会议精神和市政府工作报告，搞好2014年相关目标任务的对接，及时对一些不一致的目标进行调整，并将目标任务分解到区县、到行业、到企业、到季度、到月份，实现纵向到底、横向到边，使各层次、各方面目标任务都非常明确，防止工业生产出现大起大落，确保完成目标任务。二是加大工业经济运行调度服务。要通过党的群众路线教育，切实改进工作作风，深入工业企业，深入项目现场，了解工业经济运行中出现的矛盾和问题。要一家一家挖潜，一个一个企业施策，特别是对工业重点企业，要完善一对一扶持制度，切实帮助企业协调解决发展中的难题。帮扶指导旅游商品生产企业应对《旅游法》实施以后企业出现的新矛盾，

力争早日走出困境。三是搞好生产要素保障。要突出工业企业发展的瓶颈因素，有计划、有针对性解决涉及企业生产的用工、用地、资金等要素问题。经信、人社等部门要围绕企业用工荒，组织多形式的现场招聘会、培训会，解决本市工业企业用工问题。国土资源等部门要积极向上争取用地计划指标，科学合理确定工业用地布局和规模，引导项目向园区集中，优先确保工业用地指标，确保工业项目用地报批不折腾。人行等金融部门要及时组织开展银企合作推介会，推动金融机构加大对工业企业尤其是中小微型企业的信贷支持，多种形式解决工业企业发展资金困难。四是引导工业企业开拓市场，扩大销售。今年，市里将尝试建立张家界市推广使用本地产品目录，支持和鼓励政府采购、商品消费等方面，在同等价格同等质量的基础上，重点推广和优先使用本地工业产品，引导和支持本土工业企业提高市场占有率。

（二）围绕增强发展后劲，大力加强工业招商和项目建设

工业发展，主要靠大的项目带动，靠投资拉动。在工业招商和项目建设上，主要是3件事。一是突出招大商、引大资。2014年全市上下要齐心协力，把工业招商放在重中之重，坚决在实现大项目投资落地上有所突破。积极主动与央企、省企和世界500强企业对接，争取引进1～2家投资5亿元的工业项目。要积极对接长沙经开区，实现两地产业项目互补，尽可能多的承接它的产业转移、产业配套项目。二是突出现有企业技术改造。立足于已有工业企业挖潜扩产，相关职能部门要通过向上争取项目等方式，积极帮助企业通过技术改造、技术创新、联合重组等形式，做大做强现有企业，力争全市产值过亿元工业企业达到40户，税额过千万元的工业企业达到15家。三是继续实施“320”项目建设工程。进一步完善工业项目库，认真抓好项目谋划储备，努力形成每年谋划储备一批，开工建设一批、竣工投产一批的项目建设新格局。2014年继续谋划储备项目20个以上，新开工建设项目20个以上，竣工投产20个项目以上，重点抓好华新水泥、港越食品、康尔佳药业等重点项目建设。通过项目带动，培育新的增长点。

（三）围绕增强承载能力，切实加强园区建设

产业园区化、园区产业化，是推进新型工业化的基本方向，必须大力加强

园区建设。要发挥三个工业园区的平台和载体作用，打造工业经济跨越发展的核心区。这方面，主要是3件事。一是要提升园区基础设施建设水平。要围绕工业项目建设，大力推进工业园区基础设施配套建设，实现项目到哪里，设施配套建设到哪里。力争完成工业园区基础设施建设投资4亿元，其中市工业园确保完成2亿元以上。二是要进一步完善园区体制机制。探索全市工业园区一个牌子、分别办园的模式，提高全市三个园区产业集中度，培育各自园区特色，形成各自特色的主导产业，避免产业雷同、重复建设。积极探索建设"园中园"，开辟台商、港商投资集中区。三是要做好入园企业服务工作。加强对园区现有企业的服务协调，市、区（县）经信系统在申报争取中央、省项目资金时，重点向园区平台项目、产业项目倾斜，以支持园区建设，促进入园企业快速增长，力争园区工业增加值增长20%以上。

（四）围绕激发创业，大力扶小扶微

小微企业是一个地方工业经济发展的血脉。这方面，主要是3件事。一是贯彻落实鼓励民间投资"36条"、新"36条"和国发〔2014〕7号等中央、省、市出台的一系列扶持中小微企业和非公有制经济发展政策措施，用足用好金融等扶持政策，创造公平、公正、公开的市场竞争环境，力争全年新办小微企业500户以上。二是推动市县中小企业服务体系建设，完善服务功能，提供优质服务。按照政府扶持中介、中介服务企业的思路，大力推进中小企业公共服务平台建设，各区县都要建立中小企业服务中心，支持建设中小企业融资担保公司，为中小企业提供看得见、摸得着的服务。三是促进本土中小企业发展壮大，以"小巨人"计划和"创业"计划为载体，实施小企业成长工程，支持一批企业走专、精、特、新发展路子，逐步形成培育龙头企业的梯队和矩阵。

（五）围绕"两型"发展，推动清洁生产

重点是4件事。一是推进工业循环经济发展。继续坚持三不上原则：对生态环境影响大的项目不上，对能源资源消耗高的项目不上，影响旅游产业发展的项目不上，大力扶持节地、节材、节水、节能工业发展。二是推进企业清洁

生产。要按照国家和省里的要求，对列入清洁生产审核计划的企业要逐家落实。今年要力争5家工业企业通过清洁生产审核。三是推进企业减排工作。要结合国家节能减排行动，继续下大力关停一批能耗高、污染高，资源浪费的落后产能，摆脱“三高一低”的落后经济发展方式的束缚和制约。四是推进淘汰落后产能。市经信委要加紧出台全市两型工业准入、提升及落后产能退出机制的相关文件，政府相关部门要继续开展实心黏土砖等建材企业整治工作，确保全面完成落后产能淘汰任务和工业企业节能降耗任务。

（六）围绕企业创新，推进“两化”深度融合

坚持以信息化带动新型工业化，以新型工业化促进信息化是走新型工业化道路的客观要求。2014年，重点推进四个方面的工作：一是鼓励工业企业在产品研发、生产控制、产品质量检测、市场营销、经营管理等各个环节应用信息技术，加强生产过程、生产装备和经营管理的信息化，促进“生产型制造”向“服务型制造”转变，加快推动制造模式向数字化、网络化、智能化、服务化转变，提升发展空间。二是加大对电子信息产业的扶持，促进其快速健康发展。积极向上级部门申请信息化、信息产业等专项引导资金，支持全市信息产业发展和信息化建设。三是促进社会信息化发展，相关职能部门和景区要加快“智慧旅游”及“智慧景区”建设，在项目应用、技术支撑上，鼓励和扶持相关企业进一步完善信息平台，拓宽应用空间。

B.25

2013～2014年益阳市新型工业化发展研究报告

丛培模*

2013年，在省委、省政府的正确领导下，全市始终坚持新型工业化是富民强市的第一推动力，全面实施"工业立市"战略，扎实开展园区建设大会战，全市工业经济保持平稳健康发展。

一 2013年益阳市新型工业化发展基本情况

（一）主要指标完成情况

2013年，全市866家规模以上工业企业完成总产值1570.5亿元，增长17.8%；完成增加值457.8亿元，预计增长12.6%；新增规模企业84家。预计完成工业投资379.6亿元，增长32.0%，其中工业技改投资完成254.2亿元，增长43.4%。实现主营业务收入1500亿元，增长16.7%；实现利润85亿元，增长19.7%。全市全部工业用电累计36.6亿千瓦时，增长15.8%。重点产业的支撑能力进一步增强，194家食品企业完成产值315.8亿元，增长19.8%；161家装备制造企业完成产值288.5亿元，增长14.1%；64家电子信息企业完成产值175.8亿元，增长19.8%，三大重点产业共完成产值780.1亿元，占全市规模工业总产值的49.7%。

（二）所做的主要工作

1. 实施园区大会战，园区集聚效应凸显

2011年以来，益阳市着力开展园区建设大会战，理顺园区管理体制，强

* 丛培模，中共益阳市委副书记。

化园区要素保障，强化标准化厂房招商，目前全市工业园区组织机构基本完善，人员配备基本到位，投融资、财政等体制基本建立健全，基本成为封闭运行、独立运作的实体。2013 年，园区实现规模工业总产值 780 亿元、增加值 230 亿元，分别增长 15.4%、12.7%，其中增加值占全市的比重达 51.5 个百分点，比上年提高 0.9 个百分点；实缴税金 14.6 亿元，增长 13.8%。全年园区标准化厂房建成面积为 130.0 万平方米，去年建成的标准化厂房利用面积达 57.1 万平方米，利用率达 87.1%，新开工工业项目 97 个，新投产工业项目 169 个，新增规模工业企业 85 家。园区完成基础设施投资 112.5 亿元。

2. 强化服务平台建设，创新服务企业方式

全市公共服务平台网络建设已初具规模。一是加强中小微企业信用担保体系建设，全力搭建以“二台一会”（担保平台、统贷平台、企业商会）为核心的融资服务平台。全年共协调 5 家担保公司为 281 家企业担保 13.6 亿元，比上年新增担保 226 家企业、新增担保额 10.2 亿元；组织了 126 户中小企业进入“湖南省融资超市”，开展差异化专项融资对接活动，为企业提供各种形式的融资服务。二是着力打造中小企业电子商务公共平台。市中小企业服务中心与益阳搜空高科软件有限公司联合打造了 13000 平方米电子商务孵化公共平台，目前已入驻 90 个电子商务类企业，产品品类已超 10000 种。同时，搭建了“益阳市银城大市场网络电子商务平台”，形成益阳市银城大市场综合性专业批发市场首选的贸易信息交流平台，该平台于 2013 年 6 月正式启动。三是组建了“中小企业服务联盟”。2013 年 12 月 12 日，市中小企业服务中心联合全市各区县（市）中小企业服务中心、市内外各类专业化服务机构和相关领域专家等共 48 个成员单位共同发起成立中小企业服务联盟，旨在把社会上零散的、无序的服务资源凝聚起来，在统一的规划和运作下，形成一个完善的、系统的中小企业服务联盟系统，使服务机构在诚信、协调、共赢的氛围中最大限度地服务于益阳市中小企业。四是加大了创业基地建设力度。目前，全市已拥有益阳创业园等六大省级创业基地，为小微企业的孵化创造了有利条件。

3. 服务重大工业项目，推动企业自主创新

以重工办为平台，2013 年协调服务奥士康、沅江纸厂、笔电锋等 71 个重大工业项目，协调解决了征地、办证等 10 类困难和问题 133 个，有效推进了

重大工业项目的建设进度。2013 年，全市新增驰名商标 3 个，湖南省著名商标 14 个。15 个项目技术水平达到国际先进和国内领先。新增博士后科研工作站 1 家，新增省级企业技术中心 2 家。

4. 做大经济总量，加快企业转型升级

为支持、鼓励和引导具有一定规模的个体工商户转型升级为企业，培育和扶持符合条件的小微企业进入"四上"范围，做大做强益阳经济总量，根据市委市政府部署，全年目标为完成新增"四上"企业和限额以上服务业企业 540 家，实现个体工商户转型升级企业 5000 家。2013 年实际完成"四上"企业和限额以上服务业企业 653 家，其中："四上"企业完成 385 家。完成"个转企"6958 家。

5. 加速"两型创建"，绿色发展进展顺利

2013 年，全市创建了艾华电子、橡塑集团、太阳鸟游艇等省级两型示范企业。通过大力推行企业清洁生产，明星麻业的苎麻生物脱胶清洁生产技术推广示范工程项目列入全国首批"国家推广示范项目"，成为行业内的标杆企业并获得国家支持。2013 年，全市有 14 家企业和部分生产线列入了落后产能淘汰名单，目前有 8 家已经通过现场验收，相关工作正在有序进行。2013 年，全市万元规模工业增加值能耗预计下降 8%，能超额完成省定下降 4.5% 的节能目标。

6. 推动"两化融合"，数字益阳建设全面启动

积极组织企业参加"两化融合"培训，全年共组织 120 家企业参训。开展了"智慧益阳"总体规划方案的公开招投标，目前已完成《益阳市智慧城市建设规划大纲》和规划的编制工作。根据"智慧益阳"总体规划，到"十二五"期末，将基本完成"数字益阳"建设目标任务。

二　2014 年益阳市新型工业化发展中存在的主要问题

（一）要素瓶颈凸显

1. 成本上升

大宗原材料、运输成本、燃油价格持续上涨，而企业订单减少，部分产销受阻，大幅压缩企业利润空间。

2. 用工难

企业用工成本刚性增长，今年普遍上涨了约10%，很多企业表示招工困难。

3. 融资难

据信贷早春行活动情况统计，去年，全市企业融资需求达236亿元，但银行机构实际放款额只有75.19亿元，融资缺口达到68.1%。而据测算，中小企业银行贷款的费用高达13%左右，如果再加上一些软性支出，融资成本更高。由于贷款难、贷款贵，企业之间三角债有所抬头，应收账款逐渐增加，制约了企业发展。

（二）企业经营不善

1. 部分企业生产经营困难

2013年以来，中联重科一直低迷，全年仅完成产值39.7亿元，负增长24.7%，拉低了全市增速，对全市一系列与之配套的上游零部件加工企业也影响较大。这些企业发展的不平衡，制约着全市工业经济的整体发展。

2. 部分停产企业未退出规模，影响全市增速

去年以来，有30家规模企业由于经营不善或改制重组，一直处于停产状态，然而一直没有退出规模企业统计范围，上报产值为零，共导致规模工业产值比去年减少22亿元，拉低全市增速1.9个百分点。

三　2014年益阳市加快新型工业化发展的对策建议

1. 突出扩总量，明确一个目标

继续坚持新型工业化是富民强市的第一推动力，大力实施“工业立市”战略，积极开展“项目建设年”活动，倡导“实干、责任、创新、奉献”的经信精神，以提高产品核心竞争力为目标，把技术改造和技术创新放在更加突出的位置，帮助优势企业做大做强，扶持中小企业加快发展，推动新型工业化全面发展。2014年，规模工业主要运行目标为完成规模工业总产值1750亿元，增长15%左右，规模工业增加值500亿元左右，增长12.5%以上，新增规模企业100家。园区大会战目标为园区规模工业增加值增长20%，税收增长30%，工业固定资产投资增长40%；新投产工业项目100个，新开工工业项目100个，新签约工业项目130个，新增规模工业企业80家；新建标准化厂房120万平方米。

2. 着力固基础，抓好两个关键

一方面，完善重点产业发展规划。紧扣工作目标，加快新兴产业发展和传统产业转型升级，重点是做好装备制造及汽车零部件的产业培育，尽快形成千亿级产业，同时做好发展电子信息、新能源、新材料和食品等500亿产业发展的调研分析以及实施规划。围绕培育产业龙头和发展特色产业，开展专题调研和规划论证工作。另一方面，强化工业总体氛围。积极争取市委市政府在推新引导资金上加大支持力度。大力开展营造氛围、优化环境的深度报道，努力营造全社会关心支持工业经济发展的良好氛围，深化工业经济对实现益阳后发赶超重要性的认识，在全市形成一种“谋工业、干工业和支持工业”的大氛围。

3. 提高服务意识，完善三大平台

一是继续完善中小企业服务平台。建立以国开行授信融资为主渠道的益阳市中小企业统贷（融资）服务平台，利用“两台一会”（即益阳市中小企业统贷服务平台为融资平台，益阳市惠通中小微企业担保有限公司为担保平台，益阳市企业家协会为信用平台）的服务功能，通过统贷方式有效地实现对中小微企业增信，支持益阳市中小微企业拓宽融资渠道，降低融资成本，缓解融资困难。二是大力推进新型工业化发展平台。积极适应全省调整新型工业化考核办法的新形势，对全年的工作目标进一步细化，将目标任务分解落实到位，坚持“一季一通报”的工作机制，做好推新考核各项指标数据的预警预测。加强推进新型工业领导小组成员单位之间的沟通，形成合力，强化推进新型工业化工作，确保全市推新工作创先争优。三是着力推进“数字益阳”建设平台。发挥“数字益阳”建设领导小组平台的推动作用，加快企业生产过程、生产装备和经营管理的信息化建设，大力推进信息技术在产品研发、生产经营、节能减排、创新发展等方面的应用和渗透，促进“两化”深度融合。力争到2014年6月底完成云计算数据中心和应用平台建设，以及应急指挥应用系统、智能交通系统、市民一卡通系统、深化城市服务数字化应用等建设项目。2014年7月将依托“智慧益阳”中心平台进行业务和功能拓展，推进数字城管、数字环保、电子政务、数字教育等其他子系统建设。到“十二五”期末，基本完成“数字益阳”建设目标任务。

4. 突出工作实绩，抓好四项重点

一是扎实推进园区建设大会战。以加快园区项目建设为突破口，高标准建好特色产业园区，完善公共设施和服务平台建设，提升园区管理水平，提高园区的运行质量。抓好区域产业定位，积极打造知名产业和区域品牌，推动益阳市特色产业实现集聚、集群发展，提高园区产值、增加值比重。二是确保工业经济运行平稳。针对当前经济发展的复杂局势，认真研究建立应对运行异常波动的快速反应机制，制定预警预防预案，建立完善企业运行监测制度，配合有关部门组织好原材物料的供需衔接。千方百计提高煤电油气运保障能力，积极对接电力部门，抓紧落实各项电价政策，促进企业满负荷生产，督促重点企业按年计划完成生产任务，确保工业企业生产正常运行。三是积极抓好重大工业项目建设。抓住项目建设这个关键，抓谋划、抓签约、抓开工、抓进度、抓投产。有效发挥重工办协调、服务、督办重大工业项目的职能，加强部门联动，创新服务机制，加快项目建设速度，特别是加强对未开工建设项目的协调服务。四是扎实开展立项争资及招商引资。贯彻市委市政府“大招商、招大商”的战略理念，突出工业招商的比重，围绕做大做强优势产业，开展产业链招商，加强工业招商的配套。同时，注重引进国际、国内“500强”和战略投资者，不断提升招商引资的层次和水平，着力培养百亿产业集群。另外，密切跟踪国家和省对产业发展的支持方向和重点，力争一批事关益阳工业全局与长远发展的项目进入国家省里笼子，促推益阳工业提速提质发展。

5. 强化工作手段，落实五项举措

一是促进中小企业转型升级。加大对中小微企业的政策扶持力度，扩大市场主体。加大财政引导和扶持力度，落实税收优惠政策，加强“创业园”、小微企业“孵化基地”建设，推动市场主体的快速、健康发展。鼓励企业“个”改“企”，“规下”升“规上”，大力推进企业转型升级。二是倡导企业自主创新。充分发挥企业的主体作用，提高应对风险和驾驭市场的能力，切实提升

企业创新能力，力争拥有一批自主知识产权，造就一批具有国内竞争力的知名企业和品牌。三是培育企业做大做强。努力壮大企业规模，大力扶持龙头企业壮大发展，实施“100亿企业培育工程”，培育产值超过百亿、数百亿的企业。四是加快生态工业建设。继续推动益阳市高新区申报国家低碳工业园区试点单位。严格执行国家产业政策和能耗准入标准，严把工业固定资产投资项目节能、环保准入关。大力推进重点节能减排工程，加强重点用能企业节能管理，推广合同能源管理，提升企业能效水平。继续实施一批重点节能工程，推进清洁生产和发展循环经济。积极推广散装水泥和墙改节能产品，通过差别电价、环境执法、质量监督等经济和法律手段，全面完成省定工业节能和落后产能淘汰任务。五是加强自身建设。以推进新型工业化为中心，以维护稳定为目标，认真抓好矛盾纠纷的排查工作，扎实推进机关和全系统综治和平安创建工作。采取集中学习与个人自学相结合的方式，着力打造勤政、廉洁、高效、务实的学习型机关。完善责任追究制度，健全奖惩考核体系，建立部门绩效考核制度，提高机关工作效率和工作质量。

B.26 2013～2014年邵阳市新型工业化发展研究报告

邵阳市经济和信息化委员会

2013年，面对错综复杂的国内外形势，党中央、国务院采取了一系列调控措施，有效引导市场预期，省委省政府提出的“四化两型”“三量齐升”的工作方针，邵阳市委市政府团结带领全市上下，认真贯彻党的十八大和十八届二、三中全会精神，牢牢把握主题主线和稳中求进的总基调，攻坚克难，始终坚持以加速推进新型工业化为“富民强市”第一推动力，全市新型工业化取得了显著成就。

一 2013年邵阳市新型工业化发展基本情况

2013年，全市工业战线坚持大力实施项目建设攻坚行动，加速企业提质升级、园区建设升级、产业转型升级，取得了明显成效。主要表现为“四大提升”。即：总量提升，规模工业增加值突破400亿元，达415亿元，同比增长12.4%，增速位居全省第五位。企业提升，培育产值过10亿元的工业企业9家，过亿元的工业企业469家，规模企业达895家，新增规模工业企业125家，净增111家。园区提升，邵阳县经开区、绥宁经开区、大祥经开区3家市级工业园区成功申报为省级工业集中区；园区规模工业总产值占全市规模工业比重提升6.6个百分点。效益提升，全市高新技术产业增加值占规模工业增加值的比重达31%。规模工业实现利税121亿元，同比增长28%；电力、纺织、电子、食品等产业利润增长30%。同时，邵阳市工业发展也面临较多的困难和问题。比如：工业总量偏小，全市规模工业增加值仅占全省的3.9%左右。产业结构不优，传统产业中粗加工产品比重过大，高附加值产业比重过小。骨干企业偏少，全市目前尚无产值过50亿元的企业，过10亿元企业仅9家。园区发展不快，全市还没有一个国家级园区，园区经济总量很小，远远未能发挥出应有的带动作用。

二 2014 年邵阳市加快新型工业化发展的目标与思路

2014 年是贯彻落实党的十八大精神、全面深化改革的第一年，做好今年的工作意义重大。结合邵阳实际，今年全市推进新型工业化工作的总体思路是：按照省委、省政府“三量齐升”的总要求，以“稳中快进”为基调，紧紧围绕“八个建成”“三个高于”的战略目标，深入开展“工业园区建设年”活动，突出“四百工程”，抓项目、兴园区、促发展，不断做大工业总量，优化产业结构，推动工业经济加快发展。目标要求是：规模工业增加值增长 15% 以上，园区规模工业增加值增长 18% 以上，园区规模工业占比超过 60%；工业固定资产投资同比增长 30% 以上；全面完成开工、投产、招商、新增均过百家的“四百工程”。这一目标任务，是严格按照市政府工作报告要求，紧密结合全市工业发展实际，经过反复研究确定的，体现了“三个坚持”的工作取向。

1. 坚持以“稳中快进”为总基调

2014 年，全省的规模工业增加值计划增长 12%。全市围绕“稳中快进”这一基调，自加压，进行了适当调高。市政府工作报告提出增长 14%，市工信委提出要增长 15%，比全省高 3 个百分点。这是一个艰巨的任务，也是一个经过艰辛努力、顽强拼搏才能实现的目标任务。定这个目标，主要基于三个方面的考虑。一是现实所需。全市的短板在工业，潜力也在工业。要实现市委“八个建成”的宏伟目标，着力打造经济强市，必须把新型工业化作为第一推动力，必须把壮大工业经济作为核心支撑点，必须把加快工业发展摆在重中之重。二是形势所迫。当前，全市工业发展面临做大经济总量和淘汰落后产能的双重压力，必须保持一个较高的发展速度，必须比别人走得更快，只有这样，才能不断缩小差距，实现赶超。比如，今年全市已关闭退出 65 家落后小煤矿，将减少工业产值 20 个亿，减少税收 3 个亿。对此，必须加快发展速度，努力从新领域、新产业、新渠道追回来、补回来。三是条件基本具备。近几年来，市委、市政府高度重视工业发展，着力加强政策支持，加大资金投入，全市工

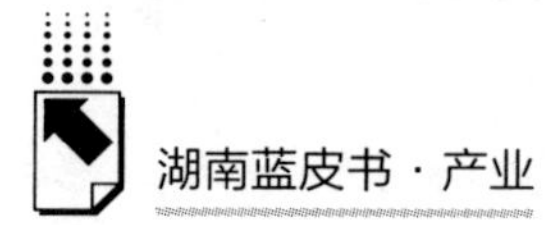

业发展的环境不断优化，基础不断夯实，氛围更加浓厚。特别是，全市交通区位条件不断改善，工业园区建设不断推进，为承接产业转移奠定了坚实基础。

2. 坚持以“园区倍增”为突破口

工业园区是新型工业化的孵化器和增长极。目前，全市工业园区建设有了明显的进步，加快园区建设已成为全市上下的共识，省政府关于宝庆工业集中区申报国家级经开区的报告，国务院已批转商务部组织相关部门会审。但是，要清醒看到全市园区建设的明显差距。去年，全市工业园区建设方面在全省绩效考核中扣了2.9分，就充分说明了园区的不足。市里的一些工业园区虽然拿到了省级工业集中区的牌子，但产业没有做大，实力没有上去，形象没有体现。这次全省新型工业化工作会议上，黄兰香副省长明确指出，对省级园区要实行动态管理，达不到标准的要予以“摘牌”。为此，做好今年的新型工业化工作，必须大力开展“工业园区建设年”活动，以“园区倍增”为目标，按照“园区规模工业增加值增长18%以上，园区规模工业占比超过60%”的要求，着力加强基础设施建设，提升管理服务水平，破解好征地拆迁难、项目落地难等突出问题，打破新型工业化和园区建设“两张皮”的格局，以园区建设的大突破带动新型工业化的大发展。

3. 坚持以“项目升温”为聚焦点

抓工业发展，重在抓项目，没有项目的支撑，加快工业发展就是无根之木、无源之水。当前，全市工业发展的项目储备还很不够，特别是重大项目储备不够。今年，市政府提出要实施工业发展“四百工程”，就是要聚焦项目建设，把加速推进新型工业化的主要精力集中到项目建设上，专项资金投放到项目上，优惠政策倾斜到项目上，工作成效体现到项目上。市政府专门下发了“四百工程”实施方案，已经把任务分配到各个县市区。大家一定要高度重视，一一落实具体项目，一一落实责任人，一一制订时间表，确保“四百工程”落到实处，确保全面完成任务。

三　2014年邵阳市加快新型工业化发展的主要抓手

工作目标确定后，关键要狠抓落实。当前，根据全市工业发展的阶段性特

征，重点要围绕五个方面加大落实力度。

1. 要围绕“四百工程”抓落实

要把“四百工程”作为保增长、促发展的重要抓手，各市区要成立领导小组，狠抓工作落实。一是在招商引资上突出“谋”字。要注重与国家产业政策对接，紧紧围绕重点产业转移、战略性新兴产业发展和区域经济发展趋势，瞄准世界500强、央企、省企和外企，组织精干队伍和专业力量，实行小分队上门招商。要围绕优势资源、优势产业，立足于配套发展、集群发展，积极开展好产业链招商。要把“引老乡、回故乡、建家乡”作为工业招商的重要途径，把园区作为工业招商的主战场。在招商工作中，既要有谋略，更要有韧劲，对大项目、好项目，要盯住不放，反复对接，以诚动人，志在必得。二是在开工建设上要突出“实”字。坚持提前介入项目建设，在财税优惠、项目审批、信贷支持、创新扶持上向开工项目倾斜，实行手续代办制、限时办结制、竣工联合验收制等，开辟绿色通道。对口帮扶单位要主动帮助项目建设单位办理各项行政审批事宜，帮助企业把项目前期准备工作抓实、抓细，促进项目早落地、早开工。三是在投产项目上突出“快”字。要进一步完善领导联系项目制度，对项目建设中遇到的困难和问题，做到及时发现、及时到场、及时会商、及时解决。要实行重大项目建设无障碍机制，进一步优化周边环境，严肃查处阻挠项目建设的违法行为。要建立重点项目调度台账，由相关单位和企业共同协商制订项目年度建设计划和月度推进计划，倒排工期，限期完成，力争每周都有新变化、新进展。四是在新增规模企业上突出“育”字。要加大对企业的培育和支持力度，帮助企业研究发展战略、解决发展中遇到的问题，全力推进企业创新、跨越发展。要加强规下企业的跟踪、服务、指导和培育，抓好新增规模企业申报，积极帮助基本符合条件企业做好资料准备工作，确保建成投产项目及时纳入统计，形成增量。要做好整合文章，对五金、箱包、服装、水电设备等特色产业，通过“靠强靠大”，组建紧密的股份制合作公司，着力把一批小微企业培育为规模企业。

2. 要围绕壮大园区抓落实

按照“要素向园区集中、产业向园区集聚”的要求，着力把园区打造为工业发展的核心增长极。一抓龙头带动。以宝庆工业集中区为重点，加大投入力度，对照申报国家园区的标准和要求，一项一项抓落实。重点要加快项目建设，快速推开邵阳大道两旁项目建设，抓好50个以上的重点项目，完成工业项目固定资产投资28亿元以上，切实把一期10.68平方公里的区域“连通、布满、充实”，迅速增强园区实力，提升园区形象，奋力创建国家级园区，以宝工区带动全市园区加快发展。二抓规划引导。各工业园区要根据经济和社会发展规划、土地利用总体规划和城市建设总体规划，科学谋划园区建设总体布局，并进一步编制好各类专项规划，加强规划引导，增强园区综合承载功能。要做好宝庆工业集中区、邵阳经开区、龙须塘化工区的规划整合，着力将邵东生态产业园和城北经济管理区纳入邵东经开区四至范围，切实做好修编扩区工作。各工业园区要结合自身实际，按照“专、精、特、新”的原则，明确2~3个主导产业，形成竞争优势、集群优势。三抓机制创新。以建立健全园区管理机制、运行机制、投入机制等为突破口，努力在机制创新上迈出实质性步伐。要参照宝庆工业集中区，探索设立园区独立财政、一级金库，走一条“滚动开发”的园区发展新路子。要切实简政放权，赋予园区一定的管理权限，实行一站式服务、一条龙审批，构筑“园区经济、园区财政、园区职能相辅相成”的新格局。其中，市政府已明确下放到宝工区的27项管理权限和成立6个分局的决策部署，要尽快落实到位。要不断健全工作机制，建立健全财政、融资、招商、征拆等各类制度，不断拓宽融资渠道，提高招商水平，加快连片征拆，推动园区经济加快发展壮大。四抓基础建设。按照高起点规划、高标准建设、高水平管理的要求，促进园区建设迅速升温。各县市区要把工业园区作为城市建设的重点，把新型工业化与新型城镇化有机结合起来。重点要加快园区骨干路网、标准厂房、安置小区等设施建设，提高园区的配套设施水平。

3. 要围绕多点支撑抓落实

按照四个“一起抓”的思路，着力构建多点支撑的工业发展新格局。一要坚持传统产业和新兴产业一起抓。进一步巩固建材、食品、机械等传统优势产业，加大冶金、有色、建材、轻工等产业技术改造力度，推进打火机、小五金、皮具箱包、发制品、小水电、特种纸等特色产业整合发展，着力培育一批具有特色和竞争力的规模工业企业。同时，要加快先进装备制造、新材料、文

化创意、生物医药、新能源、电子信息、汽车及零部件、节能环保等战略性新兴产业的培育和发展。重点要加快发展以南山风电、凯迪生物为代表的新能源产业；加快发展以湘中制药、玉新药业为代表的生物医药产业；加快发展以三一湖汽、邵纺机、新安特风机等为代表的高端装备制造业。二要坚持本级工业和县域工业一起抓。在抓好市本级工业的同时，要切实抓好县域工业的发展。其中，邵东要充分利用打火机、皮具箱包、小五金特色产业集聚效应开展资源整合，打造一批规模企业，力争实现规模工业增加值 110 亿元，发挥龙头带动效应。新邵、洞口、绥宁、隆回、武冈要重点抓好广信特纸、为百科技、辣妹子食品、兴雄鞋业、绥宁联纸、百威啤酒等骨干企业，五县市要实现规模工业增加值 190 亿元以上；新宁、城步、邵阳等产值规模较小的县域，要扶持现有企业做大做强，通过招商引资培育新的增长点，千方百计扩张工业总量。三要坚持骨干企业和小微企业一起抓。要加大资金引导、政策扶持、项目服务力度，培育一批骨干企业，努力形成以 50 亿企业为龙头、15 个以上 10 亿企业为骨干、40 个以上 5 亿企业为重点、一批亿元企业为主体的工业企业体系。同时，对一些小微企业，成长性较好的，也要积极支持，热情服务。比如，改制企业中的租赁企业，市场前景好、潜力大的，要积极引入园区中小企业创业园进行孵化。四要坚持稳定生产和拓宽市场一起抓。当前，一些企业比较注重生产组织，但往往忽略了市场开拓，在竞争中处于不利地位。各级政府和职能部门，既要帮助企业解决生产中的问题，也要积极帮助企业搭建促销平台，畅通销售渠道，加强品牌建设。要抓好本地产品的消化，对全市的白酒、水泥等产品，要开展产销对接、购销合作，鼓励各级政府优先采购本地产品，鼓励与支持企业“走出去”开拓境外市场。要抓好品牌的打造与推介，引导企业提高产品质量，打造品牌形象。经信委要安排专人负责，积极对接省经信委“湘飘天下—湘品湘企网上行”网络推介平台，打造好邵阳板块，推介好全市的名企名品，扩大品牌影响力。

4. 要围绕结构调整抓落实

按照“三个转变”的要求，进一步转方式、调结构。一是对落后产能要由简单淘汰向有效提升转变。当前，一些化工、冶炼、医药等企业，有的能耗高，有的环保距离不够，表面看属于淘汰的落后产能。但是，既要坚决淘汰落后产能，又不能简单的一刀切。对一些可能通过技术改造的，要加大改造力度；对一些存在环保问题的化工企业，职能部门要加强指导，帮助解决问题。二是对过剩产能要由被动压缩向积极消化转变。过剩产能是相对的而不是绝对的。当前，建材、水泥等一些产品产能过剩，市场竞争激烈，效益明显下滑。但是，通过扩大内需，有些过剩产能是完全可以消化的。全市的水泥表面看已经趋于饱和，但全市很多的水泥搅拌站不用本地水泥，只要扩大本地使用量，就完全可以消化掉。三是对中小企业要由多点开花向抱团发展转变。全市的皮具箱包、小五金、服装、水电设备等中小微企业较多，但由于比较分散，规模上不去，加之内部恶性竞争，难以做大做强。对此，要切实加以引导，促进抱团发展，着力培育出一批规模企业和产业集群。

5. 要围绕改革创新抓落实

改革开放是根本出路，科技创新是第一生产力。要紧紧依托改革创新，加速推进新型工业化进程。一方面，要坚持以深化改革推动发展。认真贯彻落实党中央、省市关于全面深化改革的战略部署，着力解决制约工业发展的体制机制问题。要加快推进国企改革进程，盘活国有资产，稳定职工队伍，建立现代企业制度，积极发展混合所有制经济。年内，要全面完成 11 户国有工交企业和 7 户流通企业的改制任务。另一方面，要坚持以科技创新引领发展。更加重视发挥信息化在商业模式创新和业态转型中的作用，大力推进企业、园区两化融合发展示范试点，积极利用先进信息技术改造提升传统产业。要加大科技创新力度，推进重大关键共性技术攻关，实施重点新产品研发推进计划、重点专利转化推进计划，切实提高高新技术产品比重。今年，要整合上级的战略性新兴产业引导资金等，选择几家从事高新技术产品研发、生产的企业，予以重点扶持。

四　2014 年邵阳市加快新型工业化发展的保障措施

推进新型工业化是一项系统性的工程，是一项全局性的工作，需要各方面的共同努力。要以开展群众教育路线活动为契机，进一步强化保障措施，切实提高推进新型工业化的能力和水平。

1. 加强领导，强化组织保障

要以强化责任来凝聚合力、激发动力。一要加强组织领导。各级党政一把手要亲自研究、亲自部署、亲自过问工业工作；分管工业、分管园区的领导要牵头具体抓好贯彻落实，全身心投入、全方位参与，切实加大对工业工作的领导力度。各部门要密切配合，经信部门要加强调度，积极作为，既要抓推新工作又要抓园区发展，既要抓项目建设又要抓企业培育，既要抓难点攻关又要抓统筹推进，真正成为工业发展的“司令部”；财政部门要加大对工业发展的资金支持力度，逐年提高预算；国土部门要加大用地报批力度，优先保障重大工业项目建设用地；商务部门要把工业招商作为重中之重；环保部门要针对全市以2006年为基数确定环境容量的特殊情况，积极争取上级支持，切实为工业发展提供环境保障；统计部门要加强数据调度，及时发现问题，解决问题。各部门都要充分发挥好职能作用，形成工作合力。二要强化督查调度。市县两级新型工业化领导小组及办公室，要切实加强对新型工业化工作的指导和服务，建立重点工作调度机制，加强调度的密度、广度和深度，对每一项重点工作，都要努力做到事前介入、事中调度、事后跟踪，全面收集各阶段工作情况，定期或不定期专门研究解决工作中出现的问题；每月要下发工作进展情况督查通报，确保各项措施、各项工作真正落到实处。各有关部门要发挥职能作用，抓好对工业经济运行态势的跟踪、分析和研判，帮助企业协调解决问题，指导企业正常生产经营。三要严格考核奖惩。进一步提高工业工作在绩效考核中的分值占比，更加注重对新增产值、新增规模企业等硬指标、新指标的考核，防止“守摊子、保位子”现象。要严格落实“四百工程”实施方案，完善目标管理考核制度，加强对县市区政府和省级工业园区的考核，实行“一月一抽查，一季一评比，年终算总账”，并严格兑现奖罚。

2. 破解难题，强化要素保障

当前，工业发展对各类生产要素的需求越来越大、竞争越来越激烈。要着力抓好三个方面的要素保障。一是资金保障。要积极引进金融机构，健全金融体系，引导和鼓励金融机构扩大工业信贷投放。要加快建立现代企业管理制度，建立健全企业信用体系，完善银企合作平台。要支持园区设立投融资平台，适度举债发展，通过市场运作筹措建设资金。二是用地保障。抓好园区扩区工作，尽快完成规划编制、报批，扩大园区规划面积。积极向上争取用地指标，优先满足重点项目、重点企业的用地需求。抓好闲置土地清理和利用，提高土地使用效率。要按照市政府工作报告的要求，市本级要强化区级政府征地拆迁主体责任，统一征拆政策，尽快落实征拆包干责任制。三是能源保障。完善煤电油气运保障体系，建立应急预案和综合协调机制，增强能源保障的有序性和长效性，确保工业经济平稳运行。年内，重点要完成电网投资 10 亿元，建成一批输变电工程。

3. 优化服务，强化环境保障

一要解放思想，简政放权。在工业发展上，一些部门、一些同志思想上还不是很解放。解决思想观念问题，要坚持以企业为上帝，以环境求生存，以服务创品牌，真正把企业的事情当做自己的事情来办，真正让每位企业家感到邵阳是一个舒心的地方、兴业的地方、发财的地方。要把简政放权作为解放思想的着力点，进一步加大行政审批制度改革力度，该取消的审批事项坚决取消，该进入政务中心的审批事项要尽快抓到位。二要重拳出击，整治环境。要加强对经济环境问题的评议和督查，对一些群众意见集中、反映强烈的行业和单位，实行重点督办，抓出一批反面典型，公开曝光，严肃处理。要结合法治建设，依法整治和规范经济秩序，对于各种“索拿卡要”、阻工扰工等行为，发现一起、查处一起，让一切阻碍工业发展行为没有立身之地。三要完善政策，激发活力。当前，面对新形势、新要求，全市迫切需要进一步健全完善促进工业发展的政策措施。年内，要围绕园区建设、工业招商、战略性新兴产业培育等重点领域，进一步谋划出台一批适用性强、操作性强、实在管用的措施和办法，充分激发加快工业发展的内生动力。

B. 27

2013 ~2014 年永州市新型工业化发展研究报告

唐松成*

2013 年，面对市场持续低迷、要素成本攀升、各种深层次矛盾错综显现的复杂局面，市委、市政府带领全市上下攻坚克难，科学应对，确保了全市工业经济的持续平稳较快增长。

一 2013 年永州市新型工业化发展基本情况

（一）主要特点

1. 狠抓运行调度，工业运行企稳向好

坚持旬调度、月分析，加强对重点企业、行业的调度力度，并积极与省统计局衔接。每月编印《永州市工业经济运行月报》，在《永州日报》上通报县区工业运行主要指标。全年新入统规模企业 90 家，另有 10 家企业已通过省统计局审核并报国家局待批。全市规模工业完成总产值 820 亿元、增长 16%，实现增加值 260 亿元、同比增长 12%。猎豹汽车同比增长 14. 3%，累计生产整车 2. 45 万辆、完成产值 20. 86 亿元；零烟同比增长 20. 5%，累计生产卷烟 30. 7 万大箱、完成产值 40 亿元；湘纸累计生产 17 万吨、完成产值 8 亿元，同比下降 19. 2%。电子信息、生物医药、新能源新材料等新兴产业快速增长，增幅均达 20% 以上。

---

* 唐松成，中共永州市委副书记。

2. 实施项目建设年活动，工业项目顺利推进

全市工业固定资产投资完成432.4亿元，同比增长30%，工业技改投资完成220亿元，同比增长30%。零方程汇锰四氧化三锰、鑫盈建材青蒿素生产线、希尔年产5亿粒降糖灵胶囊生产线、永州鹏迪源锂电子等81个项目已竣工投产。长丰永州分公司飞腾车6月批量生产，零烟技改项目已完成主体工程，江华风电一期已有两台机组发电，12台机组即将完成安装并发电。烟草产业园和湘器异地搬迁项目有望开工建设。永州神华火电和湘纸异地技改项目前期工作有序推进。

3. 开展园区大比武，园区发展步伐加快

通过活动的开展，全年全市工业园区技工贸总收入突破1000亿元；新建标准厂房237万平方米，新入园企业160个。园区加大了闲置土地清理力度，积极争取用地指标，全市共储备土地11500亩。双牌工业园区获批省级工业集中区，组织江华经济开发区稀土有色金属等5个产业基地申报第二批省新型工业化产业示范基地。

4. 建设“数字永州”，信息化水平不断提升

一是管理体制初步理顺。各县区都成立了由县（区）长任组长的信息化领导小组。市本级设立了信息化专项资金500万元。二是规划初步到位。突出抓好了《数字永州规划》的编制工作。根据规划，到2017年，“数字永州”基本建成，全市将构建“随时随地随需”的新一代信息网络体系，基本实现“三网融合”。三是两化融合稳步推进。开展了“数字企业”“数字示范园区”创建、两化融合评估等活动。四是信息产业快速发展。全市规模以上信息制造企业37家，较上年新增4家。全年全市电子信息产业（含制造业、软件和信息服务业、通信业）总产值突破70亿元，信息产业增加值占GDP比重达2.5%。

5. 坚决淘汰落后产能，结构调整步伐加快

对2009年9月30日以来钢铁、水泥、电解铝、平板玻璃等产能过剩行业违规建设项目开展清理，督促各县区开展前三批铁合金公告准入企业监督检查，对全市列入第五批行业准入公告企业进行了核查。全年共关闭小企业65家，安置职工5420人，淘汰落后产能项目11个，其中淘汰铁合金落后产能

10.6万吨，锌冶炼1.2万吨，水泥36万吨；万元规模工业增加值能耗累计下降6.5%，超额完成省定节能目标。

6. 加大协调服务力度，企业服务成效明显

一是企业服务年活动成效明显。年初，全市88个部门组建31个服务工作组，分别负责帮扶八大重点产业中的122家工业企业，共解决问题120多个。市本级筛选出27家重点工业企业，明确每家企业由一名市级领导联系，一个市直部门负责帮扶，活动开展以来共收集整理各类困难问题54个，目前已解决28个。二是实行特派员制度。从市直部门选派副处级干部进驻市本级27家重点企业，负责协调制约企业发展的各类问题。三是宣传、落实惠企政策，减轻企业负担。精心收集国家、省以及市委、市政府出台的支持工业经济发展的政策文件，编印《加速推进新型工业化政策选编》1000余本，免费赠送企业。举办了惠企政策宣讲会，对市里出台的相关文件进行了宣讲。四是深入调研、协助制定政策。借鉴先进地市发展工业的成功经验和做法，研究出台了《关于加速推进新型工业化引进培植壮大骨干企业的意见》和《关于促进本地工业产品在本地销售的意见》。

7. 强化内引外联，争资跑项有新的突破

全年到位资金近一个亿，跑项争资金额有望在去年翻番的基础上再增长10%。其中，争取的省推进新型工业化和战略性新兴产业专项引导资金额度仅次于长沙，列全省第二。同时，工业招商有新进展。开发包装工业招商引资项目164个，编制《2013年工业招商引资指南》分送40个市直招商小分队。市委书记亲自带头招商，引进的台湾高科技产业园和康都药业两个重大项目落户永州，带动和示范作用明显。在进入实质性洽谈的市直部门的58个招商项目中，工业项目29个，其中投资过亿元项目13个。

8. 建立健全平台体系，助推中小企业发展

一是搭建融资平台。组建永州市中小微企业促进有限责任公司融资平台，目前已获得国开行湖南省分行3亿元授信额度，今年5家企业的打捆贷款2900万元已到位。二是建设中小企业服务平台。与永州联通公司合作共建市中小微企业服务综合窗口平台，服务平台的场地改造和基础设施建设进展顺利。三是突出担保平台支撑。市中小企业担保公司今年共为全市42家企业提供担保贷款，担保金额达2.27亿元，有效地缓解了中小企业融资难题。

（二）困难和问题

1. 要素瓶颈制约严重

一是企业开工不足。受市场行情持续低迷影响，一方面企业产品价格继续受“高进低出”格局影响，盈利空间持续压缩，另一方面由于订单不足，无法实现薄利多销，导致企业开工不足。占规模企业22%的冶炼企业，全年开工率20%左右，产值下降60%左右。二是资金筹措难。70%～80%以上的中小企业存在流动资金紧张的困难，中小企业特别是小微型企业获得银行贷款的难度大。全市中小企业资金需求满足度仅约30%，小微企业只有18%。中小企业担保公司由于资本金少，在缓解企业融资难中作用十分有限。三是征地拆迁难。随着城市化建设步伐的不断加快，一方面征地拆迁的成本越来越高，另一方面被征地的农民依靠土地生存的空间越来越小，农民想要土地利益最大化的期望较高，使拆迁工作较难开展。同时，由于强制拆迁的行政和法律程序不完善，征地拆迁的工作机制不健全，影响了强制手段的合法运用。四是招工用工难。企业用工难成为常态，全市工业企业用工缺口常年保持在3万人以上，特别是部分外向型加工企业有订单不敢接，不能满负荷生产。目前，新田县用工缺口500余人，宁远县用工缺口3000多人，蓝山县用工缺口2000多人。加之各地劳动力工资普遍上涨15%～20%，用工成本大幅增加，企业发展困难重重。

2. 产业发展层次较低

一是传统产业小、散、弱，缺乏旗舰型企业带动。全市过百亿的产业只有矿产品、农产品加工，且大企业不多，没有一家过50亿元的旗舰型企业。骨干企业普遍存在生产设备老化、工艺技术落后现象，自主品牌不多，缺乏市场竞争力。尤其缺乏上下游配套产业基础，产业链条短，关联度低。二是高能耗低附加值的企业多。全市701家规模企业，高能耗企业占比30%以上。三是战略性新兴产业占比少。全市现有的战略性新兴产业如先进装备制造、生物医药、电子信息等产业中，规模大、带动作用强的企业

不多，辐射带动作用有限。四是规划滞后，产业布局不科学。部分园区总规、控规没有修编或编制未完成，也未通过规划评审；在招商引资时没有实现招商选资。

3. 项目建设困难较多

一是项目推进放缓。由于供地、融资、天气、环评等因素制约，项目建设进度放缓。部分企业因资金制约投资计划延迟，一些项目建设资金短缺，不能如期竣工投产。项目建设用地报批时间长和征地拆迁工作难度加大也影响到项目落地和进度。二是大项目、好项目不多。近年来招商引资成效虽大，但落地项目少，特别是重大工业项目少，好项目不多。签约项目履约率不足40%，全市10个重点工程项目，仅有3个工业信息能源类项目；全市重点调度的297个工业信息能源类项目，投资10亿元以上的仅17个，投资5亿元以上的仅48个、占6%。三是投产达效的项目不多。全市重点调度的297个工业信息能源类项目只有81个项目竣工，大部分项目都是9月份以后才竣工投产的，且规模不大，形不成新的支撑。

4. 园区机制不够顺畅

一是园区体制不全，机制不活。各县区工业园区经济管理职能不强，运转不够顺畅；管理服务力量相对薄弱，体制上制约了工业园区的快速发展。二是建设资金缺乏保障。大多数园区无独立的融资平台，一定程度上制约了园区的建设和运行。廉租房、学校、医院、超市、公交等生活综合服务设施不健全，制约了工业园区发展。三是企业竞争力不强，工业后劲不足。到目前，全市各园区规模工业企业平均37家，最少的11家。各园区平均利税1.27亿元，最少的只有0.02亿元。大多园区工业的产业链尚未形成；支柱工业技术含量有待于提高；高新技术大发展急需的人才、技术和市场尚不具备优势。四是单位面积产出率低。全市省级园区平均每公顷实现产值仅为356万元、利税29万元。究其原因，一方面是缺乏相应的各类工业用地建设控制指标体系，以防企业圈地行为；另一方面是高新技术企业、科技型企业、大型龙头企业少，生产工艺技术有待提高。

5. 信息化基础较为薄弱

信息产业基础薄弱。全市电子信息制造业实现销售收入占全省的比重不到

3%。且制造业总体规模偏小，产品结构差、产业链延伸度不足，缺少行业龙头企业和带动性强的大项目，产业带动效益不明显。信息基础设施滞后。信息基础设施不完善、现行建设投入机制难以适应信息化高速发展的需要，与宽带中国战略确定的目标相差甚远。两化融合水平不高。信息技术在工业企业研发设计、生产制造、过程控制、综合管理和产品流通等方面的融合程度还不高，对中小企业和服务业发展的支撑带动效果不明显，信息化在改造提升传统产业、培育发展战略性新兴产业等方面的作用还有待加强。

二 2014年永州市工业经济形势分析

展望2014年，世界经济形势将温和复苏，但不稳定、不确定因素依然存在。

从国际形势看，一是美欧发达国家复苏态势明显，经济持续回暖，成为全球经济回暖的主要支撑。二是新兴经济体增速整体放缓，金融系统风险加大。三是工业绿色转型趋势将更加明显。

从国内形势看，今年是全面落实十八届三中全会的改革措施的第一年，改革带来的机遇明显，但另一方面我国经济持续处于调整期，经济增长的动力趋弱，工业经济下行压力加大，周期性、阶段性调整尚未到位，短期内较难形成新的上升趋势，工业经济面临需求与供给双重约束重叠交织的复杂局面，一些结构性矛盾和潜在风险进一步凸显。

从永州实际情况看，2014年全市工业经济要继续保持平稳增长，除面临更多的挑战外，也还存在以下方面的有利因素：一是十八届三中全会通过的《关于全面深化改革若干重大问题的决定》将进一步激发各方面的活力。二是随着湘桂高铁的开通，永州市经济社会发展迎来新的重大机遇，永州和发达地区、沿海地区深度融合发展变得更为便利。三是市委、市政府出台的一系列支持工业发展的政策文件将逐渐产生刺激效应。四是零烟、猎豹汽车等重大技改项目的竣工投产将起到有力地拉动作用；同时，台湾高科技产业园、康都制药、神华火电、烟草产业园、湘器搬迁、湘纸搬迁等重大项目的开工也将有力地拉动全市的投资增幅。

三 2014 年永州市加快新型工业化发展的对策建议

（一）工作思路

以党的十八大及十八届三中全会精神为指针，以新型工业化为第一推动力，以信息化为第一牵引力，以转型升级为主线，以园区为载体，坚持盘活存量与引进增量并重，增强中心城区辐射带动作用，大力推进两化深度融合，努力实现新型工业化新的突破。

（二）发展目标

工业运行目标：全市规模工业完成总产值 900 亿元，增加值完成 275 亿元，增长 12%，力争达到 13%；零烟年产值完成 50 亿元，猎豹汽车完成 25 亿元，湘纸完成 10 亿元。新入统规模企业 100 家；新增亿元企业 30 家。

工业投入目标：全市完成工业投资 562 亿元，同比增长 30%，完成工业技改投资 286 亿元，同比增长 30%。重点抓好神华火电项目、零烟技改、湘纸异地技改、湘器异地搬迁项目、烟草产业园、江华稀土、零陵百亿锰产业、江华风电、达福鑫超薄触控触摸屏一体化生产线项目、永州新辉开有限公司液晶显示器偏光片国产化生产线项目等重大项目。

园区发展目标：全市工业园区完成技工贸总收入 1100 亿元，基础设施建设投入 25 亿元，引进固定资产投资 1000 万元以上的企业 100 家；建设标准厂房面积 200 万平方米以上。

信息产业目标：信息产业增加值占 GDP 比重达 2.5% 以上。建设数字示范园区 2 个、数字企业 200 个。

节能目标：确保全年万元规模工业增加值能耗下降 5% 以上。

（三）对策建议

1. 营造氛围，力求在推新合力上有新突破

永州差距在工业，潜力在工业，希望也在工业。全市上下要齐抓共管，突

出工业主导地位，合力发展工业。各级新闻媒体要加大工业宣传力度，在全市形成发展工业的浓厚氛围。各级各部门要紧紧围绕“抓经济就要抓工业，抓工业就是抓新型工业化，抓新型工业化就是抓重点产业、重点企业、重点项目”的工作链条，形成“工业主导、工业优先、工业为重”的工作格局，增强“兴工强市”的紧迫感和责任感。市委、市政府继续把新型工业化摆在重要议事日程，每季度召开一次推新领导小组会议，每年召开一次高规格的推进新型工业化工作会议。进一步加大推新工作各项指标在绩效考核中的权重，加大推新考核奖惩力度，把各级领导干部抓工业的绩效作为干部提拔任用的重要依据。

2. 转型发展，力求在结构优化上有新突破

出台实施《关于加速推进新型工业化实施工业转型发展三年行动计划的意见》，有重点、分步骤推进产业转型升级。一是改造提升传统产业。通过资金扶持、税收减免等手段鼓励传统产业企业运用先进适用技术和高新技术改造提升。重点对农产品精深加工、矿产品精深加工产业进行改造提升。二是大力发展战略性新兴产业。重点发展高端装备制造、新材料、电子信息、新能源、生物医药等新兴产业。不断延伸产业链条，形成完整产业链，尽快产生效益、形成规模。三是淘汰落后产能。利用国家产业政策和市场倒逼机制，淘汰一批资源能源消耗高、环境污染大、技术含量低、效益产出低的企业，加快结构调整和产业转型升级的步伐。

3. 攻坚克难，力求在项目建设上有新突破

一是狠抓重大项目开发。瞄准国家、省政策重点支持的投资方向，切实抓好工业信息能源项目的开发、包装、对接，争取更多的好项目、大项目挤进国家、省重点项目库。二是狠抓重大项目推进。着力解决项目推进过程中审批、融资、用地、征地拆迁等问题。三是狠抓重大项目督查考核。对重大工业项目实行“月调度、季通报、年考核”，不定期进行督查，在媒体上通报项目进展情况，进一步加强重大工业项目的调度、考核等工作。

4. 招大引强，力求在引进增量上有新突破

组织开展工业专题招商和园区招商，抓好龙头企业和产业链招商，加强与世界500强、央企、上市公司的对接，充分利用中国—东盟自由贸易区合作的有利时机，加强与东盟对接，引进一批支撑作用大、带动作用强的大项目、好

项目。重点围绕先进装备制造、电子信息、新材料新能源、农产品精深加工、矿产品精深加工、生物医药、轻纺制鞋等重点产业进行招商。突出重大工业项目招商，组织开展招商引资“百日竞赛”，力争全年引进实施过亿元项目10个，过5亿元项目5个，过10亿元项目2个以上。市本级要充分发挥市直40个招商小分队的作用，紧紧围绕中心城区的重点产业进行招商，并严格考核奖惩。

5. 培育壮大，力求在盘活存量上有新突破

一是培育壮大骨干核心企业。对发展前景好、税收利润高、带动作用强的重点企业，给予特殊政策、特殊服务、特殊奖励。重点扶持产值过亿元的企业，把新上亿元企业户数纳入推进新型工业化的考核。全年力争新增过亿元企业30家、过10亿元企业3家、过50亿元企业1家。二是全民创业，鼓励发展非公经济。利用工商注册放开的有利机遇，推动全民创业。发挥中小企业创业基地的作用，落实各项支持小微企业发展的政策，扶持小微企业成长。力争全年培育小微企业1200家以上。鼓励、支持、引导非公经济发展，激发非公经济活力和创造力。三是突出新增长点带动。对2013年度竣工的项目及当年度可以竣工的项目进行跟踪服务，促使项目早日达产达效，早日入统，形成新的增长点。

6. 夯实载体，力求在园区发展上有新突破

一是进一步完善规划布局。按照“工业新城、城市新区”的要求，进一步完善园区发展规划修编，优化产业发展布局和区域布局。二是狠抓基础设施建设。每个省级工业园基础设施年度投入不低于1亿元；扩园面积不少于1平方公里；土地储备面积不低于1000亩。全市工业园区标准厂房建设达200万平方米以上，凤凰园经开区和冷水滩高科园每年分别建成20万平方米、10万平方米以上标准厂房。加快园区生产性配套和教育、医疗、住房等生活性配套设施建设。三是提升园区发展质量。继续开展全市工业园区“大比武”活动，突出集约、集聚发展，积极发展“园中园”，提高园区单位面积产出率。力争年内凤凰园经开区成功申报国家级经开区，12个工业园区全部进入省级园区序列。

7. 突出应用，力求在建设“数字永州”上有新突破

一是加强信息基础设施建设。督促协调三大运营商贯彻落实“宽带中国”

战略，大力推进“宽带永州”建设，完成行政村通宽带和自然村通电话为民办实事工程任务。同时，积极与三大通信商省公司衔接签订共建数字永州战略合作框架协议，争取更多基础设施项目投资永州。二是大力发展信息产业。大力发展信息制造业，整合壮大中心城区信息产业，加快县域信息产业园区建设。重点抓好凤凰园、冷水滩、道县、祁阳、江华等县区电子信息产业园建设。积极培育发展软件和信息服务业，做大做强通信业。三是突出信息化应用。以数字城管为突破口，以网格管理为抓手，推进电子政务、公共服务、社会治理三位一体的数字化建设，逐步实现“数字化管理”。四是推动“两化”融合。全面实施工信部两化深度融合创新推进专项行动，开展市级两化融合示范企业评选及典型示范推广。

8. 创优服务，力求在优化环境上有新突破

一是开展帮扶活动。继续在全市开展企业服务年活动。对市本级 27 家重点企业实行重点帮扶，派驻特派员，并建立特派员制度，实行考核奖惩。二是进一步简化行政审批。市县有审批事项的部门设立服务工业企业和项目的绿色通道，出台便捷有效的操作方法。同时，减轻企业负担，帮助企业稳产增产。三是贯彻落实好政策。开展“惠企政策落实年”活动，贯彻落实好国家、省市有关政策。出台《关于加快推进新型工业化、引进培植壮大骨干企业的意见》的实施细则，切实兑现政策。

9. 创新机制，力求在平台建设上有新突破

一是完善中小企业服务平台。鼓励企业建立产、学、研一体的公共服务平台以及技术中心。充分发挥市中小微企业服务综合窗口平台作用，完善硬件设施，与省里互通，实现全省中小企业服务平台资源共享，为全市中小企业提供全方位服务。二是搭建融资平台。积极引进商业银行，培育小额贷款公司、村镇银行等小金融机构；发挥永州市中小微企业促进有限责任公司与国开行省分行的合作关系，用足用够授信额度。做大做强市中小企业担保公司，市财政每年注入 1 亿元资本金，增强担保公司实力。三是加强通关平台建设。加快永州港、长沙海关永州办事处、永州市出入境检验检疫办事处的建设进度，为企业提供方便快捷的通关服务。

B.28

2013～2014年怀化市新型工业化发展研究报告

李　军*

一年来，在市委、市政府的正确领导下，紧紧围绕“构筑商贸物流中心、建设生态文明城市”战略目标，扎实推进新型工业化进程，取得明显成效。今年全市完成规模工业增加值305亿元，同比增长11%；完成工业投资242.8亿元，同比增长18%；工业招商完成项目到位资金127亿元，签约亿元以上项目16个；规模工业万元增加值能耗下降16%，工业经济呈现出工业增速稳步上升、新兴产业迅速发展、工业投资大幅增长、节能减排成效显著的良好发展势头。

一　2013年怀化市新型工业化发展基本情况

（一）加快调整产业结构

一是培育新兴产业。大力发展新能源、现代装备制造业，积极推进大唐华银、金益环保、本业农机、宇隆漆包线等项目建设。二是大力发展特色产业。加快推进食品、生物医药产业基地建设。三是改造提升传统产业。大力实施技术改造，深入推进辰州矿业、怀化新型印务、奥晟科技等技术改造项目。

（二）推动工业转型升级

一是加大科技创新力度。1～9月，实施技术创新项目31项，项目总投资

* 李军，中共怀化市委副书记。

12.73 亿元，开发新产品新技术 34 项，全年完成新产品产值 82.2 亿元；省级企业技术中心达到 6 家，研发新产品、新技术项目 11 项，申报专利技术 13 项。二是积极推进节能降耗。实施了尾气余热综合利用、电机能效提升等项目，推进企业节能降耗、清洁生产、发展循环经济。三是加快淘汰落后产能。完成淘汰落后产能年度目标任务 51.87 万吨，关停不符合国家产业政策、工艺装备落后的“两高一资”企业和污染大、安全不达标的小企业共 6 家。

（三）大力推进园区建设

一是积极建设工业集中区。沅陵县、洪江市、麻阳县、会同县、靖州县等 6 个县市（区）工业园建设进展顺利，正待省政府审批。二是市工业园区建设力度加大。1～10 月，怀化工业园引进亿元以上项目 12 个，完成固定资产投资 18.13 亿元，同比增长 68.8%。

（四）突出工业项目建设

全市 47 个工业重点建设项目总投资 372.85 亿元，2013 年计划投资 75.73 亿元，1～10 月完成投资 61.58 亿元，完成年计划 81.3%。本业农机、农网升级改造、正清鱼腥草注射液、金益环保除尘器、金升阳电源、LED 灯具等项目建设进展顺利。

（五）促进工业协调发展

一是抓调度。坚持“一月一调度、一月一通报、一月一小结”，每月对照工业发展情况进行排名对比和点评，促进了全市平衡发展。二是抓服务。为进一步加强对中小企业的公共服务，积极筹资 340 万建设“怀化市中小企业公共服务综合窗口平台”，为中小企业提供多元化、综合性、智力型、贴心式的全面服务。采取企业驻点和按需解决问题分类设立专项组相结合的办法，今年组成了 11 个专项工作组开展帮扶，切实解决企业生产经营中的实际问题。积极开展“转作风、解难题、抓关键、见实效”专项活动、“搭建平台、服务企业”专题活动，收集各类难点问题 33 个，并召集市直相关部门进行反馈，为企业协调解决了融资渠道、企业管理、产品销售等实际问题。三是抓保障。为

缓解企业资金困难，组织 55 家企业参加省中小企业融资服务月活动，共提出 6.5 亿元融资申请，拓宽了融资渠道。组织开展“银企对接”专题活动，意向签约金额达 10 亿元。针对电价上涨，多次组织召开专题协调会，积极向省级相关部门进行反映，采取有效措施缓解企业因电价上涨带来的压力。

（六）加大招商引资力度

一是积极搭建招商平台。2 月份出台《关于进一步鼓励和支持怀化标准工业厂房建设的实施意见》，引进的 20 万平方米的标准化厂房项目今年预计完成 10 栋厂房建设，总计 110556 平方米。二是着力项目引进。中国黄金集团勘探开采、60 万套智能控制安全火箱、4000 吨牛肉食品深加工、30 万吨矿渣粉生产线等项目取得较大进展。五金加工产业园、现代家具产业园、肉类食品加工园、怡宝 10 万吨纯净水及饮料、中联重科等项目正在深入洽谈。三是加大项目开发。包装了 50 万吨啤酒、100 万条轮胎生产线、农机产业园、中药饮片加工等数十个操作性强、市场潜力大的项目。四是转变招商方式。深入开展专场招商、特色招商、上门招商和小分队招商，紧盯综合实力强的企业，根据其发展战略和市场布局，主动出击。8 月份在浙江永康举办工业产业对接座谈会、10 月份在广东深圳举办了怀化市在粤企业家座谈会，取得较好成效。

（七）加强信息化建设

一是推进“数字怀化”建设。对《数字怀化规划（2013～2017 年）》进行多次修改，征求多家单位意见，进一步理清“数字怀化”建设的思路、措施和政策。二是深入开展两化融合工作。正式启动了为期三年的企业信息化建设工作，新增“数字企业”30 家。三是发展信息产业。实施辰州磁电高科、亚信电子等重点项目，深入开展“挖掘潜力、拓展市场”活动，企业经营稳中有升。

二　怀化市新型工业化发展中存在的主要问题

怀化是后发展地区，工业基础薄弱，工业底蕴不厚，存在问题较多。从今年全市工业经济运行情况来看，主要有以下问题：

（一）工业增速放缓

全市规模工业增加值1～3月增长11.6%、1～6月增长11%，1～10月增长10.6%，整体呈回落态势。主要原因：一是宏观经济大环境仍趋紧张，国际市场紧缩和国内经济增长内需动力不足，企业经济整体处于弱周期低增速运行状态。企业尽管努力开拓市场，但是在内需动力不足的形势下，再加上价格低迷，产品的销售受季节性变化的影响，致使企业业绩欠理想。二是企业开工不足。PVA、铅锌、工业硅、电解锰、电石等产品价格均延续去年来的低迷状况，企业开工不足。与工业发展相关的原材料、电价、劳动力等生产要素价格上涨幅度较高。截至10月底，全市停产（半停产）企业118家，占规模企业的20.2%，影响产值在50亿元以上。铁合金、电解锰等冶炼企业，开工率不足40%。三是企业融资较难。怀化市中小企业担保公司成立以来，在一定程度上缓解了企业融资难的问题，但县（市、区）部分急需贷款的中小企业仍然受到资产抵押、资质审核等各种门槛限制，目前怀化市需要融资的工业企业还有很多。

（二）产业结构不合理

“两高一资”企业产值占规模工业总产值近40%，水电、矿冶规模企业增加值分别占全部规模工业增加值的24%和16%左右，粗放型发展和对资源过度依赖的特征十分明显。产业配套能力较弱。产业聚集度较低，产业链条短，产品科技含量低，结构比较单一，初级加工或上游产品多，高附加值产品少，与工业关联度很高的生产性服务业还比较落后。

（三）工业发展后劲不足

一是规模企业减少。1～9月，全省共新进规模工业企业350余家，而怀化市仅占14家。四季度能纳入规模企业的也只有10余家，没有新的经济增长点的支撑。由于各种原因，现有规模企业中还有40余家不符合条件的企业，这批企业年底将相继退出规模企业笼子。二是新增项目较少。1～9月，新建项目401个，新建项目不多。亿元以上项目22个，仅占项目总数（571个）

的0.4%，支撑项目较少。三是投资增幅不高。1～9月，全市工业投资完成195亿元，占全省工业投资的3.7%，比重较小；同比增长19.4%，虽然与去年同期相比基本持平，但与全省25.7%的增速相比，有较大差距。

（四）招商环境有待改善

虽然怀化有资源优势和区域优势，但是招商引资宣传力度还不够，加上工业基础薄弱，产业配套欠缺，经济发展环境不优，真正的高新技术项目、大项目很难引进。

三　2014年怀化市加快新型工业化发展对策建议

2014年怀化新型工业化发展将坚持“立足比较优势，发展特色产业，突出园区建设，实现集聚发展，强化多点支撑，做大工业总量”的总体要求，调结构、转方式、抓招商、建项目、抓园区、建平台、抓产业、稳增长，确保工业经济又好又快发展。全年规模工业增加值增长10.5%以上。全市工业投资计划完成260亿元，增长12%。重点工业建设项目38个，投资额67亿元。全市工业招商引资计划到位资金144亿元，增长20%。其中市本级到位资金25亿元，增长25%，引进亿元以上项目16个。全市万元规模工业增加值能耗下降4.5%。怀化新型工业化要加快推进，就要实施新的工作思路，落实新的工作措施，主要是抓好七个方面的工作。

（一）着力在结构调整上下功夫，做强六大产业

一是围绕六大产业调结构。重点扶持能源、冶金、食品、森工、生物医药、现代装备制造产业，集中各类资金投放六大产业，组建专门队伍抓六大产业，根据实际制定有针对性的政策措施，促进六大产业发展。二是突出优势板块调结构。重点支持工业园区建设，打造国家级工业园区；统筹鹤中洪芷工业板块，重点发展现代装备制造、生物医药、食品产业；重点支持溆浦硅砂基地、辰溪110万吨有机化工材料基地、新晃重晶石基地、沅陵金锑钨矿、麻阳葛根、会同石煤、靖州茯苓等产业发展。三是做强优势企业调结构。以大唐华

银、托口电站等企业为重点，建设能源基地；重点扶持大康、娃哈哈等企业，整合资源，加快食品基地建设；依托骏泰浆纸等企业，延伸产业链条，形成森工产业基地；大力推进正清、正好、汉清、新晃龙脑、补天药业等企业战略重组，加快品牌建设步伐，打造生物医药产业基地；支持辰州矿业、湘维、驰多飞、金大地等企业做大做强，推进产业发展。四是引进新型项目调结构。突出引进机械、电子、生产性服务等非资源类项目，优化现有产业结构，减少对资源、能源的依赖。

（二）着力在转型升级上下功夫，实现科学发展

一是加强科技创新。认真落实支持企业创新的政策，整合工业和科技资金，引导企业增加研发投入，更新技术和装备。支持企业建立技术中心和产学研平台，大力实施科技创新，提升企业核心竞争力。二是实施节能减排。积极推进林纸、矿冶、化工、建材等传统行业的资源综合利用，提高资源利用效率，着力构建循环型产业。加大对重点用能企业监管，强化技术节能和管理节能。加强节能监察能力建设，保障节能监察工作规范有序开展。三是淘汰落后产能。严格限制高耗能、高排放行业的低水平重复建设，切实抓好水泥、铁合金、造纸、化工等行业淘汰落后产能和关小工作。2014 年计划淘汰水泥立窑生产线 6 条，关闭小企业 10 家。四是加强安全管理。增强安全生产意识，强化安全生产措施，落实安全生产责任，确保实现科学发展、安全发展。

（三）着力在项目建设上下功夫，做大现有总量

一是加快项目建设。加强工业项目的开发、研究、论证、策划和包装，筛选储备一批符合国家产业政策、优化产业结构、利于转型升级、具备发展后劲的大项目、好项目，做实项目前期工作，争取挤进国、省计划项目笼子。对已经签约的项目，及时掌握项目资金到位、土地报批、征地拆迁、业主动态、外部环境等情况，切实抓好项目选址、项目审批、项目设计、开工准备等各个环节的工作，保证项目按计划动工或提前动工。对已经立项、具备正式开工条件的项目，督促业主尽快开工建设。对正在建设的项目，建立工作倒推机制，确保项目尽早竣工，早日投产。对已经竣工投产的项目，加强流动资金、煤电油

运等生产要素的调度和保障，支持企业开拓市场，保障企业开足马力满负荷生产，尽快达产达效。二是加强项目调度。强化工作责任，按照“一个项目、一名领导、一套班子、一套方案、一抓到底”的要求，落实工作责任，强化工作措施，加强跟踪督查，加快建设步伐。坚持定期调度、集中调度、重点调度、分类调度、现场调度相结合，全面掌握项目前期工作、项目建设和投产运行等情况，及时协调处理项目实施过程中存在的困难和问题，确保项目尽早落地、顺利建设、按期投产、早日达产。三是抓好项目服务。加强经信、发改、环保、国土、金融等相关部门的沟通协调，切实做好项目前期准备，为项目及时开工建设提供保证。进一步完善工作制度，按照企业不同需求，对重点工业项目存在的问题进行分类处理。重点对企业用电、信贷融资、要素保障、市场开拓等关键性问题进行帮扶，积极帮助企业争取国家和省里的支持。

（四）着力在招商引资上下功夫，形成新的增量

一是加强项目包装。立足怀化现有工业产业基础、丰富多样的自然资源及区位资源禀赋，策划包装推出一批重点招商的优势产业项目，充实招商项目库。二是加快企业对接。着力于抓大项目，引大产业，接大客商，突出产业龙头企业的带动能力。重点瞄准项目针对性强，合作可能性大的优势企业，把主要精力放在引进国内 500 强，行业前 10 强以及具有较强融资能力的上市公司。加强与华润集团、中化集团、中国医药集团、中国建材集团、华能电力集团等央企的对接合作。三是突出招商重点。工业招商必须把产业集群作为一个重要的工作方向，把打造几个百亿产业作为工业招商引资的目标，按产业集聚认真包装一批带动作用明显的产业项目，在工业园、工业集中区按功能布局，规划包装农机产业园、五金产业园、鞋帽服装产业园、现代家具产业园、电子产业园、高新产业园等项目。四是创新招商方式。以节会招商、网络招商、委托招商、小分队招商、上门招商、以商招商等多种形式，突出“大招商、招大商”，主攻大项目，力争在招商引资的成效上取得重大突破。

（五）着力在园区建设上下功夫，搭建发展平台

一是加快工业园区建设。重点抓好怀化工业园区征地拆迁、居民安置等工

作，加快场平进度，继续做好道路、水电、通信、管网、绿化亮化工作。调动一切有利因素，整合相关资源，做好基础工作和前期准备，合力“申国”。加快工业园区和工业集中区建设，加快项目入园。二是加快平台建设。积极推进工业园创新平台、中小企业孵化平台、中小企业服务中心和标准化厂房“四个平台”建设，力争建设50万平方米标准化厂房，力争建成1~2个专业化、标准化厂房园区，提升园区的承载力。三是完善园区管理体制。贯彻落实《关于加快怀化市工业园区发展的意见》（怀发〔2013〕7号）精神，加强工业园区的管理和考核，精简管理机构，落实管理职能，建立灵活的分配机制，激活园区发展活力。成立工业园区管理办公室，负责全市工业园区政策研究、发展规划、工作协调、检查考核等综合服务工作。

（六）着力在两化融合上下功夫，提升信息化水平

一是推进“数字怀化·智慧城市”建设。进一步明确推进重点项目建设的建设模式、建设步骤，做好重点项目建设的调度、协调、服务工作。二是推进两化融合。开展“数字医院”“数字学校”“数字旅游”建设。以矿产、医药、食品、建材等行业为重点，力争完成新增“数字企业”30家。推进物流信息化平台、电子商务平台建设，打造怀化特色产品电子商务交易平台。推进中小企业服务体系建设。在全市范围内逐步建立完善的中小企业信息化服务平台，引导中小企业通过平台开展信息化应用，降低中小企业信息化应用成本，提高中小企业创新能力和核心竞争力。三是推进信息产业发展。支持信息产业向市工业园及省级工业集中区集聚发展。支持市电子信息产品制造业重点企业湘鹤电缆、华峰新宇电子、建南机器电子搬迁入驻怀化工业园；支持辰溪顾通公司LED节能环保灯生产线、沅陵青山电动汽车公司年产4000万AH磷酸铁钒锂电池、金升阳怀化科技园电源模块、隔离变送器等电子产品生产基地建设的跟踪服务工作。

（七）着力在要素保障上下功夫，实现平稳增长

一是精心调度经济运行。加强对经济运行的调度、监测和分析，坚持“一月一调度、一月一通报、一月一小结”，每月对照工业发展情况进行排名

对比和点评，促进全市平衡发展。二是加强要素保障。坚持深入现场，了解企业生产经营状况，协调煤、电、油、运等生产要素的供应，协助企业开拓产品市场，帮助企业进行技术改造，促进企业正常开工、高效运行、达产增效。积极争取国家、省中小企业发展专项资金对全市中小企业的支持。三是有效开展企业帮扶。把扎实开展群众路线教育实践活动与抓工业经济工作紧密结合起来，深入推进企业帮扶工作。精减配强帮扶队员，改进帮扶方式，采取企业驻点和按需解决问题分类、按产业分类设立专项组相结合的办法开展帮扶。结合“转作风、解难题、抓关键、见实效”专项活动，实行领导一对一帮扶企业，突出解决信贷融资、要素保障、市场开拓等关键性问题。四是优化工业发展环境。大力宣传国家、省、市出台的一系列支持中小微企业发展的政策措施。继续开展“搭建平台，服务企业”活动，改进机关作风，提高办事效能。

B.29

2013～2014年娄底市新型工业化发展研究报告

娄底市政府研究室

一 2013年娄底市新型工业化发展基本情况

（一）总体运行情况

2013年是宏观环境异常复杂、经济形势极为严峻的一年，经济下行和结构调整双重压力给地方发展带来巨大挑战。娄底市作为老工业基地、资源型城市、欠发达地区，受到的影响更加直接。面对前所未有的困难局面，全市上下按照省委、省政府统一部署，在市委、市政府的坚强领导下，团结奋进，克难攻坚，牢牢把握"稳中求好、好中求快"的总基调，强力推进工业倍增、交通建设、化解城区大班额、推进服务业加快发展、城乡环境整治及建设、绿化娄底六个"四年行动计划"，科学应对历史罕见旱情，有力确保了全市经济社会平稳较快发展。生产总值达到1118.17亿元，增长10.6%。特别是新型工业化以转变增长方式、优化产业结构为主线，积极应对运行中面临的困难和问题，扎实推进工业发展四年倍增计划和工业企业（项目）四年帮扶行动，全市工业经济稳中有进，主导作用不断增强，结构调整、信息化进程不断加快。

1. 工业生产稳步增长

2013年，全市683户规模工业总产值达到1633.02亿元，增长10.8%，规模工业增加值达到422.46亿元，增长11.0%，全年保持了平稳较快增长，为全市经济社会发展奠定了坚实基础。

2. 工业项目建设稳步推进

全市投资500万元以上在建工业项目825个，其中新开工项目337个，竣

工项目53个，完成工业固定资产投资357.94亿元，同比增长26.6%，完成工业技术改造投资259.24亿元，同比增长16.3%。特别是全市的标准化厂房建设成效显著，全年标准化厂房建成面积达130多万平方米。

3. 工业内部结构持续改善

全市规模工业中高技术产业增长16.8%，高于规模工业增长5.8个百分点；战略性新兴产业实现增加值63.01亿元，同比增长14.2%，增速快于规模工业3.2个百分点；战略性新兴产业企业达70家，预计实现增加值78亿元，同比增长10.9%，增速快于规模工业0.4个百分点，特别是医药食品、电子信息、节能环保等战略性新兴产业，生产经营形势好于往年，并在增加计划投资，发展势头和预期明显好于传统产业；而同期，六大高能耗行业占全市规模工业总量的比重下降了4.6个百分点。

4. 两化融合逐渐深入

狠抓传统产业的信息技术应用，全市规模企业完成信息化建设投入3.4亿元，是去年同期的2.5倍。规模企业通过加强企业信息化建设和信息技术应用，在产品设计、生产制造、经营管理和营销服务等方面不断优化，市场竞争力和管理水平得到提升。

（二）存在的主要问题

2013年，全市工业经济运行虽总体上保持了平稳运行，但面临的困难和问题依然不少，主要表现在：

1. 产业结构欠优

全市工业中传统产业占比过大，钢铁、有色、建材、煤炭、火电、化工等六大高能耗产业规模以上企业共有398户，占了全市677户规模企业的58.7%，实际产值占据了全市工业总产值的85%左右。

2. 市场需求偏冷

煤炭行业生产、销售不畅极其普遍，全市处于停产和半停产的煤炭生产企业达2/3以上，产煤量自4月份以来呈逐月下降态势。除少数几家烟煤矿和规模较大的煤矿外，成本（含税）价已高于销售价，企业生产经营面临前所未有的困难局面。钢铁行业也由于行业产能过剩，价格处于低位，两个钢厂的产值都较去年出现负增长。水泥行业增速大幅减缓，下半年增幅低于上半年。锑品行业虽产量有所增长，但价格下降幅度过大。机械制造业由于销售不旺，产品积压比较严重，工程机械制造业形势尤为严峻。

3. 后续增长乏力

受宏观经济形势影响，许多企业无力投资新项目，投资商也大都持观望态度，导致全市的工业固定资产投资和技改投资增速大幅减缓，今年全市过亿元新开工项目31个，开工率为77.4%，竣工投产的大项目与去年相比也明显减少，全市缺少大的工业在建项目，一些已签约项目不能按预期投入建设，短期内形成不了产能。新投产企业少导致新的经济增长点不多，工业缺乏后劲支撑。

4. 资金短缺问题突出

除国有大型企业和上市公司投资的项目外，大部分企业和在建项目都不同程度存在资金短缺问题，在中小微企业和煤矿企业表现尤为突出。特别是煤矿企业，因为行业的特殊性，不能在银行贷款，只好从民间高息融资，加上价格倒挂，致使部分煤矿亏损严重，债台高筑，运行艰难，随时有资金链断裂危险。目前，已有一些煤矿和企业因资金问题而关门停产或破产倒闭。

二　2014年娄底市新型工业化趋势分析

（一）发展环境

总的来说，国内经济发展具备很多有利条件和积极因素。工业化、信息化、城镇化、农业现代化的深入推进，将为扩大内需、发展实体经济提供广阔的市场空间。十八届三中全会全面深化改革将更加充分发挥市场在资源配置中的决定性作用，政府职能加快转变，民营经济和小微企业的发展环境持续优化，将进一步激发工业发展活力。在结构调整取得积极进展和全社会对转型升级重要性、必要性、紧迫性的共识不断增强的情况下，创新驱动发展战略继续深入推进，将进一步增强工业发展后劲。同时也要看到，当前国内外不稳定不确定因素仍然较多，在工业潜在增长率下降的情况下，多年积累的深层次问题与结构调整投入不足的矛盾更加凸显，保持工业经济平稳健康发展还要付出巨大努力。

从国际看，发达经济体宏观指标总体改善，部分新兴市场国家经济增长有所趋稳，2014 年世界经济复杂步伐有望加快，外贸形势将得到一定程度改观。但影响全球经济复苏的不确定性、不稳定性因素依然较多，美国量化宽松政策退出节奏仍不明朗，欧元区债务上升和失业率高企问题依然突出，日本短期刺激政策效应递减，新兴市场国家中俄罗斯和印度存在滞胀风险。同时，国际市场竞争日趋激烈、贸易投资保护主义加剧以及我国出口传统竞争优势减弱，也将对外贸增长形成制约。综合来看，2014 年我国出口形势可能略好于今年，但总体仍将延续低速增长的格局。

从国内看，我国经济仍处于大有可为的重要战略机遇期，扩大内需潜力巨大，但制约因素也在增多，2014 年内需增长面临一定下行压力，但投资和消费结构都有望得到进一步优化。随着环长株潭城市群的快速发展和“两型社会”综合示范改革的纵深推进，新型城镇化和新型工业化加快推进，为整个地区加快调整产业结构、转变发展方式带来了良好的政策机遇和氛围。

从市内看，随着全市交通格局显著改善，一大批工业项目竣工投产，新型工业化的基础更加牢固；新合作湘中国际物流园、中国物流诚通物流园等大型物流项目相继开工建设，一些商业银行陆续入驻，以现代物流、现代金融为代表的生产性服务业体系进一步改善，为娄底推进新型工业化提供了更好的产业配套服务。同时，成功纳入全国老工业基地调整与改造规划、资源型城市可持续发展规划，列入全国循环经济示范城市等重大政策支持，为全市新型工业化加快推进提供了难得的历史机遇。

（二）发展思路

以党的十八届三中全会精神为指针，以加快工业发展为主题，以调整产业结构、转变发展方式为主线，以“四转三化”（“四转”即从单一重化工主导向多元主导的工业产业结构转变，从简单粗放式增长向高技术、高附加值的精深加工转变，从各自独立分散的经营模式向互利共赢的联盟合作转变，从依赖资源的传统工业为主向以“两型化”为目标的传统工业与新型工业并举转变；

“三化”即传统产业高新化、新兴产业规模化、特色产业集群化）为路径，以工业发展“四年倍增计划”和企业（项目）“四年帮扶行动”为抓手，稳增长、抓创新、调结构、促融合，全力打造娄底工业经济发展升级版。

（三）发展目标

全市规模工业增加值增长10%以上；工业投资增长18%以上；万元规模工业增加值能耗下降率为5%以上；园区规模工业增加值占全市规模工业增加值比重达到30%以上；规模工业企业研发经费投入占GDP比重达到2%；信息化和工业化“融合综合指数”提高到0.8；非公经济增长15%以上。

三　2014年娄底市加快新型工业化发展对策建议

（一）在稳增长上取得新突破

继续把稳增长作为压倒一切的大事来抓。一是狠抓存量盘活稳增长。通过帮助企业开拓市场、强化企业管理培训、开展企业管理升级活动、落实企业支持政策、抓好企业减负、扎扎实实开展工业企业“四年帮扶行动”等举措，来促使现有企业达产增收增效。二是狠抓增量发展稳增长。通过突出抓好新产品开发、在建项目的竣工投产和规下企业培育、全年新增加入规企业50户以上等举措，形成增量，确保增速。三是狠抓运行调度稳增长。进一步加强对国际国内经济走势的预研预判，完善重点行业、重点企业、重要指标运行监测调度体系，坚持一旬一调度、一月一分解、一季一通报，努力做到均衡增长。

（二）在调结构上取得新突破

严格按照“四转三化”目标，下大力气抓好工业结构产业结构调整。一是大力改造提升传统产业。用高新技术和先进实用技术改造提升钢铁、煤炭、建材、有色等几大传统产业，提高企业自主创新能力，推动工业化和信息化互动融合，实现由资源优势向循环经济优势转变，由简单粗放式加工向精深加工转变，做到既依托资源，又超越资源。二是优先扶持培育战略性新兴产业。注

重创新，依托现有的企业，突出自主创新、突出关键环节和关键技术拥有自主知识产权的创新发展；注重引进，深入开展多层次、多渠道、多领域的交流与合作，加大招商引资、引智力度，引进龙头企业，促进战略性新兴产业快速发展；突出重点，在兼顾发展七大战略性新兴产业的同时，做到有侧重、分层次进行，力争新材料、先进装备制造、节能环保、电子信息等领域有大的突破，实现优势优先发展。三是切实整合提升特色产业。对农机、煤机和电子陶瓷等几大特色产业，推进兼并重组，打造企业集团和战略同盟，克服以往规模偏小、集约化程度不高、同质化严重等因素影响，提升产业竞争力和市场占有率。四是加强生产性服务业配套。加快推进服务业发展四年行动计划，重点发展工业设计及研发服务、工业物流、信息服务及外包、电子商务等，提高生产性服务业对工业要素配置、市场开拓、产业升级的支撑能力。

（三）在强园区上取得新突破

把工业园区建设作为突破口来抓。一是加强顶层设计，着力解决规划设计滞后的问题。把园区放到全国全省的视野中去谋划，放在工业平台和投资洼地的定位去设计，科学调整园区发展规划，突出特色，完善功能，切实提高园区的承载力和吸引力。二是坚持产城一体化，着力解决功能不配套的问题。统筹园区投资吸纳区、产业聚集区和城市新建区三大功能，结合融城战略，走产城一体化之路，使园区成为城市的有机组成部分。将生产、商贸、物流、居住、教育、公交、休闲等通盘考虑，既投资兴业，又宜居方便，为企业人才创造良好的工作生活环境。三是加快标准厂房建设，着力解决项目推进迟缓和圈地占地的问题。建立土地价格与税金缴纳挂钩联动机制，推动供地方式由供毛地、熟地为主向供应标准厂房为主转变，坚决抑制圈地、囤地行为，提高土地使用效率。

（四）在项目建设上取得新突破

一以贯之地把项目建设作为一根主线贯穿始终，认真抓好项目谋划储备、项目申报、项目推进工作，努力形成“引进一批、开工一批、建设一批、竣工一批”的项目建设态势。一是狠抓项目谋划储备。围绕六大产业集群和七个战略性新兴产业的发展，切实加大项目开发储备力度，不断调整充实项目库，在项目储备的数量和质量上实现新的突破，力争今年开发储备项目100个以上。二是狠抓项目申报。密切跟踪国家和省里产业政策动向，精心筛选、包装一批项目向上申报，争取更多的项目挤进国家和省里计划笼子，千方百计争取上级资金支持。三是狠抓项目推进。全力做好在建工业项目建设和拟开工项目尽快开工的相关工作，重点推进汽车板、双峰不锈钢、红太阳新材料、湖南煤机娄底基地、湖南巨大重工、光华机械等项目的建设进程，争取更多的项目尽快竣工投产，形成新的增长点。

（五）在降能耗上取得新突破

一是继续抓好淘汰关闭落后产能工作，确保落后产能和企业关停到位。二是进一步抓好重点用能企业节能管理工作，全力推行重点企业单位产品能耗限额管理，进一步强化能源监测预警预测工作。三是认真组织实施好十大重点节能工程，认认真真抓好清洁生产的试点工作，积极推进机电产品再制造业发展和工业废弃物的综合利用，多管齐下实现节能目标。

（六）在企业帮扶上取得新突破

“四年帮扶行动”开展两年以来，有力地促进了工业稳增长和工业项目建设，在社会上形成了良好反响，深得企业支持和拥护，取得了明显成效。严格按照“六员式”帮扶要求，在深入扎实上下功夫，在创新帮扶方式上下功夫，做到企业需要什么，就帮扶什么，切实为企业解决生产和发展中的难点问题，让企业全身心投入生产和建设。

（七）在两化融合上取得新突破

以《数字娄底建设规划（2012～2015年）》颁布实施为契机，加大信息基础设施建设力度，加快企业信息化进程，全力推进数字娄底建设，将现代信息技术融入到工业经济的各个领域，提质增效，促进发展方式的转变，促进工业和信息化深度融合。

园 区 篇

Reports on Industrial Zone

2013～2014年长沙高新技术产业开发区产业发展研究报告

李晓宏*

一 2013年产业发展情况分析

（一）经济运行稳步向好，主导产业加快发展

产业结构调整优化，多点支撑初见成效。加强重点企业帮扶调度，大力发展战略性新兴产业，着力构建多点支撑的产业发展格局，经济运行质量和效益同步提高。全年技工贸总收入突破2000亿元，完成规模工业增加值366亿元，增长12.3%；财政总收入72.1亿元，增长19.5%；综合实力在全国高新区排名由16位上升到14位。全区纳税过百万元企业达388家，较上年增加37家，

---

* 李晓宏，长沙高新区党工委副书记、管委会主任。

其中纳税过20亿元企业1家，过2亿元企业2家，过亿元企业8家、增加7家，纳税过千万元企业89家、增加21家，纳税过500万元企业152家、增加32家。电子信息、新材料、生物医药、节能环保与新能源等主导产业加快发展，规模产值分别增长38.9%、125.9%、27.7%、45.4%；宇顺电子、三德科技、辰泰信息、华诺星空、深拓智能、杉杉户田、岱勒新材料、圣湘生物、麓南脱硫等一批企业增速超过100%，产值实现翻番。文化创意、电子商务等发展势头良好，高新区获批“湖南省电子商务示范基地”。

龙头企业不断壮大，引领带动产业发展。中联重科收购全球干混砂浆设备第一品牌德国M－TEC公司，扩大了品牌影响力和市场占有率，入选“亚洲品牌500强”，是中国工程机械行业唯一上榜企业；远大住工把握绿色建筑产业先机，率先建立绿色建筑全球研发中心，成品住宅首次出口南美；科力远建成全国首条镍氢汽车动力电池全自动生产线，并与美国通用电气合作打造首个微网分布式储能节能国家示范基地；三诺生物入选福布斯中国上市潜力百强企业。拓维信息连续七届举办中国原创手机动漫游戏大赛，与美国、芬兰等全球知名游戏开发商合作成功；华凯创意公司获得中国建筑行业的奥斯卡奖——中国人居经典奖，并获评“全国室内装饰优秀企业”。御家汇、鹰皇商务科技、百信科技、中移电子商务、步步高等知名电商品牌汇聚麓谷。

（二）创新体系日益完善，创新能力持续增强

深入实施科技金融结合。麓谷创投、高层次人才创投基金、创投引导基金和天使投资等金融平台累计为229家园区企业提供资金支持13亿元；浦发银行、长沙银行两家科技支行为143家小微企业授信4.1亿元；合成基金为22家中小企业担保贷款1.1亿元；高新区成为全省科技保险唯一试点园区；科技金融大厦投入使用，与市经信委、深交所、省股交所、科技厅合作，建设征信评级、网上路演、产权交易、股权交易四大基础平台，引进各类中介服务机构30多家；“新三板”工作全国领先，6家企业正式挂牌，拟挂牌后备企业70多家。高新区科技与金融结合工作在央视新闻联播进行了专题报道。

全面推进创新服务体系建设。园区孵化器、加速器企业达 12 家、总面积近 120 万平方米。湘能孵化器获批国家级孵化机构；麓谷企业广场一期实现销售 20 多万平方米，入驻企业 130 多家；麓谷国际医疗器械产业园一期建设全面竣工，省内首个软件产业综合体长沙芯城科技园全面封顶；湖大科技园、麓谷科技孵化器和中电软件园等 5 家单位获评全省首批中小企业创业基地；广电计量检测认证平台正式运行。高新区与韩国忠北科技园、意大利马尔凯大区科技集团达成战略合作；成功承办第七届科交会。

强化创新人才政策支持。启动第二批“555”高层次人才创新创业计划，方盛华美邓静、华曙高科许小曙等 12 人获得扶持资金 850 万元；研究出台《高层次人才专项发展资金管理办法》《配套政策支持实施办法》，设立 1 亿元人才基金；高新区全额垫资近 8000 万元，投入建设华曙高科 3D 产业基地，人才基金出资 1000 万元支持推动大邦生物基地建设。设立高层次人才服务窗口，实行专员化服务，人才服务中心被评为“湖南省诚信人力资源服务机构”；人才基地再添“国字号”招牌，荣获全国首批、全省唯一的创新人才培养示范基地；新增 5 人入选省“百人计划”专家。

着力推动企业自主创新。园区企业的 420 个项目获得国家和省、市立项，支持资金达 2.6 亿元；新获批省级以上企业工程（技术）中心 3 家，其中国家级 2 家；方盛制药获批国家级博士后科研工作站，威胜集团成立院士专家工作站；新增市级以上创新型企业试点 12 家，高新技术企业达 516 家；全年专利授权总量 2100 件，发明专利 450 件、增长一倍。威胜电子、方盛制药等 3 家企业获得 2013 年度“企业科技创新市长奖”，长城信息、华自科技等 24 家企业分获长沙市科技进步奖、产学研合作与科技成果转化奖。源科公司研发的“基于固态硬盘的防失密自毁系统”获得湖南省发明专利一等奖；江南集团研制的航天员座椅缓冲器、湘计海盾研制的载人飞船人机交互信息系统成功应用于神舟十号飞船；中联重科荣获三项中国专利优秀奖、国家科技进步二等奖；麒麟信息研发的国产安全操作系统成功应用于“天河二号”大型超级计算机；华强电气取得车载变频空调核心技术突破，实现为比亚迪、北汽新能源、南车时代等企业配套，为长沙地铁 2 号线轨道列车供货。有色重机、力合科技、华时捷环保等企业核心技术处于国际国内领先水平。

（三）企业集聚效应凸显，项目建设强势推进

招商引资力度加大。研究出台全员大招商、全力招大商政策措施，创新招商方式，招商引资取得新的进展。全年完成实际到位外资2.78亿美元，增长16%；省外境内到位资金28.7亿元，增长16%；新入区注册企业1100多家，是近年来入区企业注册最多的一年。新批外资企业11家，引进购地产业项目14个，德国费森尤斯集团、新加坡丰树集团2家世界500强企业落户麓谷；固定投资过2亿元的企业7家，其中海凭医疗、善领科技2个项目投资过10亿元，汇一制药、多喜爱家纺、燃气发动机3个项目投资过5亿元；新签订经营性用地项目4个，签约金额超过9亿元，卜蜂莲花（原易初莲花）、马来西亚假日酒店、国美电器、中影影院、劳斯莱斯汽车4S店等品牌服务业项目入园发展。

项目建设成效明显。部署开展“强力推进百个项目，服务配套百家企业”活动。建立完善领导联点、部门负责、专员协调的责任机制，构建主动对接、全程代办、绿色通道的帮促机制；培训指导企业做好前期报建工作，使企业在报建过程中少走弯路；采取预备案、红线代理单、容缺预审、条件后置等有效措施，对重点项目开辟报建绿色通道。全年新开工项目32个，霍尼韦尔、金荣先导园、华曙高科、远大住工、中国移动电子商务基地等正在加快建设；竣工项目20个，中联第二工业园、三诺生物、华时捷、九芝堂二期等重大项目竣工投产。全年完成全社会固定资产投资168亿元，增长20%，其中工业投资82.9亿元，增长18%。

（四）产城融合步伐加快，发展环境不断优化

全面加强基础设施建设。新建道路14条、提质改造道路10条，新增通车里程28公里；麓谷大道拓改顺利完工，茶园、长川、长延三座立交桥建成通车，枫林路城市化改造进展顺利；雷锋水厂、三益变电站、麓谷燃气加压站、东方红北路公交首末站等市政设施配套项目加快推进。加快征地拆迁安置。启动新拆项目15个，完成征拆面积5043亩，动迁人口2803人；保障房和公租房建设走在全省前列，新竣工26万平方米、累计竣工96万平方米、安置5000余人。

加强城市管理与环境保护。实施“美丽麓谷”十大重点工程，全面加强园区提质改造，加强城市亮化、绿化、美化，栽植树木 5000 多株，摆放花卉 30 多万盆，园区四季都有鲜花盛开。深化文明城市创建，推进城乡环境综合整治，建立覆盖城乡 24 小时作业的环卫体系，保持市容市貌常态化卫生整洁；严把入园企业环评关，加强环境监管，空气质量优良率保持在 90% 以上。城管工作排名居于全市前列。

加快发展社会事业。实施教育强区战略，投入 1500 万元完善全区学校设施设备，麓谷小学改扩建工程进展顺利；大力开展群众性文体活动，举办高新区首届职工运动会、电影节、广场舞比赛、乒乓球万人赛，丰富群众精神文化生活；保利麓谷体育公园荣获“国家优秀体育公园”称号。加强人口计生工作，属地管理机制得到理顺。被征地农民就业稳步推进。基本养老保险实现全覆盖。城乡居民基本医疗保险市级统筹开展率达 100%。

二 2014 年园区产业发展形势分析

当前，中央、省、市各级都把转型创新发展摆在前所未有的高度，提出了更新更高的要求。要切实增强紧迫感和危机感，以敏锐的视角和前瞻的思维把握大势，积极争当转型创新发展的先行者。

要充分认识到，转型创新是大势所趋。从国际形势看，世界经济延续缓慢复苏态势，国际金融危机影响仍在持续，新的科技产业革命正在兴起。世界经济的深度调整，倒逼园区参与全球高端竞争、提高自主创新能力、转变发展方式。从国内政策导向看，中央根据增长速度换挡期、结构调整阵痛期、前期刺激政策消化期“三期叠加”的阶段性特征，把转型创新发展摆上了突出位置。只有适应国家政策要求，走转型创新发展之路，才能释放更大的改革红利，分享更多的政策红利。

要充分认识到，转型创新是责任担当。高新区在国家创新体系中处于重要和特殊的位置。实施创新驱动、战略提升行动，是新时期国家赋予高新区的历史使命。践行“六个走在前列”，强力实施“三倍”，转型创新发展是首要任务和核心要务，高新区企业要担当主力军。必须以重任在肩、使命在身的责任意识和担当精神，在转型创新发展上取得突破性进展，率先奏响转型创新发展的时代强音。

要充分认识到，转型创新是必由之路。从自身情况看，高新区正处于“三次创业”的重要关口，面临加快工业化、信息化、城镇化、市场化、国际化的迫切要求，原始创新能力还需要加强，战略性新兴产业和现代服务业需要加快培育和发展，产业国际竞争力需要大幅提升。从发展环境看，竞争态势千帆竞发，站在前有标兵、后有追兵，不进则退、慢进亦退的风口浪尖。只有在转型创新上精准发力，才能不断破解发展难题，在竞争中立于不败之地。

同时，园区也面临转型创新发展的一系列机遇和有利条件。一是宏观经济政策利好。中央坚持稳中求进、改革创新的总基调，保持宏观经济政策的连续性和稳定性，继续实施积极的财政政策和稳健的货币政策。二是全面深化改革将释放巨大红利。长沙是两型社会建设、节能减排、现代服务业等多项国家改革试点窗口，有利于先行先试、争取支持。三是国家区域经济发展战略向中西部地区倾斜。中央对湖南提出了“一带一部”即“东部沿海地区和中西部地区过渡带、长江开放经济带和沿海开放经济带结合部”的新定位，要加强研究和对接，争取国家政策支持和基础产业布局。四是省市对高新区高度重视支持。这是做好工作的重要保障。既要在形势变化中捕捉和把握重要机遇，又要在改革创新中化解和战胜困难挑战，打好主动仗，下好先手棋，坚定信心、妥善应对，积极进取、奋发有为。

三 2014年园区产业发展的指导思想和重点工作

（一）指导思想

2014年是深入贯彻落实党的十八届三中全会精神、全面深化改革的开局之年，也是高新区全面建成国家创新型科技园区的冲刺之年。园区工作总的指导思想是：全面贯彻十八届三中全会精神，落实市委、市政府建成“三市”、实施“三倍”的总体要求，以建设国家创新型科技园区为主线，以深化改革

为动力，以产业倍增为目标，以项目建设为重点，着力推进创新麓谷、高效麓谷、美丽麓谷、幸福麓谷建设。主要预期目标是：技工贸总收入突破2200亿元，规模工业总产值突破1430亿元，财政总收入突破80亿元，工业投资完成91亿元，完成征地面积5000亩，拆迁腾地8000亩。

（二）重点工作

1. 以建设“四个麓谷”为总任务

一是突出产业升级，打造创新麓谷。壮大培育优势创新型产业集群。着力实施产业倍增计划，以“千百十”工程为总揽，加快实施“456”工程：即培育发展4个千亿产业集群，包括工程机械产业集群、节能环保产业集群、专用汽车产业集群和以互联网为重点的新一代信息技术产业集群；建设5个超百亿产业基地，包括先进储能与电池产业基地、电力智能控制与设备产业基地、生物医药产业基地、光伏新能源产业基地和现代服务业产业基地；壮大60家收入过十亿元的企业方阵。同步发展电子商务、文化创意、服务外包等新兴业态，实现高技术产业与现代服务业“两轮驱动”，推动转型升级和结构优化。着力强化企业的创新主体地位。建立完善以企业为主体、市场为导向、产学研用紧密结合的技术创新体系，充分发挥企业在技术创新决策、研发投入、科研组织和成果产业化中的主体作用，促进技术、人才等创新要素向企业流动和集聚；加强应用型科研机构、企业研发中心、工程技术中心、博士后工作站等创新载体和公共技术服务平台建设，大力发展科技企业孵化器和加速器；鼓励龙头企业围绕创新发展进行并购与重组，支持跨区域整合与产业链整合；支持企业实施品牌、专利、标准化战略，提高企业品牌价值和核心竞争力。全面深化科技与金融结合。以征信评级、股权交易、网上路演、产权交易四大基础平台建设为重点，完善提升科技金融大厦功能，做大做强科技银行、创业投资、天使基金、合成基金等平台，不断创新金融生态和产品，提升科技中介服务和金融信息化水平，全力打造区域性科技金融中心。着力强化创新政策导向。抓好新修订的创新政策的贯彻实施，加强创新人才基地建设，持续推进“555”人才计划，全力支持人才创新创业，打造具有全国影响力的创新型园区，形成“中部创新看长沙，长沙创新看麓谷”的品牌效应。

二是突出优化服务，打造高效麓谷。高效服务是高效发展的重要前提。要全力构建新型政企关系，把精力和重点放到为企业提供更多公共产品、保障要素供应、创造良好环境上来，努力营造“政府围着企业转、企业围着市场转”的良好氛围。要不断强化服务理念，变被动服务为主动服务，变要我服务为我要服务。要善于换位思考，增进人文关怀，在全区上下营造尊重企业家、宽容企业家、理解企业家、爱护企业家的良好风尚。要不断优化政务环境，进一步简化优化审批流程，继续推行接审分离、在线审批、并联审批、电子监察等措施。要全面推进依法行政。加快《高新区条例》修订和法院、检察院设立，为经济社会发展提供法制保障。

三是突出产城融合，打造美丽麓谷。按照“两型社会”和“生态科技产业新城”的建设要求，适度超前、科学规划布局，深入实施“美丽麓谷三年行动计划”，全面推进产城融合和城乡一体化发展，实现两型化管理提标提档。大力提升开发建设品质。加快麓谷新城区、雷锋新区、尖山湖片区开发和信产园提质。坚持路网先行，全面推进黄桥大道以东主干道路建设和片区配套支路建设，同时抓好水、电、气市政配套项目和城市景观等基础设施建设；开发建设产城融合式的现代城市工业经济综合体，打造“百年工程”的地标式建筑。大力提升功能配套品质。以优化公交为重点，加快公共厕所、垃圾站、菜市场、过街通道、加油站等配套设施完善，加快保障房、公租房建设。大力提升城市管理品质。以“争创一流树品牌，长沙城管看高新”作为目标，推行数字化、网格化和精细化城市管理，做到环卫保洁常态化，实现道路100%的完好率和路面100%的黑色化，做好雨污分流的管网改造、扬尘治理等工作。大力开展“清洁城市”行动，广泛发动群众参与，建立健全长效机制。

四是突出民生保障，打造幸福麓谷。紧紧围绕提高人民群众的幸福感和满意度，实施幸福麓谷三年行动计划，努力在“学有所教、住有所居、老有所养、劳有所得、病有所医”上取得新进展。不断加强社会管理创新，统筹抓好治安防控、信访维稳、安全生产、计划生育、统计服务等工作，当前特别要认真做好第三次全国经济普查，各级各单位要积极支持和配合，确保按时按质完成任务。

2. 以项目提质增效为总抓手

一是要以“一刻也不能放松”的理念抓项目。要始终牢记：错过一个项目，可能会丢失一个机遇，丧失一个机遇，可能会耽误一个时期；全区上下一定要牢固树立“等不起”的紧迫感、“慢不得”的危机感、“坐不住”的责任感，齐心协力推进项目建设，以项目建设铺就转型创新发展之路。

二是要以钉钉子的精神抓项目。要锲而不舍、紧盯不放，做到既注重长期跟踪，又看重“临门一脚”，灵活采取上门招商、以商招商等多种方式，全面提升项目签约率。

三是要全力以赴抓新项目大项目好项目。要以有质量、有效益、惠民生、可持续、无后遗症作为基本取向，集中抓技术含量高、带动能力强、成长性好、投资规模大、生态环保的项目；推进实施集群式项目满园扩园行动，根据园区产业布局、产业链延伸抓项目，推动主导产业集群发展、高端发展。

3. 以全面深化改革为总动力

改革开放是当代中国最鲜明的特色，深化改革是推动转型创新发展的最大动力。当前，要按照中央和省市的统一部署，围绕使市场在资源配置中起决定性作用和更好发挥政府作用，主动做好承接和启动改革的准备工作，重点抓好简政放权，推进行政审批制度改革，打开体制机制创新的突破口。

B.31

2013～2014年长沙经济技术开发区产业发展研究报告

胡 鸽*

一 2013年园区发展情况分析

2013年，长沙经济技术开发区以“六个走在前列”大竞赛活动为总统领，以项目建设为总抓手，坚持“大开发、大建设、大招商”，着力优化产业结构，夯实增长基础，提升发展质量，园区经济社会保持持续、健康、稳定发展。

全年实现规模工业总产值1450亿元，增长13.6%；完成规模工业增加值412亿元，增长12%；完成工商税收90亿元，同比增长5.5%；完成工业固定资产投资102.5亿元，增长18.1%；完成到位外资3.6亿美元，增长32%；完成省外境内到位资金16.5亿元，增长19.6%；完成市外境内到位资金形成固定资产投资39.6亿元，增长27.7%，圆满完成了市委、市政府下达的各项经济指标任务。

（一）经济运行稳中有进

2013年以来，长沙经济技术开发区积极克服经济下行的不利因素，强化经济运行调度，狠抓项目建设，着力“稳增长、调结构、促转型”，确保了园区经济稳步增长。一是产业多点支撑趋势明显。广汽菲亚特、广汽三菱、博世新工厂、蓝思科技等新投产项目相继释放产能，促进了汽车制造、电子信息两大产业分别实现130%、110%的增长。目前，园区工程机械、汽车制造和电子信息三大主导产业产值占比分别为62%、16%、8%，工程机械产业占比下

* 胡鸽，长沙经济技术开发区经济研究室。

降 12%，“一支独大”局面有所改观，多点支撑效应日益凸显。工商税收占规模工业产值达到 6.2%，占比持续提高，经济运行质量持续改善。二是自主创新能力增强。园区获批成为专利审查员实践基地。完成了创建“国家知识产权示范园区”申报工作，顺利通过省局评审。全年高新技术产业科技研发经费投入 27.6 亿元，完成市级以上技术创新项目立项数 20 个。园区科技创业和知识产权保护环境持续优化，自主创新能力不断提升。

（二）重大项目进展顺利

长沙经济技术开发区始终坚持以“六个走在前列”大竞赛活动统揽全局，以项目建设为第一抓手，创造特色，树立典型，努力为全市、全省项目建设挑重担，做贡献。园区大力营造人人关心、人人参与、人人支持项目建设的浓厚气氛，全力推进待建项目开工、在建项目竣工、竣工项目投产，掀起了项目建设的火热场景和生动局面。2013 年，全区 80 多个待建、在建项目全面铺开，全年完成新开工项目 22 个，竣工项目 15 个。投资达 120 亿元的上海大众项目，长沙经济技术开发区以不到一年的时间，完成了项目审核、规划调整、土地报批、拆迁腾地、场地平整全部流程；不到四个月，完成了 5.29 平方公里土地规划调整和核心区用地报批，实现 4498 亩区域拆迁腾地，平整场地 2500 亩，刷新了“长沙经济技术开发区纪录”，彰显了广大干部职工敢于担当、众志成城、凝心聚力、攻坚克难的精神。上海大众成为全省项目建设经验交流会观摩现场。除上海大众外，蓝思科技榔梨工业园、工程机械交易展示中心、山河工业城、广汽三菱扩建工程等重大项目正全力推进。

（三）招商引资充满活力

长沙经济技术开发区继续实施“招大引强”战略，努力促进招商转型升级，招商引资保持了良好势头。牵头或参与组织了“港洽周”、ICA 第十五届年会、第二届工程机械配套件博览会、电子商务高峰论坛、上海招商推介会、日韩招商会等重要招商节会，招商成果丰硕。一是招大引强上新台阶。全年有在谈项目 66 个，共签署项目引进合同 15 个，总投资约 155 亿元，建成后预计年产值将超过 700 亿元。上汽集团、德国大众、日本日邮 3 家世界 500 强企业在长沙经济技术开发区投资新建项目。中国通号、广汽三菱配套园、电子商务产业园等投资过20亿元项目已签订入区协议。二是招商转型趋势明显。积极引进了一批电子商务、现代物流、现代商贸、生产服务业等项目，包括广汽日邮、广汽顺捷等知名物流企业，红星美凯龙、金科地产等现代商贸企业，工程机械交易展示中心、宝石文化产业园等项目，加快完善了园区生产性服务业。三是进出口逆势上扬。蓝思科技、博世汽车、广汽菲亚特等企业出口旺盛，拉动园区进出口快速增长，完成进出口总额22.67亿美元，其中加工贸易完成10亿美元，同比增长100%。

（四）基础建设再创新高

按照“大开发、大建设、大提升”的思路，在完善核心区基础建设的同时，大手笔、高标准快速推进新区拓展。一是规划方面，坚持科学规划、生态规划，快速推进东拓南延，着力打造美丽园区、宜居园区，完成黄花片、榔梨片、星沙产业基地22平方公里控制性详规，启动飞地发展战略规划，着手开展汨罗飞地工业园10平方公里的控规编制。二是国土方面，积极争取省、市、县多方支持，全年共征回土地5973亩，创历史新高，切实保障了园区项目特别是上海大众项目用地需求。同时，争取了3913亩易地补充耕地指标，破解了园区土地报批耕地占比平衡问题。三是基础设施建设方面，共平整场地4600亩，启动大小建设项目72个，新建道路里程16.5公里，完成基础设施建设投资6.2亿元，基础设施建设的规模、进度和投入均破历史纪录。人民东路顺利通车，星沙海关、长沙出入境检验检疫局综合楼项目主体工程已竣工，电力设施加快完善，榔梨公租房、板桥公租房、职工之家建设进展顺利。四是征地拆迁方面，全区共签订房屋补偿协议1068户3200人，拆迁房屋建筑面积40万平方米，拆迁腾地5063亩，支付拆迁补偿资金15亿元，保障了园区项目建设的快速落地。拆迁过程中未发生一起群体性事件。

（五）融资理财开拓新路

着力抓好财税协调，圆满完成各项财政指标任务，全年实现税收90亿元，增长5.5%，实现财政收支12.3亿元，实现财政财务总支出55亿元。一是统

筹安排，强力调度，确保了征地、拆迁、基础建设，特别是上海大众项目建设资金需求。二是积极拓展融资渠道，保障园区发展需要。融资方式多元化成绩突出，直接融资比重进一步提高，全年新增融资49.8亿元。全年挂牌出让土地35宗，实现土地收入22.45亿元。

（六）社会管理卓有成效

加大了社会管理创新投入，全年安排社会管理创新经费2000万元，园区社会管理取得新成效、呈现新面貌、有了新改善。一是妥善安置拆迁群众。完成华湘、泉塘三期安置区建设，共完成建筑面积28.6万平方米。启动龙华二期安置区、榔梨公租房、板桥公租房建设，目前园区在建公租房面积约42万平方米，建成后预计能容纳4万产业工人。二是完成企业员工集中居住小区提质改造，完善了湘绣苑、创业乐园基础设施和配套环境，蓝思科技、广汽三菱、广汽菲亚特、德国博世等20余家园区企业9000多名员工集中入住，并享有优质高效的社区服务。三是推进公共服务项目建设。全年安排23个公共服务项目，包括丁家社区办公楼、农贸市场、泉塘卫生院、泉塘派出所、晓棠公园、泉塘公园等，这些公共服务设施的建成，将为园区居民和群众带来优质服务和生活便利。四是深化“平安园区”建设。充分发挥“天网工程”的作用，强化信息化、网络化建设，提高了社会治安的动态管控能力。积极排查调处园区矛盾纠纷，及时化解安全隐患，全年未发生一起群体性事件，未发生一起较大以上火灾事件，园区大局和谐稳定。

（七）重大事项敢于担当

以敢于担当、勇于创新的精神，突破重重困难，化解诸多矛盾，冷静应对和妥善解决了三一搬迁、LG破产、上海大众壳资源等重大问题。一是争取了三一支持和配合，三一集团总部继续留在长沙经济技术开发区，三一重工注册地变更到北京，但已将其混凝土机械研发和制造业务进行了整体划转，保留了产业规模和税收规模，实现了“实业不走、存量不减、发展不断”的预期目标。二是圆满完成LG破产工作。管委会以4.77亿元价格拍得LG的全部资产，并成功处置了100多债权人达15.3亿元的债务，维护了社会的和谐稳定。

三是全力协调上海大众“壳资源”问题，“壳资源”问题政策性强，牵涉面广，协调难度大，园区多次向省市汇报，多次赴云南、北京、上海联系洽谈，最终与长春华奥汽车谈妥签约，解决了上海大众和德国大众的后顾之忧，坚定了上海大众在长沙发展的信心和决心，确保了项目顺利开建。

二　当前产业发展面临的形势分析

（一）区域优势更加突出

长沙经济技术开发区地处黄花国际机场、武广、沪昆高铁、磁悬浮、国际会展中心等中部立体交通枢纽黄金地段，面临着加快发展临空经济、高铁经济和会展经济等新机遇，同时，星沙海关、长沙检验检疫局以及国家工程机械检测中心等都将在今年入驻园区，这些将进一步彰显园区区位优势。

（二）发展空间不断扩大

按照市委、市政府、长沙县六大主体功能区的划分构想，长沙经济技术开发区保持原来的模式不变，定位为先进制造业区，面积将扩大到 124 平方公里，干杉片区、春华片区都将成为长沙经济技术开发区开发建设的新热土。同时，园区与新疆鄯善、湖南张家界、娄底、汨罗等开发区都建立了战略合作关系，进一步拓展园区发展空间，将进一步促进资源共享、优势互补。

（三）主导产业充满活力

过去是“一业独大”，现在是“三足鼎立”初具雏形。工程机械产业比例降至62%，汽车制造产业占比近 17%，电子信息产业占比 9%。汽车制造、电子信息产业蓬勃发展，产业聚集度不断提高，零部件企业纷至沓来，将为园区实现“三年发展，产业倍增，十年努力，万亿园区”目标奠定坚实基础。

（四）公司化改造顺应时代潮流

在三中全会决定提出充分发挥市场在资源配置中的决定性作用的背景下，

进行公司化改造既是长沙经济技术开发区发展的需要，也是机制体制改革的需要。

（五）转变作风拥有良好基础

多年来长沙经济技术开发区一直提倡“简洁务实”的园区精神，严格执行有经济技术开发区特色的行为规范，牢固树立“以企业为主人”的理念等，都为转变作风奠定了良好基础。

当然，客观分析，长沙经济技术开发区也还有一些不足的地方。比如经济发展模式还比较粗放，主导产业发展还有一个缓慢回升的过程，零部件企业在本地配套率还相对不足，科技创新、核心部件的研发还需加强，部分干部创事干业激情还不够等，这些都需要在今后努力改进和加强。

三　2014年园区产业发展思路

2014年，长沙经济技术开发区将深入贯彻落实十八届三中全会精神，坚持改革创新，加快发展提质，按照“倍增倍升、满园扩园、提标提档”的总要求，全面提升经济运行质量和园区发展环境，确保实现工业总产值1650亿元、工商税收102亿元。

未来，长沙经济技术开发区将进一步突出主业，致力打造“中国力量之都”，全力打造现代城市工业经济综合体，更好地发挥园区在区域经济中的示范和辐射带动作用。争取在2016年提前实现产业倍增计划，形成工程机械和汽车及零部件两个千亿产业集群，培育十大百亿元企业，着力打造“世界工程机械之都”“中国汽车产业集群新板块”。

B.32

2013～2014年湘潭高新技术产业开发区产业发展研究报告

靳志国　唐笠人*

2013年，在中央和省市委的正确领导下，湘潭高新区紧紧围绕“千亿园区”建设目标，上下团结一心，努力克服宏观经济形势不景气、实体经济持续低迷带来的不利影响，解放思想、奋勇拼搏，经济社会发展取得新的突破。

一　2013年园区产业发展情况分析

1. 园区规模快速壮大，高新特质有效彰显

实现技工贸总收入720.1亿元，同比增长43.6%，完成财税收入17亿元，其中税收占比69.9%，经济总量大幅增长，收入结构全市最优。战略性新兴产业迅猛发展，新能源、机电环保产业增速达18%、29.3%；产业集聚度进一步提升，四大产业在规模工业总产值中占89.7%。经济总量跃上新台阶，特别是在宏观经济形势不景气的大背景下湘潭高新实体经济继续保持了强劲发展势头，成为园区发展的亮点。这得益于高新区一直对“高、新”特质的坚守，着力科技创新氛围营造，注重科技创新能力培养。2013年，全区兑现创新奖励190余万元，实现高新技术产值248亿元；申报专利302项（其中PCT专利1项），同比增长30%；获批国家高新技术企业8家，占全市47%；成功获批国家重大科技活动知识产权评议试点单位、国家级创业孵化示范基地，国家级金字招牌增至9块。园区核心竞争力不断增强。

* 靳志国，湘潭高新区产业发展局副局长；唐笠人，湘潭高新区项目申报管理办公室。

2. 重点项目快速推进

坚持按月调度督查机制，1～11 月，全区 27 个市级重点项目完成投资 117.7 亿元，同比增长 54%，占全年计划投资（113.7 亿元）的 104%。工业项目完成投资 50 亿元，占年度计划的 111%。湘钢钢丝绳、立发釉彩、三一大弛、电力电器基地、新昕通用电气等一批项目已经实现竣工；海诺电梯、金榕机械等项目已经基本竣工，明年初可实现竣工投产；列入省级重点项目的胜利钢管，在市、区两级领导的关怀下竣工投产。工业项目投资进度和强度为近年来最好的一年。基础设施项目完成投资 32.8 亿元，占年度计划的 101%。迅达大道、霞光东路、青年路、楚天路等实现正式通车；滨江路、双马 7 号路、东站北路等即将实现主车道通车；板马路、书院东路等道路正在抓紧建设。全区路网年内可实现基本完善。三产及其他项目完成投资 31.9 亿元，占年度计划的 99%。省建三公司总部基地建成投入使用；企业加速器项目 500 余亩土地已经平整，一期 200 亩的建设已经全面启动；九城国际汽车物流城、浙商大厦、花漾年华等项目全面开工建设；国际机电基地等项目场平基本完成。

3. 园区形象全面提升，发展后劲不断增强

全年完成固定资产投资 215 亿元，同比增长 41.5%。以路网建设为主的基础设施建设全面铺开，推进迅速，园区整体形象明显提升，得到湘潭市委主要领导的高度肯定。胜利钢管（一期）、湘钢钢丝绳、电力电器营造基地、三一大驰等项目建成投产；企业加速器、东方金谷分别建成厂房 10 万、8 万平方米，大批企业快速进驻；湘潭高新万达广场顺利开工，新的经济增长点将快速形成。积极拓展渠道，招商选资的视野更宽、触角更长、层次更高、机会更多，中国屹丰成功签约，上海大众汽车配件产业园初具雏形；万达强势入驻，大汉新世界大型城市综合体顺利落户，巍虎投资、湘潭市电子商务协会等总部经济风生水起，以先进装备制造业与现代服务业为主的“双轮驱动”发展模式基本成型，转型二三产业协调发展步伐不断加快，发展后劲进一步增强。

4. 改革创新大胆突破，团队面貌焕然一新

“三清、三改、三提”思路贯穿全年工作始终，前期摸底基本完成，清理收回闲置土地576亩、清退劣质乡镇企业5家，荣获省节约集约用地先进单位一等奖。人力资源改革取得明显成效，“大部门制”管理有效磨合，岗位责任更加明晰，尤其是通过推行“预安销号”和个性化考核，工作执行力明显增强。3~12月全区共预安区级重点工作625项，当月销号完成588项，完成率94%。围绕重点工作推进，全力创新服务举措，推行全程代办服务，服务对象交口称赞，项目征拆再创高新速度，土地报批创出历史新高，团结、务实、拼搏、进取的新高新形象日益深入人心。

5. 发展基础不断夯实，社会民生持续改善

发展规划不断完善，控制性详规编制到位，迅达大道、霞光路等城市主干道沿线以及汽车东站、东二环立交等重要节点的修建性详规编制已经启动，用地结构和空间布局不断优化；成功设立法制办，出台合同管理办法，项目前期审查与后期跟踪管理不断规范；组建审计中心，项目资金监管有效加强，资金使用效益不断提升，为园区下阶段的快速开发建设奠定了制度基础。与此同时，狠抓社会事务管理。扎实推进被征地农民安置工作，完成安置房分配1600余套，安置群众5600余人；高新第一幼儿园顺利开园，区卫生院提质改造和18个村级卫生室标准化建设全面完成；新增养老保险参保378人，新型农村合作医疗和城镇居民医疗参保率均达95%以上；社会大局和谐稳定，群众满意不断提高。

二　2014年产业的发展目标和措施

（一）发展目标

2014年，努力建成“千亿园区”，力争实现技工贸总收入同比增长40%以上；工业总产值同比增长30%以上，其中规模工业总产值同比增长25%以上；高新技术总产值同比增长20%以上；财税收入同比增长35%以上；固定资产投资同比增长35%以上；到位内外资100亿元以上。全年确保实施屹丰模具、大众汽配园、万达城市广场等重大项目26个，年度总投资133亿元；其中重大产业项目16个，年度投资91.7亿元。

（二）主要措施

围绕以上发展目标，着力注意以下五大工作重点。

1. 抓创新驱动，蓄发展后劲

紧紧围绕打造“高端装备谷、低碳新园区”的科技新城目标，编制园区中长期发展战略规划，启动产业发展、科技创新、人才、社会治理等顶层设计；积极探索“一区多园”发展模式，启动拓区建设规划编制工作，努力为市委市政府提供决策参考，加速扩区提质、产城融合步伐。以打造国家创新型特色园区为契机，不断优化创新创业环境，集聚科技创新资源，提升创新驱动发展水平。切实抓好孵化器数据信息管理系统开发，打造火炬园公共技术服务信息服务平台。加快科技金融中心建设，完善集“投、保、贷、补、扶”于一体的融资体系；引导帮助企业加速“新三板”上市，积极探索以股改、扩股、股权转让、资产置换为核心的融资新模式，缓解融资困难。完善科技企业高端服务体系，实施分类管理、分类辅导，助推科技企业快速成长壮大。要完善创新载体，尽快建成企业加速器、创业苗圃和大学生创业大楼，引导大学生创业项目快速聚集。加快产学研一体化建设。努力整合科技资源，加大扶持投入，鼓励企业积极承担国家科技项目，支持企业与高校开展深度合作，提升技术研发能力，逐步构建以“企业为主体、市场为导向”的产学研一体化合作平台。切实抓好重大经济科技活动知识产权评议试点验收和国家知识产权示范园区创建工作落实，确保全年引进科技型企业 50 家以上。

2. 抓招商选资，促产业扩张

按照“转型提质”要求，着力调整产业结构，推动转型发展。积极对接上海大众汽配、广汽三菱等企业，打造中部地区汽车配件产业聚集区；以银河新能源动力电池、九城通用航空产业园等龙头项目为重点，大力引进新能源汽车、电子信息与电子商务等朝阳产业，推动战略性新兴产业快速发展；以湘电新能源产业园、中石化石油探测检波器、韩国浦项钢铁紧固件等重点项目为重点，加强风电、钢材深加工、矿山装备等优势产业项目的引进，推动传统优势产业快速壮大。加大三产业的招商力度，大力引进生产性服务业、电子商务等新兴业态，积极发展总部经济，全力做好汽车东站货运物流中心等现物流产业

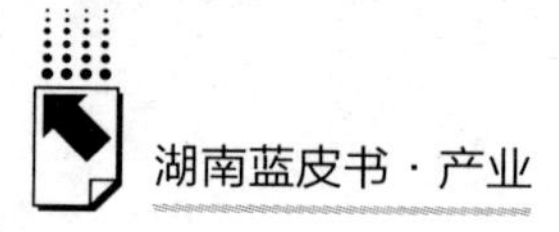

项目的跟踪引进，打造中部地区特色物流基地。

3. 抓产业服务，聚发展合力

按照“更准、更实、更高、更好”的原则，着力改善服务质量，提升服务成效。深入开展“金点子”征集活动，着力提升服务的针对性；坚持一对一联点帮扶，探索推行服务对象评议制度，提升服务的有效性，切实抓好政务大厅改扩建，全面推行项目全程代办服务，打响高新政务服务品牌。年内完成屹丰模具（一期）、加速器（一期）、东方金谷等项目建设，启动新能源产业园、加速器（二期）等项目建设；启动大汉新世界、上海城、汽车东站提质改造等城市综合体项目建设，加快万达广场、汽车东站货运物流中心建设。紧紧围绕中小企业融资难问题，想办法、出点子，加强对接协调，努力牵线搭桥，切实帮助具有较大发展潜力的科技企业渡过资金难关。

4. 抓要素保障，推项目提速

继续加强与上级部门的对接与沟通，年内力争报批土地5000亩以上，确保重大项目的入园需要；结合园区实际，按照“既不违反政策、又不引起反弹”的原则，积极探索适合高新区的办法和举措，努力整合区街村力量，下移工作重心，有力有序推进征地拆迁工作，全年确保实施项目征拆40个以上，征拆腾地5000亩以上。充分评估风险，切实降低财务成本，全年确保融资到位40亿元以上，帮助企业筹措资金20亿元以上，争取2家以上企业“新三板”挂牌。同时，加快综合地块、商业地块上市出让步伐，提升土地综合效益。

5. 抓民生改善，建幸福园区

进一步加大财政投入，年内确保新建安置区13.4万平方米，完成安置房分配1100套。稳步推进辖区义务教育费用减免、低保（医保）城乡统筹、城乡居民养老保险提标工作，切实解决群众教育、医疗、养老等方面的实际困难。统筹社会事务管理，分步完善社区服务中心和村部的配套功能，有序推进偏远村组道路和水利设施建设。探索“国有民办”的办学方式，积极引进广东嘉福等省外及省内优质教育资源，加强区内教育硬件设施建设，提升教育质量；大胆探索街道直管模式，进一步理顺社会事务管理机制，创新社会治理方式，深入一线化解纠纷矛盾，切实抓好安全生产，确保社会和谐稳定。

B.33

2013～2014年湘潭经济技术开发区产业发展研究报告

喻 湘*

2013年，在市委、市政府领导下，湘潭经开区紧紧围绕"全面贯彻十八大精神，建设美丽新九华"主题，坚持转型发展、高端发展、创新发展，在总体经济形势下行的压力下，全区经济依然保持了平稳较快增长。

一 2013年园区产业发展情况

（一）经济总量突破千亿，产业规模快速壮大

全年实现技工贸总收入1053.2亿元，同比增长48.3%；完成工业总产值590.6亿元，增长45.5%；完成规模以上工业增加值135.9亿元，增长26%；实现第三产业营业收入462.6亿元，增长52.2%；完成固定资产投资292.2亿元，增长45%；实现财政收入23.2亿元，增长22.8%；完成出口创汇2.1亿美元，实际到位外资2.3亿美元，增长35.4%，实际到位内资85.3亿元，增长56.9%。成为继长沙经开区、长沙高新区、株洲高新区之后的全省第四家千亿园区。

（二）二三产业相得益彰，产业结构不断优化

1. 工业经济保持较快增长

全年新增投产工业企业7家，新增规模工业企业11家。规模工业增加值

* 喻湘，中共湘潭经济技术开发区工作委员会书记。

完成130.3亿元，增长22.1%；汽车、电子信息及装备制造产业产值分别达152.3亿、147.2亿、173亿元，分别增长14.2%、35.5%、32%。吉利汽车实现年产过12万辆，完成产值114.5亿元，增长17.5%，甲醇动力车已下线，并实现批量生产，吉利汽车成为园区首个产值过百亿元企业和全省十八家百亿企业之一；兴业太阳能实现产值29亿元，增长29%；蓝思科技产品市场供不应求，日产2英寸蓝宝石片由年初8000片增至3.5万片；新投产企业泰富重工实现产值83.3亿元。

2. 服务业呈加速发展态势

全年新增三产业运营企业9家，服务业实现营业收入462.6亿元，增长52.2%，增速高出工业6.7个百分点、高出技工贸总收入3.9个百分点。三产业营业收入占技工贸总收入的比重为43.9%，较去年同期提高1.1个百分点。17家汽车4S店实现营业收入33.9亿元，增长35.6%；房地产企业累计实现房屋销售面积78.9万平方米，实现销售额31.3亿元。园区第三产业与工业产业发展比例达到了0.8∶1，园区经济多点支撑、二三产业协同发展的格局正在加速形成。

3. 经济外向度显著提升

成功引进了华拓数码、中国网库、威胜集团等一批高端产业项目；完成出口创汇3.7亿美元，增长1.7倍，其中新浦实业完成1.6亿美元。全省面积最大的综合保税区湘潭综合保税区成功获批，一期建设全面推进，今年10月将封关运行。

（三）项目建设精彩纷呈，产业支撑能力增强

1. 一批高端产业项目顺利投产

全年续建和新开工工业项目72个，完成投资121.9亿元，投资过亿的项目26个；服务业项目51个，完成投资93.9亿元，投资过亿的项目30个。年产值百亿的泰富重工一期、桑顿锂离子电池及机电一体化项目正式投产；湖南农业工程机械产业园一期完成投资4亿元，2013年中南农机机电产品展示交易会于9月份在农机产业园国际展示交易中心成功举办，当天完成交易额1.2亿元；年产值百亿的威胜电气产业园项目全面开工建设；华拓数码、中国网库

等现代服务业项目投入运营。

2. 一批战略性基础设施项目顺利突破

全区续建和新开工基础设施及配套项目 22 个，完成投资 59.9 亿元，全年道路建成通车里程达 32 公里。连接长沙潇湘大道的沿江风光带九华段 1～7 标段路基基本拉通，全年完成投资 10.2 亿元；连接长沙坪塘大道的九华大道北段加快推进，完成投资 6.7 亿元；园区横向主干道奔驰路全线贯通，进出沪昆高铁湘潭北站的莲城大道如期顺利推进，九华自来水厂建成投入使用。

3. 一批重大产城融合项目顺利推进

索菲特大酒店主体工程已封顶；九华湖德文化公园基本建成开园；红星美凯龙建成封顶，新都汇星级酒店、写字楼等城市综合体全面启动；九华幼儿园装修完成，九华中学、和平小学等项目正在加快建设，今年实现招生。园区初步实现了从单一的工业经济向生产、服务、消费的城市经济转型。

（四）运行质量显著提升，产业发展活力增强

1. 科技创新能力增强

29 家高新技术企业累计完成产值 295.5 亿元，增长 13.9%；研发经费累计投入 7.71 亿元，占地区生产总值的 3.3%，同比提高 0.3 个百分点；“湘潭锅炉 29～70 兆瓦燃气热水锅炉”项目通过了国家级科技成果鉴定；中冶京诚 400 吨矿用车获得了湖南省首台（套）重大技术装备认定及奖励；宏大真空荣获湘潭市首个省专利一等奖，金海钢构、海洋生物获批省级企业技术中心，成立了湘潭首家知识产权工作站。

2. 经济效益稳步提高

全年实现财政收入 23.1 亿元，增长 22.9%；税收收入占财政总收入比重为 56%，较去年同期提高 2 个百分点。税收过千万企业 11 家，吉利汽车实现税收 3.97 亿元，增长 64.2%；过百万企业 103 家，同比增加 30 家；工业企业完成税收 6.1 亿元，增长 34.8%。

3. 节能减排成效显著

2013 年，园区万元工业规模增加值能耗降低 39.2%；完成对九华纸业的关闭退出；加强环保审批和监管，全年新投产企业环评率和“三同时”验收

合格率达100%；全力推进“湘潭十大环保工程”建设，吉利汽车等三个重金属废水治理项目顺利通过上级验收。

（五）服务体系不断完善，产业发展环境优化

1. 要素保障强硬有力

全年国土报批面积近6500亩，完成征地拆迁面积近1.5万亩，筹集建设资金近100亿元，确保了蓝思科技、泰富重工、综合保税区、湘江风光带、九华大道北段、莲城大道等重大项目建设顺利推进。

2. 社会民生持续改善

出台了一系列惠民举措，推出了领先周边地区半步到一步的民生产品。“智慧九华”综合指挥平台、公共自行车租赁系统正式投入使用；引进了湘潭市和平小学、市一中等优质教育资源合作办学，构建起从幼儿园到大学完整的现代高端教育体系；制定出台了12年免费教育、十一类42项免费国家基本公共卫生服务等多项惠民政策；优化园区公交线路，九华居民可免费收看数字电视等。

3. 产业规划政策不断完善

编制了《百亿企业千亿产业发展规划》《服务业发展规划》等产业发展规划；出台了鼓励区内配套、投资项目优先使用园区企业产品、扶持企业上市、引进人才等一系列发展政策，兴业太阳能等4家企业共53个产品进入第一批省两型产品政府采购目录。

二　2014年产业发展形势分析

（一）准确把握宏观形势

准确把握十八届三中全会、中央经济工作会议、中央城镇化工作会议，以及省委、市委经济工作会议等一系列会议精神，对做好我们今年的经济工作非常重要。中央明确的2014年经济工作核心是“稳中求进、改革创新”，这意味着我国经济发展长时期向好的基本面没有改变，中央将继续实施积极的财政

政策和稳健的货币政策。中央关于全面深化改革的基调是，坚持加强顶层设计和摸着石头过河相结合，整体推进和重点突破相促进，这意味着改革的红利将进一步得到释放。具体到九华，就是要将转型发展、高端发展、创新发展与十八届三中全会精神紧密结合起来，在“稳中求进”的基础上实现“稳中快进”，不仅经济发展速度要快，转型升级要快，改革创新也要快，努力争当发展先锋、改革闯将。九华当前处于转型升级的关键期，长期发展过程中积累的问题必须在发展中加以解决，慢不得、等不得，否则就会错失良机、慢进即退。

（二）找准发展中的困难与问题

1. 区域竞争压力大

湘潭经开区目前处于全省园区第二方阵靠前的位置，与先进园区相比较，还存在较大差距。在前有榜样、后有追兵的形势下，竞争和发展的压力非常大，按照年均 30% 的增长速度，湘潭经开区要经过 5 年左右的努力，才能拥有与先进园区竞争的实力。我们必须找准定位，跑步前进，努力追赶一流园区，挺进全省园区第一方阵。

2. 不确定因素较多

当前宏观经济形势依然错综复杂、充满变数。世界经济正在深度调整，总体呈现低速复苏态势，发达经济体增长后劲依然不足，新兴经济体下行压力较大。我国经济运行的积极因素正在累计增加，呈现出趋稳向好的态势，但由于部分行业产能过剩矛盾突出，一些领域存在潜在风险。受市场有效需求不足、经营成本上升、土地和人才要素制约等因素影响，园区企业经营压力增大，经济下行和结构调整的压力依然较大。

3. 转型升级任务重

一是三产业依然是园区经济发展短腿。尽管近年来第三产业得到了一定发展，但与工业经济相比，与群众的衣食住行、就医就学等生活需求相比，园区的配套设施和服务仍显滞后。二是需引进带动性强的大项目。大项目推动大发展，要如期建成千亿工业产值园区和保持经济较快增长，早日实现“转型发展、高端发展、创新发展”，进入全省园区第一方阵，急需招大引强，引进一批大项目。三是解决遗留问题的压力很大。十年的大开发、大建设带来了巨大的债务压力，虽然整体负债率不高，但目前我们资产变现的能力还不强，特别是当前房地产宏观调控进入实质推动阶段，不利于园区资源整体升值。另外，园区社会转型过程中积累了不少矛盾纠纷，化解的压力很大。

（三）增强转型、高端、创新发展的信心

1. 具备坚实的产业基础

园区三大主导产业不断发展壮大，吉利汽车、泰富重工等已成长为全市、全省举足轻重的企业。“产城融合”也在加快推进，滨江新城建设如火如荼；近年来，园区在淘汰落后产能、优化土地资源利用、完善现代服务业和基础配套等方面取得了积极成效。这些都为九华下一步转型升级发展打下了良好的基础。

2. 拥有独特的空间优势

九华自身拥有 138 平方公里的发展战略纵深，完全有条件和资源解决发展过程中的困难和问题，发展前景非常好；近年来实施的“北进”战略也为九华拓展了新的发展空间：沿江风光带、九华大道北段拉通之后，将为九华共享省会优势发展资源创造有利条件，逐步加快与长沙的融城步伐。在对外开放发展方面，湘潭综合保税区的设立将使九华成为全省外向型经济发展的洼地，并将极大地拉动园区产业链上下游配套，带动整个园区二、三产业联动发展。

3. 创造新的发展优势

九华要赢得发展先机，服务是关键。九华“三个服务”的理念已经深入人心，但服务要执行到位、职责要履行到位，必须依靠刚性的约束、有力的监督和严格的追责，通过服务机制和工作体制的完善，进一步提升服务理念和水平，释放新的发展动力。

三　2014 年发展思路、目标与措施

2014 年湘潭经开区将全面贯彻落实党的十八届三中全会精神和中央、省、市经济工作会议精神，在市委、市政府的正确领导下，坚持转型、高端、创新

发展，以项目建设为抓手，做大经济总量，追赶一流园区；以第三产业发展为突破口，夯实发展承载平台，加快产城融合；以全面深化改革为方向，深入两型社会试验探索，创造发展新红利；以民生福祉为根本，发展社会事业，提升人民群众幸福指数；以党的建设为保障，加强基层组织建设，提升服务理念和水平。2014 年计划完成技工贸总收入 1400 亿元，工业总产值 850 亿元，固定资产投资 350 亿元，财政收入 26. 7 亿元。

（一）加快推进项目建设，打造百亿企业、千亿产业

1. 抓好重大产业项目招商

实行“走出去”战略，围绕三大主导产业和战略性新兴产业做好招商项目策划储备，引进骨干龙头产业项目 3 ~6 个；大力引进战略合作者，高起点、高标准编制兴隆湖、沪昆高铁湘潭北站、城乡统筹区等重点片区控制性详规；全力推进综合保税区建设，重点引进一批保税加工型、保税物流型、保税服务型的外向型项目入驻，打造外向型经济发展高地。

2. 全面实施“双十工程”“百千亿”规划

一是抓好十大产业工程建设。重点推进湘潭综合保税区、泰富重工二期、威胜电气产业园、吉利新能源汽车、九华汽车零部件产业园、恒润高科专用车生产基地、湖南桑德环保产业园、华拓数码二期、华电分布式能源站、全创科技二期（韩国梨树集团项目）等项目建设。二是抓好十大基础及配套服务工程建设。重点推进沪昆高铁站前广场及连接线、湘江风光带九华段、九华大道北段、隆平高科二期、湘潭市中心医院九华基地、新九华中学和九华和平小学、九华污水处理厂、黄河索菲特大酒店、红星美凯龙、新都酒店等项目建设。三是抓好《百亿企业千亿产业发展规划》和《服务业发展规划》实施。根据十八届三中全会精神，完善《百亿企业千亿产业发展规划》，出台加快服务业发展的政策，制定规划实施方案。

3. 强化要素供给保障

一是积极对接国家和省市政策，做好项目的策划包装和储备申报，积极争取专项资金；创新筹融资方法，拓宽融资渠道，满足项目建设资金需求。二是加快重点项目征地拆迁扫尾，计划完成征拆扫尾任务 4500 亩。确保综合保税

区、威胜电气产业园等重大产业项目和沿江风光带、沪昆高铁站前广场及连接道路等重大基础设施项目用地需求。三是加强技能人才的培训和输送。充分利用园区现有的高校资源，积极搭建校企合作平台，为企业培养和输送技能型人才，解决企业用工难问题。

（二）增强自主创新能力，提升产业核心竞争力

1. 加快创新服务平台建设

加快建设完善共性技术研发平台等公共技术服务平台，为推动企业加快具有自主知识产权的关键技术和重大产品研发，促进企业核心技术和专利技术向标准转化提供平台。重点抓好九华创新创业服务中心创建省级科技孵化器，中冶京诚创建国家级企业技术中心，泰富重工、兴业太阳能创建省级工程技术研发中心等工作，争取全年新增 2 个省级以上科技平台。

2. 完善科技创新服务体系

大力实施知识产权、品牌战略和自主创新、引进创新“两轮驱动”战略；实施一批战略性新兴产业重大科技项目，突破一批战略性新兴产业发展的核心技术和关键技术；大力发展创业服务等科技创新、产业成果转换配套的服务机构；鼓励企业加强与院校和科研机构紧密合作；积极组织企业申报国家和省市各级各类科技发展计划，争取政策和资金扶持。

3. 大力推进节能环保

推动园区企业清洁生产技术改造，重点实施兴业太阳能示范区基地及华电分布式能源项目，大力推进工业节能降耗。建立和完善资源综合节约利用的激励约束机制，推动重大低碳技术的示范应用，探索低碳产业发展模式。

（三）创新发展体制机制，不断增强产业发展活力

大胆创新投资公司的治理结构，走市场化经营的路子，实现政企分开、管理科学、效益最大的目标；大胆创新内部机构和职能，整合相关资源，设立新的符合发展要求的部门；大胆创新城市发展的内生增长力，以兴隆湖 RED 城市综合体建设为重点，同时打造以九华湖为中心的城市商圈，加快产城融合发展；大胆创新城乡统筹发展方式，加快推进生态保育区建设，建成生态田园化

乡村；大胆创新社会治理模式，不断提升人民群众幸福指数，制定好科学的教育、卫生、文化计划，进一步整合资源、优化布局、加大投入，全面提升园区公共服务能力和水平。

（四）狠抓工作效能优化，全面提升产业服务质量

2014 年是提升服务理念和水平的攻坚之年。向服务要资源，向服务要效益。建立和完善各类服务机制，明确服务主体，规范服务流程，将服务量化细化并落实到部门和个人，加强服务过程的监督和服务质量的考核；围绕提升服务理念和水平，进一步创新服务的方式、方法，建立为企业服务的平台和机制，推行重点项目和重点企业服务机制、企业分级服务机制，提供全天候的保姆式服务；加强一线服务、现场服务力度，工作重心下沉，工作站点前移，工作协调及时；加强工作督查，以督查促进度、转作风、提水平，对服务过程中出现的推诿、拖沓、慵懒、敷衍等不良现象予以坚决处置。进一步建立和完善相关机制，并严格执行，真正做到把权力关进制度的笼子，让权力在阳光下运行。不断创新人事薪酬机制和绩效评估体系，进一步激发正能量，特别是注重关键岗位、专业人才的引进和运用。按照中央、省、市的统一部署，狠抓党风廉政和作风建设，积极推进群众路线教育实践活动。

B.34

2013～2014年岳阳经济技术开发区产业发展研究报告

岳阳经济技术开发区研究室

一 2013年产业发展情况分析

2013年，面对复杂的国内外经济形势、严峻的经济下行压力、罕见的持续高温干旱，岳阳经济技术开发区认真贯彻落实中央和省、市决策部署，以科学发展为主题，以“三量提升”为主线，以作风建设为抓手，攻坚克难，突破求强，较好地完成了全年各项目标任务，被评为全市综合绩效考评先进单位。回顾一年来的工作，主要有如下特点：

1. 经济运行平稳较快

全年实现地方生产总值190.48亿元，增长8.9%；完成规模工业增加值137.7亿元，增长9.4%；完成固定资产投资111.87亿元，增长28.8%；实现社会消费品零售总额89.29亿元，增长13.5%；完成财政总收入21.6亿元，增长14.8%，其中税收收入16.03亿元，占比74.2%，增长20.8%，特别是年税收超千万企业已达26家，比上年增加11家；城镇居民人均可支配收入达到23420元，增长9.3%，农村居民人均可支配收入达到11261元，增长14.4%，经济运行稳中有进、稳中向好。

2. 产业发展转型升级

坚持把项目作为推动发展的第一抓手，引进和建设了南翔万商、同联药业、吉祥石化、科美达电气二期、长炼机电园、温德姆至尊豪庭五星级酒店、迅力机电、居然之家等一批大项目、好项目，实现内联引资42.12亿元，实际利用外资6622万美元。大力提升项目承载能力，区财政筹资、平台融资20余亿元投入项目建设。累计完成土地报批3140亩，拆迁腾地2306亩。木里港

路、长岭头路、中科路路基工程基本完成，初步拉开了木里港工业区框架。金凤桥 11 万伏变电站开工建设，岳阳大道（东）沿线燃气、自来水、地下管网建设完工。大力发展新兴产业，完成高新技术产业增加值 96 亿元，增长 18.1%。加速发展第三产业，步步高、家润多等大型商贸、餐饮名店抢滩经开区，旭园路美食一条街初具规模，第三产业实现增加值 28.4 亿元，增长 16%。加快农业产业化进程，水果、蔬菜、苗木等特色产业蓬勃发展，农民专业合作社发展到 23 个，实现农业总产值 11.4 亿元，增长 14.8%。三次产业结构比调整为 3.0∶82.6∶14.4。

3. 城乡统筹步伐提速

突出产城共荣、城乡一体，进一步明确了“木里港工业区、金凤湖生态保护区、三荷空港产业区、新型城区”四区一体的功能布局，加快编制了岳阳大道（东）两侧、巴陵东路南侧、新华片区等重要区域、地段、节点的控详规划和城市设计，描绘了现代核心城区建设新蓝图。深入开展以创建全国文明城市为龙头的“五创提质”行动，完成旭园路、狮子山路、健康路等 10 条道路油化提质改造，基本实现主次干道油路化；百条小街巷改造惠民行动取得阶段性成果，中心城区路不平、灯不亮、环境脏乱差面貌显著改观，城市建管水平和文明指数大幅提升。扎实开展农村环境卫生整治行动，75 个行政村基本达到“三有三无”标准，三荷乡和西塘镇杨家村分别被评为全市“秀美乡镇”和“秀美村庄”。总投资 1300 万元的小农水三年行动计划启动实施。开展“蓝天碧水”工程，加强南湖、王家河、北港河水环境整治；完成大面造林 1200 亩，森林覆盖率达 44.06%，生态环境持续优化。

4. 禁拆治违成效显著

全年累计组织大小拆违行动 220 余次，拆除违法建设 951 处、15 万余平方米，其中存量违法建设 285 处 5.6 万平方米，基本实现了违法建设零增长。特别是去年还首开全市爆破拆违的先河，在大桥社区先后两次实施定向爆破，拆除存量违法建设 5 栋 8282 平方米，有力打击了违法建设的嚣张气焰，拉开了全区存量违法建设整治的序幕，禁拆治违工作步入杜绝新增、逐步消存的良性轨道。

5. 民生改善硕果累累

城镇新增就业2661人，新增农村劳动力转移973人，零就业家庭动态援助率100%。养老、工伤、医保、生育、失业保险覆盖率稳步提高，基金征缴达1.06亿元，城乡居民社保征缴率达90%。城乡低保月人均补差水平分别达到270元和118元，累计救济救助各类对象13万人次，发放款项达2800多万元。加大安置房、保障房建设力度，投入资金1.8亿元，开工建设棚改房1000套、公租房280套，建设金水、分水垅、金凤公寓等18个安置小区6769套安置房，竣工分房3个788套。总投资3亿元的中小学校标准化建设“三年行动”启动实施，教师绩效工资提标，教育教学管理提质，教育影响力持续提升。新型农村合作医疗参合率达98%，受益面110%。符合政策生育率85.2%，人口出生率15.02‰，人口自然增长率5.96‰。信访秩序明显好转，群访下降19.7%，来信来访办结率达96.7%。《经开区新闻》等外宣平台越办越好，舆情监管有力，统一战线、工青妇组织纽带作用充分发挥，群众性文化、体育活动活跃。安全生产形势总体趋好，事故死亡人数下降66.6%。综治防控工作不断加强，公安民调满意度大幅提升，全市排名第4，全省排名第57，比上年前进56个名次。全年未发生重大刑事案件、重大安全事故、重大群体性事件以及堵门、堵路等闹访事件，社会大局和谐稳定。

二　2014年园区产业发展的工作思路和主要目标任务

2014年，全区工作的总体要求是：深入贯彻落实党的十八大、十八届三中全会和中央、省、市经济工作会议精神，以全面建成小康社会为统揽，以深化改革为动力，以党的群众路线教育实践活动为契机，紧紧围绕二次创业确定的年度目标任务，坚定信心，创新方法，改进作风，努力打造经开区经济社会发展升级版。

主要预期目标是：地区生产总值增长10%，达到210亿元；财政收入确保增长10%，完成23.8亿元，力争增长15%，达到25亿元；规模工业增加值增长10%，完成150亿元；固定资产投资增长15%，完成130亿元；社会消费品零售总额增长15%；城乡居民人均可支配收入分别增长10%；各项约

束性指标全面完成，实现经济总量、发展质量、人均均量“三量提升”。

1. 强化项目支撑，加速开发建设

一是积极争取项目。最大限度掌握政策信息、最大限度挖掘自身潜能、最大限度争取上级支持，紧紧围绕国家产业政策和投资导向，坚持无中生有、有中生优，突出产业结构调整、基础设施建设、社会事业和民生保障等发展重点，采取大项目争列重点、小项目打捆申报等方式，精心包装项目，主动去跑、奋力去争，力争更多项目列入国家、省、市的大盘子，全年争取政策性项目资金3亿元以上。二是全力招商引资。坚持“合规划、不污染、用地少、效益高”原则，重点围绕先进制造、生物制造、电子信息、商贸物流等行业，筛选资金实力强、技术水平高、管理规范的大企业，全面深化对接合作，促进项目落地生根。年内确保引进3个、争取引进5个投资过5亿元的大企业入驻，确保招商引资总额突破60亿元、实际到位内资45亿元、外资8000万美元。三是大力推进项目。坚持实行“一个项目、一名领导、一个单位、一套人马、一个方案、一抓到底”工作机制，把市、区两级确定的重点项目作为突出重点，全力以赴，狠抓落实。工业项目上，重点抓好产业孵化园、科伦药业二期、同联药业、长炼机电园等项目建设；基础项目上，全力抓好财政性投资的市政项目、民生项目建设，着力抓好三荷机场、京港澳连接线、岳望高速、大岳高速、金凤桥变电站等重点工程协调服务；三产项目上，重点抓好南翔万商、温德姆五星级酒店、大润发城市综合体、居然之家、华润万家等项目建设。

2. 突出科技创新，加速产业升级

坚持把培育优势主导产业与加快发展方式转变作为主攻方向，切实抓好重点产业发展的各项工作。一是突出工业主导地位。着力培育壮大战略性新兴产业，促进石化装备、磁力设备、生物医药、北斗导航等产业实现规模扩张和集群发展，打造产业核心增长极。综合运用政策、服务、资金等手段，进一步帮扶现有企业加快技术创新、增产扩能、创牌冠标，向高端化、品牌化、集群化方向发展，走出市场困境，保持成长活力。抢抓国家放开IPO审核机遇，积极培植上市资源，引导国信军创、科美达电气、巴陵油脂、吉祥石化、筑盛阀门等有实力的企业加快上市步伐。深化银企合作，充分发挥中小企业担保平台作用，使更多的信贷资金投向中小民营企业。年内，新增规模以上工业企业 5 家以上，省级高新技术企业 5 家以上，为中小企业发放贷款 2 亿元以上。二是大力发展现代服务业。要大力发展生活性服务业，积极引进知名商业品牌、餐饮名店、星级宾馆、大型超市和城市产业综合体等，搞活商贸流通，扩大消费需求，逐步让岳阳人“衣食住行、吃喝玩乐”东跨王家河。要大力发展生产性服务业，培育发展电子商务、金融保险等新型业态，拉动经济增长。要充分发挥区位交通优势，大力发展总部经济，加快引进大型商贸物流项目，打造一批专业批发市场、大型综合卖场和仓储物流基地，推动现代服务业发展提速、比重提高、水平提升。三是加快发展现代农业。要把发展特色农业作为农业产业结构调整的重点，对花卉、苗木、水果等已经形成规模的产业要由大变强，提质增效；对发展潜力大的休闲农业、特色种植等产业，要促其由小变大，在扩大规模的同时提高质量和效益。

3. 坚持规划引领，加速城乡统筹

按照建设充分展示岳阳发展水平的现代核心城区目标，加强高端策划和顶层设计，聘请国内外一流规划设计单位对“四区”进行整体谋划、完美设计，配套完善各类规划，在更高的层面、更大的范围，用超前的思维、战略的眼光谋划未来发展。一是大力推进文明城市建设。加快长岭头路、木里港路、中科路、新华南路等骨干道路建设，加速岳阳大道（东）两侧、金凤桥片区、新华片区开发，拓展城市空间。加大投入实施城区全面提质工程，不断提升城市品质。深化五创提质“六大整治”行动，加强城市管理和环境综合整治力度，确保市场经营有序、街道干净整洁、社区环境优美、交通秩序良好、市民行为文明，为岳阳进入全国文明城市行列添砖加瓦。二是扎实改进城乡面貌。着力建设一批秀美村庄，加强节能减排和生态环保工作，保护青山绿水，打造生态宜居的城乡环境。三是坚决落实禁违拆违治违工作目标。禁拆治违是事关城乡发展的头等难事。全区上下要以时不我待的思想、壮士断腕的决心，打好打赢禁拆治违的攻坚战。要坚持“110”目标不动摇，强化乡、村禁违主体作用，进一步落实领导包片、部门包村责任，提升执法队伍综合素质，建立健全禁拆治违工作长效机制。要坚持属地管理不动摇，全力做好“打早处小”工作，用刚性措施加强源头控制，用铁的手腕加大强拆力度，坚决遏制新增违法建

设，逐步消除存量违法建设。要坚持综合治理不动摇，运用一切法律手段、行政措施，严惩非法占地、毁林、开基行为，严厉打击非法买卖土地的不法分子、暴力抗法的黑恶势力。要坚持从严责任追究不动摇，严惩党员干部不作为、慢作为、乱作为行为，下大气力查处一批参与违法建设的党员干部。

4. 着力改革创新，提升要素保障

一是着力破解资金难题。要树立现代金融意识，千方百计用足用活金融资源，尤其要创新思路，做活“资源、资产、资本、资金”这篇大文章，力争全年完成贷款融资20亿元，为大规模开发建设提供强有力的资金支持。要积极盘活闲置资产，通过资产变现、特许经营、股权转让、项目融资等多种形式盘活存量，将有限的资源资产转化为资本资金。要做强做优开建投、开发总公司、轩达公司、新金公司等融资平台，通过高效的资产管理和资本运作，争取更大范围、更宽领域的资金支持。同时，要扎实做好财税工作。进一步加强税源监控，特别是要抓好工程建设、房地产开发和住房出租领域的税收监管，鼓励引导企业、个人依法诚信纳税、光荣纳税。要加强预算监管和专项资金监管，大力压缩“三公”费用支出。要进一步完善财税体制，充分调动乡镇、部门增收创收的积极性和创造性，彻底解决经费运转难题。二是着力破解土地难题。要树立“科学用地、集约用地”理念，综合运用政策、规划、市场、体制机制等手段，协调调动各方面积极因素，解决好建设用地问题，力争全年征拆腾地2000亩左右、收储土地1000亩左右。要科学调整城乡建设用地规划和项目布局，调出部分建设用地；要通过增减挂钩和土地置换，挤出部分建设用地；要把投资强度作为项目入区的重要门槛，通过政策限制、规划控制等多种措施，省出部分建设用地；要积极发挥土地储备中心作用，收回一批闲置用地，盘活一批存量土地，加速拆迁腾地，储备一批土地资源。三是着力破解人才难题。要根据开发建设需要，制定专门的人才引进计划，广泛借才、借智，吸引各方俊才来经开区创业发展，建立起可靠的人才智力依托。要尽快落实“三定”工作，加大干部队伍培训力度，采取到学校专门培训，到上级单位跟班轮训，到乡镇、企业、信访部门挂职锻炼等多种形式，加强党性锤炼、作风历练和能力锻炼，全面提升干部素质。要创新发现、培养、使用人才的奖励机制，充分调动机关、基层、企业多方面的积极性，让想干事的人有机会，能干事的人有舞台，干成事的人有回报。

5. 突出改善民生，加速全面小康

以更大的投入、更大的决心和力度，加快发展社会事业和改善民生，让人民群众共享经济发展成果，得到实实在在的好处。一是着力强化社会保障。进一步协调做好农民工到园区就近就业的服务工作，促进失地农民转移就业。认真落实自主创业优惠政策，规范抓好复退军人、高校毕业生和就业困难人员创业就业工作。全面落实省市实事任务，巩固扩大城镇职工五类保险覆盖面，扎实推进城乡居民社会养老保险、城乡低保和社会救助工作。千方百计筹措建设资金，加快安置房、棚改房、公租房等保障性住房建设，扎实推进农村危房改造，提升住房保障水平。二是大力发展社会事业。坚持教育优先发展，认真实施中小学校标准化建设三年行动计划，重点抓好北港小学建设，促进各类教育均衡发展，努力办人民满意教育。加快卫生、计生服务资源整合，认真落实单独二胎生育政策，严厉打击“两非”行为，稳定低生育水平；健全城乡医疗卫生服务体系，加快乡镇卫生院、卫生室项目建设，巩固实施基本药物制度和新农合成果，做好重大疾病防控和食品药品安全工作。加强乡镇综合文化站、村级文化室和农家书屋建设，积极培育企业文化，大力开展群体性文体活动，不断丰富群众文化生活。扎实抓好第三次全国经济普查。进一步加强党管武装、统一战线、工会、共青团、妇联、民族宗教、老干部等工作。三是全力加强社会治理。坚决按照中央要求，强化稳定是第一责任，抓好信访维稳工作。坚持“谁主管、谁负责”，强化属地责任、部门职责，落实领导包案、联席会议等工作制度，以最大的努力解决上访群众的合理诉求，以最大的决心依法规范信访秩序。

B.35 2013～2014年浏阳经济技术开发区产业发展研究报告

胡晓江*

2013年，国家级浏阳经济技术开发区（以下简称浏阳经开区）坚持"产、城、人、文"四位一体的发展总战略，以龙头企业和骨干企业为重点保增长，以重大项目落户为重点增后劲，以强化配套、再造文化为重点建新城，实现了产业跨越发展、城市扩容提质、社会配套升级。是冲刺2015年工业总产值"千亿园区"的关键一年，获批为省循环经济示范园区、省中小企业信用体系建设示范园区、省工业旅游明星单位。由于经济总量增加，浏阳经开区在长沙经济板块中的作用更加明显，在湖南省生物医药、电子信息两大战略性新兴产业中的地位更加稳固。其中，生物医药工业产值占到全省的1/3强，电子信息出口排全省第一位。

一　2013年园区产业发展情况分析

（一）以总量提升抓产业规模

经过十几年的发展，浏阳经开区经济发展已跨过"慢热期"，驶入"快车道"。经济总量不断提升，财税贡献不断增多，影响力不断增强，知名度不断扩大。从经济总量来看，2013年的税收相当于浏阳市2007年全市的税收水平，超过全省60%以上的县区财力。

一是工业经济运行良好。2013年，实现工业总产值520亿元，同比增长

* 胡晓江，国家级浏阳经济技术开发区管委会办公室。

38%；其中，规模工业实现产值510亿元，同比增长39%；实现固定资产投资96亿元，其中企业固投91.5亿元，园区基础及配套设施投入4.5亿元；招商引资到位资金33亿元，到位外资8800万美元，超额完成全年各项指标任务。规模工业增长幅度位列长沙市“四区十园”第一。二是财政税收增长强劲。实现财政税收17.5亿元，同比增长40%，比上年净增5亿元，实现了高基数上的快增长。其中，上划收入完成9.93亿元、地方收入完成5.19亿元、土地出让金收入完成2.4亿元。按照征收部门分类，分别为：国税完成11.57亿元、地税完成3.55亿元、财政完成2.4亿元。三是骨干企业贡献巨大。蓝思科技一马当先，实现产值246.5亿元，占园区总产值520亿元的47%，实现税收8.69亿元，占园区税收17.5亿元的49%，展现了高科技企业的惊人爆发力和大项目带动的强大牵引力。此外，尔康制药及盐津铺子税收均过5000万元大关。四是两大支柱产业同步增长。2013年电子信息产业完成总产值280亿元，同比增长55%；生物医药产业完成产值160亿元，同比增长28%。蓝思科技、介面光电成为湖南电子信息产业的标志性企业。目前，税收过千万元企业达23家，其中有15家来自制药工业企业，上市公司尔康制药及威尔曼制药、九典制药、华纳大制药、金泰制药等骨干企业，成为湖南医药增长的主要动力源。

（二）以集群壮大抓产业招商

招商引资是产业园区的重中之重，没有持续的项目引进，园区发展就是无源之水。2013年，以抓沿海产业转移为突破口、以产业链招商为着力点、以总部经济为增长点，使产业招商出现新局面。全年新引进项目14个，总投资达163亿元。其中投资过100亿元项目1个，投资过30亿元项目1个，投资过10亿元项目1个，投资过5亿元项目4个，总占地面积2968.7亩，投资强度达500万元/亩，同比增长33%。生物医药、电子信息、健康食品三大产业集群更加壮大，龙头企业带动更加明显，发展后劲更加强劲。

一是实现了大项目的新突破。总投资达100亿元、全球销量第九的基伍通讯落户园区。一期占地50亩的基伍通讯“长沙智谷”项目于今年11月开工，将于2014年10月生产湖南制造的首台智能手机。该项目包括整机生产基地及

相关配套厂，全部达产后将新增产值300亿元，使电子信息产业招商再次取得重大突破。同时，引进投资30亿元的以高端精密设备制造及自动化、模具及刀具制造、涂布制造、VMIM制造等业务为主的深圳领益科技项目，另一家苹果产业链配套企业也已达成意向，苹果产业链延伸招商取得新成果，园区手机产业集群超常规发展。二是促进了大企业的再投资。积极引导已投产大企业二次投资再创业，先后引进盐津铺子食品有限公司投资10亿元建设上市总部及生产基地项目、湖南华纳大药厂有限公司投资5亿元建设40亿片中药制剂及配套5000T中药提取加工生产基地项目、湖南农大动物药业有限公司投资5亿元建设生物制品及中药制剂生产基地项目、银杏投资在园区投资5亿元建设医疗器械园项目。三是创建了好项目的储备库。目前在谈的主要有：投资40亿元的台湾某食品企业湖南基地、上海和记黄埔制药、山东威高医疗器械、北京谊安医疗、深圳一体医疗、湖南金汉药业、湖南康圣堂制药等近20个优质医药食品项目和基伍通讯产业链配套第一批合作领域的30多家企业、广州聚合新材有限公司、深圳圣志达模具有限公司、深圳西科通讯科技有限公司、深圳泓淋科技有限公司等近40个优质项目。

（三）以项目落地抓产业发展

从项目的引进到落地，再到建设达产是一个不短的过程，做好了这个过程中的服务，就能使项目真正“落得下，做得大”。紧盯项目落地，全程优质服务，达到了较好效果。

一是加强项目调度。推出“重点项目领导联系制度”“5S”跟踪服务制度、分片区集中调度制度、按月进度跟踪制度等系列办法，先后3次召开南园8家药厂开工建设调度会，3次重点企业项目调度会，蓝思、基伍、中以光项目现场办公会，洞天五星级国际酒店和金岭生态酒店开工调度会，华强、明瑞、华纳大用地调度会，企业国土证办理调度会等，有效地发挥各种资源优势促建，形成了人人关心企业建设的良好氛围。免费为蓝思科技三期等148个项目（其中企业项目96个）立项备案，共为企业节约资金3000多万元。帮助威尔曼等68家企业及园区争取上级资金6000多万元。其中，国家类补助资金1971万元，省级补助资金615万元，市级补助资金2158万元。二是推进项目建设。蓝思科技三期暨总部基地、盐津铺子四期、湘粤盛、贺福记、方锐达、开元、坛坛香、标准厂房、奇异生物、迪诺四期、明瑞二期等25个项目如期开工建设。泰谷生物、盐津铺子三期、爱康新材一期、味香源等25个企业新项目投产。

（四）以基础完善抓产业承载

作为基础设施建设的主要平台，园区开发投资公司负责国有土地开发、"七通一平"等，为产业发展提供支撑。2013年，园区基础设施建设再上新的台阶。

一是融资工作再创新高。全年融资到位资金7.44亿元，其中，工商银行2.8亿元、交通银行0.7亿元、民生银行1.5亿元、建设银行1.44亿元、华夏银行1亿元。二是征拆安置稳步推进。克服重重困难，完成蓝思新材料项目、安阳安置小区、洞天酒店、北园开发、科源制药、华强制药、基伍手机等项目土地征收共3500余亩，拆迁房屋60余栋，安置拆迁户124户。完成安阳家园一期建设，面积达7.8万平方米，工程造价1.5亿元。三是工程建设全面铺开。完成中心区、北片区、标准厂房、盐津铺子二期等平地1430亩；完成永龙路东延、永龙路西延、环园南路西延、利通路等路基6.3公里；完成永龙路东延、南片区等路面6.6公里；完成园区市政道路提质改造10公里、25万平方米。新增绿化5.5万平方米，新安装路灯385盏（约15.4公里），319国道园区段拓宽工程启动，园区面貌焕然一新。新安装电力变压器15台、新安装电力环网柜10台，新敷设高压10KV电缆6.2公里，10KV电力线路4公里、电力管线4.5公里，电力扩容50000KVA。四是供水排污扩容提质。全年供水1430万吨，收回水费3500万元，新增用户2300家（其中企业用户42家）；全年处理污水621万吨，全部达标排放；完成主管铺设7公里，完成安装合同收入779.5万元。全年营业总收入为4279.5万元，同比增长60%，实现利润1250万元，同比增长65.5%。投资240万元新建综合服务大厅，水损率同比下降2%，能耗同比下降7.8%。对已有的日处理能力2万吨的污水处理厂及配套管网进行扩建，新增日处理能力3.5万吨，扩建后污水处理厂的日处理能力达5.5万吨。在现有污水收集管网21公里的基础上新建管网20公里，出水水质由一级 B 标准提高到一级 A 标准。五是核心商圈开发提速。与湖南投资、湖南住建投签订了共 6.5 亿元的投资合作协议开发捞刀河核心商务区，共管账户到位资金 3.048 亿元，实现投入 7059.5 万元，征收土地 1043 亩，拆迁房屋 2 栋、完成捞刀河核心区规划和多个项目设计评审工作，启动了捞刀河路路基和长郡浏阳经开区实验学校平地填方工程。健寿大道北延段道路工程完成路基土方 8 万立方米。

（五）以科技创新抓产业支撑

一是争取科技资金。管委会及全资子公司到位科技资金 1600 余万元，争取国家发改委支持化合物库建设资金 1000 万元、争取长沙市工信委平台资金 500 万元。协助企业争取科技资金 5664 万元。二是抓好科技创新。新引进孵化企业 3 家，其中麓鸣生物公司建成 600 平方米的基因功能与调控实验室投入使用，引进国家级重点实验室——湖南师范大学蛋白药物多肽合成国家重点实验室。吴俊军博士获批省"百人专家"，姜德建博士获评湖湘科技青年奖。获批国家发改委 2013 年通用名化学药和蛋白生物药专项，这是继重大新药创制孵化基地获批以来又一国家重大专项支持。三是加强专利工作。专利申请量 187 项，同比增长 35.5%，其中发明专利 85 项，同比增长 30.6%。获得专利授权 119 项，其中发明专利 43 项。

二　2013 年园区产业发展存在的主要困难

1. 基础配套需要进一步加快

由于受政策和调规扩区滞后等因素影响，征拆平地速度仍然赶不上项目入园速度，尚有 26 个已签约项目无法及时落地，对园区基础设施建设提出了考验。

2. 社会服务需要进一步完善

高端学校、高端医院、高端商业的缺乏依然是制约园区更高层次发展的桎梏，社会化功能不全，产业工人难招难留问题比较突出，企业高管"读跑学"现象严重。需要进一步加大三产招商力度，尽快完善社会配套，变产城分离为产城融合。

3. 产业政策需要进一步优化

生物产业在规模总量、单品产值、企业建设档次等方面，与国内一流生物医药园尚有差距，需要出台特殊政策予以扶持。电子信息产业是承接沿海产业转移的主要产业，且主要集中在珠三角地区，只剩下两三年的“最后盛宴”，机遇稍纵即逝。电子信息产业的管理和服务相对于快速发展的态势，需要进一步加强。

三　2014 年园区产业发展的对策建议

新的历史时期，发展机遇与挑战并存，但机遇大于挑战，已驶入发展的快车道。一是国家新型城镇化战略和产业转型升级战略为园区发展创造了巨大机遇，沿海产业转移也还有最后两三年的“盛宴”可以分享。二是长沙市高度重视园区建设和“六个走在前列”的战略部署，势必掀起园区开发建设的又一轮高潮。三是获批国家级经开区所带来的政策、资源上的后发优势将逐步显现。按照发展规划，计划 2014 年实现工业总产值 730 亿元、2015 年工业总产值跃上 1000 亿元台阶，2020 年工业总产值突破 2000 亿元，为长沙率先进入全面小康社会作出更大的贡献。

（一）以做大引强为重点实现总量倍增

近年来，浏阳经开区发展很快，2012 年、2013 年规模工业增长速度位居长沙市“四区十园”第一位，商业土地价格三年增长 8 倍。企业发展走过的是一个从“量变”到“质变”的过程，是以中小企业的聚集区为基础发展起来的，通过企业不断的扎堆、培育、重组、拓展，以“抱团取暖”的方式发展壮大，最终聚变为生物医药、电子信息等规模庞大的产业集群。

未来 3 ~ 5 年内，有两个发展机遇必须把握：医药企业新版 GMP 认证的机遇和沿海产业转移的机遇。为此，在招商引资方面必须有的放矢。一是加强兼并重组，促进转型升级。此次医药企业的新版 GMP 认证是比 1999 ~ 2002 年间医药企业 GMP 认证更严格的认证，势必重新洗牌，淘汰部分小微医药企业。

这为已经初具规模的医药企业的兼并重组提供了机遇，也为这些成熟医药企业收购其他小微医药企业的药品生产证书乃至药厂提供了机遇，要切实加以引导。二是加强资本运作，促进金融牵动。要抓住国家重启IPO的机遇，大力引导园区高科技企业上市融资，至2020年争取新增上市企业3～5家。推动金泰制药、莱美制药等冲击美国FDA认证，打开医药国际市场。园区投资公司争取2014年发行债券12亿元，全面启动潇湘生物产业基金的运作，努力创建国家级金融安全区。支持中介机构发展，促进中小企业与上市公司的嫁接重组，在通过现有中小企业引进国际大品牌、国内500强的招商策略上再取得新突破。三是加强国际合作，促进科技创新。继续加强与加拿大科技部、美国马里兰生物园、美国休斯敦生物中心、英国剑桥园、新加坡科技局的国际合作，积极促进园区企业在国外收购医药、食品和电子企业，整体提升园区科技水平和产品竞争力。举办欧美企业电子信息、生物医药的专题会议和对接活动，提高园区在上述产业领域的知名度和影响力。按照国际标准在园区捞刀河畔的红树林片区建设新的生物医药创业园，追赶国内外一流生物医药园硬件水平，培育更多拥有国际领先优势的好项目。四是加强产业承接，促进总量增长。沿海产业转移只剩下最后2～3年的最佳时期，必须打造更具有竞争力的产业平台，依托已经入园的电子信息企业加强产业链招商，以获取沿海产业转移更多的市场份额。通过电子信息、生物医药、健康食品等产业集群的做大做强，确保2015年实现工业总产值1000亿元，并持续保持30%以上的增长速度，争取2020年园区工业总产值达到2000亿元，其中电子信息产业成为千亿产业集群。

（二）以再造新城为突破实现产城融合

城镇化是产业化的延长线和必然结果，产业化的深度决定了城镇化的高度，是相互依赖、相互促进的关系。作为长沙周边的卫星城市，必须准确定位，走出一条以新型工业化促进新型城镇化的路子。

一是加快整体开发。解放思想，大胆尝试园区路网整体打包交由大型央企开发，实现建设投资主体多元化。力争2014年基本拉通园区“井”字形道路大骨架，新修与长浏高速对接的高标准道路——大成路，展现园区新形象。采取管委会领导分片联点、园镇协调等措施，加快征拆、平地，2014 年新征土地 3600 亩、新修道路（或路基）10 公里、新增平地 2800 亩，促使 26 个已签约项目迅速落地。通过借力发力，力争 2～3 年拉通整个园区规划范围内的路网骨架，使“项目等土地”变成“土地等项目”，提升招商吸引力。二是提升城市品位。在“造园”的同时“造城”，不断完善城镇化功能，不断提升园区对现代工业的承载能力。抢抓全国大力推进新型城镇化的机遇，通过着力引进名校（包括与劳动力密集型电子信息企业订单式的电子技校）、名院（二甲以上医院）、名楼（标志性建筑、大型商业综合体）、名园（湿地公园等）、名店（名品一条街），提升园区城市品位。积极为项目科研人员、管理人员、营销人员，尤其是为国外专家提供居住、就医、子女入学的便利，使企业的核心人群真正扎根园区。同时，完善星级酒店、名品街、大型超市、出租车公司等，全面解决园区居民的衣、食、玩、购、行等难题。三是探索“两型”建设。探讨整体分布式能源建设模式，力争成为分布式能源建设试点园区；探讨节水型园区建设模式，在企业中大力推进中水回用以节约用水；探讨污水处理厂达标排放后的污水用于浇花、洗地等，通过污水合理再利用，最大限度减少向捞刀河排污。尝试捞刀河水源作工业用水、株树桥引水工程水源作生活用水的思路。四是加强城市管理。坚持以产业化带动城市化，以城市化促进产业化。提高规划建设的前瞻性，杜绝低档次重复建设，从源头上避免“脏乱差堵”等“城市病”。通过几年努力，将园区建设成为产城融合、宜业宜居、经济活跃、社会和谐、风光秀美的现代工业新城。

专 题 篇

Special Reports

B.36 湖南科技型中小上市公司科技成果转化研究

湖南省科学学与科技管理研究会课题组 *

科技型中小企业富于创新，具有灵活的产品研发机制和经营机制，是中小企业中最具活力和发展前景的企业，是未来高新技术大企业的萌芽和基础，由此也成为推动科技成果转化的中坚力量。而能够成功在深圳中小板和创业板上市的科技型中小企业，无疑是其中的佼佼者。本报告拟对这一类上市公司群体进行研究，综合分析其发展现状，深入探索其在推动科技成果转化方面的共性特征，重点揭示其对于其他企业的启示意义及进一步推动科技成果转化的对策建议。

---

* 本报告系湖南省软科学项目《湖南省科技成果转化投资实证分析与政策建议》（2013ZK2074）的阶段性成果之一，项目总协调：张牛文（湖南省科学学与科技管理研究会理事长），执笔：唐宇文、李学文。

一 科技型中小企业与湖南经济发展

根据工信部《中小企业认定标准》，从业人员在1000人以下或营业收入40000万元以下的为工业中小微型企业，参考天津、浙江、江苏和长沙高新区等关于科技型中小企业认定的管理办法，本报告所指科技型中小企业除应满足上述定义和工业中小企业标准外，还要求研发人员占全体员工的比例达到3%以上，研发投入占销售收入的比例达到2%以上。

近年来，湖南相继出台了《中小企业"百千万"成长工程实施方案》《关于进一步支持中小微企业发展的实施意见》等一系列扶持中小企业发展的政策措施，中小企业的发展迈入蓬勃发展的战略机遇期。到2012年末，全省共有各类中小微企业20.22万家，占全省企业总数的99.8%；全年实现增加值9357.91亿元，占全省GDP的比重为42.2%；拉动GDP增长6.1个百分点，对GDP增长的贡献率为47.8%；全年实现营业收入34025.32亿元，占全部企业营业收入的72.8%；吸纳从业人员650.04万人，占全省全部企业从业人员的比重为83.1%；全年专利申请量达15981项，占全部企业专利申请量的78.3%，共获得专利授权10715项，占全部企业专利授权量的75.7%；全年完成各种税收共计1311.43亿元，占全省全部企业税收的比重为59.8%，其中地税收入866.38亿元，占全部地税收入的91.0%。

随着中小企业的快速发展，湖南中小企业尤其是科技型中小企业的创新能力显著提升。截至2012年底，湖南省获国家科技型中小企业创新基金立项支持的项目已累计达到1951个，累计资助经费超13亿元，连续四年在项目立项数和资助金额数上跻身全国前5名。2012年湖南省939家正在实施创新基金项目的企业，全年度新增投资27.56亿元，其中创新基金支持1.77亿元。全省科技型中小企业科技创新成果不断涌现，博云新材"C/C航空刹车材料"获国家技术发明一等奖，安淳科技"醇烃化工艺和ⅢJ－99型氨合成塔内件技术"和湖南金码科技"智能模糊识别系统"分获国家科技进步二等奖；湖南飞翼股份短短4年成为我国拥有矿山绿色开采成套技术及核心装备的独家企业；山河智能研制成功并产业化我国获批型号认证的首款轻型运动飞机。

在核心科技型中小企业的带动下，全省形成了多个具有鲜明地方特色的高新技术产业集群，例如，2012 年，长沙工程机械产业集群带动 100 多家零部件配套企业的发展，总产值达 1000 多亿元；株洲轨道交通产业集群聚集了规模以上企业 70 多家，形成了整机制造与电子、电机、电器等零配件产品配套发展的较为完善的产业链，轨道交通零部件、配套件等产品覆盖电力机车与铁路车辆所需的 40% 左右，年产值 600 多亿元；湘潭矿山装备产业集群，拥有矿山运输及安全装备制造企业 130 多家，实现年产值 130 多亿元。

二　湖南省科技型中小上市公司发展现状

截至 2013 年 8 月底，湖南省在深圳中小板和创业板上市的企业有 30 家，占全国 1051 家中小板和创业板上市企业的 2.85%。按照科技型中小企业的定义，去除房地产领域的天润控股、商业贸易领域的步步高和友阿股份、畜牧养殖为主的大康牧业、医院连锁企业爱尔眼科以及因上市造假正在停牌的万福生科等 6 家公司外，本报告分析的科技型中小上市公司共有 24 家，占全省 72 家上市公司的 33.33%，而全国剔除房地产、商业贸易和餐饮旅游业的科技型中小上市公司共有 1020 家，湖南仅占全国的 2.35%。其中湖南省在创业板上市的公司有 9 家，分别为天舟文化、永清环保、千山药机、尔康制药、三诺生物、开元仪器、红宇新材、中科电气、太阳鸟；其他 15 家公司为中小板上市企业。

1. 总体实力不强，平均实力低于全部上市公司均值

截至 2012 年底，湖南省 24 家科技型中小上市公司注册资本总额为 60.37 亿元，占全省上市公司注册资本总额的 11.52%，平均每个公司注册资本为 2.52 亿元，比全省上市公司平均值低 4.76 亿元，比全国科技型中小上市公司平均值低 0.74 亿元；中小上市公司员工总数为 43679 人，占全省上市公司员工总数的 14.94%，平均每个公司有员工 1820 人，比全省上市公司平均值少 2241 人，比全国科技型中小上市公司平均值少 174 人；2012 年中小上市公司主营业务收入总额为 281.52 亿元，占当年全省上市公司主营业务收入总额的 8.83%，平均每个公司主营业务收入为 11.73 亿元，比全省上市公司平均值低

32.53 亿元，比全国科技型中小上市公司平均值低 2.62 亿元；2012 年中小上市公司利润总额 26.03 亿元，占全省上市公司利润总额的 11.88%，平均每个公司利润额为 1.08 亿元，比全省上市公司平均值低 1.96 亿元，比全国科技型中小上市公司平均值低 0.29 亿元（见表 1）。

表 1　湖南省科技型中小上市公司总体情况

	注册资本（亿元）	员工总数（人）	2012 年主营业务收入（亿元）	2012 年利润总额（亿元）
全省 24 家科技型中小上市公司	60.37	43679	281.52	26.03
全省 72 家上市公司	524.09	292369	3186.45	219.18
科技型中小上市公司占全省上市公司比例（%）	11.52	14.94	8.83	11.88

2. 行业分布以工程机械和医药生物为主

从上市中小公司所处行业来看，湖南省机械设备行业上市公司数量最多，包括红宇新材、开元仪器、中科电气、金杯电工、天桥起重、长高集团、山河智能 7 家公司，占 29.17%；医药生物行业有千山药机、尔康制药、三诺生物、汉森制药 4 家公司，占 16.67%；化工行业有南岭民爆、湘潭电化、凯美特气 3 家公司，占 12.5%；食品饮料、信息服务和交运设备行业各有 2 家公司，各占 8.33%，依次为加加食品、克明面业、拓维信息、天舟文化、太阳鸟和博云新材；纺织服装（梦洁家纺）、公用事业（永清环保）、有色金属（辰州矿业）和农林牧渔业（唐人神）各有 1 家公司，分别各占 4.17%。从全国来看，科技型中小上市公司数量排名前四的行业依次是机械设备、化工、电子和信息服务业，分别占科技型中小上市公司总数的 21.47%、11.86%、9.31% 和 9.02%。

3. 民营企业占比较高，中小上市公司之间差距较大

从公司属性来看，只有 5 家公司是国有企业，19 家公司为民营企业；从公司首发上市的时间分别来看，最早上市的南岭民爆和山河智能于 2006 年首发上市，2007 年、2009 年各有 2 家，2008 年有 1 家，2010 年有 7 家，2011 年、2012 年各有 5 家，2009 年后上市公司数量明显增加。从资产规模来看，

截至2012年底，资产规模最大的是山河智能，其资产总额为53.09亿元，其次是辰州矿业的43.67亿元，资产规模最小的是开元仪器，其资产规模为7.97亿元，不到山河智能的1/6。从公司利润来看，2012年利润总额最高的是辰州矿业的6.3亿元，加加食品、南岭民爆和唐人神的利润总额都在2亿元以上，湘潭电化则亏损4805万元。

三　中小上市公司科技成果转化的共性特征分析

从各公司上市前和截至2012年底有关指标来看，湖南各科技型中小上市公司在推动科技成果转化方面具有以下特征：

1. 均建立了多层次的科技创新人才体系作为支撑

一是核心创新人才带动能力强。一方面，公司创始人技术创新能力突出；如山河智能公司创始人何清华获得了国家科技进步二等奖，作为第一发明人授权的发明专利3项，实用新型专利26项；博云新材公司创始人黄伯云院士获国家专利10余项，获国家技术发明奖和科技进步奖4项，2005年获得连续六年空缺的“国家技术发明一等奖”；克明面业公司创始人陈克明，作为发明人或共同发明人拥有发明专利9项，实用新型专利13项，外观设计专利2项。另一方面，引进的国际高端人才成效显著，如山河智能从德国林德集团引进的张云龙副总裁，入选了长沙市“313人才计划”，获得100万元的专项资助资金，在加盟山河智能后着手制定了山河智能产品战略技术路线、强化欧盟CE安全认证，完善新产品项目开发管理和控制流程、企业RPM/PDM管理系统升级等工作，为实现公司技术、产品和管理逐步走向国际化、制度化和规范化奠定了基础。永清环保下属研究院引进国际高端人才庄平博士入选长沙市“313人才计划”，引进了以美国国家环境工程院院士Spyros Pavlostathis为首的9名国际一流环保专家，建立了国内最具实力的环保技术团队。

二是研发（技术）人员占公司员工的比例较高。上市前，中小上市公司研发（技术）人员占公司员工总数的比例平均值达到17%，其中占比在5%以下的有2家，5%～10%的有5家，10%～30%的有14家，30%～50%的有2家，50%以上的有1家；占比最高的是拓维信息的65.5%，占比最低的是克明面业的3.43%。而截至2012年底，中小上市公司研发（技术）人员占公司员工总数的比例平均值达到18.26%，其中占5%以下的有2家，5%～10%的有6家，10%～30%的有10家，30%～50%的有6家，占比最高的是拓维信息的42.57%，占比最低的是克明面业的3.07%。不管是在上市前还是在上市后，多数公司研发（技术）人员占公司员工总数的比例都在10%以上，上市后研发（技术）人员占公司员工总数的比例超过30%的企业较上市前明显增多（见图1）。

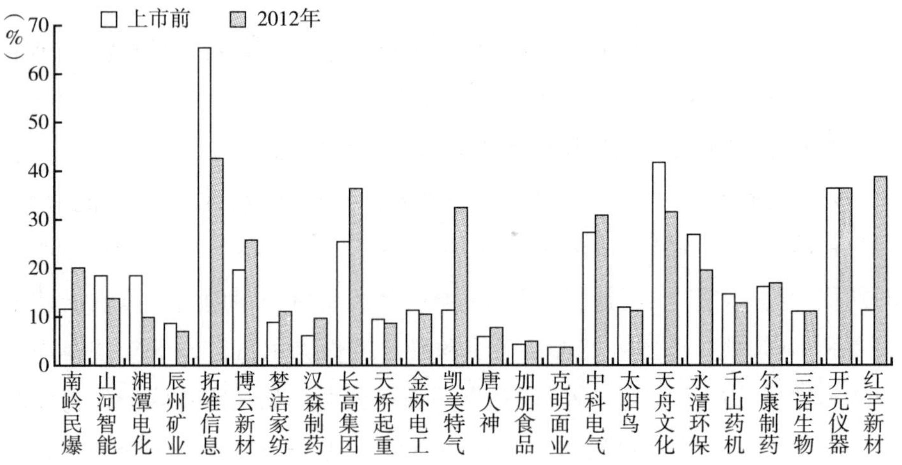

图1　湖南省科技型中小上市公司研发（技术）人员占比

三是公司员工整体素质较高。上市前，中小上市公司大专以上学历人员占公司员工总数的比例平均值达到41%，其中占比在20%以下的有4家，20%～40%的有12家，40%～60%的有5家，60%以上的有3家；占比最高的是拓维信息的94.8%，占比最低的是克明面业的14.32%，另一家食品饮料行业的加加食品大专以上员工也仅占15.81%。而截至2012年底，中小上市公司大专以上学历人员占公司员工总数的比例平均值达到45.51%，其中占比在20%以下的仅有食品饮料行业的2家和汉森制药共3家（其中汉森制药无大专学历统计，其13.76%为本科以上员工比例也计算在此区间），占比20%～40%的有8家，40%～60%的有9家，60%以上的有4家，占比最高的是拓维信息的89.84%，占比最低的是克明面业的12.13%。

上市后大专以上学历人员占公司员工总数的比例超过40%的企业较上市前增加较多（见图2）。

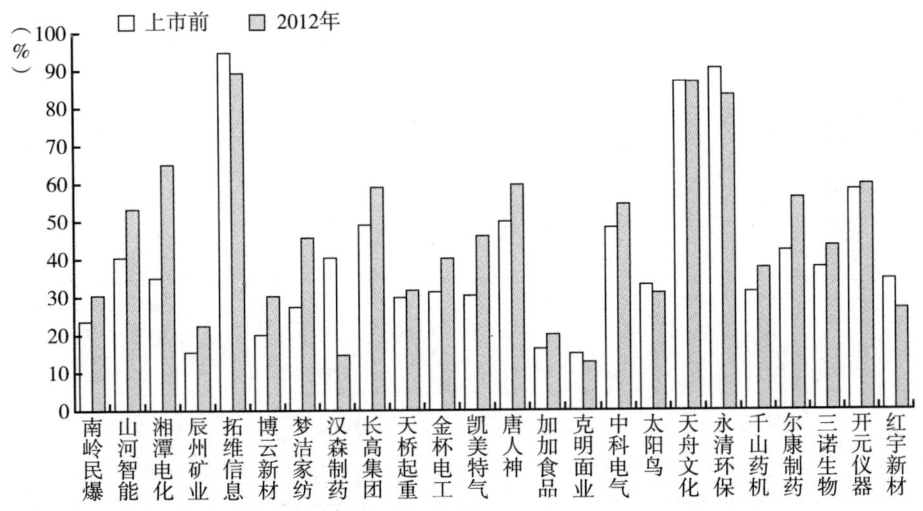

图2　湖南省科技型中小上市公司大专以上学历员工占比

2. 均拥有核心的专利技术成果作为基础

上市前，除南岭民爆、湘潭电化和天舟文化外，其他21家上市公司共拥有国家授权专利996项，拥有授权发明专利63项，平均每个公司拥有专利47.4项，拥有发明专利4.2项；专利拥有量列前三位的公司依次是千山药机（538件）、梦洁家纺（140件）和开元仪器（139件），专利拥有量列后三位的公司中，辰州矿业、汉森制药和三诺生物各有4件，凯美特气有3件，拓维信息有1件；发明专利拥有量列前三位的依次是千山药机（24件）、博云新材（9件）、克明面业（7件）；而湘潭电化拥有11项专有技术、天舟文化拥有77项著作权。到2012年底，中小上市公司获得授权专利超过2000项，获得授权发明专利超过130项，其中获得专利数量超过100件的有5家，分别是千山药机（881件）、梦洁家纺（317件）、山河智能（200余项）、太阳鸟（169件）和开元仪器（139件）；发明专利拥有量超过8件的有5家，分别是千山药机（37件）、尔康制药（15件）、克明面业（11件）和南岭民爆（9件）和山河智能（8件以上）（见表2）。

表 2　湖南省科技型中小上市公司专利拥有情况

单位：件

		南岭民爆	山河智能	辰州矿业	拓维信息	博云新材	梦洁家纺	汉森制药	长高集团	天桥起重	金杯电工	凯美特气
授权专利	上市前		18	4	1	9	140	4	9	7	20	3
	2012年底	48	200余项	21以上	1	19以上	317	4	35以上	32	55	4以上
发明专利	上市前		1	1	1	9		2				2
	2012年底	9	8以上	6以上	1	3以上		1	2以上	3	6	3
		唐人神	加加食品	克明面业	中科电气	太阳鸟	永清环保	千山药机	尔康制药	三诺生物	开元仪器	红宇新材
授权专利	上市前	5	5	39	7	21	12	538	6	4	139	5
	2012年底	12以上	16	51	26	169	19	881	19	13	139	7
发明专利	上市前	2		7	1		4	24	2	2	4	1
	2012年底	6以上		11	2	3	8	37	15	3	3	2

3. 均有大量的资金投入作为保障

一是科技研发投入比例较高。上市前，除去梦洁家纺和天舟文化外，其他22家上市公司研发投入占主营业务收入比例平均值达到4.21%，其中占比居前五位的依次是博云新材、开元仪器、红宇新材、太阳鸟和中科电气，研发投入占主营业务收入的比例分别为9.87%、9.37%、7.69%、7.65%和6%；占比居后五位的是湘潭电化、汉森制药、唐人神、金杯电工和加加食品，研发投入占主营业务收入的比例分别为1.6%、1.6%、1.08%、0.38%和0.36%。到2012年底，24家上市公司研发投入占主营业务收入比例平均值达到4.27%，其中占比居前五位的依次是拓维信息、中科电气、开元仪器、博云新材和太阳鸟，研发投入占主营业务收入的比例分别为12.00%、8.31%、7.68%、6.53%和6.23%；占比居后五位的是长高集团、汉森制药、湘潭电化、唐人神和加加食品，研发投入占主营业务收入的比例分别为2.82%、2.6%、2.00%、1.15%和0.11%（见图3）。

二是吸引了创业投资公司的资金支持。有15家中小上市公司在成长过

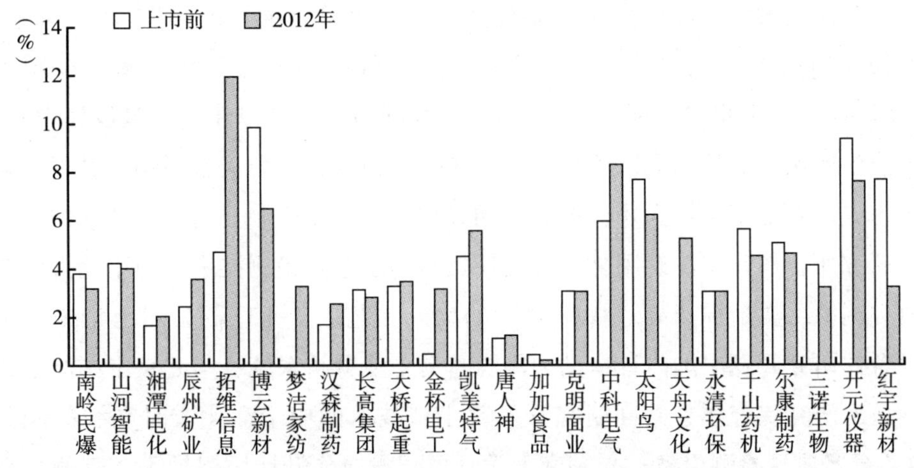

图3　湖南省科技型中小上市公司研发投入占主营业务收入比例

程中获得了投资公司的资金支持，省内的投资公司包括湖南高新创投、高科技创投资、新能源创投基金、湘江产业投资、湘能投资和长沙益和投资、泓瑞投资等，省外的投资公司主要来自北京、天津、上海、广州、深圳、宁波等地。

4. 均建立了产学研合作研发体系作为推动手段

一是搭建了高质量的企业技术中心平台。其中，山河智能与唐人神建立了国家级企业技术中心，拓维信息建立了国家级技术服务平台，还有13家中小上市公司建立了省级企业技术中心，山河智能、辰州矿业、拓维信息和千山药机设立了博士后科研工作站。

二是与高校和研究机构建立了密切联系。例如，山河智能初创时的核心技术力量来自中南大学智能机械研究所，公司承担中南大学工程装备与控制系本科生教学，联合培养硕士生、博士生高级人才，与国防科大联合培养博士后人才。博云新材与中南大学粉末冶金国家重点实验室、粉末冶金国家工程研究中心等一批国家级研发机构保持了长期合作关系。梦洁家纺与中南大学湘雅医学院合作开发的多功能保健枕获得国家专利。金杯电缆与国防科大合作的“倍容量碳纤维复合材料芯铝绞线项目”列入国家863科研计划，与南华大学合作的“核电站用K1、K2、K3类电缆项目”列入2011年国家火炬计划。唐人神公司与中南大学、湖南大学等高校建立了培养管理人才的 MBA 教学基地。克明面业与河南工业大学等合作开发的“高效能小麦加工新技术”获得了“国家科学技术进步二等奖”。太阳鸟公司与湖南大学合作建设游艇设计中心，并与武汉船舶职业技术学院等高校签订了合作协议，由公司翻译编写教材，在国内率先培养游艇设计人才，充实公司设计团队。尔康制药与中国科学院广州化学研究所合作开发注射用甘油等药用辅料的工艺及检测技术，与中南大学合作研究国家二类精神药品“咖啡因”的生产工艺。开元仪器公司与华中理工大学合作研究开发出国内首台动力用煤自动工业分析系统；与北京中国原子能科学技术研究院合作，共同研究开发基于核技术的中子活化实时在线的能源（和矿石）质量检测设备；与湖南大学开展技术合作开展了锅炉飞灰碳测试系统、盘煤仪产品的开发合作和人才培养。

5. 均获得了政府补助和税收优惠政策的支持

上市前，除去南岭民爆、山河智能、湘潭电化、辰州矿业、拓维信息 5 家公司无数据统计外，其他 19 家公司在上市前一年共获得计入当期损益的政府补助 5871.77 万元，平均每家公司获得补助 322.88 万元，其中当期政府补助最高的是博云新材的 1081.85 万元，占当期全部政府补助的 18.4%，政府补助金额低于 100 万元的有太阳鸟、三诺生物和尔康制药 3 家公司。到 2012 年，24 家公司获得计入当期损益的政府补助总额达到 2.002 亿元，平均每家公司获得补助 834.44 万元，其中，山河智能获得政府补助最高达 5330.04 万元，获得补助在 1000 万元以上的还有南岭民爆、辰州矿业、拓维信息、博云新材、金杯电工、加加食品 6 家公司。补助的来源和形式多种多样，从提供者来看，既有国家、省、市、县级政府和相关部门提供补助，也有企业所在经济开发区提供补助；从补助项目看，有专利资助金、所得税奖金、节能补贴、上市奖金、科技创新基金、优秀企业奖金、产业引导资金、中小企业发展基金等多种形式（见图 4）。

税收优惠方面，除天舟文化外，其他 23 家企业都为高新技术企业，都能享受相应的企业所得税优惠政策。此外，其他方面的税收优惠政策主要有：资源综合利用企业所得税税收优惠、出口退税、增值税优惠和即征即退、部分产品营业税免征等。

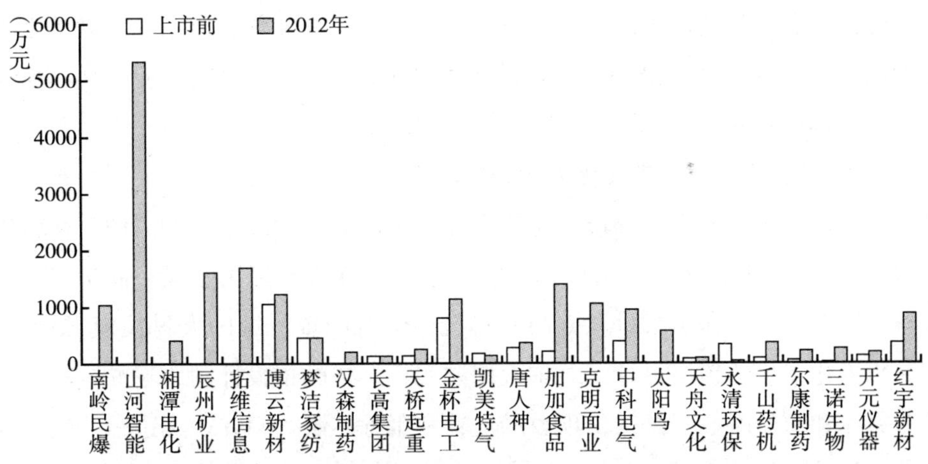

图 4　湖南省科技型中小上市公司所获计入当期损益的政府补助额

6. 均形成了具备一定竞争力的优势品牌

品牌和商标对提升企业的市场开拓力、形象扩张力、资本内蓄力有重要促进作用，在 24 家中小上市公司中，共有唐人神、山河智能、汉森制药、金杯电缆、梦洁家纺、天桥起重、加加食品、克明面业、辰州矿业、湘潭电化、开元仪器、千山药机、南岭民爆和天舟文化 14 家公司拥有国家工商总局授予的中国驰名商标，占全部科技型中小上市公司的 58.33%。其中，唐人神入选 2013 年中国最有价值品牌 500 强列第 483 位，品牌价值达到 35.62 亿元，也是 2012 中国肉类食品行业最具价值品牌及影响力品牌；山河智能入选 2013 年度全球工程机械企业 50 强列第 49 位；梦洁家纺入选全国家纺十大品牌、床上用品十大品牌和十大蚕丝被品牌；加加食品入选全国酱油十大品牌和调味品十大品牌；开元仪器 5E 品牌被评为中国煤质检测仪器设备最具竞争力品牌；千山药机和尔康制药分别入选 2012 年度制药十佳民族品牌 50 强。

四　推进湖南省科技成果转化的启示与建议

综前所述，科技型中小上市公司在推动科技成果转化方面所具有的共性特征，为进一步提高湖南科技成果转化率提供了重要的实践经验。在全面建成小康社会的进程中，应系统总结中小科技企业的成功实践，同时借鉴先进地区的有益经验，着力强化改革、人才、资本、市场、创新文化、政策和品牌等七个方面的支持力度，全面提升湖南省科技成果转化率，大力推进“创新型湖南”建设各目标的顺利实现。

1. 强化改革对科技成果转化的动力牵引

一是优化企业的发展环境。推进企业工商注册制度改革，加大政府采购支持力度，优先采购科技型中小企业的产品，扩大企业产品的市场空间。二是改革科技管理体制。积极推进从部门小科技向综合配置资源的大科技模式转变，进一步强化项目的顶层设计，对重大课题实行严格的招投标制，建立统一动态的专家库和项目库。三是改革项目的监管和服务体制。归并、集中一些重要和交叉的行政审批、许可、监督和执法事务，减少和降低公关成本。

2. 强化人才尤其是高层次人才对科技成果转化的智力支撑

一是完善人才的激励政策。实行科技成果产业化奖励制度，完善高层次人才奖励和选拔任用机制，打破高层次人才省份、单位、部门和所有制限制，营造开放的用人环境。二是加大高层次人才培养和引进力度。继续组织实施好国家千人计划、湖南百人计划、新世纪 121 人才工程和芙蓉学者计划等，利用高层次人才及其团队已有科技成果或在国际国内领先的科研能力，缩短研发时间，尽快形成科技产出能力；加大本土科技人才的培养力度，组织实施好湖南科技领军人才、青年拔尖人才、创新型企业家等计划，利用引进高层次人才的“传、帮、带”作用，培养本土青年科技人才、实用工程人才、卓越工程师、科技成果转化服务人才。三是营造良好的高层次人才发展环境。对带高技术成果来湖南实施转化或从事高新技术项目研发的高层次人才，要开辟绿色通道，使高层次人才发挥更大潜能；加快建设科技基础条件平台，改善科研条件。

3. 强化资本市场对科技成果转化的资金保障

一是支持科技金融对接平台开展有效融资服务活动，对帮助科技型中小企业融资成效显著的科技金融对接平台，给予财政资金支持。二是引导商业银行优化信贷结构。三是建立和完善风险投资体系，出台鼓励风险投资机构的成立和成长的政策，加大外省、全国性风险投资和国际风险投资机构引进力度；尽快完善风险投资交易平台，让科技成果项目有更多的交流机会；通过市场体制改革的深入和现代企业制度的推行，创造良好的市场环境加快风险资金对高科

技产业的投入；引导企业走向产权市场，完善服务配套措施和信息服务，让高科技中小企业顺利实现其资本价值，让风险投资撤出以便开始新一轮投资；此外，对投资初创期和成长期科技型中小企业一定时间的风险投资机构，要给予一定金额的财政资金奖励进行鼓励。四是完善科技型企业融资担保体系，积极推动科技保险和知识产权质押贷款业务。

4. 强化基于市场需求的产学研合作对科技成果转化的有效推动

一是增加科技成果的有效需求。从企业入手，提升企业管理者素质，提高企业管理水平，发展企业现有技术，让企业意识到科学技术才是企业成长的第一动力，创新才是维持企业利润最有效的手段。二是增加科技成果有效供给。改变高校和科研机构重理论轻应用、重研究轻推广的观念，从市场需求出发设置科研项目，在项目立项时，优先考虑研究成果能否转化和产业化，对一些重大的、产业化目标明确的项目，明确由企业主导，高校、科研院所协同攻关；企业作为科技成果的供给方和需求方，要大力加强与高校和科研机构的合作，加大研发和科技成果转化力度，切实实现科技成果的有效供给。三是搭建一批产学研合作服务平台。组建产学研合作战略联盟，围绕重大产业联合开展产业关键共性技术、高端技术、前瞻性技术的研究和攻关；充分发挥企业技术创新服务中心、生产力促进中心、大型科学仪器共享平台、科技担保机构等现有技术创新平台的作用。

5. 强化创新文化环境对科技成果转化的引领带动

一要鼓励创新，政府要出台鼓励创新的相关政策性文件，加大对创新的经费支持力度，加强知识产权制度建设来保护创新，行行业业支持创新，方方面面服务创新。二要宽容失败，破除在科技创新上存在的“只许成功，不许失败”的老观念；努力建立健全和完善宽容失败的机制和制度，新的科技进步法明确规定了“宽容失败”的原则，为逐步完善宽容失败的机制和制度提供应有的法律依据；要善待失败者，不能歧视失败者或刁难失败者，更不能在他们继续申请科研开发和科技创新课题或项目上进行刁难、设置障碍，应该鼓励他们积极而大胆地继续工作，并提供各种有利机会和便利条件。三要促进交流，规范和引导政府、用人单位、中介组织和人才的行为，建立互相衔接的社会保险制度、改革档案管理制度、打破身份界限、改革住房制度、建立统一的人才市场、完善人才中介服务等，推动人才“全方位自由流动”，实现人才与组织及其工作岗位的合理配置。四要放松管制，除在科研体制机制、科研人才流动、科研成果交易等方面放松管制外，要着重放松金融领域的管制，让市场、资本推动创新。五要创新教育，积极举办科普展览、讲座，广泛传播科学精神和创新意识，将科学和创新教育作为教育均衡发展的基本要求，培养学生独立思考的思辨和创新精神，鼓励青少年参与科技发明竞赛，从创新意识、知识体系、综合素质等多方面提高大学生的科技创新能力。

6. 强化政府财税政策对科技成果转化的支持引导

一要加大财政投入力度、提高资金使用效率。健全财政性科技投入稳定增长机制，保证财政科技投入增长快于财政收入增长；加大对各级、各类科技创新资金的整合力度等。二要进一步落实加大各项税收优惠政策。继续落实高新技术企业所得税优惠、出口退税、部分行业和部分产品的企业所得税、营业税优惠、企业研发费用所得税税前加计扣除税收优惠、技术交易税收优惠、科技企业孵化器房产税和城镇土地使用税优惠等政策；优化办税流程，规范税务管理行政审批事项和减免税审批程序，下放营业税、所得税优惠政策的审批权，方便相关企业和机构办理减免税，使税收优惠政策的申报、审批、落实更加快捷。

7. 强化品牌战略对科技转化成果的承载保护

品牌是科技转化成果最有效的载体，通过将成果塑造为品牌，既可以提高科技成果的应用和推广能力，又能够凭借消费者的品牌意识、国家相关法律规定来对科技创新成果进行保护。一是做好品牌定位，根据消费者的需求和产品自身特点，突出品牌主张，勾画品牌形象和所提供价值。二是重视品牌质量，质量是品牌的生命和灵魂，首先要培育品牌质量战略观念，明确品牌质量的发展方向、目标、质量管理及其实施途径；其次要铸就品牌质量管理理念，以品牌质量为管理对象，确定质量方针、目标和责任、建立质量体系；最后要形成质量创新意识，通过技术创新、组织创新、结构创新、管理创新、材料创新、工艺创新等保持品牌的竞争力。三是塑造品牌文化，文化是凝结在品牌上的企业精神，也是对渗透在品牌经营全过程中的理念、意志、行为规范和团队风格的体现，品牌文化实际是企业文化的外在表现。四是加强对品牌的保护，一方面要做好品牌商标的注册申报工作，包括工商注册、网络注册和域外注册等，积极申报驰名商标；另一方面要采取司法途径抑制、惩罚各种商标侵权行为，保护科技创新成果。

B.37

后危机时代世界经济转型与湖南产业经济发展战略选择

刘茂松*

2008年由美国次贷危机所引发的全球性金融危机，其实质是以大规模物质化要素投入和大规模同质化生产为主导的人类发展方式所造成的人与人、人与物、人与自然以及商品价值与使用价值全面对立的二元结构危机。为此，后危机时代人类发展必须解决这种不可持续的瓶颈性问题，向人文化、低碳化、协同化为特征的需求创造模式转换。在这个基本矛盾驱动下，世界经济在缓慢复苏的同时出现了向实体经济、绿色经济、数字经济和服务经济转型的四大发展趋势。我国在这个大趋势影响下，传统粗放增长方式已不可持续，战略性资源瓶颈凸显，蓝领劳动力红利渐失，发达地区经济增长明显回落，中国经济提前进入了7%~8%的中速增长时期。我们认为，中速增长的本质就是由单纯的数量增长转入以质量提升为主导的获取结构增长红利的转型发展阶段。

湖南作为发展中地区在全国进入中速增长的大势下，经济下行压力也在不断增大，2013年全省地区生产总值为24501.7亿元，同比增长10.1%，比上年的11.3%下降了1.2个百分点，其中规模工业增加值同比增长11.6%，比上年的14.6%下降了3个百分点，特别是专用设备制造业等支柱产业下滑较为明显。这说明在后危机时代，湖南发展也由数量增长为主进入到了结构增长为主的新阶段。2014年是全面深化改革的第一年，也是全面完成“十二五”规划并对“十三五”发展奠定重要基础的关键一年。根据笔者2013年12月20日在省委经济工作务虚会上发言提出的战略思路，新的一年湖南产业经济发展战略选择应在坚持“三量齐升”和“五个发展”这个湖南发展战略总要

---

* 刘茂松，湖南省经济学学会理事长，湖南师范大学教授、博士生导师。

求的前提下，以做好“结合部”和“过渡带”为重要抓手，着力突出创新驱动，从发挥后发比较优势向发挥后发竞争优势转换，选择工业化反梯度推移的多元协同升级路径，实现无后遗症的健康发展，全面获取多元素系统间协同合作的结构增效红利。

一 以“2.0创新模式”为主导，推进创新驱动升级

后危机时代经济转型意味着发展的牵引力正在由要素驱动、效率驱动进入创新驱动阶段。在这里，创新驱动包括科技创新和制度创新，二者共同构成经济社会发展的强大动力和竞争优势。由于信息通信技术的融合和发展催生了信息社会和知识社会形态，普通公众不再仅仅是科技创新的被动接收，而是创新的主角，直接参与创新进程。这样就改变了过去以技术为单一出发点的“1.0创新模式”，形成了以人为出发点，以用户为中心，以企业为主体，以社会实践为舞台，以大众创新、共同创新、开放创新为特点的“2.0创新模式”。我们认为，长株潭城市群两型社会建设自主创新经验，就是这种“2.0创新模式”。据统计，长沙、株洲、湘潭2010年的社会研发投入力度分别为2%、1.34%、1.47%，低于北京的5.82%和深圳的3.48%。但投入不多，却产出多。一批世界之最的创新成果接连问世，一批国际先进的创新成果纷纷涌现。杂交水稻大面积亩产的世界纪录多次在湖南诞生，并一直由湖南保持。世界上算得最快的计算机在长沙。“天河一号”“天河二号”持续领跑全球超算速度。世界最大功率电力机车、世界最长臂架泵车、世界最强功率海上风力发电机、世界运行速度最快列车的牵引电传动系统、世界起重能力最强的履带起重机、世界人工干预最短的无人驾驶车也来自长株潭地区。炭/炭航空材料、激光烧结3D打印机、“神十”用传感器和特种电缆、“蛟龙”号“岩芯取样器”等屡屡打破国外技术垄断，它们的出生地也在长株潭。自2007年以来，全省共取得各类科技成果4634项，115项科技成果获得国家级科技奖励，获国家奖励数连续多年保持全国第五位，绝大多数出自长株潭。剖析长株潭“投入少但产出多”的自主创新现象，其中一个带根本的经验就是以用户为中心、以企业为主体进行开放创新。因此我们建议出台专门政策在全省推广，逐步实现

由引进模仿向自主创新升级。其整体格局可考虑：长株潭城市群作为高端产业集群地区主攻原创性尖端技术如数字化技术、新型装备技术、新能源技术、新材料技术，普及清洁低碳技术；衡、岳、常、娄城区以发展集成技术为主；其他地区以适用技术研发应用为主。由于创新驱动的内核是人力资本和知识资本，所以我们建议通过培训、引进和激励等方式，充分发挥科技创新家、风险投资家、企业经营家和高级技工、职业农民等“三家两工”人力资本的作用，全面增强湖南发展的后劲和竞争力。

二　以园区集群发展为抓手，实现产业结构的调整升级

产业园区的基本功能是实现生产要素在空间的集中而获取规模效益和协作效益。“十二五”以来省委省政府提出每个县区都要建一个省级工业集中区，使湖南产业园区的发展上了一个大台阶。目前全省已建产业园区 140 个，其中经济开发区 80 个、工业集中区 60 个。据 2012 年底对 107 家产业园区的统计，共规划面积 2365 平方公里，已实际开发 899 平方公里，入园工业企业 18296 家，完成固定资产投资 3514 亿元，完成规模工业增加值 3780 亿元，上缴税收 605 亿元。全省产业园区以占全省 0.42% 的国土面积，产出了 44.1% 的规模工业增加值、26.7% 的税收，提供了 58.3% 的工业企业就业岗位，为湖南经济的跨越发展作出了重大贡献。但湖南省产业园区当前也仍存在重“地”轻“产”的倾向，优势产业集群少，产业规模偏小且同质化现象较普遍。为此，我们建议湖南产业园区的发展应由搭平台的数量扩张阶段全面转向调结构的质量提升阶段，推广长沙市宁乡县“项目立园，平台提质”的发展经验，在三五年内实现经济总量和经济效益的同步倍增。为此，要着力做好四个大抓：第一，大抓项目招商，做特色产业。项目是产业园区的生命线，要挖掘自身的特色和优势，进行中高端招商，不搞同质化的恶性竞争，做专业做特色做品牌。宁乡县在开发区中创办“中国食品工业示范园”以优势平台招商选资，已引进了法国乐福来、加加集团、华润饮料等国内外知名食品企业 27 家，2013 年产值 230 多亿元，“十二五”期末可达到 500 亿元。这种专业特色优势平台招商的做法值得在全省大力推广；第二，大抓配套集群，做大产业链。依据全省

产业园区主导产业指导目录推进产业结构优化和产业集群，打造支柱性产业。这里特别要鼓励重点企业、品牌企业在园区内以资金、技术、管理和信息等作支撑，聚集为自己配套生产和服务的中小企业，形成相对完整的产业链条和配套协作体系；第三，大抓清洁生产，做循环经济。引导企业建立"轻型经济""循环经济"和"环保经济"机制，从产品生产源头实现节能降耗减排和资源再利用。推广宁乡县创办"飞地工业园"集聚发展全县乡镇工业的两型发展模式，促进湖南省各县的县内乡镇工业集中生产营运，以达到规模生产、集群生产、循环生产和绿色生产。同时，要鼓励高排放项目如化工、冶炼、发电等，利用这种飞地产业园模式向大环境容量异地转移，达到产业空间的合理布局；第四，大抓产城融合，做服务平台。在空间布局上园区应与城镇配套，发展工业设计、金融保险、信息服务、职业培训、科技服务、策划咨询、服务外包、第三方物流、文化创意、现代商贸等新兴服务业平台，一方面促进企业的分工配套和产业集群，打造园区的产业链，以对产业结构调整升级发挥平台作用；另一方面解决好员工下班以后的生活服务问题，不仅能住得下来，而且还能生活得丰富多彩，这样就能安居乐业，使产业园可持续发展。

三　以湘北湘东开发为核心，全面融入中国经济新支撑带

在中国经济中速增长阶段，长江流域经济带将成为国家开发战略的重心。该经济带具有得天独厚的综合优势，交通便捷，资源丰富，城市密集，市场广阔，其产业优势尤为突出，历来就是我国最重要的工业走廊之一，我国钢铁、汽车、电子、石化等现代工业的精华大部分汇集于此，集中了一大批高耗能、大运量、高科技的工业行业和特大型企业。此外，大农业的基础地位也居全国首位，沿江九省市的粮棉油产量占全国40%以上。而且人才荟萃，科教事业发达，技术与管理先进。因此，长江经济带是我国最重要的高密度经济走廊，对中国经济转型发展的战略意义是其他经济带所无可比拟的。湖南北口现有163公里长江岸线，且联通洞庭湖与湘资沅澧四水贯通长江，流域湖南全省。而长三角与长江经济带直接的结合部则有湖南省东大门株洲，沪昆高速公路铁路、衡茶吉铁路和岳汝高速公路，从东到西联北，沿线经济的潜力巨大。湖南

省这种沿岸和沿线交集的突出特点是江湖联结、东西交汇、南北缓冲，具有“大港口，大枢纽，大容量，大腹地”的经济地理优势。由此我们认为，湖南融入国家依托长江建设中国经济新支撑带战略，需要打通湘北、湘东两口，加大开发长江岸线和东西陆路沿线的力度，大力发展低碳化的大综合物流业、大精细化工业、大装备制造业、大轻工食品业、大电子信息业、大旅游观光业和大宗农产品产业等七大产业集群，重点抓好四大工程：（1）高标准发展水陆综合的大物流产业，加快建设环洞庭湖高等级公路和流域沿岸港口码头，全面疏浚长江同湘资沅澧四水联通的航道，建成以岳阳城陵矶大港为主港、岳阳君山港和华容港（含塔市驿、洪山头、新沙州三个作业区）为配套港、常德津市港为副港的“一江一湖”带“四水”的水陆综合交通运输体系；（2）利用湖南省163公里长江岸线大港口、大环境容量优势，发展大化工、大制造、大能源工业，在岳阳云溪及以下66公里长江岸线，重点打造湖南及我国中部最大最先进的炼化一体精细化工生产基地，也可考虑引进超大型的PX项目；云溪以上近百公里长江岸线集中发展大能源工业、大制造工业和纺织服装工业，重点把华容打造成长江中游岸线最大的集煤电、风电、核电和生物质能电为一体的清洁能源生产基地、现代纺织服装生产基地和西洞庭湖长江黄金水道综合运输物流中心；（3）全面建设江湖港口及物流商贸设施，重点发展城陵矶港大型综合保税区，集保税区、出口加工区、保税物流区、港口的功能于一体，形成长江中下游大宗产品进出口的物流和商流集散交汇区，以承接和复制上海自贸区体制，建成湖南和我国中部重要的现代化立体口岸开放体系；（4）打开湖南省东大门，发挥株洲接东带西的路线枢纽作用和综合成本优势，打造株洲至醴陵城市发展新轴线，重点把醴陵建设成湖南省东部的门户性城市，连通“平（萍）浏醴”，东达“长三角”，北接“长江岸”，吸纳长三角和长株潭城市群的辐射、转移和传递，带动茶陵、炎陵和攸县实现城乡一体发展，并全面开发“湘赣边区”，促进罗霄山区扶贫攻坚。在产业布局上，要充分利用株洲航天航空、轨道交通、硬质合金等先进技术优势和新型产业基础，对接上海及“长三角”城市群的技术辐射，建设湖南高科技的“湘东硅谷”，做大做强湖南境内沪昆、京广路线两厢轨道交通、通用航空、医药食品、服饰加工和现代陶瓷等产业。

四　以都市区化模式为目标，发展以人为核心的城镇化

推进城镇化是解决农业、农村、农民问题的重要途径，是推动区域协调发展的有力支撑，是扩大内需和促进产业升级的重要抓手。我们的研究表明，以破解二元结构为主导的城镇化，应以都市区化为发展目标。从空间经济学的视角分析，在工业化作用下形成城市，是根据市场潜力决定经济活动区位的理论原则，权衡经济集聚规模报酬递增与产销运输成本的关系而不断发展的，它经历了单极城市—多极城市群—城乡一体都市区化的演化提升过程。都市区化是指大的人口核心区与其具有高度社会经济一体化倾向的邻接社区如县乡镇的组合，建设多元城市联结、城市乡村一体、工业农业融合的城镇群网络体系。这种以城市群为构架的大都市区一般是为创造一个系统经济体相互作用的场效应（包括经济区位效应、产业关联效应、规模经济效应和潜在市场效应等），通过城市群网络自身的能量、动量和质量在一定条件下和实物相互转化，产生强大的极化力，形成低能耗低排放的、规模报酬递增的空间集约经济体系，实现城市与农村以及核心区与边缘区的统筹。为此，湖南的城镇化应围绕产业空间合理布局、充分吸纳劳动力就业为主旨，发展多层次联结的城镇群网络体系即都市区化。我们建议：（1）以县城和核心镇为破解二元结构的基础节点城镇，重点通过农副产品精深加工的产业集中和农业转移人口的市民化来实现提质扩容，建设绿色小城市；（2）以各地级市为中介节点城市，重点发展涉农消费品产业园区，推进产城融合和市县乡一体，联结县乡小城镇构建地方枢纽性城镇群；（3）以长株潭城市群为首位节点城市，根据融入长江经济带建设的需要实现向北延伸，与岳阳这个长江口岸性城镇群联姻，打造千万级人口的大长沙都市区，与长江中游城市群均势对接，形成现代大工业、大服务业、大资本、大市场的集聚集群中心，建设湖南全面发挥“一带一部”区位优势的现代超级增长极；（4）通过“产业链网”“交通链网”和“信息链网”三网联通全省地方性城镇群，最终形成能释放巨大内需潜力、提供巨大产业空间，充分吸纳农业剩余劳动力就业、提高劳动生产率、破解城乡二元结构、促进社会公平和共同富裕的湖南新型城镇化体系即“三节点三网链构架”。

五　以现代工业化生产方式，加快推进湖南农业现代化

湖南农业资源丰富，发展现代农业的潜力很大，对确保全国粮食和大宗农产品供给具有重要的战略地位。对此，我们建议推广长沙县“以新型农业经营者为主体，以现代农业标准化基地建设为载体，以现代工业技术、装备和大生产管理经验为支撑，以培育和完善现代市场商贸物流体系为前提，运用工业化大生产方式，打造具有市场竞争力的农业产业集群和龙头企业群体，建设特色鲜明的高效现代农业产业体系”的农业工业化经验，全方位转变农业发展方式。

近五年来，长沙县共引导创办各类新型农业生产经营组织1318家，其中农民专业合作社1024家、农业龙头企业251家、现代农庄43家，本级和上级财政对合作社投入扶持资金9600万元，其中本级投入4500万元。此外，各经营主体也先后吸引社会各类投资主体投资现代农业产业和农田水利基本建设的资金近30亿元，并带动了100多项农业科技成果的就地转化和近1000名科技及管理人才投身现代农业建设。新型经营主体的培育，推动了农业的适度规模经营，提高了农业生产经营效率。五年来该县共投入扶植资金2300多万元，引导农用土地向农民专业合作社、种养大户、现代农庄和农业企业流转集聚已达36万亩，其中耕地流转达20万亩、山林丘岗地等15.9万亩，涉及225个村、8.5万农户。土地流转促进了现代农业结构的重大调整，目前该县百亩集中连片的农业项目现已发展到190个，优质稻和超级杂交稻45万亩、茶叶9万亩、蔬菜10万亩、花卉苗木12万亩、时鲜瓜果9万亩。同时，土地流转大幅度提高了农地收益，据不完全统计，2012～2013年该县平均每亩流转收入达到1200元以上，2012年该县200多个规模土地流转项目共支付相关农户土地流转租金约1.1亿多元、发放员工工资约3亿元，惠及3.5万农户。2012年该县农村居民人均纯收入17070元，比上年增长19.9%，比全国平均7917元和全省平均7440元分别高1.16倍和1.19倍。其中工资性收入8668元，增长42.8%；家庭经营纯收入6463元，下降6.8%；转移性纯收入790元，增长10%，财产性纯收入1149元，增长124%。农村居民人均可支配收入15948

元，增长19%；农村居民人均生活消费性支出8487元，增长28.5%，比全省平均5870元高44.6%。目前，长沙县已成为我国首批国家现代农业示范区。当前，学习和推广长沙县的经验，最首要的是应在全省农业主产地区全面培育和激发新型农业经营主体积极性，推动土地有效流转，组织适度规模经营，发展专业化基地农业、标准化品牌农业和工厂化制成品农业，实现农业生产过程的工业化（专业化、规模化、标准化和机械化等）、农业生产结果的工业化（农副产品精深加工）和农业产业经营管理的现代化，最终完成湖南农业现代化的历史进程。其具体设想是，“十三五”期间在湖南省洞庭湖地区和环长株潭地区建设国家级现代化大型商品粮、生猪、柑橘、草食动物、淡水产品等优势农产品生产基地，打造粮食制成品、蔬菜制成品、食用油制成品、畜禽水产制成品与乳制品、茶果制成品、竹木林纸制成品等六大产业链，建成我国高标准的现代化农业主产区和社会主义新农村。

B.38

完善农村土地承包经营权权能的思考与对策

曾福生* 刘 辉

依据《物权法》《农村土地承包法》和《土地管理法》规定，农村土地承包经营权权能包含了占有、使用、收益和处分权能，其权能拓展实质是农村土地承包经营权流转，指在不改变土地用途的基础上，土地承包经营权人将其土地承包经营权或其中部分权能转移给他人的行为，包括转包、出租、互换、转让、入股、抵押等。

一 农村土地承包经营权权能问题研究的意义

1. 农村土地承包经营权权能拓展是促进新型工农城乡关系发展的突破口

我国户籍和土地制度引致的城乡“二元”结构，“先工后农”“先城后乡”的政策以及农民的土地财产性制约导致了城市与农村、农民与市民间的发展差距，资源利用效率低下。当前的情形是建设用地方面，城市土地供给紧张，农村大量土地闲置；农村的土地变为城市土地必须通过国家征用，农民和乡村集体只能得到一次性土地补偿收益，而不能持续享受城市化带来的土地增值收益。农业用地方面，耕地除开自己耕种形成农业经营性收入以外，大部分是村庄内部的委托代耕和出租，能形成的财产性收入很少甚至没有。显然，农村土地亟待规范、合理的流转，农村以及农民对农村土地承包经营权市场有强烈的内生性需求。新形势下农村土地承包经营权问题研究就能揭示这种需求，推进城乡要素平等交换和公共资源均衡配置，促进形成以工促农、以城带乡、

* 曾福生，湖南农业大学副校长，教授、博士生导师。

工农互惠、城乡一体的新型工农城乡关系，让广大农民平等参与现代化进程、共同分享现代化成果。

2. 农村土地承包经营权权能问题是解决“三农”问题的关键点

我国是一个人口众多、人均耕地面积很少的国家，因此保护稀缺的耕地资源，保证农产品供给和粮食安全，始终关系国家的生存和发展；而我国农业的现状与现代农业还存在不少差距，产生差距的原因之一就是农业经营规模狭小，土地细碎化严重，当前我国户均耕地经营面积不到半公顷，由于规模小、产值低，农民利用新技术新品种的积极性不高，甚至许多地方的耕地还出现了季节性抛荒的情况；再者，农村户籍的人口转为城市户籍的人口就意味着农民要放弃土地承包经营权，这样一来，农民的土地财产权利没有得到保障。因此，保护耕地资源、确保粮食安全，需要搞好农村土地承包经营权规制；推进规模化经营、发展现代农业，需要健全和完善农村土地承包经营权市场；保护农民利益、提高农民收入，需要创新农村土地承包经营权形式。

3. 农村土地承包经营权权能问题是解决相关群体利益板结化的着力点

农村土地承包经营权权能拓展是土地增值的过程。农村土地承包经营权的参与主体有：政府、村集体、市场投资者与农民。由于土地的国有或集体所有性质，农民在土地承包经营权中的主体地位弱势；政府以及农村集体组织由于政策资源、信息优势处于农村土地承包经营权中的强势地位。农民信息弱势使农村土地承包经营权过程中的权利—收益不对称：集体是农村土地权利的代表者，即权利的实际控制者；市场主体在土地市场中具备流动性和主动性，主导着农村土地承包经营权的模式和进程，成为第二层次的既得利益者；而农民成为整个过程中的利益损失方。况且，政府对土地财政的依赖性，市场投资者压低租金，基层组织强制流转土地以及截留、挪用土地增值收益等导致的土地承包纠纷、土地补偿收益纠纷经常发生，这都属于土地承包经营权主体间的利益板结、固化导致的农民与政府、村集体组织之间的冲突。所以，新形式下农村土地承包经营权问题研究着重于解决这些问题，兼顾各方主体利益平衡，为解决相关群体间的利益板结化提供了切入点。

4. 农村土地承包经营权权能问题是促进政府职能转变的重要契机

农村土地承包经营权流转是农民之间要素交易的行为，政府只是管理者、服务者、引导者或仲裁者。但实践当中，基层政府与村庄往往越俎代庖，充当了农村土地承包经营权的主体。根据一项覆盖全国近2000农户的抽样调查显示，41.89%受访农户表示最初并不愿意将自己的土地出租，而经基层组织行政权力的干预，最终只有9.47%的农户得以保留继续使用自己的土地。违背农民意愿的土地承包经营权不但不公平，而且被强迫流转土地的农民可能面临“无地可种、无工可打”的双重困境；而在农村土地承包经营权过程中，村庄内部农民之间的土地承包经营权一般会维持原有土地用途，但流转给大户、合作社和工商企业的土地却呈现“非农化”“非粮化”倾向。所以，政府扮演的角色应更多地体现为政策引导性以及资源利用导向性，通过对农村土地承包经营权流转进行规制，对外来的土地承包经营权对象特别是工商企业需要审查资质条件、制定准入门槛，对他们的土地利用行为进行有效监督。另外，为了保证农产品供给和粮食安全，政府需要对新型农业经营主体给予资金、技术和信息等方面的支持和帮助。因此，新形势下农村土地承包经营权问题研究是促进政府职能转变、明确政府职责的重要契机。

二　农村土地承包经营权权能流转（权能拓展）的现状

1. 农村土地承包经营权流转面积不断扩大

在城镇化的大背景下，农村外出务工劳动力持续增加，在地方政府的引导和推动下，农村土地承包经营权市场呈现不断发展的态势。截至2012年底，全国农村土地承包经营权面积达2.7亿亩，占家庭承包经营耕地面积的21.5%。农村土地承包经营权呈现区域差异。沿海发达地区、城市郊区的土地承包经营权比中西部地区、纯农区的土地承包经营权比例更高、规模更大。

2. 农村土地承包经营权流转对象日趋多元化

以前的农村土地承包经营权流转主要限于村庄内的农民之间的流转，而现在土地承包经营权流转对象日趋多元化，农民、专业大户、合作社、工商企业都成为土地承包经营权对象。特别是近几年工商企业参与土地承包经营权的情况越来越普遍。截至2012年底，流入工商企业的耕地面积为2800万亩，比2009年增加115%，占总流转面积的10.3%。工商企业成为非常重要的土地承包经营权主体。

3. 农村土地承包经营权流转后的土地用途有“非农化”“非粮化”倾向

村庄内部农民之间的土地承包经营权流转一般会维持原有的土地用途，但流转给大户、合作社和工商企业的土地却呈现“非农化”“非粮化”倾向。根据一项我国17个省份的抽样调查，流转给大户、合作社和工商企业的土地，仅有30.69%被用于粮食生产，20%被开发为工厂用地或其他商业用地，14.14%被用于植树造林，甚至有3.97%被用于开发“小产权房”。流转后土地的“非农化”“非粮化”倾向，将对我国耕地资源的保护、农产品的供给以及粮食安全造成非常严重的负面影响。

4. 农村土地承包经营权流转价格显著上升

虽然从全国来说，由于经济发展及区位的不同导致土地承包经营权流转价格呈现很大差异，但近几年来土地承包经营权流转价格呈上升趋势显著。特别是在城郊地区，流转价格的中位数在800元左右，在纯农区，土地承包经营权流转价格的中位数在300元左右。导致土地承包经营权价格上涨的主要原因一是物价水平的普遍上涨；二是随着工商企业的进入，对流转土地的需求在不断增加。面对日益攀升的土地租赁价格，农民为了规避通货膨胀的风险，一是不断缩短价格调整的周期，如由5年缩短为3年，甚至有些地方出现价格一年一调整的情况；二是土地租赁价格与实物进行绑定，如粮食，然后每年根据粮食价格再确定土地租赁价格。

三　农村土地承包经营权权能存在的问题

1. 农村土地承包经营权权能界定不清，配置低效

农民、集体、地方政府与中央政府等相关利益主体在土地承包经营权的部分权能上依然界限不清，尤其是土地“公共域”在很大程度上产权模糊，这就限制了农村土地承包经营权的处分权能，导致土地承包经营权上各个主体利益分享的不对等，出现了商业性用地假借公共利益之名从农民手中拿地和权力寻租现象，致使土地资源配置低效率。

2. 农村土地承包经营权物权功能残缺，农民权益受限

农民土地承包经营权物权弱化，难以对抗来自发包人和其他行政组织的干预。农村土地虽然为集体所有，但实际控制权却掌握在集体所有权代理人——村民委员会手中，将农民承包地强行转化为经营性建设用地，甚至占用农民耕地等限制和侵害农民利益的现象时有发生。

3. 农村土地承包经营权灭失补偿缺失，增值收益分配不合理

在土地用途转变增值收益分配中，政府部门大约占60%～70%，村级集体组织作为被征用土地所有权人的代理人获得25%～30%，农民只获得5%～10%。农民获得的补偿主要是青苗补助费及就业安置补偿，没有对土地承包经营权进行补偿。

4. 农村土地承包经营权流转市场混乱，土地交易权受限

一是工商资本进入农村，盘活土地市场的同时，却出现了企业经营土地出现大面积抛荒与闲置，引发农民的不满和质疑。二是农村土地承包经营权流转中出现“以租代征”“打包租地、搭车征地”，农民存在失地风险，流转率“虚高”。三是农村土地承包经营权交易的手续、流转前提等有多方面限制，使得交换的自由处分权不能充分发挥。不允许交换价值作为独立价值进行抵押，土地交换价值欠缺股权化、资本化机制。如土地承包经营权的转包限定了此承包人必须是本集体经济组织成员，农民承包地的抵押和继承权利被严格限制。

四 完善农村土地承包经营权权能的对策建议

1. 依法依规，继续进行全国农村土地确权工作

依据《土地管理法》《土地承包法》和《物权法》，界定农村土地承包经营权权能，继续进行和完成全国农村土地确权工作。针对确权工作量大面广，涉及多个行政职能的实际，建立确权登记信息管理系统：农业部门、国土部门、财政部门、司法部门通力合作，为农地确权颁证工作提供服务。

2. 重构农地产权，彰显农村土地承包经营权的物权性质

重构农地产权结构，明确集体所有权、农户承包权、农地经营权三权的适度分离。具体而言：村组集体—土地所有权，农户—土地承包权、使用权、收益权、转让权和抵押权，地方政府—资源管理权；彰显农地承包经营权的物权性质。农村土地承包经营权作为一种用益物权，可不经过发包方审批，农民可自由转让土地承包经营权。但在重构农地权能时，一是不能改变农村土地集体所有制；二是不能改变土地的用途，农地农用；三是不能损害农民的基本权益。

3. 尊重农民实践，创新农村土地承包经营权流转模式

（1）农村土地承包经营权流转信托。基于农民农村承包地流转实践，从法律上认可农村土地信托经营。土地承揽者可以将其承揽地运营权流转给种粮大户、家庭农场、专业合作社和农业企业经营。监管层应强化涉农信托的分类管理，使涉农信托实现各个主体的共赢。

（2）农村土地承包经营权股流转份制。农民承包地以“土地换股权”方式直接“入市”是土地承包经营权流转的趋向，创办农村土地股份合作社能确保农民长期获得土地资产收益，是农村非农经营性土地承包经营权流转的可持续方式，也是土地走向适度规模经营，降低农地经营成本，培育现代农业经营主体的重要组织形式。在实践过程中，需要股权量化到人，资源折价入股，扩大土地权利要素，完善股东界定程序和方法，使农民以股民身份参与规模型现代化产业，获取红利。

4. 创新农村土地资产化，推进农民承包土地抵押权

农民土地承包权实现资产化，体现农地物权的资产价值。鼓励各类金融机构以农地承包权为抵押，提供服务于“三农”的贷款，显化农户隐性财产，帮助缓解融资难题，使农民获得从事农业规模化生产、开发或非农创业资金。土地行政主管部门应建立农村地价评估机构，进行农村土地抵押供需信息收集、筛选和公布，避免抵押承包地变成债权人“私有”，使抵押的承包地农地农用。

5. 保障农民权益，完善农村土地承包经营权流转增值的分配机制

在鼓励农民流出土地时，提高农村土地承包经营权流转进入门槛。强化进入的工商资本的有效监管和制约，鼓励工商资本从事农民难以从事的农业上下游配套产业，完善“资本入地”的退出机制。同时赋予农民对土地承包经营权流转收益更多谈判权、话语权和决策权，建立跟随粮价和物价挂钩的租金增长机制，维护农民权益。

B.39

从皖江示范区建设经验看湘南示范区的发展对策

刘友金　贺胜兵*

把握承接沿海产业转移的难得历史机遇，是中西部地区实现经济赶超的一个战略重点。安徽皖江城市带和湖南湘南三市是中部地区最早获批的两个国家级承接产业转移示范区。从目前的实施情况来看，皖江示范区建设明显走在前面。他山之石，可以攻玉，其先行先试的宝贵经验值得湘南示范区借鉴和学习。本文对这两个示范区开展了比较系统的调查，在此基础上总结了皖江示范区建设的创新经验，分析了湘南示范区存在的差距，提出了加快湖南湘南承接产业转移示范区建设的对策思路。

一　皖江示范区建设的创新经验

皖江示范区从2010年1月成立以来，在积极探索中部地区大规模承接产业转移的新途径和新模式等方面积累了许多可供借鉴的创新经验。

1. 合作模式创新

地方政府GDP竞争与政绩考核，使得沿海地区政府采取多种措施对迁出企业进行“挽留”和“空中拦截”，阻止当地产业向内地转移。为了突破这一障碍，作为毗邻长三角的皖江示范区，通过合作模式创新，实现利益共享，将阻力转化为动力，加快了产业向皖江城市带转移。

* 刘友金，男，湖南浏阳人，湖南科技大学副校长，教授，博士后，博士生导师；贺胜兵，男，湖北枝江人，湖南科技大学商学院副院长，副教授，博士。

典型的做法有：一是区域对接合作。通过建立“苏浙沪皖”产业转移联动合作机制，将安徽纳入到长三角地区产业分工体系，合力推进基础设施、交通网络、区域创新体系、信息互通平台一体化建设，带动长三角地区产业向皖江城市带有序转移。二是园区共建合作。双方省（市）政府约定合作园区的产业发展方向、权利义务后，由安徽“净地”交给苏浙沪地方政府开展建设管理，在经营期内经营方可在园区设立规划、税务、工商等派出机构，行使相关经济管理权限，分享园区开发经营收益，这进一步创新了“飞地经济”实施模式。

2. 承接模式创新

传统的被动承接和低端承接不仅会制约本地产业升级，更可能会打乱本地产业的合理布局以及在全球价值链中的低端锁定，甚至恶化产业发展环境，导致地区差距扩大。为了能有效避免这些现象发生，皖江示范区创新了承接模式。

典型的做法有：一是主动承接。围绕区域内主导产业，以大项目、大企业为承接重点，带动配套企业抱团转移，形成产业集群。如，合肥新站实验区重点以电子信息和智能家电为主导方向，吸引了包括京东方 TFT - LCD8.5 线、乐凯光学薄膜、彩虹蓝光 LED 等在内的一大批高新技术龙头企业与配套企业，推动了合肥家电产业的集群发展。二是高端承接。政府倡导招商选资，引进国内外优质产业资本和先进技术等要素，对接区域内骨干企业、支持企业改组改造，加强技术研发，形成核心技术，提升系统集成能力。如，引进联想集团与台湾仁宝电脑建设联想合肥产业基地，推动了合肥家电产业集群的高端发展。

3. 建园模式创新

传统工业园区设计过分注重其生产功能与标准化厂房建设，而园区内的食宿、交通、文化、教育、娱乐等配套设施严重不足，白天“车水马龙”，晚上“人去楼空”，这对追求时尚和向往都市生活的青年群体难以产生吸聚效应，致使有劳动力成本优势的中部地区也出现招工难。

为了破解这个难题，皖江示范区采取了“产城一体”的建园模式，产业功能与城市功能相互渗透，园区开发与新城建设同步实施，营造都市化氛围，使工人留得住，生活上体面，发展有空间。如，马鞍山按照“产城融合、城乡一体”的发展思路，立足“产业、宜居、服务”三个示范，以“产业集聚、科技支撑、生活配套、设施完善、环境良好”为目标，改善了企业用工的大环境。

4. 管理模式创新

多数企业家抱怨中部地方政府为了自身利益最大化，比拼政策优惠，导致恶性竞争，引资不选资，招商不亲商，承诺不兑现，服务跟不上，甚至乱收费，企业隐性商务成本高，企业管理层把精力消磨在无尽的潜规则和应酬之中。

为此，皖江示范区进行了系列管理创新：一是建立产业承接标准体系。重点建立产业选择标准与环境生态前置审批标准，加强资源能源环境约束，避免低端承接。二是建立园区考核综合评价体系。将工业集中度、投资强度、产业集聚度、容积率与节能降耗等反映经济发展、集约承接、结构优化、绿色承接、创新承接5个方面20余项导向性指标纳入承接产业转移绩效考核指标体系，促进园区之间有序竞争和健康发展。三是建立政府服务效率监控体系。规范项目“并联审批”、项目“全程代理”、企业注册“一表通”、收费管理“一票制”等管理制度，建立“首问负责制”“限时办结制”等稽查制度，提高了企业的运行效率。

二 湘南示范区存在的差距

1. 差在抢占先机上

地方经济的快速发展离不开国家的政策支持，企业的抢滩效应往往使那些最早获得政策优势的地区获得先发优势。谁快半步获得国家优惠政策支持，谁就可能获得快一步的发展机遇。因此，优先争取获批国家级示范区，是中部各省承接产业转移的一种重要竞争策略。

从沿海产业转移的路径和地缘关系来看，承接珠三角的产业转移，湖南最有区位优势；承接长三角的产业转移，安徽最有区位优势。从承接沿海产业转移的产业基础来看，湖南比安徽略有一定优势。因此，湖南和安徽都应该是国家重点给予更多政策支持的省份，从客观条件考量，甚至湖南还可能比安徽得到优先支持。但在争取承接产业转移国家政策平台方面，没有抢到先机。皖江城市带成为全国第一个且由国务院批复的国家级承接沿海产业转移示范区；而湖南湘南地区则是继安徽皖江、广西桂东、重庆沿江之后的全国第四个获批的国家级承接沿海产业转移示范区，是由国家“发改委”批复的承接沿海产业转移国家级示范区。这在一定程度上错过了当时因金融危机快速发酵而带来的承接沿海产业转移的最佳机遇期。

2. 差在战略定位上

国家批复皖江承接产业转移示范区和湘南承接产业转移示范区的战略定位虽然都是四个，但层次却不同。皖江示范区的四大战略定位是：合作发展的先行区、科学发展的试验区、中部地区崛起的重要增长极、全国重要的先进制造业和现代服务业基地。湘南示范区的四大战略定位是：中部地区承接产业转移的新平台、跨区域合作的引领区、加工贸易的集聚区和转型发展的试验区。

两相比较可见，皖江示范区的战略定位高于湘南示范区的战略定位，国家赋予了皖江示范区更丰富的发展和改革内涵，且远远超越了承接产业转移本身。战略定位不同，示范区建设的战略路径和国家给予的政策支持力度就会不一样。皖江示范区获批前后，国家各部委主要领导纷纷带队前往安徽考察，在半年左右的时间内为皖江承接产业转移示范区建设出台了13个专门的配套文件或相关优惠政策，给予了皖江示范区全方位的支持，而湘南示范区则望尘莫及。

3. 差在改革力度上

皖江承接产业转移示范区获得批复后，安徽进行了系列大动作的改革创新。第一大改革是大手笔对皖江城市带进行了重新区划。撤销了原地级市巢湖市，所辖区县被“一分为三”划归合肥、芜湖、马鞍山三市管辖。区划调整后，巢湖成为合肥的内湖，合肥城市空间进一步拓展，形成了经济沿江发展新格局，加快了安徽融入长三角的步伐，极大地提升了对沿海产业的聚集力。

第二大改革是大力度建设承接产业转移集中区。安徽突破行政区域制约，规划设立了省直管的江北、江南两大承接产业集中区。集中区的建立，克服了分散建园的弊端，集约了产业承载空间。而湖南则强调“三极四带”布局，即打造衡阳、郴州和永州三极；京港澳沿线产业聚集带、二广沿线产业聚集

带、泉南沿线发展带和厦蓉沿线发展带四带。事实上，湘南示范区的总体建设思路还是均衡发展，难以集聚优势。

4. 差在抢滩效应上

首先，湖南承接产业转移的数量和规模落后于安徽。引进省外资金规模是目前用来判断承接区际产业转移的一项重要指标，2010 年安徽实际利用的省外资金为 6863.7 亿元，湖南为 1733.13 亿元，湖南只有安徽的 1/4 强；2011 年和 2012 年安徽省投资规模 1 亿元以上项目的实际引进省外资金总额为 4181.2 亿元和 5283.2 亿元，同期湖南利用省外资金总额分别为 2086.02 亿元和 2465.6 亿元①。如果以相同口径进行统计，估计湖南仍然只有安徽的 1/4 左右。数据同时表明，安徽利用省外资金的增长速度明显高于湖南。并且，安徽省利用省外资金项目主要集中在皖江城市带，而湖南省利用省外资金项目主要集中在“长株潭”城市群。这样一来，湘南三市利用省外资金的总额则相对更少。

其次，湖南承接产业转移的质量和档次落后于安徽。调研发现，皖江示范区承接产业转移主要着力于引进龙头企业与配套企业，构建完整产业链。如合肥新站综合开发区通过引进京东方等龙头企业，形成了一条以液晶、等离子显示器为核心的平板显示器完整产业链。池州通过承接投资 1000 亿元的“中华芯都”集成电路项目，形成了从半导体 IC 设计、晶圆制造、封装测试、终端产品、市场营销的全产业链，成为国内一流的集成电路产业集聚区。而湘南三市引进的企业整体素质不高，产业链条短，引进的项目还是比较分散，配套性不强，引进的产业主要是劳动密集型产业或劳动密集型加工环节。

三 加快湘南示范区建设的对策思路

1. 高起点谋划

第一个方面要高起点谋划承接产业方向，努力实现三个转向：（1）从主

① 2010 年及以前湖南省和安徽省利用省外资金的统计口径相同，从 2011 年开始，安徽省对外发布的利用省外资金统计数据是指 1 亿元以上项目的投资总额，而湖南省的相应数据没有区分项目投资规模。

要承接产业梯度转移转向积极承接产业跨梯度转移和反梯度转移，避免被动承接。（2）从大量承接产品生产加工环节转移转向大力承接研发、生产、营销全产业链转移，避免低端承接。（3）从重点承接珠三角相邻省际产业转移转向全方位承接国际国内产业转移，避免单向承接。

第二个方面要高起点谋划示范区建设方向，努力实现三个提升：（1）从建设加工贸易集聚区向建设引进、消化、吸收、再创新的生产贸易聚集区提升，避免被嵌入发达地区主导的产业链末端导致价值链低端锁定。（2）从建设中部地区承接产业转移新平台向建设中部地区崛起重要增长极提升，避免被定格于阶段性任务导致低水平发展陷阱。（3）从建设跨区域合作引领区向建设全方位开放创新先导区提升，避免被局限于地区间合作导致综合驱动力不足。

2. 多方位联动

与安徽只有皖江城市带承接产业转移国家级示范区相比，湖南有“长株潭”城市群两型社会建设示范区、湘南承接产业转移示范区、武陵山连片扶贫攻坚示范区等三个国家级示范区的政策扶植优势。湘南承接产业转移示范区建设，要通过多方位联动，整合各方资源，实现三类国家示范区政策效应叠加。

一是要发挥建设国家承接产业转移示范区的政策优势，在湘粤港澳合作框架中，设立专门“产业转移领导小组”，明确湘南示范区规划与珠三角规划联动实施，推进湘南与珠三角在交通网络、科技要素、人力资源、信用体系、市场准入、质量互认和政府服务等方面的对接，将湘南三市纳入珠三角的产业分工体系。二是要充分利用两型社会建设的政策优势，依托“长株潭”的优势产业和龙头企业，通过共建产业园区、共建产业配套体系，将“长株潭”产业链延伸到湘南地区，合作打造湘南承接产业转移平台，构建统一开放的市场体系，助推承接产业转移示范区建设。三是要利用国家武陵山连片扶贫开发示范区建设政策优势，以产业承接对接开发扶贫，利用地理毗邻优势，顺势打通湘西及武陵山连片的黔、渝、鄂市场，延伸商贸市场腹地，拓展产业承接的辐射空间。另外，还要注意与正在规划中的洞庭湖生态经济区建设结合起来。

3. 关键点着力

一是要着力打造以园区为载体的产业转移承接基地。湘南示范区内现有25个产业园区，不仅分散且整体基础设施薄弱，很多园区水、电、气、讯、热等供应不足，不利于承接高端产业和大规模企业。因此，要重点对湘南三市的现有园区扩容提质，将基础设施好、配套能力强的园区升级为国家级产业园区。同时建议省政府选择合适地点建一个“产城融合”的承接产业转移集中区，集聚资源，打造超千亿级产业承接基地。紧盯“两大”（世界500强和央企大型企业），瞄准“两角”（珠三角、长三角），面向“两区”（港澳地区、台湾地区），进行产业集群式承接。

二是要着力构建产业转移承接支撑系统。重点建设：（1）由航运空港、水运口岸、铁路和公路组成的网络型立体式国际化综合物流体系。（2）由国家级保税区、海关、检验检疫、电子信息平台等组成的大通关体系。（3）由银行、证券、信用评级、担保、风险投资公司等组成的宽融资平台体系。

4. 战略性统筹

调研中发现，湘南地区三市及所辖县区也普遍存在为了自身利益最大化，相互比拼政策，恶性竞争，盲目承接产业转移低端项目的现象。这些问题需要省政府进行战略性统筹加以解决。

一是统一示范区规划。立足于湘南三市的区位条件、比较优势，着眼于区域联动协调发展与示范目标实现，按照布局集中、用地集约、产业聚集的要求，以基础设施规划为纽带、以产业布局规划为支撑、以城镇空间规划为载体的示范区建设规划。二是统一承接产业转移标准体系。重点建立承接产业转移的产业选择与环境生态前置审批等标准，在承接产业转移过程中优化结构，提升产业竞争能力，避免“产业梯度转移陷阱”。三是统一建立跨区域协调机构。建议尽快建立省级领导担任主要负责人的跨三市产业转移促进与协调机构，统筹协调产业承接地之间的产业布局、用地指标、公共服务等，防止承接产业转移示范区建设无序发展。

B.40

湖南省合同环境管理财政政策研究

湖南省财政厅经济建设处

合同环境管理是指政府通过引入市场机制对本属于公共服务范围的环境保护职责，以合同的方式向市场购买的一种商业模式。它是一种商业模式的创新，是调整产业结构、发展环境产业的重要途径，也是提高财政资金使用效益和培养新的经济增长的客观需要。研究合同环境管理对湖南环境产业的发展具有重要意义。

一　深刻认识发展合同环境管理的重要性

1. 合同环境管理概述

根据环保部《环境服务业“十二五”发展规划》，仿照合同能源管理模式，通过签订合同环境服务方式进行的环境管理即为合同环境管理，即利用合同手段，交易、转让环境使用权、污染治理和处理权等，形成合同环境管理关系。合同环境服务的责任主体包括两类：一类为排污企业，即“谁污染谁负责”；二类为政府部门，以收费的方式将环境责任集中起来，进而由政府集中采购服务。

2. 合同环境管理的内容

合同环境管理主要是对环境使用权、污染治理和处理权进行交易、转让，目标是实现经济发展与环境保护的协调同步，具体内容包括：保护自然资源并使其得到合理的利用；防止自然环境受到污染和破坏；对受到污染和破坏的环境做好综合治理等内容。

3. 发展合同环境管理的现实意义

（1）发展合同环境管理是创新政府公共环境投入方式，转变政府职能的必然要求。三中全会明确提出，要实现国家治理体系的现代化。环境保护和环境治理作为公共服务的重要内容，是政府财政投入的重点范畴。合同环境服务业的发展，为政府购买公共环境服务提供了可能，创新了政府公共产品提供方式，是政府转变职能的必然要求和具体体现。

（2）发展合同环境管理是改善公共环境质量和效果，提高政府资金使用效率的必由之路。近年来，大气污染和水污染等环境问题日趋严重。尽管公共财政投入逐年增加，但污染加剧的局面没有得到根本性遏制，而财政投入效率低下是其根本原因。以往重手段，轻结果，缺乏有力的考核机制和手段，大量资金投在设备采购和增加公务人员待遇上，市场活力难以发挥。合同环境管理通过结果导向，能充分发挥市场主体作用，提高公共财政资金使用效率。

（3）发展合同环境管理可以促进经济增长，优化经济结构。经济的发展对环境的要求越来越高，环境的治理、防止任务也越来越重。实施合同环境管理，促进了环境服务的社会化发展，既可以增加就业岗位，也有利于促进第三产业的发展。政府实施合同环境管理，大量采购市场化的环境服务，可以激发环保市场的活力。节能环保产业作为湖南省战略性新兴产业，市场前景广阔，足以构建湖南省未来经济新的增长点。

（4）合同环境管理是加速环境治理的现实需求。当前，环境污染已经严重影响到了人们的生产生活。清洁的饮用水、安全的食品越来越成为奢侈品。再不改变环境治理模式，人类生存环境将面临更加严峻考验。合同环境管理的实施使公共财政承担环境治理的手段得到充实，使环境治理责任有效落实到责任主体，也是当前日益严峻的环境形势的现实需求。

二　湖南实行合同环境管理的可行性分析

1. 合同环境管理的法理基础

合同环境管理是政府对公共环境行使管理权的行为。大自然有其自身的内在价值，保护和促进这种内在价值的完整稳定是我们的一项客观义务。这项义务对于国家来说即履行环境保护职责，从而需要赋予其环境管理权；对于个人的环境保护义务，除了法律的直接规定外，法律无法明确规定的仍需由国家的具体行为来确定。环境合同的本质是利用合同这一“当事人之间法律”的形式，通过为国家和个人提供一种对话和协商的机制。国际上，实施合同环境管理的并不少见。在美欧，99%的政府实施过服务采购，平均每个机构有几百项服务实施社会化。欧盟于1992年颁布了《公共服务采购指令》，将27类公共服务全部纳入向市场购买的范围。凡是价值超过20万欧元的公共服务，一律公开招标购买。

2. 环境合同管理的制度准备

2002年，建设部颁布《关于加快市政公用行业市场化进程的意见》，掀开了政府采购公共服务的大幕。2004年，建设部颁布《市政公用事业特许经营管理办法》，为市政公用事业市场化改革形成了清晰的政策支撑。今年7月31日，国务院常务会议研究了推进政府向社会力量购买公共服务，其中将适合市场化方式提供的公共服务事项，交由具备条件、信誉良好的社会组织、机构和企业等承担。十八届三中全会决定中，在全面正确履行政府职能中明确提出：事业单位分类改革，加大政府购买公共服务力度。建立事业单位法人治理结构，推进有条件的事业单位转为企业或社会组织，为合同环境管理奠定了良好的政策保障。

3. 环境合同管理的经济性

我国环境保护发展空间巨大。李克强总理曾表示：“十二五”期间，中国环保累计投入将超过5万亿人民币。以水为例，城市水环境基础设施升级改造需求的规模估计有2000万t/d。中国环境科学研究院院长孟伟接受也曾表示，2013年国家环保投入达到2100亿元。江苏省提出，2013年全社会环境保护投入占GDP的比例提高到3%，建成30个国家和省级生态工业园区。广东省规划，到2015年全社会环保投入占地区生产总值的比重提高到3%以上，年均增长20%以上，总产值达到5000亿元。2013年湖南环境服务产值也将超过600亿元。

三　合同环境管理的工作方向

合同环境管理虽然是新生事物，但部分工作已经进入社会实践，相对成熟的有环境排污权交易制度和合同能源管理制度。合同环境管理设计必须建立科学合理的环境责任分配制度，对可能影响环境相关因素进行设定，建立分配预案。一是对总环境承载量进行总体测算，对各环节影响因素的环境消费量核算，形成环境合同体系的基础标准；二是对于产生环境污染的项目，需要加征环境影响消除的税费，其确定影响的大小及衡量消除相关影响应缴纳的费用；三是新兴和潜在环境服务企业资质认定，及解决环境问题所要求的技术创新能力、融资能力评估，包括测算、计量和融资租赁配套等现实问题。

1. 制度设计的相关问题

建立合同环境管理的制度体系，提高经济发展的环境标准，完善我国环境政策体系，加快环境法律体系建设，形成经济发展必须在环境友好和可持续发展的框架之内。目前各级财政投入重点还停留在采购环保工程和设备，环境服务采购尚不成熟，地方政府如果不能迈出这一关键步骤，实施合同环境管理将是一句空话。积极构建包括绿色信贷、绿色保险、绿色证券、生态补偿等在内的环境经济政策，搭建中国环境经济政策体系框架。

2. 环境合同的衡量评价

环境消费衡量是环境交易问题的基础，而目前环境消费衡量还有较大欠缺。环境消费衡量不仅可以针对企业，还可以针对个人和家庭，内容可以包括能源的消费、垃圾生产、公益环境补偿等方面。应该包含三废排放量、污染种类和治理难度等评价，可以通过污染治理企业完全消除污染的治理成本来衡量。例如，PM2.5 超标，由于产生原因复杂，且难于量化，评价难度大。

3. 相关配套市场建设

形成合同环境管理和污染治理方式，需要大量培育合同环境服务的市场供应方，环境服务交易平台和配套软环境。从目前情况看，合同环境管理的需求方天然存在，并且在现有环境制度下消费情况隐性化。同时环境合同服务提供者数量较少，受制于环境服务的技术创新能力，尚不能完全满足各种形式的环境服务需要。完全市场化推广还需要发展大量的相关配套服务产业，以及技术创新等的配套支撑，如融资租赁服务、融资担保平台等。

4. 合同环境管理模式选择

主要经营模式有（1）BOT。建设—运营—移交，即业主与服务商签订特许权协议，特许服务商承担工程投资、建设、经营与维护，服务商向业主定期收取费用，以此获取合理回报。（2）EMC（合同能源管理），即节能服务公司通过与客户签订节能服务合同，为客户提供能源审计、项目设计、项目融资、设备采购、工程施工、节能量确认等一整套的节能服务，并从客户节能效益中收回投资和取得利润。区别在于 BOT 在运营期的收益一般由服务方全部收取，而 EMC 则由服务方和业主按合同约定比例共同分享。（3）EPC（设计－采购－施工），即服务商承担系统的规划设计、土建施工、设备采购、设备安装、系统调试、试运行，并对建设工程的质量、安全、工期、造价全面负责，最后将系统整体移交业主运行。（4）EPC＋C（总承包＋托管运营），即建设阶段采用 EPC 总承包模式，运营阶段采用系统托管模式。

5. 合同环境管理市场巨大

环境市场很大，是未来一段时间新的经济增长点。按照国务院《关于印发“十二五”节能环保产业发展规划的通知》，到 2015 年节能环保产业规模将达到 4.5 万亿元，年均增长 15% 以上。根据我国发展现状和国际发展经验，目前中国、美国环境产业比例分别为 20%、50%，如果按照这个比例计算，到 2015 年我国环境服务业规模将在 9000 亿元至 22500 亿元之间，市场前景很大。

四　财政支持合同环境管理的对策建议

合同环境管理是未来环境治理的主要管理的模式，是转变政府职能和建设服务型政府的发展需要，也是把环境服务业培养成新的经济增长点的需要。作为公共财政投入的重要领域，我们需要从以下几个方面着力。

1. 积极开展合同环境管理探索

开展合同环境管理政策研究是实施合同环境管理的关键。一是积极开展合

同环境管理试点，在钢铁、煤炭、化工等污染较大的行业，加快合同环境管理模式应用，为全面铺开积累经验。二是加大对相关制度建设的理论研究，建立相关环境消费的交易和分配制度，探索相关市场发展。逐步把治理经验上升为行政和法律规范。积极建立备案制，以作为给予优惠政策的依据。三是出台科学合理的执行标准和补贴及价格测算方法，解决计量测算难的问题。完善环境管理监督第三方审核制度，探索依靠和发挥第三方中介组织评价制度，保证合同管理方式的健康公平进行。

2. 积极创新合同环境管理融资模式

从目前我国现行环境服务资金来源，财政投资占绝对多数。虽然存在银行贷款、外资、国债等辅助融资渠道，但是资金量相当有限，大部分贷款最终都需要财政承担责任，变相增加了财政负债。

3. 积极争取中央财政资金支持

环境治理是公共财政支出重点，党中央、国务院一直重视环境保护工作。一是积极支持财政部相关资金支持。如争取国家合同能源管理奖励资金。二是争取环境保护部有关资金。如环保部拟在中央财政节能减排专项资金中安排部分资金，对实施合同环境服务的项目按照主要污染物减排量的标准给予一次性奖励。三是从资金、税收等方面，国家在产业和金融政策上应该给予环境服务商更多的支持，重点引导和支持市场化环境服务项目发展。四是参照《合同能源管理项目财政奖励资金管理暂行办法》，创新环境服务企业利益分享模式和财政奖励机制。设立环境奖励资金，奖励在地区环境治理中作出突出贡献，环境治理技术取得新突破等方面的领军企业或者技术带头人。

4. 研究设立合同环境服务产业基金

建议设立合同环境服务产业基金。产业基金启动资金从中央财政环保转移支付和各级财政环保资金、城镇收集的污水垃圾处理费中提取。基金正式运行后，资金来源可以是社保养老、商业保险等对投资回报率要求相对较低、对资金安全性要求相对较高、可以支持长期投资的资金。产业基金不同于股权投资基金，其目的是在获得合理投资收益的同时，促进和引导整个产业的健康发展，为环境项目提供周期和收益相匹配的资金来源。

B.41

长沙市旅游产业发展报告

长沙市人民政府研究室

近年来，在省委、省政府的正确领导下，长沙市旅游产业坚持围绕培育千亿元产业、建设旅游强市、打造世界旅游目的地的目标，跳出旅游抓旅游，创新思路谋旅游，转变方式做旅游，实现了全市旅游业又好又快发展，长沙市旅游产业迈入千亿元产业集群，在全国省会城市中列第7位，长沙市旅游工作连续三年被评为“全省旅游产业发展先进单位一等奖”，长沙市旅游局荣获“全国旅游系统先进集体”“全国红色旅游工作先进集体”。

一　长沙市旅游产业发展现状

长沙是国务院首批公布的24座历史文化名城之一，先后荣获“中国十佳最具幸福感城市”“中国十佳休闲宜居生态城市”，被《福布斯》评为“中国大陆最适合发展旅游业的城市”之一。全市共有地方景观、水域风光等8大类、91种、1706处旅游资源。其中，国家级风景名胜区2处；国家重点文物保护单位11处，省级保护文物单位114处；国家级森林公园5个，省级森林公园4个；国家湿地公园3处；国家A级旅游景区31个，其中，5A旅游景区2个，4A级旅游景区16个，3A级旅游景区11个，2A级旅游景区2个；全国农业旅游示范点5个；星级饭店82家，其中，五星级12家，四星级24家，三星级39家，二星级7家，旅行社256家。旅游产业发展呈现以下特点：

（一）旅游经济跨上新台阶

2013年全年全市共接待游客9602.33万人次，同比增长18.72%，实现旅游总收入1006.3亿元，同比增长28.5%，旅游增加值占全市GDP的比重达

7%。其中，接待国内游客9485.36万人次，同比增长18.82%；实现国内旅游收入958亿元，同比增长29.26%；接待入境游客116.97万人次，同比增长11.2%；实现旅游外汇收入77902.18万美元，同比增长17.23%。长沙成为名副其实的全省旅游中心、全国重要旅游目的地。

（二）旅游消费激发新活力

一是假日消费十分火爆。春节、十一两个黄金周，元旦、清明、端午、中秋四个小长假长沙旅游非常火爆，特别是自助游、自驾游成为首选，共接待游客1630万人次，实现旅游收入158亿元。二是节会消费出现井喷。橘子洲周末烟花吸引500万人观看，直接拉动住宿、餐饮、娱乐等消费28亿元；长沙市第五届浏阳河漂流节的举办期间，异常火爆，每天吸引了6000人次的游客前来体验，门票收入超过5000万元，实现综合旅游收入超过1.5亿元；火宫殿春节7天庙会期间，接待游客7.6万人次，实现收入378万元。三是消费总额占比提高。全年旅游消费总额增长27.7%，占全社会消费品零售总额的35.7%，成为与住房、汽车消费并列的消费热点，成为长沙扩内需、促增长的强劲动力。

（三）项目建设取得新突破

近五年投入旅游项目建设资金500多亿元，岳麓山·橘子洲景区、花明楼景区成功创建国家5A级景区；大围山成功创建为国家生态旅游示范区；金太阳现代休闲农庄获国家农业部、国家旅游局授予的“全国休闲农业与乡村旅游示范点”；沩山风景名胜区被批准为“国家级风景名胜区”；沩山、灰汤、开慧、洋湖湿地景区等16个景区成为国家4A级景区；高铁南站、黄花机场新航站楼等旅游交通项目投入运营。

（四）产业转型取得新成效

一是粗放型发展模式逐渐向集约化方向转变。全年全市经营收入过亿元的旅游企业达到35家，亲和力、海外旅行社、华天、新康辉等旅行社进入全国百强，其中亲和力进入全国十强（第9位），亲和力、华天国际旅行社进入全国纳税十强，华天和亲和力旅行社获入境旅游十强。华天酒店集团进入全国酒店二十强，运达喜来登酒店在亚洲喜来登酒店集团中排名第一。二是高端消费悄然向大众消费转变。高星级酒店经营收入有所下降，而乡村旅游区点备受青睐，农家乐特别是星级农家乐异常火爆，18 个新创建的特色旅游名镇（村）等共接待游客 3020 万人次，实现经营收入 105 亿元。

（五）旅游营销彰显新形象

进一步明确了“快乐长沙、宜游胜地”的城市形象定位，首次在中央电视台 CCTV—1/新闻频道朝闻天下栏目，持续播放“快乐长沙”城市形象广告持续开展旅游营销，不断提升旅游知名度和美誉度。成功举办中国湖南国际旅游节开幕式、中国长沙环湘江自行车邀请赛等重要旅游节会，橘子洲周末音乐焰火晚会成为长沙城市新名片。先后同华盛顿等 12 个境外城市及国内 50 多个城市签署旅游合作联盟或协议，目前来长沙的游客国家由 2005 年的 25 个上升到 83 个。

（六）服务质量实现新提升

大力发展“品质旅游”，坚持标准化、个性化、人性化服务，深入开展“旅游满意在星城”主题活动，努力提供让游客动心、放心、开心、安心、称心的“五心”级服务。创新团体服务，建立完善了旅行社团体购票、团体保险、团体质保、团体采购等工作，得到了国家旅游局的充分肯定和推介。狠抓行业素质建设，连续三年参加全国旅游行业导游竞赛荣获金牌，连续两年囊括全省旅游行业技能比武所有金银牌。

二　当前长沙旅游产业发展存在的突出问题

虽然长沙市旅游业发展取得了一些成绩，但与建设旅游强市、打造世界旅游目的地的要求相比，与昆明等旅游城市相比，确实还存在一定的差距和不足，主要体现在以下几个方面：

一是旅游形象宣传有待进一步加强。旅游形象是对外宣传的名片，是吸引

眼球、吸纳人气的载体。“七彩云南、旅游天堂”“昆明，天天是春天”等旅游宣传语非常切合地方特色，成为极富个性的旅游名片。虽然我们大力开展“快乐长沙、宜游胜地”旅游营销，但宣传力度还不够，影响力和知名度有待进一步提升。

二是市场主体实力有待进一步增强。市场主体的实力，直接决定着旅游产业的收益。云南有七彩云南等一批大型综合性旅游企业，在大型旅游企业的带动下，云南省、昆明市旅游业总收入快速增长。长沙歌厅、酒吧、足浴、演艺等旅游消费亮点较多，但仍缺少在全国叫得响、收益好的大型旅游企业，目前全市还没有一家特大型旅游企业，旅游产业缺乏大型旅游龙头企业引领。

三是配套设施有待进一步完善。良好的综合配套能力是旅游产业发展的基础。云南 14 个市州有 12 个机场，共开通航线 315 条，昆明长水机场是全国第四大机场。长沙虽然水陆空交通便捷，但黄花机场仅有航线 130 余条。尤其是城市旅游基本功能不健全，全市还未建立旅游咨询集散中心，旅游信息化平台满足不了自助游的需要，城市旅游标识系统不健全、景区停车场、厕所等公共服务体系相当薄弱，通往景区的主干道、绿道不能满足游客的需要。

四是创新能力有待进一步提升。旅游产业只有不断出新、出彩，才能具有持久的吸引力。云南近年来全面推进旅游二次创业，推出了旅游安全组合险、旅游电子护照、“智慧旅游”等一系列创新举措，增强了旅游业发展活力。长沙旅游产品、旅游服务的同质化趋势比较明显，旅游管理的公司化、市场化水平有待提高，亟须加大旅游产品和服务创新。特别是《旅游法》实施后，大众旅游、自助旅游成为时尚，旅游市场出现了重大调整，部分旅游企业转方式、调结构跟不上市场的要求，尤其是一些高端酒店的餐饮、娱乐出现下滑，一些旅行社组团业务严重下降。

三　推进旅游产业加快发展

长沙市将按照“建设旅游强市、做大做强旅游千亿产业，加快建设世界旅游目的地”的总目标，全面落实《旅游法》，大力推动长沙旅游品质大提升、旅游服务大提高、旅游产业大转型、旅游事业大繁荣，全面打造长沙旅游升级版。

一是实施产业倍增，做大旅游经济总量。力争 2014 年接待旅游者 1.05 亿人次，同比增长 9.36%；实现旅游总收入 1200 亿元，同比增长 20%；到 2017 年，全市旅游业总收入突破 2000 亿元；到 2020 年全市旅游业增加值占 GDP 的 10%，旅游产业规模、质量、效益跻身全国省会城市前 5 名，努力把长沙建设成为世界旅游目的地。

二是挖掘资源优势，打造长沙旅游特色。没有特色，就没有生命力。长沙旅游重点打造三大特色：立足自然资源优势，突出岳麓山、橘子洲、大围山等重点，打造山水旅游特色；立足历史底蕴优势，以汉王陵公园、铜官窑遗址公园、马王堆、岳麓书院等历史遗址保护修复以及刘少奇故居、雷锋纪念馆等爱国主义基地建设为重点，打造文化旅游特色；立足服务产业优势，以歌厅、酒吧、灰汤温泉度假、乡村休闲为重点，打造休闲旅游特色。

三是突出项目建设，提升旅游发展品质。项目是旅游要素的载体，也是旅游工作的抓手，加快旅游发展，关键要落实到项目上来。突出抓好铜官窑文化旅游度假区、大王山旅游度假区等重点旅游项目，大力推进灰汤温泉创国家旅游度假区创建工作。加快推进长沙水上旅游建设，推动开发水上旅游休闲、文化演出、体育项目建设，成为长沙新的旅游目的地。坚持典型示范，通过发展休闲农业和乡村旅游，积极推动板仓镇、铜官镇等旅游小城镇的开发建设工作。积极开展旅游新业态开发力度，做大做强漂流、滑水、滑雪、温泉等旅游新产品。

四是注重城市营销，激活旅游消费市场。重点在央视、湖南卫视等强势媒体集中宣传，抓好橘子洲周末音乐焰火晚会、生态文化旅游节、樱花节、杜鹃花节等旅游节会活动，努力打造旅游节会品牌，不断增强长沙旅游影响力。突出国内旅游市场，围绕高铁做文章，开拓珠三角、长三角和环渤海三大国内客源市场；突破入境旅游市场，抓好中国港澳台、韩国、东南亚等主要市场，积极开拓俄罗斯、美国、澳大利亚等新兴市场，形成多元化海外客源市场。围绕航线营销，发挥黄花机场的枢纽作用，增开国际旅游航线，加快推进直航、延伸航线和旅游包机业务。

五是强化要素保障，提高综合服务水平。优质的服务是最好的旅游广告。要围绕吃、住、行、游、购、娱等旅游要素，重点加快主要景区连接交通建设，协调增开国际旅游航线，健全旅游交通体系；着力推进旅游咨询集散中心建设，形成点面结合、架构完善的旅游资讯服务体系；完善宾馆、酒店、特产超市等旅游设施，发展旅游援助等综合服务。进一步畅通旅游投诉渠道，加强旅游联合执法，净化旅游市场环境，维护广大游客的合法权益。

B.42

长沙市现代农产品物流发展策略研究

刘素月*

大力发展现代服务业，是当前扩大内需、拉动经济、增加就业的有效途径，也是长沙调整优化产业结构，提高能源利用效益，转变经济增长方式，建设资源节约型、环境友好型社会的必由之路。一直以来，长沙市非常重视发现现代服务业，围绕建设区域性中心城市目标，按照“重点发展生产服务业，大力培育新兴服务业，全面提升传统服务业”的思路，积极推进服务业发展，总量规模快速增长，内部结构不断优化，产业层次逐步提高，传统产业活力不断提升，新兴产业异军突起，服务业增加值占 GDP 比重、服务业税收、就业贡献率均呈逐年上升态势，服务业成为长沙市国民经济的主导产业。2013 年，长沙市委十二届六次全会提出“三倍”“三市”目标要求：到 2017 年，服务业实现倍增，服务业增加值占 GDP 比重确保达到 42% 以上，力争达到 45%。

2012 年 12 月，国家财政部、商务部与湖南省人民政府签署了《关于推进长沙市现代服务业综合试点的合作协议》，标志着长沙市现代服务业综合试点工作正式启动，长沙市现代服务业迎来新的发展契机。长沙市围绕经济社会发展需要，深刻认识现代服务业重要内涵和重大机遇，在商务部、财政部及省商务厅、财政厅的精心指导下，以完善现代农产品物流体系为核心，扎实开展现代服务业综合试点工作，着力把长沙打造成为中部现代服务业龙头城市，建设全国农产品交易集散中心，实现服务业倍增计划。

一 发展现代农产品物流的重要作用

农产品物流发展是我国农业经济发展的关键。依托农产品物流的发展，将

---

* 刘素月，长沙市商务局局长。

有效提升农产品产业化经营水平、提高农产品流通速度并降低物流成本、促进农民收入的增加和提高农产品价值。

（一）提升农产品产业化经营水平

现代农产品物流是农产品从产地到消费者手中这一过程中，为满足消费者需要，运用信息技术，整合科技和资源，提高农产品正向和反向流动，从而提升农产品整体发展水平。由于专业知识和技术的欠缺，部分农产品缺乏物流包装，物流渠道和销售渠道不足，物流成本偏高，加上在物流过程中的损耗和浪费，使得农产品产业化经营水平偏低。发展现代农产品物流，能拓展农产品的物流渠道和销售渠道，有效提升农产品产业化经营水平。

（二）提高农产品流通速度并降低物流成本

随着经济的发展，交通的便捷，现代物流在辐射广度、配送规模和配送效率较以往都有很大提升。农产品与其他产品存在一定的不同，农产品的物流配送对时间和新鲜程度要求较高。这就更加需要借助现代农产品物流中现代化以及专业化的交通运输工具及时配送到销售地，提高农产品流通的速度，减少农产品的损耗。现代农产品物流能有效提高农产品流通速度，降低物流成本，提升农产品的价格竞争力。

（三）促进农民收入的增加

当前，农产品物流主要存在两种形式：第一种形式是农民自发组成物流组织，专门从事农产品的运输销售。丹麦、澳大利亚等国采用这种形式进行农产品物流运输；第二种形式是借助第三方物流公司，借助他们的物流系统进行农产品运输。这两种形式在国际上颇为流行，但是在我国这两种形式发展的都不够理想。由于经济的滞后、市场的限制，农民剩余的农产品大都采用自产自销的形式进行销售。这样不仅效率偏低，而且成本偏高，经济效益偏低。如果加速发展新型农产品物流形式，形成我国现代农产品物流体系，必将使我国农产品物流更加顺畅，降低物流成本，切实促进农民收入的增加。

（四）提升农产品价值

农产品如果本身价值不高的话，可以通过发展专业的第三方物流公司的产品增值服务，对农产品进行深加工，借助新颖别致的包装以及健康绿色食品的理念，提升农产品的价值。同时，第三方物流公司能够掌握市场上对产品的供求信息，实现产品的合理配送和合理流向，全方面提升农产品的价值。要实现农产品价值的提升，现代农产品物流发展势在必行。

二　长沙现代服务业试点助推完善农产品物流体系

党的十八届三中全会指出：坚持和完善基本经济制度，加快完善现代市场体系、宏观调控体系、开放型经济体系，加快转变经济发展方式，加快建设创新型国家，推动经济更有效率、更加公平、更可持续发展。

长沙现代农产品物流体系发展思路明确。2012 年以来，长沙市现代服务业综合试点工作正式启动，长沙现代农产品物流迎来新的发展契机。通过广泛征集，长沙市现代服务业试点工作第一批共受理 65 个申报项目，完成部门会审后，有 28 个项目通过专家评审，其中重点项目 12 个，一般项目 9 个，总投资 77.4 亿元；储备项目 7 个，总投资 239.9 亿元。目前第一批重点、一般项目已完成总投资计划的 40.2%。第二批共受理 41 个项目，其中有 29 个项目提交专家评审会通过，总投资 96.2 亿元。长沙市围绕“五大重点工程”（市场交易升级工程、现代物流提质工程、电子商务建设工程、终端消费促进工程、肉菜溯源工程），以“五性”（示范性、公益性、创新性、带动性、安全性）为基本原则，通过集聚政策资源、创新体制机制、探索改革路径、转化应用成果，构建并完善推进试点工作的整体框架，进一步明晰了工作思路。在此基础上，确定了“五定工作方针”（定项目、定功能、定方式、定班子、定资金），明确了“八步走”的工作程序（即：发布信息、公开申报、部门初审、专家评审、政府批准、结果公示、资金拨付、绩效考核），进一步细化工作目标、责任分工和实施手段，使长沙市现代服务业发展兼具整体性和可行性。建立长沙现代服务业综合试点项目申报指南、项目管理、专项资金管理、

绩效考核、试点专家管理等一系列制度办法，为项目推进保驾护航。另一方面，长沙市依托农产品资源优势，坚持因地制宜、集聚发展的原则，高起点、高标准编制了《长沙市服务业发展“十二五”规划》和《长沙市现代物流业发展规划（2011~2020）》，积极引导全市涉农服务业资源合理布局、错位发展，切实有效推进全市农产品冷链物流设施资源的整合和功能提升。

长沙已基本形成“点线面”结合的现代农产物流体系结构。在“点”的打造方面，长沙市布局社区“五全便利店”1000家，目前已纳入试点的样板店69家，其他企业建设的220家；在“线”的打造方面，建设了源山冷链、新五丰广联生猪等龙头物流项目，冷库建设将由试点前的10万吨容量增加到试点结束后的40万吨容量；在“面”的打造方面，以中南粮食交易物流园为核心项目的“北粮南运”中心，以马王堆蔬菜批发市场为核心项目的“南菜北运”中心，以红星冷链为核心项目的“西果东运”中心，主要为蔬菜、猪肉、海鲜、水果等高附加值商品提供航空运输、流通加工、仓储配送、货运代理等增值服务，不断形成集聚发展态势，提高资源配置效率。中南粮食交易物流园实现年交易量300多万吨，交易额达60亿元，粮食饲料现货交易市场年货物吞吐量350万吨，已经成为南方最大的粮食交易集散中心；马王堆蔬菜批发市场实现年交易量约48亿公斤，交易额达260亿元，在全国蔬菜交易市场中排名第二；红星大市场水果市场年成交162万吨，成交额146亿元，在全国水果批发市场中排名第三。

长沙农产品物流快速发展，带动第三产业高质量增长。2013年，长沙服务业实现增加值2915.01亿元，比上年增加380亿元，占全市GDP增量的50.4%，走在“产业倍增”目标前列；服务业增速为12.1%，高于GDP增速0.1个百分点，对经济增长的贡献率比上年提升3.5个百分点；服务业增加值占GDP比重为40.8%，比上年提高1.2个百分点。

三　长沙现代农产品物流产业水平明显提升

我国是目前世界上第二大经济体，也是全球最大的发展中国家。我国要从一个经济大国发展成为经济强国，必须提升对资源（实物资源、金融资源、人力资源）、生产（工业生产、农业生产、服务业生产）、市场（国内市场、国际市场）、渠道（流通通道、资金通道、信息通道）的掌控能力。谁控制了一个国家的流通，谁就控制了这个国家的经济，其本质就是对渠道的掌控力。发达市场经济国家通过实施全球供应链战略，牢牢掌控了“微笑曲线”的两端，实施了对商流、物流、信息流、资金流的全程、全方位掌控。长沙的农产品物流发展也必须这样做，逐步从区域内部延伸到区域外，充分利用内外两种资源、两个市场。长沙建设大宗特色农副产品物流和集散交易中心，具备全国领先水平和带动效应。

（一）占领农产品物流产业链高端

长沙着力以特色创新引领行业发展。在经营模式创新上，探索“线上与线下结合”“期货与现货交易结合”和“有形与无形相结合”的综合模式，在稳定物价、保障市场供应、降低物流成本等方面作出了积极探索。如湖南粮食集团着力现代信息技术与先进物流管理融合发展，构建信息共享与信息化管理模式，实行农产品现货与期货、线上与线下结合交易，打造集粮油储备、粮油加工、市场交易、产品配送、期货交割、信息服务、研发检测等功能于一体的现代粮食物流综合平台——湖南金霞现代粮食物流园，形成全国乃至国际性粮油饲料信息、价格、集散、交易中心，有效解决中部地区农产品的季节性和分散性矛盾，并有效保障市场稳定和居民消费安全。

（二）提升农产品物流信息化水平

物流信息化是现代物流的重要标志，要打造长沙农产品物流升级版，就必须在信息技术手段上得到本质提升。长沙市加快农产品物流公共信息平台建设，建立开放的农产品物流公共信息查询系统、全面整合农产品物流平台和信息，实现农产品物流交易的信息化和网络化。以嘉丽购现代农村商品双向流通电子商务平台、隆平高科农资流通与农业技术服务平台、中农传媒淘宝网“特色长沙”公共服务平台、艾尔丰华基于物联网核心技术的农产品质量安全监控体系等项目的建设为代表，累计计划总投资超过 20 亿元。以天骄物流信息平台为例，在湖南全省的注册物流企业为 21227 户，2012 年收费的物流企业会员为 11989 户，全

年收入为1121万元；整车物流市场的占有率超过了90%，平台每天的物流信息流量将近200万条，信息发布后第一个来电的时间小于10秒，信息发布到成交所需的时间平均不足5分钟。如中国南方粮食现代物流发展基地建立集成化粮食供应链管理系统，探索粮食全产业链信息化管理模式创新：结合“数字湖南建设”，运用物联网技术，把粮食产业链上生产、收储、加工、检测、物流、交易等环节及相互关联企业紧密联系在一起，实现粮食产业链上各个环节信息的有效集成，形成供应链信息交互枢纽。通过不断对农产品物流资源的专业化整合和信息平台网络建设，长沙农产品物流专业化水平得到大幅提升。

（三）构建农产品物流安全溯源监控体系

当前，我国农产品物流安全保障水平偏低，农产品物流已经成为危及食品安全的一大隐患，如“甲醛白菜”“翻新土豆”“敌敌畏生姜”等农产品安全事故时有发生。这些安全事故主要是在物流过程中选用不当保险措施所致。在国外，农产品物流务必建设好一整套冷链物流体系进行保证食品安全。相关调查结果显示，虽然中国肉类、禽蛋、水产品、蔬菜、水果等产量位居世界第一，但其冷链流通率平均不到20%，远远低于欧美日等发达国家95%以上的水平。通过构建多方协作共管的农产品安全监管体系，制定一系列农产品安全管理制度与操作规范、物流技术标准，实施全面质量管理体系，规范农产品全产业链的全过程安全管理；同时引导和鼓励项目企业利用先进的RFID技术、GPS技术、无线通信技术及温度传感技术等物联网技术的有机结合，确保农产品从源头到销售终端甚至是餐桌的全程溯源与监控，确保农产品的品质安全。湖南粮食集团的食品监控溯源系统全面而真实地掌握园区粮食产业链各环节第一手资料，实现农产品“从农田到餐桌”的全过程可溯源，为产业内各相关企业及个人精确掌握相关信息提供便利，为粮食供应链流程的优化和再造提供有效支撑，更为粮食宏观调控提供及时有效的信息支持，提高粮食安全水平，降低政府粮食物流与粮食安全保障投资成本。新五丰U鲜生猪安全追溯管理系统是利用猪耳标作为信息载体，在仔猪出生后统一由养猪场给每头猪在耳朵上安装具有全国唯一的“生猪号码”，建立起每头猪的“电子身份证”，实现了对猪肉的全程信息可追溯。

（四）提高农产品物流的公益性

近年来，长沙不断增加政府对具有公益性质的农产品物流基础设施的投入。特别是在保障市民的“菜篮子”安全方面作出了积极探索，分三个层次对农贸市场进行了提质改造。对大型农贸批发市场，以股权投资、以奖代补等方式支持湖粮、新五丰、马王堆等大型批发市场建设，形成了政府参股控股的“米市”“肉市”和“菜市”，进一步确保了市场的长期公益性。对县（市）批零兼营市场，以市、县两级政府控股或参股的形式，新建或提质改造中型农贸市场，完成了“农贸对接”，发挥区域带动性，形成了地域性农产品集散地。同时，签订项目合同，以法律的手段约束市场的经营，强化监管，保证了市场公益性。如长沙市望城区城建投公司投资建设了中华岭、湘江、桑梓、银星、金沙、香桥等六个子农贸市场项目，探索农产品、日用消费品、药品、烟草、通信等联合经营管理模式，打造了惠及民生的标杆项目。对社区农贸市场，以全资投入、政府回购或回租等方式控制产权，使农贸市场在国有资本的调控下体现公益性，全市共提质升级社区农贸市场200余家。

长沙构建农产品物流体系，着力解决农产品“卖难”和“买难”的问题，不仅有效拉动了农产品的消费需求，还促进了经济增长、农民增收，具有很强的带动性。如“康益冷链”物流项目的建设构建浏阳肉类产品对外流通的物流通道，建设肉类产品安全卫生检验检疫中心和浏阳肉食品冷链物流枢纽中心，并利用该平台将中国地理标志产品“浏阳黑山羊”以及“浏阳蒸菜”相关食材推向全国，带动黑山羊产业年增销售30万只、年增产值3.2亿元以上；依托浏阳市商务局发起成立的有湘鄂赣毗邻地区29县市参加的湘鄂赣边贸协作组织，打造湘鄂赣毗邻地区的肉类产品配送中心，带动周边贸流通业的发展。

四　长沙现代农产品物流发展路径选择

（一）走产业融合之路，实现多业联动发展

产业融合是在高度专业化分工基础上更高层次的融合，是一种全新的

产业方式和业态模式。在促进长沙现代农产品物流产业融合发展中，要突出两个重点：一是突出农产品加工与农产品物流产业的融合，这是创造高附加值的源泉，也是提升长沙农产品物流产业整体发展水平的需要，更是加快农产品加工业社会化、专业化发展的需要。二是突出信息产业和农产品物流业的融合。要使信息技术渗透到农产品物流业各环节，保障农产品安全。

（二）走聚集发展之路，培育新型物流业态

综观国内外城市群发展，都有十分集中和完善的服务业集群，这些产业群共同构成了整个社会的“大服务”系统。长沙也要着力促进农产品物流产业集群，推动产业转移和新合作分工模式的形成。在空间布局上寻找“比较优势”，以现代服务业试点项目为载体和平台，形成若干高度集聚、环境优良、综合配套的农产品物流发展密集区。

（三）走特色发展之路，着力做大优势产业

农产品物流涉及行业众多，长沙市不可能全面开花，在所有的领域都形成优势，而应结合长沙功能定位，按照“突出重点、分类推进”的原则，有选择、有重点、分层次地推进农产品物流重点领域改革与发展。围绕五大重点工程，即市场交易升级工程、现代物流提质工程、电子商务建设工程、终端消费促进工程、肉菜溯源工程，做大做强农产品物流产业。

（四）走创新发展之路，提升产业发展水平

服务业的长足发展也对创新高度依赖。例如伦敦，作为资深全球金融中心，主要是靠金融创新和保险技术创新，以及与金融相关产业的全球标准来维持金融中心的国际领先性。在明确行业要求和经营资质的前提下，进一步放宽农产品物流市场准入标准，切实废除或修改不利发展的政策与管理规定。充分发挥行业组织在规范企业经营行为、实施国家和行业标准、调节利益纠纷、行业损害调查等方面的自律作用。同时，注意农产品物流的服务模式与产品的创新，以此提升产业竞争力。

五　长沙现代农产品物流发展保障措施

（一）科学顶层设计，提高认识

农产品物流涉及整个国民经济的运行效率与运行质量，涉及农民的根本利益，所以必须高度重视。长沙市应科学制定《长沙现代农产品物流整体规划》，着力把长沙打造成为中部农产品物流龙头城市，建设全国农产品交易集散中心，形成具有全国影响力的农产品现代物流信息中心、交易中心、仓储集散中心、价格中心、认证中心。建立四个“体系”，即农产品质量保障体系、安全跟踪检测体系、质量认证体系和物流标准化体系，构建四个“机制”，即试点工作推进机制、资金使用监管机制、重点项目调度机制、政策支持鼓励机制。

（二）加强政府对基础设施的调控和重视

政府调控在农村地区的基础设施建设中发挥着重要的作用，能够显著提高当地的农产品物流效率，农村地区物流基础设施是提高农产品物流效率和管理水平的基础。要在长沙建立其完善的农产品物流体系，其中最关键的是要建立农业批发市场，促进长沙农业发展。第一，重视政府对农产品市场的调控作用，制定完善市场规章制度，制定专业部门监管农产品批发市场，并在当地建立符合国际标准的质量监测中心，促进长沙农产品的对外贸易。第二，建立完善而科学的农产品物流基础设施，如冷藏保鲜库的建设、物流基地的建设和交通道路系统的建设，保证农产品顺利运输。

（三）进一步提高农产品物流信息化水平

目前，虽然长沙农产品的信息化水平有了明显提升，但还处于模仿发达国家或其他产业物流信息化的阶段，落后的信息化水平严重制约着农产品现代物流技术发展的速度。因此，必须加快农产品物流信息化建设的进度。为农产品构建完善的信息体系，开展农产品流通网络开发。科学的收集、分析和发布农

产品的相关信息，将农产品信息化建设与开展农业电子商务结合起来。首先，农产品批发市场要率先加快物流信息化建设，采用信息网络技术，并联合农村地区的信息网络，采用并网的方式来达到信息共享的目的。同时，还必须加强农村地区互联网基础设施建设，向农民提供网络技术帮助，提高网络在农村地区的覆盖。在农产品物流中运用现代信息技术能促进流通系统内部的协调，对农产品批发市场进行现代化改造的关键在于信息化建设。农产品批发市场发布的可靠信息能为经营主体提供有价值的参考，减少农产品物流的盲目性。

（四）实施农产品物流标准化策略

建立物流标准化体系必须要在结合实际情况的基础上参考国外发达国家制定的标准，借鉴其他行业已经成熟的标准，建立和制定符合实际的物流标准体系。首先要设置专门的管理物流标准化的专业组织部门，为农产品物流标准化体系工作提供专门的支持。有效促进不同物流环节和系统之间的组织和协调工作，切实提高我国农产品的物流效率。

B.43

将现代服务业打造成为发展新引擎

唐曙光*

现代服务业是经济现代化的产物。当前，现代服务业发展面临前所未有的机遇，长沙要打造中部现代服务业中心，必须按照落实省委“六个走在前列”的要求，促进现代服务业又好又快发展，使之成为长沙经济增长的新引擎、成为产业多点支撑的新动力。

一　深刻认识现代服务业发展的重要意义

作为高增长性和最具潜力的产业之一，发展现代服务业对于调整产业结构、转变发展方式、推动科学发展具有十分重要的意义，要以发展眼光、超前思维辩证看待新形势下现代服务业发展的战略地位，高起点明确现代服务业发展定位。

发展现代服务业是转变发展方式的有效途径。当前，单位 GDP 能耗偏高仍然是我国经济发展过程中存在的重要问题之一，据统计，中国能耗与美国差不多，但 GDP 仅相当于其 40%；中国 GDP 与日本差不多，能耗却是其 4～5 倍。因此，迫切需要加快发展模式的转型，而现代服务综合能耗低、环境污染少、附加值高，是典型的绿色产业，提升现代服务业的比重，就是从根本上转变发展模式。在欧美发达国家，汽车、计算机行业 80% 的利润来自服务过程，而制造过程只能获得 20% 的利润。所以，虽然最大的销售额来自产品，但是最高的利润却来自相关的服务。2013 年，长沙服务业实现增加值 2915.01 亿元，增长 12.1%，拉动 GDP 增长 4.9 个百分点，服务业还有很大的提升空间。

---

* 唐曙光，长沙市政府研究室党组成员、副主任。

发展现代服务业是优化产业结构的有力支撑。在工业化后期或后工业化社会，现代服务业发展水平是反映城市综合竞争力和现代化程度的主要参照。长期以来，长沙市的经济主要靠工业支撑，形成了工程机械“一业独大”的格局，2013 年工业对 GDP 增长的贡献率达到 52.7%，而第三次产业对 GDP 增长的贡献率仅为 40.7%，而广州达到 64.3%，上海是 60%，长沙的第三产业还有很大的潜力可以挖掘。特别是在外需不足、投资乏力的宏观经济形势下，大力发展现代服务业既是保持经济平稳较快增长的重要突破口，又是弥补工业放缓、构建“多点支撑”格局的重要举措。未来五年，长沙将实施服务业增加值倍增计划，服务业增加值占 GDP 比重由 40% 提高到 45%，总量达到 5300 亿元左右，努力把长沙建设成为中国中部现代服务业中心。

发展现代服务业是保障改善民生的重要举措。现代服务业有利于提高生活水平，也是解决就业问题的重要途径。研究表明，从投入产出的角度来看，每投资 100 万元可提供的就业岗位，重工业是 400 个，轻工业是 700 个，第三产业则多达 1000 个。世界上多数国家服务业吸纳就业劳动力人数已超过第一产业和第二产业的总和。我国服务业已取代制造业成为七大就业的主要行业。2013 年，长沙市服务业吸纳就业人数达 194.88 万，占全部就业人数的 42.7%。因此，大力发展现代服务业就是从根本上扩大就业，就是保障和改善民生。

二　牢牢把握现代服务业发展的主攻方向

发展现代服务业，应准确把握现代服务业的特点。一是产业融合性高。要提升服务业与工农业之间的价值共创能力，拓展产业发展空间。二是中小企业比重大。现代制造业强调规模效应，依靠大量投入产生规模经济，以大企业带动大批中小企业发展，而服务业更多的是中小企业抱团发展、共享资源，服务业的中小企业比重比工业大得多，服务业的大企业过于集中可能制约小企业发展，为此，既要支持现代服务业规模企业发展，更要为千千万万个中小型现代服务企业发展创造生存空间。三是政策依赖强。服务业对购物环境、生活环境、治安环境等要求高，如果服务业发展环境不好，“一拎包”就走了，发展现代服务业必须多在政策引导上想办法，多在环境营造上下功夫，研究制定引

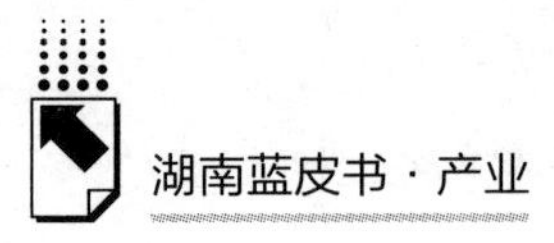

导和扶持现代服务业的规划、土地、建设、融资、税收、科研、人才等政策，形成促进现代服务业发展的长效机制和发展条件。

根据上述特点，加快现代服务业发展，要找准关键领域和关键环节，实施分类指导，实行重点突破。

全面提升传统服务业。发展现代服务业千万不能忽视传统服务业，传统服务业注入现代元素完全可以变成现代服务业。比如，传统的餐饮业现在大量使用电子菜单点菜、网上订餐，就成为现代服务业。要放大长沙作为区域消费中心的优势，运用信息化、连锁经营、电子商务等进行改造，实现传统服务业专业化、现代化，提高商业承载力。

积极发展生产性服务业。以驻长沙的高校、科研院所、高科技企业为基础，积极发展技术咨询、工业设计等生产性服务业，努力将长沙打造成为科技教育和高新技术服务高地；以中心城区商圈为重点，吸引国内外金融企业来长沙发展，将长沙打造成为中部金融中心；重点扶持高新区、青竹湖等服务外包示范区（企业），力争跻身全国服务外包十强示范城市。

大力培育新兴服务业。据测算，同样的商品，在实体店销售与网上销售价格比是2.3∶1，现在许多实体店都建网店，但同时也大力发展便利店服务、发展实体店（网点）。要高度重视电子商务的发展，鼓励发展B2B、C2C等新兴商务业态，引导更多的传统商贸企业“上网”经营。不断创新经营模式，增强物联网、嵌入式软件、图像识别等软硬件研发实力，开拓物联网产品的应用市场，拓展金融物流、保税物流、供应链管理等业务，力争将长沙打造成为中南地区最大的物流基地。

三　不断夯实现代服务业发展的基础工作

“十二五”时期是长沙经济结构转型升级的关键时期，随着新型工业化、新型城镇化的快速推进，为加快现代服务业发展带来了战略机遇。一是要抢抓产业革命的机遇。以现代服务业为主导是经济发展的必然趋势，目前许多发达国家已达70%以上，而我国只有40%多一点。大力发展服务经济已得到党中央、国务院的高度重视，习近平总书记提出要大力发展现代服务业聚集区，李克强总理提出要将现代服务业作为调结构、转方式、促就业的重要途径。二是要抢抓税制改革的机遇。当前，我国正大力推进“营改增”的税收体制改革，服务业由过去征收营业税改为增值税，从制度上解决了营业税“道道征收，全额征收”的重复征收问题，实现增值税税制下的“环环征收、层层抵扣”，将有力地降低现代服务业发展成本，促进现代服务业健康发展。三是要抢抓试点示范的机遇。2012 年 7 月，长沙市获批国家现代服务业综合改革试点城市，我们要以改革试点为契机，重点发展基础条件好、增长潜力大、带动作用强的金融、现代物流、信息、现代商务、旅游、文化等重点行业，培育发展研发设计、动漫、服务外包、物联网等战略性新兴服务业，促进服务业转型升级。

为此，我们必须从基础抓起，从基础工作做起，推动现代服务业更好更快发展。

推进消费平台建设。加快启动中心城区批发市场外迁，完善现代仓储规划，以霞凝港、新火车北站片区、长沙县的黄兴片区等为重点，打造大型商贸物流批发高端集散地。加快城市综合体的建设，打造一批集购物、休闲、旅游于一体的现代化城市综合体，吸引更多的外地人来长沙消费。

实施五大基础工程。实施市场交易升级工程，重点支持粮食大型现货交易市场，水果、水产、家禽、蔬菜大型批发市场，粮油饲料交易市场，生猪交易市场及农产品综合会展中心，种业交易中心等重点项目建设；实施现代物流提质工程，重点支持农产品冷链物流园、农产品综合性物流园区、农产品专业物流园等重点项目建设；实施电子商务建设工程，重点支持农产品信息公共平台和载体、农产品电子商务平台建设，促进物联网、云计算在服务业中广泛应用，形成全国第一个全体系的农产品综合公共服务信息平台；实施终端消费促进工程，重点支持农产品销售终端项目、农产品城市配送项目建设；实施生产加工联动工程，重点支持流通带动农产品种养、生产和加工的项目以及食品安全追溯体系项目等建设，构建形成“公司联基地、市场联农户”的农产品种养和产供销体系。

加大招商引资力度。充分抓住服务业资本加快转移的有利时机，主动对接央企和国际国内知名服务业企业。同时，大力推进服务业领域的区域合作，在开放合作中促进共同发展。

B.44

以示范基地为抓手夯实湖南新型工业化发展基础

曾玉湘*

创建新型工业化示范基地是国家工业和信息化部、湖南省经济和信息化委员会顺应时代发展，夯实新型工业化发展基础的重大举措，是推进新型工业化步伐的重大管理创新。示范基地的创建，有力推动了传统优势产业升级和战略性新兴产业培育，促进了发展方式的转变，实现产业结构优化，引导产业集约、集聚发展。

一　湖南示范基地创建的主要成效

1. 产业规模不断提升

2012年全省31个示范基地实现工业增加值2481.75亿元，同比增长19.2%，高出全省工业增加值增速5.7个百分点。工业总产值9555.02亿元，同比增长22.1%。其中，11个国家级示范基地工业总产值6239.56亿元，同比增长16.9%；工业增加值为1710.91亿元，增长15.4%。同时，完成税收429.96亿元，同比增长24.6%，占全省财政收入的14.7%；实现利润361.2亿元，占全省规模企业利润的27.3%；固定资产投资1721.95亿元，连续三年保持25%以上的增速；就业人员达到117.55万人，比2010年增加了近40万人。

2. 创新能力不断增强

2012年31个示范基地研发人员数量为7.46万人，占从业人数的6.4%。研发投入达到188.9亿元，连续两年增速超过30%。11个国家级示范基地主

* 曾玉湘，湖南现代物流职业技术学院高级经济师、高级物流师、一级企业人力资源管理师。

导产业有省级以上企业技术中心或研发机构207个，比上年增加30个，平均每个基地有19家。全年实现有效发明专利7648个，增长16.3%，其中11个国家级基地有效发明专利5011个，占基地总数65.5%。株洲高新区研发的世界首台储能式现代城市有轨电车以及时速380公里的新一代高速电动车组传动系统，代表了世界一流水平。衡阳高新区深井油管、深海油管、核电油管等具有世界领先的核心技术，相关产业国内市场占有率达75%。湘潭高新区研发的大型齿轮减速器轻量化及降噪技术，打破了国外技术封锁和市场垄断。

3. “两型”发展再上台阶

2012年11个国家级示范基地单位电耗创工业增加值平均水平为28.5元/千瓦时，同比增长9.6%。31个示范基地单位土地平均投资额为3652.24万元/公顷，同比增长13.6%，其中11个国家级示范基地单位土地平均投资额为4007.1万元/公顷。31个示范基地单位土地平均产值5264.1万元/公顷，同比增长17.8%。长沙经开区工程机械产业示范基地平均每平方公里投入5亿元，单位面积投资密度接近沿海地区，其核心企业三一集团的泵车国内市场占有率达95.5%。从单位工业增加值能耗来看，31个示范基地中有27个能耗水平下降，其中平江工业园单位工业增加值能耗下降了20%；从单位工业增加值用水量来看，31个示范基地中有26个单位工业增加值用水量下降，其中湘潭高新技术开发区下降16%。从工业“三废”排放达标企业数量来看，31个示范基地达标数量为4860个，比上年增长12.1%。

4. 品牌塑造佳绩频传

2012年31个示范基地中主导产业年产值亿元以上企业数量666个，同比增长18.1%。其中，11个国家级示范基地年产值亿元以上的示范企业数量为377个，同比增长12.9%。长沙经开区围绕工程机械，做大做强了三一集团、中联工起、山河智能、铁建重工等知名企业，长沙工程机械品牌影响力不断提升，三一集团和中联重科稳居全球工程机械制造商10强。株洲高新区围绕轨道交通，培育了电力机车、时代集团、南车电机等大型企业，株洲轨道交通品牌享誉全球，企业国际化发展态势明显。湘潭经济技术开发区围绕汽车及零部件，引进法国佛吉亚、美国塔奥、日本美达王等配套企业，推动吉利汽车跨越发展，吉利品牌影响力不断提升。

5. 两化融合顺利推进

示范基地广泛应用信息技术，推动了信息化与工业化的深度融合。11 个国家级示范基地信息基础设施最为完备，在研发设计、生产制造、企业管理、电子商务、物流配送等主要环节信息化应用水平不断提升。国家级基地大中型企业数字化设计工具普及率为 90%，电子商务交易额 788.59 亿元，同比增长 27.3%。株洲董家塅高科技园（军民结合）推动园区内规模企业 90% 以上采用 ERP 管理信息系统和集成制造系统，对人事与财务管理、进销存、物流和生产过程、质量实行在线控制，管理水平和技术水平不断提高。娄底经开区 2012 年电子商务交易额达到 380 亿元，占销售收入的比重达到 68.2%。

6. 公共服务平台增多

公共服务平台在推动企业转型升级、提升科技实力、培育发展战略性新兴产业等方面有积极作用，已经成为示范基地持续发展的重要支撑。2012 年 31 个示范基地有各类公共服务平台 198 个，比上年增加 35 个，增长 21.5%。国家公共服务平台 29 家，增加 3 家。湘潭高新区的风电装备检测检验平台，拥有 11 项自主研发的国家检测标准，各类实验设备仪器原值 1.2 亿元，已经成为名副其实的国检中心，成功申报工信部“公共服务平台专项项目”。岳阳云溪工业园以石油化工循环经济技术研发中心为平台，推动了技术创新、产业升级，带动了一批中小企业成长，被国家科技部评为火炬计划特色产业基地。平江工业园建设的民爆器材及粉末冶金材料小试中试技术成果转化公共服务平台，在促进军民融合产业服务体系建设、产品检验与检测、小试中试成果转化、技术创新等方面发挥了重要作用。

二　示范基地创建促进了经济社会发展

1. 加快了新型工业化进程

工业是湖南经济发展的主要动力。近几年，基地作为湖南工业发展的主要载体，在产业升级、两化融合、技术改造、自主创新、节能减排、安全生产等方面做了大量卓有成效的工作，有力保障了经济平稳较快增长，实现了资源的优化配置，推动了产业集群、集约、集聚发展，加速了新型工业化进程。近三年来，

11个国家级示范基地的各项指标都大大高于全省平均水平。如2012年工业增加值增速高出全省平均水平10个百分点、税收收入增速高出全省平均水平2个百分点，极大地促进了社会财富的增加。如株洲高新区新型工业化轨道交通产业示范基地依托雄厚的技术优势和产业基础，在当前市场非常低迷情况下，依旧保持强劲的发展势头，规模以上企业实现主营业务收入和工业增加值分别达446.6亿元和153.1亿元，同比增长10%和13%，分别占全市规模以上工业20.6%和19.8%。长沙经开区工程机械产业示范基地三一重工旗下子公司三一德国有限公司联合中信产业投资基金（香港）顾问有限公司斥资3.6亿欧元收购德国普茨迈斯特公司100%股权，进一步提升了三一的研发创新能力、国际运营管理经验和国际营销、服务水平，巩固公司在混凝土机械制造领域的全球领导者地位。湘潭高新区湘电风能以43万千瓦的装机容量从去年的全国风电市场份额第六位跃升至第五位，为今后开辟更大的市场奠定了良好的基础。湘电莱特已经成功销售1000台非晶高效节能电机到欧美市场，全年实现产值过亿元。

2. 加快了发展方式转变

湖南产业比重中，传统重化工业占比大，“两高一资”产业比重高。湖南是典型的资源短缺省份，“缺煤、无油、少气”，能源对外依存度达到60%。拼资源、损环境的发展方式难以持续。示范基地创建有力解决了资源、环境对湖南的发展制约，促进了“两化”融合。三年来，基地通过加大资金投入、加强技术研发、加快引进高新企业、淘汰落后产能，资源消耗程度逐步减少，产业“两型”化水平得到提升，有力促进了发展方式转变。长沙经开区工程机械产业示范基地借鉴循环经济三个层次的实践模式，通过有意识规划、合理布局、选择性招商、有效管理及科技创新，组织或协助基地企业按照循环经济的模式发展，大力节能降耗，达到区域共生共荣，促进了经济结构调整与方式转变。衡阳高新区无缝钢管产业示范基地着眼于科学发展，坚持走科技含量高、经济效益好、资源消耗低、环境污染少的新型工业化道路，严把入园项目筛选关，对污染严重不符合国家产业政策和园区产业发展规划的项目一律不准入园，要求基地企业必须是高效型、节约型、清洁型、可循环型的企业，发展方式与结构调整得到有效改善。

3. 加快了产城融合步伐

示范基地的发展大大促进了产业集聚集约与新型城镇化进程。如娄底经开区精品薄板产业示范基地通过主导产业的集聚效应，目前已集聚关联企业近150家，集群发展初具规模。2012年基地实现工业总产值392.16亿元，同比增长47.5%；工业增加值111.32亿元，同比增长45.3%。宁乡金洲新区重点培育发展新材料产业、先进制造业、光电信息产业三个主导产业，通过实施“技术创新、产业集聚、平台带动”三大战略，主导产业日益壮大，园区主导产业规模企业达84家，占全部企业数量的92.3%。同时通过大力加强基础设施建设，基地吸引力不断增强，发挥了产业集聚区、城市拓展区、生活配套区功能。基地在吸纳大量人口的同时，不断向城市转变，有力地推进了新型城镇化进程。湖南长沙经开区按“三个三分之一”的理念，即1/3发展工业，1/3发展基础设施建设、房地产和商贸服务业，1/3发展生产性服务业，高起点、高标准精心规划产城融合体、低碳经济区、新型现代开发区。全区从业人员达到了12.16万人，比2010年增长了35.3%，有力促进了产城融合发展。

4. 有力解决了当地的民生与就业问题

解决民生问题，必须始终坚持以经济建设为中心。目前，湖南共有31家新型工业化示范基地，其中，国家级新型工业化示范基地12家，这些示范基地分布在全省不同的市州，基地通过加大民生方面的投入，切实解决历史遗留问题，为广大村民创造良好的创业就业环境，推进新农村建设，强化环境管理，构建和谐基地、平安基地，对解决当地的民生与就业问题起到了很大的带动作用。近几年来，31个新型工业化示范基地每年的从业人员都在快速增长。目前示范基地全部从业平均人数112.9万人，增长11.3%。其中，12个国家级新型工业化示范基地全部从业平均人数为58.5万人，同比增长10%。同时，设置“人才特区”，对特殊、拔尖人才采取特殊的吸引和使用方法，解决了不同层次人才的就业问题。

三　示范基地创建中存在的问题

1. 发展速度有所放缓

受国内外宏观经济的影响，湖南省31个示范基地的发展有所减缓。与上

年相比，31 个新型工业化示范基地销售收入增速下降了 2.7 个百分点、工业增加值增速下降了 7.5 个百分点、税金总额增速下降了 5.4 个百分点。

2. 产业规模相对较小

近年来，湖南新型工业化示范基地的产业规模不断发展壮大，涌现了一批知名企业。但从整体上来看，基地的规模与发达省市的示范基地相比还有不小差距。如产业规模最大的长沙经开区，工业总产值也只有天津经济技术开发区的 1/5、北京中关村的 1/4。11 个国家级新型工业化示范基地中工业总产量最小的仅有 188 亿元。

3. 创新能力有待突破

湖南示范基地中一些产业的核心技术和关键零部件仍然依赖进口，部分基地还处在初级加工阶段和价值链低端，企业自主研发和突破核心技术的能力还有待提高。2012 年 31 个示范基地研发投入占销售收入的比重只有 1.9%，而国外一些发达国家工业企业研发投入占销售投入的比重达到 4% ~5%，企业的研发投入有待加大。

4. 产业配套和协作能力不足

目前，湖南示范基地主导产业链较短，大部分产业实现本地配套困难，特别是一些龙头企业实现本地配套的能力较弱，产业内部协同发展亟须加强。部分企业因为加工渠道不畅，配套服务功能不全，配套成本较高而制约了产业规模，影响了企业做大做强。如株洲高新区轨道交通装备所需要的零配件以及原辅材料都要从浙江、广东等地采购，直接增加了基地企业的成本，影响了企业效益和规模的扩大。

5. 要素制约依然严重

目前各基地都处于大发展、大开发时期，对土地、资金、人才等要素需求大，而实际情况是用地指标、资金到位率难以满足园区的发展需要。如湘潭高新区企业的融资缺口达到 11.1 亿元、所有基地都反映用地指标不够。而土地、资金的短缺又反过来影响园区投资基础设施建设、建立公共服务平台、企业加大研发投入等，导致园区的创新能力不强、公共服务平台体系不完善。

6. 服务平台相对不足

示范基地仍然存在公共服务平台少、质量不高的问题。2012 年湖南 11 个国家新型工业化示范基地共有公共服务平台数量122个，平均每个有11个，而全国平均水平为15个，平台数量相对不足。具有影响力、权威性和公信力的平台更少，平台覆盖面窄，辐射能力有限，部分平台提供的功能与企业实际需求脱节，制约了企业和示范基地的发展。

四　继续推进湖南新型工业化的几点建议

2014年，湖南应按照“布局合理、特色鲜明、集约高效、生态环保”的要求，准确把握新型工业化的深刻内涵，以提高发展质量为目标、以产业结构转型升级为着力点、以创新为根本动力、以人与自然的和谐为取向，紧紧抓住新型工业化示范基地创建这个抓手，扎实推进产业结构调整转型，推动经济和科技紧密结合，整体提升工业发展水平，实现绿色、低碳、可持续发展，使示范基地成为加快工业转型升级、推动工业由大变强的重要载体和骨干力量，为新型工业化打牢坚实基础。

1. 继续抓好示范基地创建

一是按照工信部《创建国家新型工业化产业示范基地管理办法》的要求，组织省内发展较好的园区申报国家新型工业化示范基地。二是按照《创建湖南省新型工业化产业示范基地管理办法》的要求，突出传统产业转型升级和发展战略性新兴产业的理念，组织好省内示范基地创建工作。三是加大宣传力度。通过网站、媒体、报刊等平台，宣传示范基地的创建，营造创建示范基地的氛围。四是加大全省新型工业化等专项资金的整合，握紧拳头办大事，集中力量办成事，全力支持示范基地建设。强化资金、用工、能源等工业生产要素保障，下大力气解决企业的实际困难和问题。认真落实支持重点产业发展的政策，及时针对新的产业和领域，研究制定支持政策，更好地调动企业抓生产、促发展的积极性。

2. 继续加强示范基地创新能力建设

把加强公共服务平台建设作为今后提升示范基地创新能力的重要手段。一是积极组织新型工业化示范基地申报工信部“公共服务平台专项项目”，获取资金支持，打造有全国影响力的公共服务平台。二是从湖南省新型工业化引导资金和战略性新兴产业专项资金中提取一定资金用于支持31家新型工业化示范基地公共服务平台建设。三是构建以基地主导企业为主体的技术创新体系和区域技术创新平台，建设一批国家和省级技术中心，为产业集群化发展提供技术支持，提高技术配套和自主研发能力。

3. 继续提高示范基地配套水平

把做大做强基地龙头企业作为今后示范基地创建的重要工作。一是从11个国家级新型工业化示范基地中选取20个龙头企业进行重点支持，通过项目布局、税收减免、优先考虑用地、提供优惠贷款等政策，尽快做大做强一批龙头企业，发挥龙头企业的集聚带动效应。二是围绕主导产业，提升产业配套水平，对主导产业链上的关键环节、关键产品，给予重点支持。围绕基地主导产业的链条，出台优惠政策吸引中小企业入园，建立完善的配套协作体系，实现产业集聚、企业集群。三是依托重点园区打造产业链长、带动力强、集聚度高的战略性新兴产业集群，牢牢占领新型工业化的战略前沿。充分利用原有产业基础，加大技术改造力度，把“腾笼换鸟”与“凤凰涅槃”结合起来，加快淘汰落后和过剩产能，促进传统产业实现新的发展。

4. 继续提升示范基地品牌影响力

据统计，占全球品牌比例不到3%的世界品牌，却占有全球40%的市场份额。把培育湖南品牌作为今后示范基地创建的重要任务。一是整合现有31个示范基地的品牌，通过各种途径加大宣传力度，有条件的基地还可以开展工业旅游和产业旅游，提高品牌的知名度和美誉度。二是对品牌影响力不大的基地，要督促基地提高技术水平，加大品牌建设力度，提升品牌意识，增强品牌理念。三是积极组织基地申请各种国字号基地称号，提升全国影响力；推动基地企业争创国家级品牌和著名商标称号；促进基地企业融入社会，加强诚信体系建设，提高企业的社会美誉度。

5. 继续增强示范基地可持续发展能力

把建设“两型”基地作为今后示范基地创建的重要目标。按照构建“两型”园区的要求，在示范基地中开展“两型”创建，促进土地集约利用，提升土地利用水平，建立低效用地的退出机制，稳步淘汰占地多、效益差的企业。完善工业节能机制，抓好工业节能、清洁生产、合同能源管理、资源综合利用工作，加强重点节能工程和循环经济建设，组织企业开展能效对标达标活动，不断提升示范基地“两型”化发展水平。大力实施创新驱动发展战略，认真总结和推广长株潭科研院所转企改制经验，大力支持专业科研院所、高校研究机构和专利权人走产业化发展之路。促进“四化联动”，促进工业园区与新型城镇化、信息化与新型工业化融合发展，以新型工业化带动农业现代化、新型城镇化和信息化发展。

B.45

呼应第三次工业革命浪潮培育湖南新产业增长点研究*

左　宏**

第三次工业革命是一次重大而深刻的生产力变革，其爆发是人类探索可持续发展的结果，前提是信息和网络技术的进步，伴随而来的将是以能源和制造为核心的产业业态的全面升级，从而推动经济社会各领域的深刻变革。湖南如何在这么一次呼之欲出的变革中抢占机遇，成为一个后发地区率先崛起的样板?

一　第三次工业革命对产业体系的影响分析

1. 从三个层次来理解第三次工业革命的内涵

三个层次：一是其动力支撑是信息和互联网技术与新能源的结合，所形成的分布式可再生能源体系。二是其产业业态是信息与互联网技术与传统制造业、商业、文化等结合，所形成的智能制造业、电子商务、数字内容等新兴业态。三是其影响范围是信息和互联网技术对思维方式、生产方式、生活方式产生全方位颠覆性影响，所形成的第四研究范式①的思维方式、分散式的生产方式、多元化的生活方式。见图 1。

---

* 本报告为湖南省软科技计划重点项目《湖南省战略性新兴产业增长潜力研究：基于第三次工业革命的视角》（编号：2013ZK2058）成果；2011 年湖南省哲学社会科学基金项目《“数字湖南”的制度框架设计》（11YBB258）成果。

** 左宏，1981 年 1 月，助理研究员，湖南省人民政府经济研究信息中心产业处主任科员，湖南经济学学会理事，湖南省公共经济研究会理事。

① 第一范式：实验和观察科学。由伽利略、哥白尼及开普勒创建的实验观察模式。第二范式：模型推演和理论科学。以牛顿微积分和经典力学为代表的模型推演和理论精准预测。第三范式：仿真模拟和计算科学。量子力学和混沌理论的发展否定了模型推理和理论预测的可行性，演变出科研的第三范式——计算科学。第四范式：数据密集型科学。随着计算能力和传感器的无处不在，数据密集型科学从计算科学中分离出来，成为科学研究的第四范式。

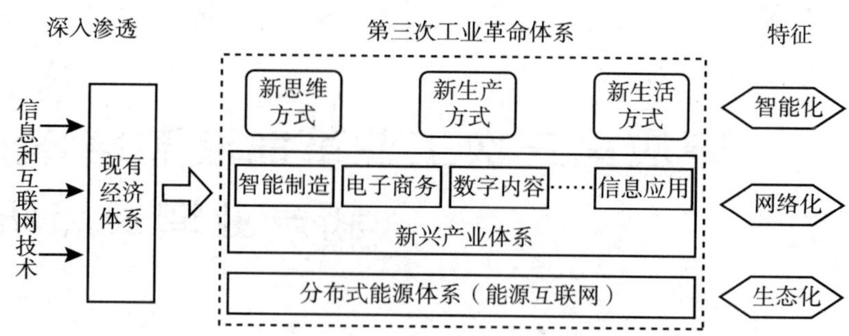

图1　第三次工业革命体系内涵解析图

2. 第三次工业革命推动产业体系出现五方面特点

第一，产业竞争力。创新的核心地位进一步强化，劳动力和资源等要素成本优势将弱化。第三次工业革命提高劳动生产率、减少劳动在总投入中的比重，同时，大量重复性劳动岗位将被机器人替代。与此同时，创新更加凸显为核心竞争力，工业机器人、可再生能源、新材料、3D打印机、纳米技术、生物电子技术等新兴产业不断成长为新的主导部门，对于创新人才、核心技术、制度创新等的需求越来越大。

第二，生产方式。个性化定制和分散式就地生产将成为主流，逐步取代以集中式、大批量的传统生产。前两次工业革命都是以集中化的工厂生产为基础，并采用中央集权和自上而下的垂直管理方式，少数工业巨头垄断市场。但在第三次工业革命中，随处可见的可再生能源由数百万自我生产并将盈余通过能源互联网进行整合和分配的生产者，代替了石化能源巨头垄断的生产方式。同时，以3D打印为基础的数字化生产使每个人都成为生产者，从而出现了“社会制造”的生产方式。

第三，产业结构。从低级向高级加快转变，第三产业加速向其他产业渗透融合，生产服务化趋势显著。与前两次工业革命不同，第三次工业革命不仅会引起工业领域的变革，还会影响到服务业领域，与制造业相关的生产性服务业将成为制造业的主要业态，并催生新的服务业部门。未来大部分就业集中在研发、设计、采购、营销等制造业相关服务业。

第四，产业重点。传统产业将全面转型升级，六类产业将成为未来的主导产业。第三次工业革命将加快传统产业的转型发展，形成新产业。例如，传统

机床行业与信息技术、激光焊接技术的融合将升级为数控机床行业、工业机器人行业，传统汽车工业与新能源技术的融合将升级为新能源汽车行业。信息和互联网产业、可再生能源产业、先进制造业、生物产业、新材料产业、现代服务业等六类产业将成为未来主导产业。

第五，产业布局。将推动经济全球化格局和我国产业布局发生重大变化，"虚拟要素的全球流动" + "就地工业化" 成为主流。目前，经济全球化采取的是"集中生产、全球销售"的生产组织模式，产品和零配件在全球范围运输配送，造成了环境和能源压力。第三次工业革命将有可能从根本上改变这种模式：包括信息、资金、技术在内的虚拟要素将在全球范围加快流动，而"分散生产、就地销售"成为区域贸易的新模式。国内来说，将推进中西部地区的"就地工业化"，并在全国范围内实现"工农业比邻而居"的生态发展模式。

二　湖南应对变革的产业基础条件

湖南具备产业、资源、政策三方面的发展优势，也存在核心竞争力不足、应用不够的问题。

1. 湖南已经具备一定的产业基础，特别是在能源互联网、先进制造、新材料、数字内容和生物育种等领域。以中电 48 所、红太阳为代表的光伏产业，以湘潭电机、株洲时代为代表的风力装备制造，以株洲南车、比亚迪为代表的新能源汽车，以威盛电子、衡阳特变为代表的智能电网等企业都是组成能源互联网的重要支撑；以华曙高科为代表的 3D 打印；以湖南建工、远大住工为代表的绿色建筑产业，在建筑物发电站改造方面具有产业基础；以中联重科、三一重工等为代表的制造业积累了丰富的技术资源，向工业机器人领域转型的潜质较大。

2. 湖南资源禀赋较为丰富，特别是可再生能源、科技、人才等要素资源为变革提供了较好的基础。湖南可再生能源资源较为丰富，通过能源互联网转化，足以支撑湖南的可持续发展。例如，太阳能全年日照数为 1400 ~ 2200 小时，年热辐射为 885. 3 × 1015 千焦，与德国相当；生物质能可开发总量约 3150 万吨标准煤/年；地热资源属全国较丰富的省域，可采量为 1012 × 183. 3 千焦。科技、人才优势显著。全省有高等院校 65 所，省级及省级以上科研事业机构970家，拥有袁隆平、黄伯云、卢光琇等国际一流专家。截至2012年12月，全省拥有有效发明专利11271件，其中仅2012年度有20个项目获得国家科技奖励，在全国省市区中排名第5位。

3.“两型社会”政策机遇良好，为第三次工业革命制度创新提供政策储备。“两型社会”与第三次工业革命目标本质上一致，目前已形成一系列的制度政策资源，为迎接第三次工业革命奠定了较好的制度基础。例如，资源性产品价格、综合产权交易平台、排污权交易、生态补偿机制等改革，制定出台59个两型标准和23个节能减排标准、绿色GDP评价体系、PM2.5监测体系，搭建了全国首个“数字环保”系统。随着“两型”建设的进一步推进，还将探索更多体制机制。

4. 工业基础偏薄弱，特别是核心技术与先进国家还有差距。湖南还处于工业化中期向后期转变的阶段，重化工业特征明显，工业规模化和集聚程度较低，缺乏有带动力的大型龙头企业，主要产品处于价值链低端。特别是在制造业、新能源、信息化、新材料等领域的核心技术不足。例如，装备制造业中液压件、发动机、电控系统三大核心零部件技术一直是瓶颈，以进口为主；储能材料技术虽在全国处于前列，但跟日本仍有10年以上差距；信息产业的关键技术与国际水平相差甚远，见图2。

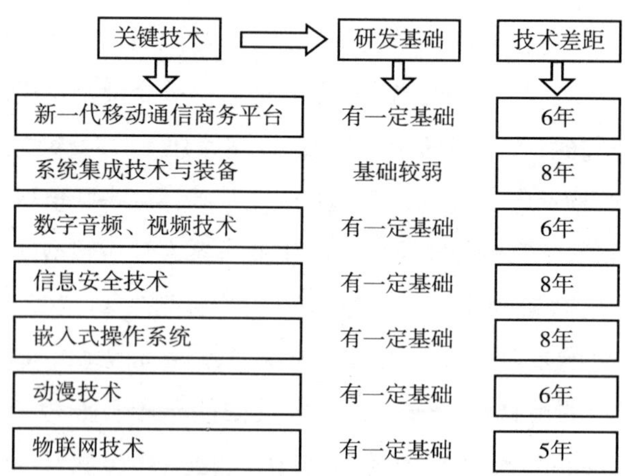

图2 湖南省信息产业关键技术与国际差距比较

资料来源：课题组整理。

5. 新技术、新产品的消费和应用严重不足，对产业的支撑和带动有限。欧美等国在参与第三次工业革命中，非常强调对新产业的应用和消费带动经济发展，例如，根据英国卡梅伦政府测算，仅将英国2600万家庭装上能有效利用能源的隔热装置，就可以创造多达2.5万个就业机会。湖南省在本土应用上重视不够。2012年，湖南可再生能源消费量占全社会能源消费总量的比重仅占15.07%，其中绝大多数还是传统的水电消费，新能源仅占3%左右，见表1。

表1　2012年湖南省可再生能源构成及占全社会能源消费的比重情况

指标名称	消费量(万吨标煤)	占全社会能源消费量比重(%)
一、发电	2067.01	12.34
1. 水电	2012.93	12.02
2. 风电	23.50	0.14
3. 生物质发电	30.58	0.18
二、供气	17.16	0.1
1. 户用沼气	17.16	0.1
三、供热	23.26	0.14
1. 太阳能热水器	23.26	0.14
四、燃料	415.58	2.48
1. 生物质成型燃料	415.06	2.48
能源合计	2523.01	15.07

数据来源：湖南省统计局。

三　发展思路和对策建议

应对第三次工业革命，湖南产业可考虑“一三五”战略。

“一”是一个关键：“配套”。每一个生产力的大变革必然是各领域配套推进。例如汽车产业的兴起，与之配套的是上游钢铁、石油等产业发展，公路体系、加油站等基础设施的建设，以及交通、金融保险等相关的制度体系。因此应对第三次工业革命的策略必须在产业配套、制度配套、基础设施配套等方面综合设计，整体推进。

“三”是三个定位：长株潭城市群定位为全国创新孵化基地，着力建立国内领先、特色鲜明的技术开发体系和产学研金紧密结合的创新成果转化体系，成为全国的创新资源集聚孵化中心；湖南定位为全国先进（智能）制造基地，提前布局3D打印、工业机器人、智能电网、移动终端设备、新能源汽车等领域，形成一批具有核心竞争力的智能制造业产业集群；湖南定位为全国新能源应用示范基地，以“两型”建设为契机推进新能源应用，力争到2020年，新能源占全部能源比重达到30%，建设成为全国性的太阳能、风能、地源（水源）能和生物质能等综合性新能源应用示范基地。

“五”是五项措施：

1. 将应对第三次工业革命列入省级重大战略，加强顶层规划和整体推进。欧美等国围绕第三次工业革命建立了长期规划和整体推进方案，德国政府从1977年至今出台了5期能源研究计划，美国围绕智能制造建立了一整套基础体系。湖南省要高度重视这一历史机遇，将此列入重大战略，可以考虑结合“两型社会”综合配套改革与战略性新兴产业两个相关战略进一步的融合深化，在此基础上形成更加系统有效的发展规划。制定中要注意：一是加入更前沿的发展趋势，特别是深入分析第三次工业革命的特点；二是更加系统性，注重产业、制度、基础设施等整体的配套性。

2. 强化创新战略，着重在创新资源共享、创新主体培育、知识产权保护等方面做文章。第三次工业革命是依赖互联网的革命，创新资源的共享、多元创新创业主体的培育以及知识产权的保护是重点。建议：第一，借鉴北京“政府主导下的科技资源所有权和经营权分离的特色资源服务模式”，对全省各领域科研资源进行梳理整合，建立网络化的科技资源开放服务体系和研发实验服务基地。第二，鼓励产业共性关键技术研发方面建立官产学研战略联盟，形成共建共享的合作机制。第三，借鉴中国香港和巴西做法，试点建立中小企业税费支付整合系统，实施简单低税制，例如，可考虑按照纯利的固定比例缴纳，建议在10%～20%之间，每月一次定时定点办理。第四，试点知识产权保护示范区。试点实行与国际接轨知识产权保护政策，形成严格保护创新成果的良好氛围。

3. 通过“能源互联网”和“数字湖南”两个重大应用项目拉动相关产业发展。湖南要从应用需求端拉动产业发展着手，按照“本土产品采购占比

70%以上”的原则，不断带动本土产业；并通过“以市场换产能”方式引进新的企业和新的产业。当前可重点考虑：第一，能源互联网应用项目。实施屋顶太阳能并网光伏发电计划和金太阳计划，在公共设施照明中推广使用风光互补电源，开展智能电网改造工程，实施新能源汽车推广计划。第二，数字湖南应用项目。抓住国家信息消费战略实施契机，建立湖南省政府“首席信息官制度”，统筹数字湖南建设，建立省级数据交互中心；加快宽带湖南、无线城市等基础设施建设；鼓励智慧城市、智慧社区建设，形成示范效应。

4. 实施亮点扩散和产业链延长战略，重点打造五大产业链。湖南产业具有“亮点多，集群少；技术强，规模小”的特点。围绕第三次工业革命方向遴选一批技术亮点、企业亮点、产业亮点，打通上下游产业链，形成产业链群的优势。可考虑：第一，3D打印产业链。围绕华曙高科和新材料产业优势，争取“数字化建模研发中心”落户湖南。第二，新能源汽车产业链。以比亚迪、南车集团等为核心，加速动力电池研发，引进和培育电池产业。第三，智能建筑产业链。以远大住工、湖南建工等为核心，推动住宅工业化，开展标准体系建设，加快绿色建筑发展。第四，数字内容产业链。借助湖南广电、湖南出版等传统内容产业的数字化转型。第五，生物育种产业链。以隆平高科、正虹科技等为核心，重点发展水稻、棉花、生猪、水产等重点品种。

5. 通过制度创新配套，充分发挥市场和政府的引导作用。主要包括几个方面的制度：一是鼓励新能源发展的制度配套。主要包括开展和落实上网电价补贴政策和建筑物太阳能改造补贴，开展阶梯电价，实施政府采购等。二是鼓励创新的制度配套。包括教育的改革、鼓励创业和中小企业发展、知识产权保护等。三是鼓励合作网络的制度配套。包括互联网监管制度探索、数据资源共享和开放等。

附　　录

Appendix

B.46
2013年湖南产业发展大事记

1月2日　湖南省发改委正式发文核准批复株洲云龙示范区的“中特物流中心”项目，这是株洲市首个特种物流项目。

1月5日　湖南省政府发布《湖南省人民政府关于加快推进流通产业发展的意见》。

1月9日　长沙市高新区雷锋镇麓谷新城金荣先导同心科技园举行启动仪式。

1月10日　湖南省政府常务会议原则同意组建湖南健康产业集团、湖南演艺集团、湖南广电网络集团三个产业集团，原则通过《洞庭湖生态经济区规划》。

1月10日　湖南省文化厅授予金霞湘绣有限公司“国家文化产业示范基地”的牌匾。

1月11日　株洲市申报的株洲国家轨道交通装备高新技术产业化基地获批。

1月18日　“国家级娄底经济技术开发区”授牌仪式在娄底宾馆湘汇楼

举行。

1 月 21 日 国内首套双氧水制环氧丙烷装置在岳阳市云溪工业园长岭分园破土动工，项目总投资 12 亿元，年产环氧丙烷 10 万吨。

1 月 21 日 醴陵市醴陵釉彩瓷及釉下五彩瓷技术被认定为国家文化出口重点项目。

1 月 27 日 湖南省首家专为农产品服务的大型电子商城——沁坤电子商城，正式落户长沙隆平高科技园，将开创湖南省大宗农产品交易电子商务新模式。

1 月 29 日 中石化巴陵石化年产 2 万吨 SEPS 工业化装置项目可行性研究报告获中石化总部批复。该项目建成后，将打破美国和日本公司对全球 SEPS 市场的垄断。

2 月 21 日 湖南省政府办公厅印发《湘江流域科学发展总体规划》，规划范围为湖南境内降雨汇入湘江的区域，面积 8.5 万平方公里，规划期限为 2011 ~2020 年。

2 月 26 日 湖南省首个国家级综合保税区在衡阳全面开工建设。

2 月 27 日 中国南车株洲电力机车有限公司出口土耳其首都安卡拉的不锈钢地铁首节车体在该公司成功下线。

2 月 28 日 科力远集团与通用电气（GE 公司）签订整体战略合作协议，双方将联手打造我国首个微网分布式新能源储能节能国家级示范基地，推广微网分布式新能源储能节能系统，合力构筑智慧能源城市。

3 月 5 日 湖南省经信委启动“扶助小微企业专项行动”，将通过政策扶持、资金支持、产需对接等 9 大类专项行动，对全省小微企业开展帮扶，助小微企业做大做强。

3 月 7 日 湖南省动漫产业改革与发展座谈会在长沙召开。

3 月 18 日 长沙市望城区的金桥国际商贸城开工建设，项目总投资逾 400 亿元。

3 月 21 日 特变电工衡阳变压器有限公司自主研发制造的皖电东送 1000MVA/1000kV 特高压变压器一次试验成功，各项技术指标均优于技术协议要求，将服务于我国首个特高压交流同塔双回路输电工程——皖电东送淮南至上海特高压交流输电示范工程。

3月25日 株洲高新区创新型特色园区建设方案获国家科技部批复，将正式开展创新型特色园区建设工作。

3月25日 国家林业局日前正式批复认定常宁市为国家油茶生物产业基地。

3月28日 大湖股份在长沙举行中南区域物流基地揭牌典礼。

4月6日 株洲市政府与中建五局签订战略合作框架协议，确立了5大合作项目，总投资约55.2亿元。

4月8日 由三家通信运营商、湖南银联以及部分电子商务服务企业联合发起的湖南省移动电子商务产业联盟在长沙正式成立。

4月11日 望城区商务工作大会暨招商引资项目集中签约仪式举行，现场签约普洛斯长沙（望城）城市配送中心、天章绿色印刷文化产业园等10个重大项目，协议引进资金达27.97亿元。

4月15日 铁建重工首台链刀式连续墙设备，在制造总厂成功完成试制和厂内调试。

4月17日 中国南车株洲所旗下南车时代电动研制生产的首台全承载混合动力公交客车正式下线，将很快应用于城市公共交通领域。

4月18日 华菱钢铁集团与中国船舶工业集团在长沙签署战略合作协议。

4月22日 中国南车株洲电机有限公司与浙江大学联合研制的国内首台具有完全自主知识产权的“TQ－600型”永磁同步牵引电机，在该公司国家级检测试验站成功通过各项试验验证。

4月24日 环保部环境规划院、凯天环保科技股份有限公司、长沙高新区在长沙签署战略合作协议，三方决定发挥各自优势，在长沙高新区共建环保部环境规划院南方分院，联手进军环保产业。这是我国环境规划“国家队”首次与地方环保企业、园区开展“产研”合作。

4月25日 郴州市在深圳举办2013年重点园区重点产业招商推介会，现场签约项目17个，签约引资金额278亿元，其中投资10亿元以上项目10个，涉及电子信息、装备制造、有色金属精深加工、精细化工等多个领域。

5月1日 在宁乡主办的2013年宁乡重大投资项目发布会上，有39个重大项目集中签约，共有加加饮品及休闲食品、青铜文化创意产业园、东方新诚

信、华纳大制药、大河西农产品物流中心等 35 个重大项目成功签约，签约总金额高达 165 亿元。这是湖南省县（市、区）今年来取得的最大引资成果。

5 月 7 日 湖南山河科技股份有限公司正式获得中国第一个全复合材料轻型运动飞机生产许可认证（PC）。这是中国民航第一次为国内自主品牌通航制造企业颁发该类证书，标志着中国第一个自主品牌轻型运动飞机将实现批量生产。

5 月 7 日 湖南省首家大宗农产品网上交易平台——沁坤电子商城在长沙隆平高科技园正式上线，它将把农产品的生产、加工、销售三大环节联通于一体，打造农产品行业的“阿里巴巴”。

5 月 8 日 中联重科湘阴工业园在湘阴奠基。

5 月 13 日 湖南农机产业合作对接会在长沙举行。

5 月 14 日 宝石高峰论坛暨国际有色宝石协会第 15 届年会在长沙开幕。

5 月 15 日 上海大众汽车有限公司湖南（长沙）项目在长沙正式签约。这是湖南省历史上最大的实业投资项目，投产后可形成年 30 万辆整车生产能力。

5 月 16 日 中国（长沙）国际矿物宝石博览会在长沙开幕。

5 月 17 日 永兴县启动 10 大环保工程，项目总投资达 160 余亿元。

5 月 18 日 湖南文化产业推介暨“资本点亮文化梦想”主题活动在深圳会展中心举行，共 23 个文化产业项目签约，总投资额为 210 亿元。

5 月 19 日 中国南车株洲所主导制定的《轨道交通机车车辆直流电子镇流器》标准，由国际电工委员会正式批准颁布，成为世界通用标准。

5 月 21 日 由湖南省贸促会主办、欧洲企业服务网络华中中心（EENCC）承办的“2013 亚欧中小企业对接洽谈会”在北京举行，41 家湖南企业与 29 家欧盟企业达成 56 项初步合作意向。

5 月 23 日 中国南车株洲电机有限公司为福建吴航不锈钢制品有限公司研制的替代进口的“动力分散”型交流变频调速精轧电机，成功通过国家级试验，使我国在该领域实现了零的突破。

5 月 28 日 湘南承接产业转移示范区建设暨第二批重大项目推进工作会议在衡阳召开，会议共启动重大项目 114 个，投资总额为 951.19 亿元人民币。

5 月 28 日 常德市召开由政府、银行、企业三方参与的融资洽谈会。现场签约项目206个，项目总投资556亿元，总融资301.7亿元。

5月29日 湖南日报报业集团打造的湖南日报传媒中心建设项目正式签约。湖南日报传媒中心建设项目，被列为省“十二五”重点工程项目和标志性文化产业工程项目。

5月30日 三一重工与泰国工程建筑承包商Unique公司在曼谷签署战略合作协议。

6月5日 浏阳市委、市政府在长沙主办2013“美丽浏阳”重大招商项目发布会，发布重大招商项目68个，投资总额达908亿元，现场签约项目54个，协议引资212.83亿元。

6月8日 长沙市现代服务业综合试点项目推进大会召开。会上，长沙28个首批现代服务业试点项目集中签约，其中包括重点项目12个，一般项目9个，另有储备项目一批，总投资达239.9亿元。

6月12日 国内第一台铅基合金自动浇注装置在株洲冶炼集团铅冶炼厂投运成功，这标志着该公司与中南大学共同研制的国家发明专利技术“直线铸型机用合金自动浇注装置”实现产业化。

6月17日 由国防科大研制的天河二号超级计算机系统在第41届世界超级计算机500强排名中位居榜首，成为全球最快超级计算机。

6月19日 2013年“港洽周”活动的重头戏——湖南省情推介暨重大项目发布会在香港举行。会上发布了全省重大招商项目396个，“港洽周”期间共签订合同外资项目148个，总投资158.7亿美元，涉及基础设施、产业发展、文化金融等领域，引进资金139.7亿美元。

6月21日 第二届中国（长沙）国际工程机械配套件博览会（简称“配博会”）在湖南国际会展中心隆重开幕。

6月25日 长沙市望城区望城工业招商专题推介会召开，30个重大项目成功签约望城，总投资达206亿元。同时，“长沙望城国家有色金属新材料精深加工高新技术产业化基地”正式授牌。

6月26日 北京汽车株洲基地第一工厂建成暨第二工厂战略合作签约仪式在株洲市举行。

6月27日 南翔万商（岳阳）国际商贸物流城项目正式开工建设。

6月29日 第二届中国再生资源产业发展论坛在长沙开幕。

7月4日 总投资超过100亿元的桂阳县有色金属冶炼加工项目区，正式通过省环保厅环评，并开工建设。

7月11日 株洲轨道交通装备制造产业集群入选科技部发布首批创新型产业集群试点名单，是湖南省唯一入选的创新型产业集群。

7月12日 山河智能装备集团自主制造的飞机“阿若拉”在株洲举行首飞仪式。

7月19日 深圳基伍集团（长沙）项目会谈暨签约仪式举行。深圳基伍集团投资100亿元在国家级浏阳经开区建设手机整机生产基地，建成后可实现年产值500亿元。

7月22日 湖南省政府常务会议原则通过《关于进一步支持重点产业重点企业发展的若干意见》和《关于进一步促进流通产业加快发展的若干意见》。

7月22日 湘潭市岳塘经济开发区正式挂牌。

7月24日 南车株洲所在美国正式设立研发中心，并分别与新泽西理工学院、德州大学圣安东尼奥分校建立联合实验室。

7月28日 湖南省工商联合会与台北内湖科技园区发展协会在长沙签订友好合作关系框架协议，为湘台两地企业合作搭建友好合作平台。

7月29日 中国南车株洲电力机车有限公司研制的拥有自主知识产权的DK－2型机车电空制动系统控制软件，通过了国家工业与信息化部中国赛宝实验室软件测评中心测评，获得功能安全认证标准符合性测评证书。

8月1日 全国商贸物流龙头香江集团与长沙金霞经开区签订建设投资300亿元、经营面积600万平方米的中南现代商贸物流城合约。

8月5日 南车时代电动汽车股份有限公司申报的“纯电动中型公务车研制”项目，成功入选2014年度国家科技支撑计划，成为国家级新能源中型公务车重点支持项目。

8月5日 湖南、湖北、江西的百余家茶叶专业合作社正式结成生产、加工及营销联盟，组建成立湖南江山（湘鄂赣）茶叶专业合作联社。

8月13日 醴陵市申报的优质杂交水稻种植技术推广及稻米深加工项目，通过了国家科技部、财政部组织的专家论证，被列入今年国家科技富民强县专项行动计划。

8月15日 华菱安赛乐米塔尔汽车板项目退火炉工艺钢结构开始吊装，标志着项目主体设备安装正式开始。

8月15日 国家级长沙经济技术开发区汨罗产业园项目签约仪式在汨罗举行。

8月20日 湘粤经贸合作项目签约仪式在长沙举行。在此次湘粤经贸合作项目签约仪式上，共现场签约项目21个，金额达239亿元，涉及人力资源、产业园区建设、工业制造等领域。

8月20日 第一台由我国自主研发生产出口南非的交流传动货运电力机车，在南车株洲电力机车有限公司下线。

8月25日 由湖南省商务厅、省粮食局共同主办的2013年“湘品入沪”对接会在长沙举行。近300家湖南食品企业带来粮油、果蔬、副食品等总计超过3000种展销商品，与33家上海企业现场对接。

8月26日 中国五矿水口山金铜综合回收产业升级技术改造项目开工仪式举行，该项目总投资近30亿元。

8月26日 衡阳华耀城开工建设。项目规划总建筑面积约600万平方米，总投资超过100亿元，分三期建设，建成后可容纳商户3万户，提供就业岗位10万个，年营业额超1000亿元。

8月30日 湖南省首个民营科技企业加速器项目在湘潭国家高新区开工建设。项目规划用地面积860亩，总投资35亿元，建设周期为3年。

9月4日 中国南车股份有限公司与常德市人民政府签订战略合作框架协议，共同推动双方在城市轨道交通、铝合金型材、新能源汽车、动力电池、汽车车桥、高分子材料等领域展开深度合作。

9月5日 株洲云龙示范区建设的现代服务业总部园项目竣工。这是湖南省首个集研发、办公、会展、商务、酒店、公寓于一体的一站式企业总部基地。

9月9日 长沙华恒机器人系统有限公司生产的全球第一条叉车机器人焊接柔性生产线下线。

9月12日 由袁隆平院士倡议的湖南农业产业联盟在长沙成立。首批22

家成员单位与东帝汶、利比里亚、埃塞俄比亚、汤加、莫桑比克等38个发展中国家的100余名农业部门官员开展面对面交流，并现场达成了6项合作协议。

9月12日 2013中国（长沙）国际茶业博览会在湖南国际会展中心举行。

9月12日 由中国电信与中南大学合作的“数字中南”项目目前已经完成了“数字中南”智慧网、无线网的基本建设。

9月13日 由长沙市政府主办的2013长沙大河西先导区国际高端服务业峰会在长沙举行，现场签约22个项目，投资总额180亿元。

9月13日 南车株洲电力机车有限公司旗下宁波南车新能源科技有限公司自主研制的世界最大功率超级电容单体，成功实现批量生产。

9月16日 《湖南省北斗卫星导航应用示范工程可行性研究报告》获总装备部和省政府联合批复，湖南成为继珠三角、长三角之后，全国第三个北斗卫星导航应用示范区域。

9月16日 湘潭高新区有7个项目入选2013年度国家火炬计划。近3年，湘潭高新区获得立项的国家火炬计划项目总数达18个。

9月19日 湖南湘绣城集团公司、湖南顺龙工艺美术集团公司，与台湾安露缇股份有限公司在台北正式签署合作协议，将在长沙共同出资建设湖南生物文化产业园。

9月22日 2013湖南两岸文化创意产业合作周在台北圆满落幕。

9月22日 南车株洲电机有限公司与新疆金风科技股份有限公司签订了总金额为20.9亿元的风力发电电机整机销售合同。

9月24日 中国农业科学院与株洲市政府正式签订农业科技战略合作协议。

9月26日 2013湖南经济合作洽谈会暨第六届湘商大会在株洲市举行。为期一天半的会期共签约项目174个，引进资金1158.73亿元。

9月27日 湖南航空产业园在株洲芦淞区开工建设。湖南航空产业园位于株洲通用航空城内，以株洲通用机场为轴心，规划建设用地18.5平方公里，总投资100亿元。

9月28日 9月21日至27日，长沙市赴香港开展系列招商推介活动，成功签约5个项目，合同签约协议总金额达55亿元。

9月29日 湖南省节能服务产业联盟在长沙正式成立。

10月10日 衡阳综合保税区（一期）通过了省政府和长沙海关组织的联合预验收。

10月13日 湘西地区开发第四轮省规划产业项目名单正式确定，共有189个项目入选，总投资达289亿元。

10月11日 首届中国（长沙）老年产业博览会在湖南烈士公园举行。

10月17日 浏阳市政府与中国安防技术有限公司（CSST）智慧中国集团就“浏阳河智慧低碳产城融合示范区”项目达成合作意向并签约。该项目由CSST智慧中国集团投资建设，总投资120亿元。

10月18日 华菱涟钢当日煤气、余热发电量达870.6万千瓦时，自发电在整个用电中比例超过80%，超过行业先进水平10个百分点以上。

10月20日 株洲冶炼集团锌成品生产节能技改“三改二”项目投产成功，可为公司年增合金产能2万吨以上。

10月22日 南车株洲电力机车有限公司获HXD1C六轴7200千瓦、HXD1深度国产化的八轴9600千瓦两种型号近60亿元大功率交传电力机车订单。

10月23日 中国橡胶工业协会橡胶制品分会2013年会在株洲召开。

10月24日 由中国计算机学会主办、国防科技大学承办的2013中国计算机大会在长沙举行。

10月25日 2013年湖南科技论坛在长沙举行。

10月28日 国内首条镍氢汽车动力电池全自动生产线在湖南科力远新能源股份有限公司投产。项目首期可年产6万台套全球最先进的镍氢汽车动力电池。

10月29日 以“中部大枢纽·高铁新时代”为主题的2013湖南·长沙高铁新城暨雨花区重点项目（上海）招商会在上海隆重举行，现场签约7个项目，合同引资227亿元人民币。

10月30日 湖南省政府常务会议原则通过《湖南省人民政府关于金融支持经济结构调整和转型升级的实施意见》（讨论稿）。

10 月 30 日 联合利国文化产权交易所与长沙市天心区政府签订框架合作协议，正式入驻长沙天心文化产业园。

11 月 2 日 第九届湘台经贸文化交流合作会在长沙开幕。

11 月 4 日 “阿里巴巴·长沙产业带”暨电商城项目正式落户长沙市芙蓉区。

11 月 4 日 由湖南省贸促会、欧洲企业服务网络华中中心、英国投资贸易总署东北区联手发起的“2013 湖南－英国中小企业（长沙）对接洽谈会”在长沙举行。

11 月 8 日 第七届中国（湖南）国际食品博览会在湖南国际会展中心举行。国内外 300 余家主营食品及食品包装机械、市场服务的企业参展。

11 月 8 日 第四届泛珠三角水泥峰会在长沙举行。

11 月 10 日 2013 中国（长沙）科技成果转化交易会在长沙高新区麓谷会展中心举行。

11 月 14 日 11 月 13 日至 14 日，中国·怀化现代物流业发展与产业升级对接会在怀化召开。

11 月 15 日 湖南新能源新材料产业“走出去”联盟在长沙成立，并与 19 个发展中国家举行了国际合作对接会。

11 月 19 日 湖南省第四届农业机械、矿山机械、电子陶瓷产品博览会在娄底市体育中心举行。

11 月 19 日 中石化长岭炼化公司具有自主知识产权的丙烯双氧水制环氧丙烷技术，获得国外 3 项专利授权、11 项国内专利授权，打破了国外对这一技术的垄断。

11 月 21 日 2013 湖南（湘潭）先进矿山装备和工程机械展览会，在湘潭岳塘经开区中部国际工程机械物流园隆重开幕。

11 月 27 日 长沙（浏阳、宁乡）再制造产业示范基地日前已成功获国家发改委批复，跻身全国首批“国家再制造产业示范基地”行列。

11 月 27 日 特变电工衡阳变压器有限公司自主研制的全球首台最高电压等级 1000 千伏发电机变压器，一次通过所有例行试验、型式试验和特殊试验，各项技术指标均优于技术协议要求。

11月28日 首届湘南承接产业转移投资贸易洽谈会在郴州举行。大会现场签约49个项目，总投资614.8亿元。

11月28日 由国家农业部和湖南省政府共同主办的2013中国中部（湖南）国际农博会在长沙红星国际会展中心举行。

11月30日 首届隆平国际论坛在长沙开幕，来自联合国粮农组织、国家农业部和亚、非、拉、美10多个国家的政府官员、技术和产业代表，以及国内12家顶级民族种业企业的CEO参与论坛，共同探讨杂交水稻与世界粮食安全。

11月30日 湖南望城经济开发区产业项目集中签约仪式在望城举行。10个优质产业项目成功签约，总投资额达116.26亿元。

12月5日 第五届湖南茶业博览会在省展览馆开幕。

12月8日 湖南省最大的食用油脂产业园湖南鸿冠集团产业园正式开园。

12月10日 10个印刷电路板项目集体签约益阳电子产业园，总投资57.5亿元。项目全部建成投产后，益阳电子产业园有望成为中南地区最大的以线路板为特色的电子产业园。

12月13日 衡阳综合保税区一期硬件和软件设施通过了严格的检查验收。这标志着湖南省首个综合保税区正式诞生。

12月13日 株洲市科技局、湖南化工职业技术学院、湘潭大学与株洲8家化工企业携手，宣布正式成立株洲化工产业技术创新联盟。

12月16日 湖南省北斗卫星导航应用示范工程正式启动。这是全国第三个区域应用示范工程。

12月16日 湖南省首个“飞地产业园”——长沙经济技术开发区汨罗产业园在汨罗市弼时镇揭牌。产业园将重点发展长沙经开区汽车和工程机械的配套产业及其他符合汨罗资源开发利用的产业。

12月16日 醴陵市政府与中国检验认证集团签约，共建国家级电瓷检测中心与电瓷出口检测中心。

12月17日 湖南省政府与中国航空油料集团公司在长沙签署战略合作协议。

12月17日 2013湖南（岳阳）北斗卫星导航示范城市行业应用推广对接会议在岳阳举行。

12月17日 国内首家玻璃工艺及机械设备研究所在湖南科技职业学院挂牌。

皮书数据库
中国社会科学院 社会科学文献出版社

首页 数据库检索 学术资源群 我的文献库 皮书全动态 有奖调查 皮书报道 皮书研究 联系我们 读者荐购 搜索报告

权威报告　热点资讯　海量资源

当代中国与世界发展的高端智库平台

皮书数据库　www.pishu.com.cn

皮书数据库是专业的人文社会科学综合学术资源总库，以大型连续性图书——皮书系列为基础，整合国内外相关资讯构建而成。该数据库包含七大子库，涵盖两百多个主题，囊括了近十几年间中国与世界经济社会发展报告，覆盖经济、社会、政治、文化、教育、国际问题等多个领域。

皮书数据库以篇章为基本单位，方便用户对皮书内容的阅读需求。用户可进行全文检索，也可对文献题目、内容提要、作者名称、作者单位、关键字等基本信息进行检索，还可对检索到的篇章再作二次筛选，进行在线阅读或下载阅读。智能多维度导航，可使用户根据自己熟知的分类标准进行分类导航筛选，使查找和检索更高效、便捷。

权威的研究报告、独特的调研数据、前沿的热点资讯，皮书数据库已发展成为国内最具影响力的关于中国与世界现实问题研究的成果库和资讯库。

皮书俱乐部会员服务指南

1. 谁能成为皮书俱乐部成员?

- 皮书作者自动成为俱乐部会员
- 购买了皮书产品（纸质皮书、电子书）的个人用户

2. 会员可以享受的增值服务

- 加入皮书俱乐部，免费获赠该纸质图书的电子书
- 免费获赠皮书数据库100元充值卡
- 免费定期获赠皮书电子期刊
- 优先参与各类皮书学术活动
- 优先享受皮书产品的最新优惠

社会科学文献出版社 SOCIAL SCIENCES ACADEMIC PRESS (CHINA) 皮书系列
卡号：7666908200614466
密码：

3. 如何享受增值服务?

（1）加入皮书俱乐部，获赠该书的电子书

第1步 登录我社官网（www.ssap.com.cn），注册账号；

第2步 登录并进入“会员中心”—“皮书俱乐部”，提交加入皮书俱乐部申请；

第3步 审核通过后，自动进入俱乐部服务环节，填写相关购书信息即可自动兑换相应电子书。

（2）免费获赠皮书数据库100元充值卡

100元充值卡只能在皮书数据库中充值和使用

第1步 刮开附赠充值的涂层（左下）；

第2步 登录皮书数据库网站（www.pishu.com.cn），注册账号；

第3步 登录并进入“会员中心”—“在线充值”—“充值卡充值”，充值成功后即可使用。

4. 声明

解释权归社会科学文献出版社所有

皮书俱乐部会员可享受社会科学文献出版社其他相关免费增值服务，有任何疑问，均可与我们联系

联系电话：010-59367227　企业QQ：800045692　邮箱：pishuclub@ssap.cn

欢迎登录社会科学文献出版社官网（www.ssap.com.cn）和中国皮书网（www.pishu.cn）了解更多信息

法律声明